Beiträge zur Rechtsgeschichte des 20. Jahrhunderts

herausgegeben von

Thomas Duve, Hans-Peter Haferkamp, Joachim Rückert
und Christoph Schönberger

111

Marike Hansen

Erna Scheffler (1893–1983)

Erste Richterin am Bundesverfassungsgericht und Wegbereiterin einer geschlechtergerechten Gesellschaft

Mohr Siebeck

Marike Hansen, geboren 1988; Studium der Rechtswissenschaften an der Christian-Albrechts-Universität zu Kiel; Promotionsstudium an der Universität zu Kiel; seit 2015 wissenschaftliche Mitarbeiterin am Hermann Kantorowicz-Institut der Universität zu Kiel; seit 2018 Rechtsreferendarin am Schleswig-Holsteinischen Oberlandesgericht, Landgerichtsbezirk Kiel.

Gefördert durch den
Deutschen Akademikerinnen Bund e.V.

Deutsche Stiftung Frauen- und Geschlechterforschung
German Foundation for Gender Studies

ISBN 978-3-16-157602-7 / eISBN 978-3-16-157603-4
DOI 10.1628/978-3-16-157603-4

ISSN 0934-0955 / eISSN 2569-3875 (Beiträge zur Rechtsgeschichte des 20. Jahrhunderts)

Die Deutsche Nationalbibliothek verzeichnet diese Publikation in der Deutschen Nationalbibliographie; detaillierte bibliographische Daten sind über *http://dnb.dnb.de* abrufbar.

Das Buch wurde von epline in Böblingen aus der Times New Roman gesetzt, von Druckerei Gulde Druck in Tübingen auf alterungsbeständiges Werkdruckpapier gedruckt und gebunden.

Printed in Germany.

Vorwort

Die vorliegende Untersuchung entstand während meiner Tätigkeit als wissenschaftliche Mitarbeiterin am Lehrstuhl für Bürgerliches Recht, Römisches Recht, Europäischer Privatrechtsgeschichte der Neuzeit und Rechtsvergleichung der Christian-Albrechts-Universität zu Kiel und wurde von der Rechtswissenschaftlichen Fakultät im Wintersemester 2018/2019 als Dissertation angenommen.

Mein besonders herzlicher Dank gilt zuallererst meinem Doktorvater, Herrn Prof. Dr. Rudolf Meyer-Pritzl, der mich bereits während meines Studiums fortwährend gefördert hat. Er hat in den vergangenen Jahren den Fortgang dieser Arbeit mit großem Interesse und stetiger Gesprächsbereitschaft hervorragend begleitet. Prof. Dr. Ino Augsberg danke ich herzlich für die zügige Erstellung des Zweitgutachtens.

Den Herausgebern der Schriftenreihe Beiträge zur Rechtsgeschichte des 20. Jahrhunderts danke ich für die Aufnahme der Arbeit in die Reihe. Mein Dank gilt auch den Mitarbeitern des Bundesarchivs, des Archivs der Deutschen Frauenbewegung und des Archivs des Südwestrundfunks, die bei der Recherche eine wertvolle Hilfe waren.

Großer Dank gebührt dem deutschen Akademikerinnenbund für den Druckkostenzuschuss und der Christian-Albrechts-Universität Kiel, die mir im Juni 2019 den Genderforschungspreis verliehen hat. Mein Dank gilt auch der Stiftung Frauenforschung, die die Veröffentlichung ebenfalls finanziell bezuschusst hat.

Besonders dankbar bin ich meiner Familie, meinen Freunden und meinen Kollegen am Hermann Kantorowicz-Institut, die mich auf so vielfältige Weise unterstützt und begleitet haben. Durch die inspirierenden und fröhlichen Mittagspausen, die nötige Abwechslung durch gemeinsames Sporttreiben und eure Unterstützung in allen Lebenslagen werde ich meine Promotionszeit in ausgesprochen schöner Erinnerung behalten. Großer Dank gilt vor allem Lea Kube, Dr. Stephanie Genzmer und Dr. Philipp Mohr, die meine Arbeit durch ihre kritischen Anmerkungen und Korrekturen bereichert haben.

Abschließend danke ich von ganzem Herzen Tobias Schlauderbach für sein Verständnis und seine Energie und Lebensfreude, mit der er mir den erforderlichen Rückhalt bot.

Widmen möchte ich dieses Buch meiner Mutter, der ich meine Freude am Schreiben und an der Literatur verdanke.

Kiel, den 10. Oktober 2019 *Marike Hansen*

Inhaltsverzeichnis

I. Einführung

„Die Emanzipation kommt voran wie eine Schnecke auf Glatteis.“[1] Mit dieser Metapher soll Willy Brandt einst die nur sehr langsam fortschreitende Gleichberechtigung der Geschlechter beschrieben haben. Dass die Schnecke dennoch voranschritt, ist nicht zuletzt den ersten Juristinnen Deutschlands zu verdanken. Die Pionierinnen innerhalb des Juristenstandes setzten vielfach ihre jeweiligen Erfahrungen, Expertisen und Sichtweisen nicht nur bei der Entstehung von Art. 3 Abs. 2 Grundgesetz, sondern auch in den gesellschaftlichen und rechtswissenschaftlichen Diskussionen für die rechtliche Gleichstellung der Geschlechter ein. In der „Süddeutschen Zeitung“ vom 8. Mai 2015 heißt es in einem Artikel über die Situation der Frauen in der Nachkriegszeit:

> „Es war wieder eine einzige Frau, die den Gesetzgeber dazu brachte, die Gleichberechtigung im Grundgesetz auch umzusetzen: die Verfassungsrichterin Erna Scheffler, die zwölf Jahre lang die einzige Frau am Bundesverfassungsgericht bleiben sollte. (...) Unter ihrem Druck schaffte das Bundesverfassungsgericht einen Paragrafen nach dem anderen ab, der Frauen diskriminierte.“[2]

Als im Jahre 1951 das Bundesverfassungsgericht gegründet wurde, war Erna Scheffler die einzige Frau unter zunächst 24 Richtern. Sie gehörte dem Ersten Senat zwölf Jahre – bis zu ihrem 70. Lebensjahr – an. Ihr beruflicher Werdegang war ihr allerdings keineswegs in die Wiege gelegt. Direkte Vorbilder innerhalb ihrer Familie gab es nicht. Lediglich ihr Onkel, zu dem sie jedoch wenig Kontakt hatte, arbeitete als Jurist. Auch war ihr Vater nicht etwa Professor, sondern Kaufmann. Demnach war Erna Scheffler, als sie ihr rechtswissenschaftliches Studium begann, wie sie später bemerkte, „vollkommen ohne Verbindung und ohne Connection“[3]. Dass Erna Schefflers Karriere auch ohne Vorbilder im unmittelbaren familiären Umfeld gelingen konnte, ist, wenn man den historischen Kontext einbezieht, umso erstaunlicher. Als sie sich im Jahre 1911 dazu

---

[1] *Blaich*, „Die Zeit“, Nr. 14, vom 30. März 1979, S. 2, abrufbar im Internet: http://www.zeit.de/1979/14/bebel-und-kein-halleluja/seite2 (Stand: 11.06.2018); *Neumann*, 100 Jahre Internationaler Frauentag am 8. März (08.03.2010), abrufbar im Internet: http://www.spd-suedwest.de/index/presse/3164295.html (Stand: 11.06.2018); *Korsukéwitz*, Rote Rosen für Vati, abrufbar im Internet: http://www.deutschlandfunkkultur.de/roterosenfuervati.984.de.html?dram:article_id=153361 (Stand: 07.06.2019).

[2] *Ramelsberger*, „Süddeutsche Zeitung“, vom 8. Mai 2015, S. 12.

[3] Archiv des SWR, 5790672(BAD).

entschloss, das Jurastudium zu beginnen, war es in Deutschland undenkbar, dass Frauen juristische Berufe ausübten, und so fehlten Erna Scheffler überhaupt weibliche Vorbilder. Zwar gab es einige wenige Frauen, die ein rechtswissenschaftliches Studium absolviert hatten, wie Anita Augspurg[4] und Emilie Kempin-Spyri[5]. Allerdings hatten diese an der Universität in Zürich studiert, weil ihnen ein juristisches Studium im damaligen Deutschland verwehrt blieb.[6] Überdies arbeitete keine von ihnen in einem juristischen Beruf. Daher ist es besonders beachtenswert, dass Erna Schefflers berufliche Karriere am höchsten bundesdeutschen Gericht enden sollte. Wenn man sich ihre Ausgangslage 1911 vor Augen führt, ist ihr beruflicher Werdegang somit zugleich ein – letztlich sehr positives – Beispiel für die Geschichte der Entwicklung der Frauen in juristischen Berufen.

Erna Scheffler studierte von 1911 bis 1914 Rechts- und Staatswissenschaften an den Universitäten in München, Berlin und längere Zeit in Breslau. Sie gehörte damit zu den Juristinnen der ersten Generation, die vor der besonde-

---

4 Anita Augspurg wurde am 22. September 1857 in Verden geboren. Obgleich sie einer Gelehrtenfamilie entstammte, wurden ihr zunächst eine weiterführende Schulbildung und ein Studium verweigert. Sie konnte zumindest durchsetzen, das Preußische Lehrerinnenexamen absolvieren zu dürfen. So konnte sie Verden entkommen und nach Berlin ziehen. Eine Erbschaft sorgte schließlich dafür, dass sie unabhängig wurde und sich ihrer Leidenschaft, dem Schauspiel, widmen konnte. 1887 eröffnete sie ein erfolgreiches Fotostudio, das „Hofatelier Elvira" in München. In den nächsten Jahren wurde ihr Engagement in der Frauenbewegung immer mehr zu ihrem Lebensinhalt. Sie setzte sich für eine Verbesserung der Mädchenbildung und für eine vollständige Öffnung aller Bildungseinrichtungen für Frauen ein. Um die Rechte der Frauen besser verteidigen zu können, beschloss sie schließlich, Jura zu studieren. Da ihr dies in Deutschland noch nicht möglich war, zog sie dafür nach Zürich. Sie kehrte 1897 als erste promovierte Juristin dauerhaft nach Deutschland zurück. Gemeinsam mit Mina Caurer und Marie Raschke protestierte sie aktiv gegen die Verabschiedung patriarchalischer Regelungen im BGB und beteiligte sich am Kampf für das Frauenstimmrecht. Ein weiteres Thema, dem sie sich gemeinsam mit ihrer Lebensgefährtin Lida Gustava Heymann intensiv widmete, war die internationale Friedensfrage. Sie starb am 20. Dezember 1943 im Züricher Exil. Biografische Angaben bei: *Kinnebrock*, Anita Augspurg, 2005; *Röwekamp*, Juristinnen, S. 20–23; *Dünnebier/Scheu*, Die Rebellion ist eine Frau, 2002.

5 Emilie Kempin-Spyri wurde am 18. März 1853 in Altstetten bei Zürich geboren. 1875 heiratete sie den Pfarramtskandidaten Walter Kempin, der seine bildungshungrige Frau unterstützte, ein Studium aufzunehmen. 1885 wurde sie an der Staatswissenschaftlichen Fakultät in Zürich als erste Frau immatrikuliert. Gedrängt durch schlechte finanzielle Verhältnisse schloss sie bereits 1887 ihr Studium mit einer Promotion bei Karl von Lilienthal ab. Da sie als Dozentin an der Züricher Fakultät zunächst abgewiesen und die wirtschaftliche Situation immer prekärer wurde, wanderte sie mit ihrer Familie 1888 nach New York aus. Bereits 1892 kehrte sie nach Zürich zurück. Ein erneutes Habilitationsgesuch war 1892 erfolgreich und so wurde sie die erste habilitierte deutschsprachige Rechtswissenschaftlerin. 1895 ging sie nach Berlin. Dort hatte sie auch Kontakte zur deutschen Frauenbewegung. Da sie das BGB als „einen großen Fortschritt" ansah, bestand bald jedoch eine große Diskrepanz zu Teilen der Frauenbewegung. Ihr von Krisen und Geldsorgen gekennzeichnetes Leben endete am 12. April 1901 in einer Nervenklinik in Basel. Biografische Angaben bei: *Röwekamp*, Juristinnen, S. 173–176; *Berneike*, Die Frauenfrage ist Rechtsfrage, S. 81–101.

6 Djb (Hrsg.), Juristinnen in Deutschland, 1900–2003, S. 2.

ren Schwierigkeit standen, dass Frauen zu dieser Zeit noch gar keine juristischen Staatsexamen ablegen durften. Erst ab 1922 wurden Frauen zum juristischen Vorbereitungsdienst zugelassen. Als einzige Möglichkeit, das Studium abzuschließen, blieb ihnen die Promotion. Da ihnen trotzdem die klassischen juristischen Berufe verwehrt waren, suchten sie sich andere Tätigkeitsbereiche. Sie wurden vor allem im weiten Gebiet der sozialen Fürsorge, als Hilfsarbeiterinnen in Kanzleien oder in der Wirtschaft tätig. Aufgrund der – nicht nur im Berufsverbot zum Ausdruck kommenden – Ungleichbehandlung der Frau verwundert es nicht, dass sich die frühen Juristinnen für die Emanzipation der Frau einsetzten. Es ist hauptsächlich den Juristinnen der ersten Generation und den weiblichen Reichstagsabgeordneten zu verdanken, dass Frauen schließlich zum Vorbereitungsdienst sowie zum Zweiten Staatsexamen zugelassen wurden. Damit konnten Frauen endlich auch die klassischen juristischen Berufe ausüben. Sie waren jedoch nicht lediglich Vorkämpferinnen in eigener Sache, sondern engagierten sich grundsätzlich für die Gleichberechtigung der Geschlechter. So liest sich „die Liste der Anwesenden" auf den Juristentagen[7] der Weimarer Republik wie das „Who is Who" der deutschen Frauenbewegung.[8] Der Deutsche Juristentag bot den engagierten Juristinnen, wie beispielsweise Marie Munk[9], Marie Raschke[10], Marianne Weber[11] oder Camilla Jellinek[12], ein

---

[7] Der Deutsche Juristentag e. V. vereint heutzutage rund 7.000 Juristinnen und Juristen aus der Bundesrepublik. Er veranstaltet seit seiner Gründung 1860 alle zwei Jahre den „Deutschen Juristentag". Auf diesem Kongress diskutieren Juristinnen und Juristen aller Berufsgruppen und Fachrichtungen aktuelle rechtspolitische Probleme. Zu Beginn der Vereinstätigkeit ging es darum, die damals bestehende Rechtszersplitterung zu beseitigen. Heute besteht die Arbeit des Vereins vor allem darin, auf wissenschaftlicher Grundlage Vorschläge zur Fortentwicklung des Rechts zu machen und diese der Öffentlichkeit vorzulegen. Weitere Informationen unter: http://www.djt.de (Stand: 07.06.2019).

[8] DJT (Hrsg.), 150 Jahre Deutscher Juristentag, S. 62.

[9] Marie Munk, geboren am 4. Juli 1885 in Berlin, studierte bereits 1908/09 als Gasthörerin der Universität Berlin Rechtswissenschaften und wechselte dann an die Universität Heidelberg, wo sie bei Karl Heinsheimer promoviert wurde. Bevor sie 1924 als erste Frau Preußens das Assessorexamen absolvierte, arbeitete sie als juristische Hilfsarbeiterin in einer Anwaltskanzlei sowie bei einer Frauenrechtsschutzstelle in München. Nach dem Examen wurde sie zur Rechtsanwaltschaft zugelassen. Ab 1929 arbeitete sie als Richterin in Berlin. Diesen Beruf konnte sie nur bis 1933 ausüben, da sie 1933 als Jüdin aus dem Justizdienst entlassen wurde. Sie emigrierte 1934 in die USA. Dort war sie an verschiedenen Colleges und Universitäten tätig, ging auf Vortragsreisen, forschte an eigenen wissenschaftlichen Projekten und publizierte. 1944 bestand sie die Anwaltsprüfungen in den USA und arbeitete fortan auch als Rechtsanwältin, vor allem im Wiedergutmachungsrecht. Sie starb 1978 in Cambridge. *Cordes*, Marie Munk (1885–1978), Leben und Werk, 2015; *Röwekamp*, Juristinnen, S. 275–279; *dies.*, in: Streitbare Juristinnen, S. 73–108.

[10] Marie Raschke, geboren am 29. Januar 1850 in Gaffert, im damaligen Ostpreußen, bestand 1889 das Lehrerinnenexamen. Bereits während ihrer Lehrerinnentätigkeit interessierte sie sich sehr für die Rechtslage der Frau und hörte als Gasthörerin rechtswissenschaftliche Vorlesungen an der Friedrich-Wilhelms-Universität in Berlin, wofür sie 1896 noch jeweils die Genehmigung des Rektors und der lesenden Professoren benötigte. Sie engagierte sich für die Rechte der Frauen und publizierte über frauenrechtliche Themen. Sie beteiligte sich fe-

Forum, um Gleichberechtigungsfragen zu diskutieren. Bereits im Jahre 1931 sprach sich der Verein Deutscher Juristentag mit großer Mehrheit für eine „fundamentale Änderung des Eherechts und des ehelichen Güterrechts, des Rechts der elterlichen Gewalt und des Vormundschaftsrechts“ aus. Er kann daher als Wegbereiter in Fragen der Geschlechterpolitik angesehen werden.[13] Viele der juristischen Pionierinnen für die Idee einer umfassenden rechtlichen Gleichberechtigung sind heute in Vergessenheit geraten. Dies hängt vermutlich auch damit zusammen, dass viele ihrer fortschrittlichen Ideen erst nach dem Zweiten Weltkrieg realisiert wurden.

Die Debatten zur Gleichberechtigung im Parlamentarischen Rat zeigten, dass es auch nach dem Zweiten Weltkrieg engagierte Vorreiterinnen brauchte. Insbesondere der verfassungsrechtliche Grundsatz der Gleichberechtigung der Geschlechter „Männer und Frauen sind gleichberechtigt“ (Art. 3 Abs. 2 S. 1 GG) war bei seiner Einführung äußerst umstritten. Dass er dennoch Eingang in das Grundgesetz fand, ist wiederum vielen progressiven Frauen in Politik und Gesellschaft zu verdanken, allen voran Elisabeth Selbert[14] – Sozialdemokra-

derführend an der weiblichen Rechtskritik gegen das Familienrecht des Bürgerlichen Gesetzbuches. Nachdem sie 1899 an der Berner Universität ihr Jurastudium mit einer Dissertation abschloss, kehrte sie nicht wieder in den Schuldienst zurück, sondern unterrichtete fortan Frauen in Rechtskunde und arbeitete für einen Anwalt. 1935 starb Marie Raschke in Berlin. *Röwekamp*, Juristinnen, S. 318–320; *Berneike*, Die Frauenfrage ist Rechtsfrage, S. 67–80; *Henke*, in: Streitbare Juristinnen, S. 393–408.

[11] Marianne Weber wurde am 2. August 1870 in Oerlinghausen geboren. Die Gattin des bekannten Soziologen Max Weber war eine aktive Vertreterin der deutschen Frauenbewegung. Sie gründete die Heidelberger Sektion des Vereins „Frauenbildung-Frauenstudium“ sowie eine Rechtsschutzstelle für Frauen, die Camilla Jellinek leitete. Von 1919 bis 1923 war sie Vorsitzende des Bundes Deutscher Frauenvereine. Zudem war sie wissenschaftlich tätig und galt als Expertin im Ehegüterrecht. Nach dem Tod ihres Mannes 1920 widmete sie sich der Herausgabe seines Werkes und veröffentlichte seine Biografie. Sie starb am 12. März 1954 in Heidelberg. Biografische Angaben bei: *Meurer*, Marianne Weber, 2010; *Röwekamp*, Juristinnen, S. 427–429.

[12] Camilla Jellinek wurde 1860 in Wien geboren. Sie heiratete 1883 den Juraprofessor Georg Jellinek. Sie engagierte sich gemeinsam mit Marianne Weber in der eigens dafür gegründeten Rechtsschutzstelle für Frauen und Mädchen vor allem aus unteren Sozialschichten. Sie setzte sich für die Abschaffung des Abtreibungsverbots ein. 1906 wurde sie in die Rechtskommission des Bundes Deutscher Frauenvereine gewählt. Biografische Angaben bei: *Kempter*, Die Jellineks, insbesondere S. 382–411; *Röwekamp*, Juristinnen, S. 159–162.

[13] DJT (Hrsg.), 150 Jahre Deutscher Juristentag, S. 62 f.

[14] Elisabeth Selbert wurde am 22. September 1896 in Kassel geboren. 1920 heiratete sie den aktiven Sozialdemokraten Adam Selbert, mit dem sie zwei Söhne bekam. Erst 1926 machte Elisabeth Selbert Abitur, um sodann Rechtswissenschaften in Marburg und Göttingen zu studieren. Nach erfolgreich absolviertem Assessorexamen arbeitete sie ab 1934 als Rechtsanwältin in Kassel. Sie trat bereits 1918 in die SPD ein und bekleidete unterschiedliche politische Ämter. Von 1946 bis 1958 war sie Mitglied im Hessischen Landtag. Als einzige der vier weiblichen Abgeordneten im Parlamentarischen Rat zog sie 1949 nicht in den Bundestag ein. Nach 1958 arbeitete sie noch bis ins hohe Alter in ihrer Kanzlei in Kassel, wo sie am 9. Juni 1986 starb. Biografische Angaben bei: *Böttger*, Das Recht auf Gleichheit und Differenz; *Sitter*, Die Rolle der vier Frauen, S. 18–24.

tin, Juristin und erfolgreiche Kämpferin für Frauenrechte. Sie erreichte, dass die Mütter und Väter des Grundgesetzes in ihrer letzten Abstimmung den bis heute unveränderten Verfassungssatz in seiner so deutlichen Formulierung aufnahmen. Mit der verfassungsrechtlich garantierten Gleichberechtigung war der Grundstein für die weitere Entwicklung einer „Geschlechterdemokratie" gelegt worden. Der lange Weg hin zu einer rechtlichen und tatsächlichen Umsetzung von Art. 3 Abs. 2 GG begann unmittelbar nach der Einführung des Grundgesetzes. Dieser Weg kann keinesfalls als eine reine frauenpolitische Fortschrittsgeschichte, sondern viel eher mit Ute Gerhard als „Springprozession"[15] bezeichnet werden. Dies zeigen im Besonderen die konservativen 1950er Jahre. Es galt nun, Art. 3 Abs. 2 GG im geltenden Recht und nicht zuletzt tatsächlich durchzusetzen. Dabei musste das Bundesverfassungsgericht bereits früh seiner „Wächterrolle" nachkommen, um den rechtspolitischen Restaurationstendenzen während der 1950er Jahre Einhalt zu gebieten.[16] Die Rechtsprechung des Ersten Senats, die Erna Scheffler „maßgeblich beeinflusst" hat[17], trug letztendlich dazu bei, dass mit der Umsetzung der verfassungsrechtlich garantierten Gleichberechtigung begonnen wurde.

Elisabeth Selberts, „der großen Anwältin der Gleichberechtigung"[18], die für ihre Leistungen bereits 1956 mit dem Großen Bundesverdienstkreuz ausgezeichnet wurde, wurde ab Ende der 1980er Jahre durch einige Veröffentlichungen gedacht. Barbara Böttger beschäftigte sich mit der Biografie Elisabeth Selberts und mit dem Kampf der Frauen um die Einführung von Art. 3 Abs. 2 GG.[19] Carmen Sitter holte mit ihrem Werk „Die Rolle der vier Frauen im Parlamentarischen Rat" die vergessenen Mütter „aus dem Schatten der ‚Väter'" des Grundgesetzes hervor.[20] Mittlerweile ruft auch ein historischer Spielfilm die erfolgreiche Juristin und Politikerin Elisabeth Selbert ins Gedächtnis. Der Fernsehfilm „Sternstunde ihres Lebens" – am 21. Mai 2014 in der ARD erstmalig ausgestrahlt – erinnert mit Iris Berben als Elisabeth Selbert an ihr großes Engagement für die Gleichberechtigung von Mann und Frau. Während der Name Elisabeth Selbert daher vielen Deutschen ein Begriff ist, ist der Name der ersten Bundesverfassungsrichterin Erna Scheffler deutlich weniger im öffentlichen Bewusstsein. Dies mag zum einen daran liegen, dass den Richterpersönlichkeiten in Deutschland weniger Interesse beigemessen wird als Persönlichkeiten aus der Politik. Dies könnte sowohl in der unterschiedlichen Tätigkeit – die aktive rechtsgestaltende Funktion der Legislative im Gegensatz

[15] *Gerhard*, APuZ 2008, S. 3.

[16] Vgl. *Berghahn*, in: Eine lernende Demokratie, S. 318.

[17] *Waldhoff*, in: Neue Deutsche Biographie 22 (2005), S. 615.

[18] So bezeichnet im Untertitel, in: Hessische Landesregierung (Hrsg.), Elisabeth Selbert 1896–1986.

[19] *Böttger*, Das Recht auf Gleichheit und Differenz, 1990.

[20] *Sitter*, Die Rolle der vier Frauen im Parlamentarischen Rat, 1995.

zur beobachtenden, die Einhaltung des Rechts überwachenden Judikative – begründet sein als auch in der mit der richtenden Tätigkeit verbundenen strikten Trennung von Privatem und Beruflichem. So sind in Deutschland – vielleicht als Folge dieser Trennung – anders als dies beispielsweise in den USA der Fall ist, persönliche Richterporträts nicht üblich.[21] Dass die Richter und Richterinnen des Bundesverfassungsgerichts häufig Entscheidungen treffen, denen durchaus eine politische Dimension zukommt, ist nicht erst seit den die Europäische Union betreffenden Urteilen der Fall. Im Laufe der Geschichte des Bundesverfassungsgerichts gab es immer wieder Urteile von erheblicher Brisanz, die politische Themen betrafen, öffentlich diskutiert wurden und teilweise heftig umstritten waren. So scheiterte beispielsweise das „Adenauersche Projekt eines regierungsnahen Fernsehsenders in Karlsruhe“[22]. Auch die Entscheidungen zur Reform des „Abtreibungsparagrafen“ § 218 StGB, zur Hochschulmitbestimmung oder zum Grundlagenvertrag stießen aufgrund ihrer politischen Dimension auf Kritik und setzten das BVerfG den Vorwürfen des „Obergesetzgebers“[23] oder der „Konterkapitäne von Karlsruhe“[24] aus.[25] Bereits die Rechtsprechung zur Gleichberechtigung in den Jahren nach der Gründung des Bundesverfassungsgerichts am 7. September 1951, bei der Erna Scheffler eine Schlüsselstellung zugesprochen wird,[26] ist als ein Beispiel für die gesellschaftliche und politische Brisanz verfassungsgerichtlicher Entscheidungen zu nennen.

Zum anderen wurde erst in den letzten beiden Jahrzehnten vermehrt speziell frauenrechtsgeschichtliche Forschung betrieben. Beleuchtet wurden unter anderem die Rolle der Frauenbewegung bei der Entstehung des Bürgerlichen Gesetzbuches[27] und die Reformforderungen der ersten deutschen Juristinnen in der Weimarer Republik.[28] Einen Überblick über die Entwicklung des Berufsbildes der Juristin sowie über einzelne Biografien geben die Werke von Marion Röwekamp.[29] Andere Aspekte, wie „rechtshistorische Betrachtungen über die Einflussnahme von feministischen Interessenvereinen und -verbänden oder ihrer Mitglieder auf die Rechtsentwicklung“[30], wurden bisher nur am Rande behandelt. Arbeiten über Lebenswege und das Wirken von Juristinnen und ihre

---

[21] Vgl. *Majer*, JöR 41 (1993), S. 1.

[22] *Vorländer*, in: Das Bundesverfassungsgericht im politischen System, S. 190.

[23] *Leicht*, „Süddeutsche Zeitung“, vom 17.4.1978, S. 4.

[24] *Schueler*, „Die Zeit“, Nr. 9, vom 24.2.1978, S. 9.

[25] *Vorländer*, in: Das BVerfG im politischen System, S. 191.

[26] Vgl. *Lange*, in: Jahrbuch der Schlesischen Friedrich-Wilhelms-Universität zu Breslau, Bd. 42–44 (2001–2003), S. 526.

[27] *Berneike*, Die Frauenfrage ist Rechtsfrage, 1995.

[28] *Cordes*, Frauen als Wegbereiter des Rechts. Die ersten deutschen Juristinnen und ihre Reformforderungen in der Weimarer Republik, 2012.

[29] *Röwekamp*, Die ersten deutschen Juristinnen. Eine Geschichte ihrer Professionalisierung und Emanzipation (1900–1945), 2011; *dies.*, Juristinnen, Lexikon zu Leben und Werk, 2005.

[30] *Cordes*, Frauen als Wegbereiter des Rechts, S. 117.

jeweiligen Beiträge auf die Gesellschafts- und Rechtsentwicklung finden sich ebenfalls nur vereinzelt.[31] Dieser Beitrag intendiert, diese Forschungslücke zumindest ein Stück weit zu beseitigen.

Wie sehr auch Erna Schefflers ganz persönliche Lebenserfahrungen dazu führten, dass sie für die Gleichberechtigung der Geschlechter kämpfte, hat schon Erhard H. M. Lange in seinem Aufsatz über Erna Scheffler betont.[32] Mit ihm ist Diemut Majer, jedenfalls Erna Schefflers Biografie betreffend, zuzustimmen, dass „‚Biographisch/Persönliches' auch für die Richterbiografie ‚mit dem fachlichen Wirken aufs engste zusammen gehört' [sic!]".[33] Über den Aufsatz von Erhard H. M. Lange hinausgehend wird in dieser Arbeit daher ein Schwerpunkt auf Erna Schefflers juristisches Wirken gesetzt. Dabei wird zum einen ihr persönliches Engagement für die Gleichberechtigung der Frau einbezogen. Zum anderen wird über ihre Arbeit in unterschiedlichen Frauennetzwerken berichtet, um schließlich der Frage nachzugehen, inwiefern auch in den als konservativ bekannten 1950er Jahren eine Bewegung für die Gleichberechtigung der Geschlechter stattgefunden hat. Begonnen wird mit der Schilderung des Lebensweges von Erna Scheffler, der eingebettet wird in eine überblicksartige Beschreibung der gesellschaftlichen Situation der Frauen und in den Verlauf der Professionalisierung der frühen Juristinnen. Als Betroffene von Sexismus und Ausgrenzung war Erna Schefflers Werdegang stets abhängig von der gesellschaftlichen Entwicklung. Ohne die Berücksichtigung der Rolle und der gesellschaftlichen Stellung der Frauen und insbesondere der beruflichen Situation der Juristinnen bliebe sowohl das Bild über Erna Schefflers Leben als auch der Einblick in ihr juristisches Wirken unvollständig. Die Verflechtung zwischen gesellschaftlicher Entwicklung, ihrem persönlichen Lebensweg und ihrer richterlichen Tätigkeit sichtbar zu machen, ist ebenfalls ein Anliegen dieser Arbeit. Abschließend wird ihr juristisches Wirken, in erster Linie ihr Beitrag zur Umsetzung des verfassungsrechtlichen Gleichberechtigungsgebots, in den Kontext der deutschen Frauenbewegung gesetzt.

---

[31] Beispielsweise: *Misselwitz*, Marie Luise Hilger: Zum Leben und Wirken einer Arbeitsrechtlerin im 20. Jahrhundert, 2016; *Cordes*, Marie Munk: Leben und Werk, 2015.

[32] *Lange*, in: Jahrbuch der Schlesischen Friedrich-Wilhelms-Universität zu Breslau, Bd. 42–44 (2001–2003), S. 576.

[33] *Lange*, in: Jahrbuch der Schlesischen Friedrich-Wilhelms-Universität zu Breslau, Bd. 42–44 (2001–2003), S. 527.

II. Erna Scheffler: Der Weg zur promovierten Juristin

1. Familie und Kindheit

Erna Scheffler wurde am 21. September 1893 als Erna Friedenthal in Breslau geboren.[1] Sie entstammte väterlicherseits einer weitverzweigten, ursprünglich jüdisch-stämmigen Breslauer Familie.[2] Nach den Nachforschungen von Erhard H. M. Lange lässt sich ihr Stammbaum zurückführen auf den hebräischen Schriftsteller, Grundbesitzer und Kaufmann Marcus Bär Friedenthal, der 1812 nach Breslau gezogen war und dort die wachsende jüdische Gemeinde prägte.[3] Er soll der Urgroßvater Erna Schefflers gewesen sein.[4] Wie in vielen anderen jüdischen Familien in Preußen nahmen einige Familienmitglieder der nächsten und übernächsten Generation den evangelischen Glauben an. Viele jüdische Deutsche in Schlesien fühlten sich ihrem Vaterland besonders verbunden und konvertierten im Streben nach sozialem Aufstieg zum Christentum.[5] So traten bereits Erna Schefflers Großeltern, Carl Philipp und Klementine, geb. Dyhrenfurth, zum evangelischen Glauben über.[6] Ihr Vater Paul Friedenthal wurde sodann evangelisch erzogen. Er war ein wohlhabender Fabrikbesitzer, dem eine Ölmühle in der Nähe von Breslau gehörte.[7] Erhard H. M. Lange zufolge war Paul Friedenthal als junger Mann zunächst seinem älteren Bruder Ernst (1850–1921) nach Amerika gefolgt. Die beiden Brüder hatten dort in Bo-

---

[1] *Friedenthal*, Lebenslauf, im Anhang ihrer Dissertation über straftilgende Maßnahmen.

[2] *Lange*, in: Jahrbuch der Schlesischen Friedrich-Wilhelms-Universität zu Breslau, Bd. 42–44 (2001–2003), S. 528.

[3] *Lagiewski*, in: Das Pantheon der Breslauer Juden, S. 139. Informationen zum Breslauer Judentum bei: *van Rahden*, Juden und andere Breslauer, 2000. Zur Assimilation der Juden in Breslau siehe auch: *Schieb*, in: „Das war mal unsere Heimat…“: jüdische Geschichte im preußischen Osten, S. 68–75.

[4] *Lange* entnahm dies einer privaten schriftlichen Notiz aus der Familie, *Lange*, in: Jahrbuch der Schlesischen Friedrich-Wilhelms-Universität zu Breslau, Bd. 42–44 (2001–2003), S. 529.

[5] Vgl. *Schultze-Rhonhof*, in: Das Pantheon der Breslauer Juden, S. 8.

[6] *Lange*, in: Jahrbuch der Schlesischen Friedrich-Wilhelms-Universität zu Breslau, Bd. 42–44 (2001–2003), S. 531.

[7] *Friedenthal*, Lebenslauf, im Anhang ihrer Dissertation über straftilgende Maßnahmen; *Dertinger*, „Frankfurter Rundschau“, vom 15. Mai 1993, S. 5; *Lange*, in: Jahrbuch der Schlesischen Friedrich-Wilhelms-Universität zu Breslau, Bd. 42–44 (2001–2003), S. 536.

navista auf Neufundland ein Holzwerk betrieben, bevor sie nach Deutschland zurückkehrten.[8] Sie kamen damit der Bitte ihres Vetters nach, „sich für eine Zeit als Generalbevollmächtigter der Verwaltung“ seines Großgrundbesitzes anzunehmen.[9] Zunächst bewirtschaftete der Vetter Karl Rudolph Friedenthal, ein studierter Jurist, den ererbten Landbesitz im Kreis Neisse allein. Da sein eigentliches Interesse jedoch der Politik galt, das ihm bald hohes öffentliches Ansehen einbrachte, blieb für die Bewirtschaftung seines Grundbesitzes zunehmend weniger Zeit. Er wurde 1857 zum Landrat im benachbarten Kreis Grottkau gewählt und war von 1867 bis 1871 Abgeordneter des Norddeutschen Reichstages und des Zollvereins. Nach der Reichsgründung gehörte er bis 1881 dem Deutschen Reichstag an. Hohes politisches Ansehen genoss er als preußischer Landwirtschaftsminister ab 1874. Von diesem Amt trat er im Zusammenhang mit der konservativen Wende Bismarcks am 12. Juli 1879 zurück. Zu den Besitztümern Karl Rudolph Friedenthals zählte auch ein Breslauer Geschäftshaus, für das nun Paul Friedenthal, Erna Schefflers Vater, zuständig wurde.[10] Anfang der 1890er Jahre kaufte Paul Friedenthal eine etwas außerhalb von Breslau gelegene Ölmühle, welche der jungen Familie „gemeinsam mit dem Ersparten und dem Verdienst aus anderen Tätigkeiten ein einträgliches Einkommen garantierte“.[11] Das private Leben des Kaufmannes und Fabrikbesitzers sollte – wie Erna Scheffler später ihrer Tochter berichtete – von einer Neigung zu Kunst, Kultur und Musik geprägt sein.[12] Es ist zu vermuten, dass hieraus auch der frühe Kindheitswunsch Erna Schefflers rührte, einmal selbst Sängerin zu werden.[13]

Ihre Mutter Margarethe Friedenthal, geb. Kupfermann, war Hausfrau. Schon früh ermahnte sie ihre Tochter, dass es auch für Mädchen notwendig sei, durch eine gute Ausbildung und einen Beruf ihren eigenständigen Platz im Leben zu finden.[14] Dies sollte der jungen Erna Scheffler bereits als junges Mädchen sehr deutlich werden. Am 15. Januar 1905 verstarb ihr Vater nach einer schweren Krankheit.[15] Für die damals Elfjährige sollte der frühe Tod des Vaters – „eines

---

[8] *Lange*, in: Jahrbuch der Schlesischen Friedrich-Wilhelms-Universität zu Breslau, Bd. 42–44 (2001–2003), S. 536.

[9] *Lange*, in: Jahrbuch der Schlesischen Friedrich-Wilhelms-Universität zu Breslau, Bd. 42–44 (2001–2003), S. 536.

[10] *Lange*, in: Jahrbuch der Schlesischen Friedrich-Wilhelms-Universität zu Breslau, Bd. 42–44 (2001–2003), S. 536.

[11] *Lange*, in: Jahrbuch der Schlesischen Friedrich-Wilhelms-Universität zu Breslau, Bd. 42–44 (2001–2003), S. 536.

[12] *Lange*, in: Jahrbuch der Schlesischen Friedrich-Wilhelms-Universität zu Breslau, Bd. 42–44 (2001–2003), S. 536.

[13] *Dertinger*, Frauen der ersten Stunde, S. 156.

[14] *Jaeger*, in: Djb (Hrsg.), Juristinnen in Deutschland, 1900–2003, S. 202; *Waldhoff*, JöR 56 (2003), S. 261.

[15] *Lange*, in: Jahrbuch der Schlesischen Friedrich-Wilhelms-Universität zu Breslau, Bd. 42–44 (2001–2003), S. 527.

der späteren Erinnerung nach kultivierten, herzlichen Mannes"[16] – zu einem „Schlüsselerlebnis" werden.[17] Die familiäre Situation änderte sich nach dem Tode Paul Friedenthals drastisch. Nachdem Erna Schefflers Vater verstorben war, wurde ihrer Mutter die elterliche Gewalt zugunsten eines Vormunds entzogen.[18] Zwar bestimmte das Bürgerliche Gesetzbuch, das zu dieser Zeit erst fünf Jahre in Kraft war, dass der Mutter, „wenn der Vater gestorben (…) ist", die elterliche Gewalt zusteht. Doch blieben Ausnahmen von diesem Grundsatz vorgesehen. Beispielsweise hatte das Vormundschaftsgericht der Mutter einen Beistand zu bestellen, wenn dies zuvor vom Vater angeordnet worden war oder es aus besonderen Gründen, „insbesondere wegen des Umfanges oder der Schwierigkeit der Vermögensverwaltung" die Bestellung für nötig erachtete (§ 1687 Nr. 1 und 3 Bürgerliches Gesetzbuch (BGB)). Diese Ausnahmen führten dazu, dass eine verwitwete Ehefrau, weitgehend rechtlos zurückgelassen, einem Testamentsvollstrecker und einem Vormund ausgesetzt sein konnte. In derartiger Situation befand sich Erna Schefflers Mutter, Margarethe Friedenthal. Nach dem frühen Tode ihres Mannes war dessen Bruder Ernst Friedenthal mit der Vormundschaft und der Vermögensverwaltung betraut worden.[19] Sie selbst war also in Bezug auf die Handhabung des Vermögens ihres Mannes und die Erziehung ihrer Kinder den Entscheidungen ihres Schwagers ausgesetzt.

Erna Scheffler dürfte die ungünstige Lage, in der sich ihre Mutter befand, bemerkt haben. Es muss für sie sehr eigentümlich gewesen sein, dass nicht ihre Mutter, die für sie doch die engste Bezugsperson war, sondern ihr Onkel für ihre Erziehung und die ihres Bruders verantwortlich war. Lange vermutet, dass er seine Aufgabe zudem „sehr eigenwillig und autoritär" ausgeübt habe.[20] Möglicherweise habe er die Rolle so verstanden, dass er über den rechtlichen Rahmen hinaus gewissermaßen die Stellung eines „Familienoberhaupts" auszuüben habe.[21] Offenbar seien dadurch, so Lange, „traditionelles Familiendenken und individueller Anspruch auf Selbstbestimmung seitens der eingeheirateten Margarethe Friedenthal, in einen unüberbrückbaren Gegensatz getreten".[22]

---

[16] *Lange*, in: Jahrbuch der Schlesischen Friedrich-Wilhelms-Universität zu Breslau, Bd. 42–44 (2001–2003), S. 528.

[17] *Waldhoff*, JöR 56 (2003), S. 261; *Röwekamp* spricht von einem „Erweckungserlebnis", Die ersten deutschen Juristinnen, S. 78.

[18] *Lange*, in: Jahrbuch der Schlesischen Friedrich-Wilhelms-Universität zu Breslau, Bd. 42–44 (2001–2003), S. 537.

[19] *Lange*, in: Jahrbuch der Schlesischen Friedrich-Wilhelms-Universität zu Breslau, Bd. 42–44 (2001–2003), S. 537.

[20] *Lange*, in: Jahrbuch der Schlesischen Friedrich-Wilhelms-Universität zu Breslau, Bd. 42–44 (2001–2003), S. 537 f.

[21] *Lange*, in: Jahrbuch der Schlesischen Friedrich-Wilhelms-Universität zu Breslau, Bd. 42–44 (2001–2003), S. 537.

[22] *Lange*, in: Jahrbuch der Schlesischen Friedrich-Wilhelms-Universität zu Breslau, Bd. 42–44 (2001–2003), 538.

Dies habe vermutlich zu Spannungen innerhalb der Familie geführt.[23] Jedenfalls strebte Erna Scheffler an – was untypisch für ein junges Mädchen zu ihrer Zeit war – zu erlernen, „wie man sich aus eigener Kraft in dieser Welt zurechtfinden und zur Wehr setzen kann".[24]

Durch das derart fremdbestimmte Familienleben veranlasst, entschloss Erna Scheffler sich, einen „ordentlichen Beruf" zu erlernen, welcher ihre Selbstständigkeit garantieren würde.[25] Es heißt sogar, dass bereits zu dieser Zeit ihr Entschluss entstanden sei, „sich dem Recht zuzuwenden".[26] Man mag dies zwar als Überhöhung von Erlebnissen in der Kindheit werten, um den Lebensverlauf im Nachhinein zu erklären. Indes ist es nicht ungewöhnlich, dass Erfahrungen in früher Kindheit spätere Lebensentscheidungen beeinflussen. Jedenfalls muss Erna Scheffler verspürt haben, dass ihre in Geschäftsdingen unerfahrene Mutter dem geschäftlich und finanziell erfahrenen Ernst Friedenthal unterlegen war. Dies stärkte ihr Gefühl, für ihren jüngeren Bruder verantwortlich zu sein und ihrer Mutter beistehen zu müssen.[27] Sie erfuhr in diesem frühen Lebensabschnitt sehr konkret die Rechtlosigkeit von Frauen, sodass ihr bereits als sehr junges Mädchen offenbar wurde, wie wichtig die materielle und geistige Unabhängigkeit insbesondere für Frauen ist.[28] Da dieser Zustand der „Abhängigkeit ihrer Mutter von einem Mann, den sie zudem nicht gewählt hatte", über einige Jahre andauerte, liegt es nahe, dass sie diese Erfahrungen nachhaltig prägten. Vielleicht ließen die Erfahrungen aus ihrer Kindheit sie bereits damals erkennen, was sie später aussprechen sollte:

> „Volle Rechtspersönlichkeit hat nur der, den man für voll nehmen muß, und für voll nimmt man nur denjenigen, der für sich selbst einstehen kann. Das vermochte in früheren Zeiten nur, wer die Waffe führte, und in späteren, entscheidend wirtschaftlich bestimmten Zeiten, wer im Berufsleben selbst für sich sorgen konnte. Im Waffenhandwerk wie im Wirtschaftsleben aber trat die Frau völlig hinter dem Mann zurück, und ihre Leistung als Hausfrau und Mutter – und das scheint mir der entscheidende Punkt – wurde rechtlich für nichts geachtet, weil diese Leistung keinen Marktwert hatte."[29]

---

[23] *Lange* bezieht sich dabei auf schriftliche Andeutungen von Erna Schefflers Tochter Dr. Lore Fry, in: Jahrbuch der Schlesischen Friedrich-Wilhelms-Universität zu Breslau, Bd. 42–44 (2001–2003), S. 538.

[24] *Jaeger*, in: Juristinnen in Deutschland, 1900–2003, S. 197.

[25] *Röwekamp*, Juristinnen, S. 348.

[26] *Jaeger*, in: Juristinnen in Deutschland, 1900–2003, S. 197; *dies.*, in: Juristische Zeitgeschichte, 2003/2004, S. 117.

[27] *Lange*, in: Jahrbuch der Schlesischen Friedrich-Wilhelms-Universität zu Breslau, Bd. 42–44 (2001–2003), S. 538; *Dertinger*, Frauen der ersten Stunde, S. 156.

[28] So ähnlich auch *Lange*, in: Jahrbuch der Schlesischen Friedrich-Wilhelms-Universität zu Breslau, Bd. 42–44 (2001–2003), S. 538 f.; *Dertinger*, Frauen der ersten Stunde, S. 156.

[29] *Scheffler*, Die Stellung der Frau, S. 6 f.

2. Schulzeit und Studium

Erna Scheffler besuchte neun Jahre lang eine höhere Mädchenschule, „zunächst die Privatschule von Fräulein Ilming, Breslau, und im letzten Jahre die städt. höhere Mädchenschule in Liegnitz".[30] Auf die damals sogenannte „Reifeprüfung" musste sie sich jedoch privat vorbereiten, weil es um 1910 noch kaum Gymnasien für Mädchen gab.[31] Als sich die fünfzehnjährige Erna Scheffler entschloss, ihr Abitur zu machen, gab es in Liegnitz gar kein Mädchengymnasium.[32] Sie habe sich, wie sie im Jahre 1965 in einem Radiointerview im Südwestrundfunk berichtete, privat mit zwei anderen Mädchen auf das Abitur vorbereitet.[33] Sie bestand die Abiturprüfung schließlich im Jahre 1911 im Alter von siebzehn Jahren als Externe am Realgymnasium in Ratibor.[34] Erna Scheffler bezeichnete sich und ihre Schulkameradinnen als „Weiße Raben", womit sie sicherlich ihre Außenseiterrolle verbildlichen wollte.[35] Doch obwohl sie ja als Fremde von außerhalb zugewiesen worden waren, sei ihnen der „außerordentlich aufgeschlossene Direktor (...) mit großer Liebenswürdigkeit begegnet", erinnerte sich Erna Scheffler an ihre Schulzeit.[36]

Ihrem Wunsch, sich aus eigener Kraft in der Welt zurechtzufinden und sich selbstständig behaupten zu können, folgend, entschloss sie sich, ein Studium aufzunehmen.[37] Wie ungewöhnlich ein solcher Lebensentwurf kurz vor dem Ersten Weltkrieg besonders für junge Frauen war, zeigt sich, wenn man die gesellschaftlichen Rahmenbedingungen beleuchtet.

Erst seit Beginn des 20. Jahrhunderts wurden Frauen überhaupt zu einem Studium zugelassen.[38] Als erster Bundesstaat gewährte Baden im Februar 1900 den Frauen die volle Immatrikulation zu den gleichen Bedingungen wie den Männern.[39] Es folgten 1903 Bayern, 1904 Württemberg, 1906 Sachsen, 1907 Thüringen, 1908 Hessen und Preußen.[40] In Preußen galt jedoch die Einschränkung, dass Frauen aus besonderen Gründen mit der Genehmigung des Ministers von der Teilnahme an einzelnen Vorlesungen ausgeschlossen werden konnten.[41]

Auch Erna Schefflers eigene Erfahrungen zeigen, dass ihr Wunsch zu studieren nicht nur auf Wohlwollen stieß. So berichtete sie 1965 dem Südwestrund-

---

30 *Friedenthal*, Lebenslauf, im Anhang der Doktorarbeit über straftilgende Maßnahmen.

31 Erst am 16. September 1893 wurde auf Initiative des Vereins „Frauenbildungsreform" das erste Mädchengymnasium auf dem Gebiet des heutigen Deutschlands in Karlsruhe eröffnet.

32 Archiv des SWR, 5790672(BAD).

33 Archiv des SWR, 5790672(BAD).

34 *Friedenthal*, Lebenslauf, im Anhang der Doktorarbeit über straftilgende Maßnahmen.

35 Archiv des SWR, 5790672(BAD).

36 Archiv des SWR, 5790672(BAD).

37 *Röwekamp*, Juristinnen, S. 348; *Dertinger*, Frauen der ersten Stunde, S. 156.

38 Djb (Hrsg.), Juristinnen in Deutschland, 1900–2003, S. 11.

39 Beckmann/Stoß (Hrsg.), Die Entwicklung der höheren Mädchenbildung, S. 92.

40 *Boedeker*, 25 Jahre Frauenstudium, S. XXXIX, XL.

41 *Boedeker*, 25 Jahre Frauenstudium, S. XL.

funk, dass einmal die Mutter einer ihrer Freundinnen sie sehr eindringlich davor gewarnt habe, ein Studium zu beginnen, da sie dann bestimmt keinen Mann bekommen würde.[42]

Erna Schefflers Studienzeit begann im Sommersemester 1911 an der Medizinischen Fakultät in Heidelberg.[43] Bereits nach einem Semester entschied sie, das Studienfach zu wechseln. Fortan studierte sie bis 1914 Rechts- und Staatswissenschaften an den Universitäten München, Berlin und schließlich in ihrer Heimatstadt Breslau.[44] Sie war sowohl in München als auch in Berlin eine der ersten Frauen, die die Universität besuchten. In München gab es „eine Handvoll" Kommilitoninnen, in Berlin hatte Erna Scheffler dann nur noch zwei Mitstudentinnen. An der Juristenfakultät in Breslau war sie sowohl im Sommersemester 1912 als auch im darauffolgenden Wintersemester die einzige Studentin.[45] Insgesamt studierten zu jener Zeit an der Breslauer Friedrich-Wilhelms-Universität[46] bereits 150 Frauen.[47] Sie bildeten damit immerhin 5,5 Prozent der Studierendenschaft. Etwa zwei Drittel der Studentinnen kamen aus Schlesien. Sie gehörten – bis auf wenige Ausnahmen – der Philosophischen Fakultät an und belegten überwiegend die Fächer Alte und Neue Philologie sowie Geschichte.[48] Als junge Frau ein rechtswissenschaftliches Studium aufzunehmen, war somit auch in Schlesien überaus ungewöhnlich. Immerhin verdoppelte sich im Sommersemester 1914 die Zahl der Jurastudentinnen auf insgesamt zwei.[49] Erna Scheffler wurde in ihrer Zeit auf der Universität, wie sie später berichtete, von einigen Professoren[50] vollkommen

---

[42] Archiv des SWR, 5790672(BAD).

[43] *Lange*, in: Jahrbuch der Schlesischen Friedrich-Wilhelms-Universität zu Breslau, Bd. 42–44 (2001–2003), S. 539.

[44] *Friedenthal*, Lebenslauf, im Anhang der Doktorarbeit über straftilgende Maßnahmen.

[45] Dies ergibt sich aus dem Personal-Verzeichnis der Schlesischen Friedrich-Wilhelms-Universität zu Breslau, Wintersemester 1912/13, Bd. 167, S. 101–105.

[46] Die Schlesische Friedrich-Wilhelms-Universität wurde im Zuge der Humboldtschen Bildungsreformen 1811 gegründet. Im ersten Jahrzehnt des 20. Jahrhunderts war sie die drittgrößte preußische Universität. Ihre Juristische Fakultät zählte mit durchschnittlich 1200 Studierenden neben Göttingen, Leipzig und Heidelberg zu den größeren Fakultäten Deutschlands. Siehe dazu *Ditt*, „Stoßtruppfakultät Breslau", S. 9 f.

[47] Personal-Verzeichnis der Schlesischen Friedrich-Wilhelms-Universität zu Breslau, Wintersemester 1912/13, Bd. 167, S. 114.

[48] Vgl. Personal-Verzeichnis der Schlesischen Friedrich-Wilhelms-Universität zu Breslau, Wintersemester 1912/13, Bd. 167, S. 115.

[49] Neben Erna Scheffler wird im Personal-Verzeichnis der Schlesischen Friedrich-Wilhelms-Universität Irmgard Kühnau für das Studium der Rechte gelistet, siehe: Personal-Verzeichnis der Schlesischen Friedrich-Wilhelms-Universität zu Breslau, Wintersemester 1914, Bd. 170, S. 104.

[50] Zu Erna Schefflers Studienzeit waren noch viele Professoren „vom alten Schlag", die viele Jahre an der Universität gewirkt hatten, an der Breslauer Juristenfakultät tätig. Zu nennen sind beispielsweise der Staatsrechtler Siegfried Brie (1838–1931), der von 1878 bis zu seiner Emeritierung 1921 an der Fakultät lehrte, der Völkerrechtler Paul Heilborn (1861–1932), der von 1903 bis zu seiner Emeritierung 1921 der Fakultät angehörte sowie der Zivilrechtler Otto

ignoriert.[51] Kein einziger Mitstudent habe während des gesamten Studiums je auch nur ein einziges Wort mit ihr gesprochen, schrieb Richterin Helga Kümmel über die Erzählung ihrer angeheirateten Großtante.[52] Ähnliche Erfahrungen machte Marie-Elisabeth Lüders, die 1909 an der Friedrich-Wilhelm-Universität in Berlin[53] für Nationalökonomie immatrikuliert wurde und nebenbei juristische Vorlesungen besuchte.[54] Sie berichtete, dass die Situation der wenigen studierenden Frauen anfangs keineswegs erfreulich gewesen sei.[55] Später beschrieb sie die damaligen Verhältnisse wie folgt: „In den juristischen Kollegs und Seminaren der Berliner Universität war ich zunächst die einzige Frau. Das bei meinem Eintritt in das Auditorium praktizierte Scharren der Studenten[56] überhörte ich hartnäckig; dadurch wurde es denen bald zu langweilig."[57] Erna Scheffler machte ebenfalls einmal die Erfahrung, „ausgescharrt" zu werden. Sie berichtete über dieses Erlebnis aus ihrer Studentenzeit:

„Auf der Universität habe ich mit den Professoren auch sehr gute Erfahrungen gemacht. Ich erinnere mich, dass ich in einem großen Praktikum, dem kleinen BGB-Praktikum, das immer sehr gut besucht ist, das erste Mal eine Antwort gab. Die Reaktion der Kommilitonen war, dass sie lebhaft scharrten. Darauf sagte der verhältnismäßig junge Professor: ‚Meine Herren finden Sie, dass die Antwort falsch war? Dann sagen Sie's bitte. Füße sind keine Gegengründe'."[58]

Die Reaktion des Professors[59] war zu dieser Zeit sicherlich recht fortschrittlich und für Erna Scheffler ein Glücksfall. Denn nach diesem Vorfall habe sie „eigentlich keinen Ärger mehr gehabt", wie sie rückblickend schilderte.[60] Die Reaktionen von Juraprofessoren auf die ersten Studentinnen waren aber sehr unterschiedlich. Während einige sie „überfürsorglich behandelten",[61] verhielten sich andere klar frauenfeindlich.[62]

Fischer (1853–1929), der bereits 1890 zum Ordinarius ernannt worden war und ebenfalls erst 1921 emeritiert wurde. Siehe *Ditt*, „Stoßtruppfakultät Breslau", S. 11.

[51] *Kümmel*, DRiZ 1984, S. 358; *Röwekamp*, Juristinnen, S. 348.

[52] *Kümmel*, DRiZ 1984, S. 358.

[53] Seit 1949 Humboldt-Universität.

[54] *Binder*, in: Djb (Hrsg.), Juristinnen in Deutschland, 1900–2003, S. 192.

[55] *Lüders*, Fürchte Dich nicht, S. 49.

[56] Das Scharren mit den Füßen war zu der damaligen Zeit eine Ausdrucksweise tiefen Missbehagens.

[57] *Lüders*, Fürchte Dich nicht, S. 49.

[58] Archiv des SWR, 5790672(BAD).

[59] Es ist zu vermuten, dass es Prof. Rudolf Leonhard (1851–1921) war, der damals die männlichen Studierenden zurechtwies. Karl Rauch hielt im Wintersemester 1912/13 die Übungen im bürgerlichen Recht für Anfänger, siehe Vorlesungsverzeichnis der Schlesischen Friedrich-Wilhelms-Universität Breslau im Winter-Semester 1912/13, S. 10.

[60] Archiv des SWR, 5790672(BAD).

[61] *Röwekamp*, Die ersten Deutschen Juristinnen, S. 145.

[62] Eine interessante und umfassende Schilderung über den Studienalltag der ersten Juristinnen findet sich bei: *Röwekamp*, Die ersten deutschen Juristinnen, S. 140–153.

Wie lassen sich die wohl überwiegend negativen Erfahrungen im Studienalltag der ersten Juristinnen und das abwertende Verhalten der Professoren und Kommilitonen ihnen gegenüber erklären? Studierende Frauen waren vor dem Ersten Weltkrieg eine Seltenheit. Reichsweit studierten im Wintersemester 1913/14 lediglich 3.686 Frauen.[63] Gegenüber den rund 56.000 männlichen Studenten machten sie einen Anteil von nur 6,18 % aller Studierenden aus.[64] Die mit Abstand von Frauen am meisten gewählten Studienfächer waren Philologie und Geschichte sowie Medizin.[65] In den Rechtswissenschaften war der Frauenanteil noch deutlich geringer. So studierten 1911, als Erna Scheffler ihr Studium begann, reichsweit lediglich 44 Frauen an juristischen Fakultäten.[66] Ihr Anteil an den Gesamtstudierenden betrug lediglich 0,4 %.[67] Bis zum Wintersemester 1913/14 stieg die Anzahl der Jurastudentinnen auf 64.[68] Im Vergleich zu den 10.047 eingeschriebenen männlichen Studenten blieb der Frauenanteil an der gesamten Studierendenschaft mit 0,63 % verschwindend gering.[69] Erna Scheffler gehörte folglich zu einer ganz kleinen Minderheit in einer deutlich von Männern dominierten Studierendenschaft.

Doch warum wurde Erna Scheffler trotzdem nicht beachtet? Sie hätte doch als eine von wenigen Frauen an der Universität umso mehr wahrgenommen werden müssen. Eine Erklärung für diesen aus heutiger Sicht nur mühsam vorstellbaren Umstand könnte in der kaum vorhandenen gesellschaftlichen Akzeptanz für das Frauenstudium zu finden sein. Die Gründe, die gegen das Studium der Frauen vorgebracht wurden, reichten über eine angebliche Gefahr der Vernachlässigung der Hausfrauen- und Mutterpflichten bis zur Befürchtung des Verlustes weiblicher Anmut und Liebenswürdigkeit durch das Studium.[70] Es wurden sogar – aus heutiger Sicht abenteuerlich klingende – biologische Argumente angeführt. So erklärte der Anatom Theodor von Bischoff eine geminderte intellektuelle Leistungsfähigkeit von Frauen mit Ergebnissen, die er aus Versuchen zur vergleichenden Gehirn- und Schädelanatomie gewonnen hatte.[71] Frauen seien von Natur aus, aufgrund anatomischer Gegebenheiten, nicht in der Lage, abstrakt, logisch und wissenschaftlich zu denken. Dem weiblichen Geiste fehle es an Kombinationsgabe und Schärfe zur Unterscheidung des Wesentli-

---

63 Vgl. *Titze*, DHB, Bd. 1, 1. Teil, S. 42.

64 *Titze*, DHB, Bd. 1, 1. Teil, S. 42.

65 *Gaebel*, „Die Frau" 34 (1926/27), S. 219; *Boedeker*, 25 Jahre Frauenstudium, S. XLIX.

66 *Titze*, DHB Bd. 1, 1. Teil, S. 110.

67 *Titze*, DHB Bd. 1, 1. Teil, S. 110.

68 *Titze*, DHB Bd. 1, 1. Teil, S. 110; in einer Statistik aus dem Jahr 1927 wird die Anzahl der reichsdeutschen weiblichen Studierenden im Fach Rechtswissenschaften mit 57 angegeben, *Gaebel*, „Die Frau" 34 (1926/27), S. 218.

69 *Titze*, DHB Bd. 1, 1. Teil, S. 110.

70 *Mertens*, Vernachlässigte Töchter, S. 25.

71 *v. Bischoff*, Das Studium und die Ausübung der Medizin S. 16 f.

chen von dem Unwesentlichen.[72] Frauen seien daher für das Studium und die Pflege der Wissenschaften nicht geeignet.[73] Ein weiterer entschiedener Gegner des Frauenstudiums, der Göttinger Medizinprofessor Arnold Ruge, sah sogar eine „Katastrophe heraufkommen“:[74] Gerade für die deutsche Kultur mit ihrem männlichen Rigorismus entstehe ein vernichtender Feind durch den schleichenden, alle Kraft verzehrenden Feminismus.[75] Er sah vor allem die traditionelle Wissenschaft bedroht:

„Während der Lebens- und Persönlichkeitswert der Frau in der Berührung mit den starren männlichen Prinzipien der Wissenschaft gemindert wird, ihre Lebensorgane austrocknen und tot werden, erfahren auf der anderen Seite die reinen Formen der Wissenschaft durch die Forderungen der Frau an sie eine Umgestaltung und Verunreinigung. (…) Die Frauen werden innerlich ärmer, soweit sie nicht schon innerlich arm an die Wissenschaft herantreten, die Wissenschaft wird pragmatischer, oder, was dasselbe ist, banaler.“[76]

Er befürchtete also durch die Frauen eine „Verflachung und Verweichlichung“ der „traditionellen, reinen Wissenschaft“.[77] Schon diese wenigen Äußerungen vermögen beispielhaft die Stimmen der zahlreichen Gegner des Frauenstudiums wiederzugeben, die für eine konservative Geschlechterideologie eintraten und Ende des 19. Jahrhunderts die öffentliche Meinung prägten.

Besonders die Jurastudentinnen waren den gesellschaftlichen Ressentiments gegen das Frauenstudium ausgesetzt. Die Erste Vorsitzende des Bundes Deutscher Frauenvereine (BDF) Auguste Schmidt[78] prognostizierte bereits im Jahre 1900, dass „der Kampf um das Eindringen in das Richteramt (…) weit heftiger sein und länger dauern“ werde als der Kampf um die Zulassung von Ärztinnen und Lehrerinnen.[79] Galt schon das Bedürfnis zu studieren als „unweiblich“,

---

[72] *v. Bischoff*, Das Studium und die Ausübung der Medizin, S. 26.
[73] *v. Bischoff*, Das Studium und die Ausübung der Medizin, S. 20.
[74] *Koerner*, Auf fremdem Terrain, S. 87.
[75] *Ruge*, Das Wesen der Universitäten, S. 25.
[76] *Ruge*, Das Wesen der Universitäten, S. 30.
[77] *Koerner*, Auf fremdem Terrain, S. 87.
[78] Auguste Schmidt wurde am 3. August 1833 in Breslau geboren. Sie absolvierte 1850 das Lehrerinnenexamen und war als Erzieherin und später als Lehrerin tätig. Ihre bekannteste Schülerin war Clara Zetkin. 1865 gründete Auguste Schmidt gemeinsam mit Louise Otto-Peters, mit der sie eine enge Freundschaft verband, den Leipziger Frauenbildungsverein. Einige Monate später beteiligte sie sich maßgeblich an der Gründung des Allgemeinen Deutschen Frauenvereins, mit dem die organisierte bürgerliche Frauenbewegung ihren Anfang nahm. Dessen Ziel war es, die Bildungs- und Berufschancen für Frauen zu verbessern. Auguste Schmidt, die langjährig stellvertretende Vorsitzende und Mitherausgeberin des Vereinsorgans „Neue Bahnen“ war, setzte sich vehement für dieses Ziel ein. 1890 gründete sie gemeinsam mit Helene Lange den Allgemeinen Deutschen Lehrerinnenverein und schuf 1894 mit den Gymnasialkursen in Leipzig die dritte Einrichtung, in der Mädchen ein Abitur ablegen konnten. Von 1894–1899 war sie die Erste Vorsitzende des Bundes Deutscher Frauenvereine. Sie starb am 10. Juli 1902 in Leipzig. Biografische Angaben: *Franzke*, in: Neue Deutsche Biographie 23 (2007), S. 179.
[79] *Schmidt*, Neue Bahnen 25 (1900), S. 32.

so verstärkte der Wunsch nach einem Jurastudium diesen Eindruck. Während ein Philologie-Studium, mit dem Berufsziel der Lehrerin, bereits mehrheitlich akzeptiert wurde und das Medizinstudium mit den „weiblichen Fähigkeiten" des Helfens und Heilens assoziiert wurde, galt das Jurastudium als extrem unweiblich.[80] Die damals weithin angenommenen Voraussetzungen für ein rechtswissenschaftliches Studium, die Fähigkeit zum abstrakten Denken, zum strukturierten Arbeiten und zu nüchtern abwägenden Urteilen, wurden Frauen abgesprochen.[81]

Zwar hatte sich die Einstellung vieler Professoren zum Frauenstudium nach der Jahrhundertwende zum 20. Jahrhundert geändert und auch die Stimmen der Gegner und der Gegnerinnen wurden mit der Zulassung der Frauen zum Studium im ersten Jahrzehnt leiser. Jedoch blieben die meisten Vorbehalte weiterhin bestehen. So sollten, als zu Beginn der Weimarer Republik um die Zulassung der Frauen zu den juristischen Berufen gestritten wurde, die alten Argumente wieder vorgetragen werden. Diese Tatsache sowie die Frage, wie lange derartige Ressentiments gegen Studentinnen, insbesondere gegen Juristinnen, fortbestehen sollten, wird im weiteren Verlauf der Arbeit unter anderem anhand der Lebenserfahrungen der ersten Bundesverfassungsrichterin ergründet.

Zu den widrigen Studienbedingungen für die ersten Jurastudentinnen im Kaiserreich kam hinzu, dass die Berufe, auf die normalerweise das Studium vorbereitete, durchweg überhaupt nicht zugänglich waren. Entsprechend der „praktischen Aussichtslosigkeit" stieg die Zahl der Studentinnen an rechtswissenschaftlichen Fakultäten sehr langsam an.[82] So durften Frauen im Jahre 1914, als Erna Scheffler ihr Studium beendete, – Bayern ausgenommen – noch keine Staatsexamen ablegen.[83] Da ihnen der reguläre Abschluss verwehrt blieb, war die Promotion die einzige Möglichkeit, das Studium zu vollenden. Erna Scheffler nahm die ihr verbleibende Variante, ihr Studium erfolgreich zu absolvieren, wahr und schloss es mit der Promotion über „straftilgende Maßnahmen" mit der Beurteilung „magna cum laude" ab. Unter „straftilgenden Maßnahmen" fasste Erna Scheffler die Institute der bedingten Entlassung, des bedingten Straferlasses und der Rehabilitation zusammen, die als „Verwirklichung eines neuen Rechts- und Erziehungsgedanken (…) den Willen des Schuldigen zur Freiheit in den Dienst seiner Besserung stellen".[84] Nach der Schilderung der Entwicklung der Institute betrachtete Erna Scheffler diese „im Lichte der Strafrechtsphilosophie"[85]. Sie ging dabei sowohl auf die absoluten Straftheorien Kants und

[80] *Huerkamp*, Bildungsbürgerinnen, S. 112 und 274.
[81] *Huerkamp*, Bildungsbürgerinnen, S. 112.
[82] *Bäumer*, in: „Die Frau" 19 (1911/12), S. 458.
[83] *Huerkamp*, Bildungsbürgerinnen, S. 110.
[84] *Friedenthal*, Straftilgende Maßnahmen, S. 1.
[85] *Friedenthal*, Straftilgende Maßnahmen, S. 29.

Hegels als auch auf die relativen Straftheorien ein.[86] Ein besonderes Augenmerk legte sie dabei auf die Spezialpräventionstheorie, da deren Vertreter – vor allem von Liszt[87] – „die Vorkämpfer der straftilgenden Maßnahmen" geworden seien.[88] Anschließend beschäftigte sie sich, da die Spezialpräventionstheorie abgelehnt werden musste und zugleich anzuerkennen war, „daß das 19. Jahrhundert dem strengen Vergeltungsrecht das Todesurteil gesprochen hat"[89], mit den damals aktuellen Ansätzen der Kombination von Vergeltungs- und Erziehungsgedanken im Strafrecht. Im dritten und letzten Kapitel ihrer insgesamt 121 Seiten umfassenden Arbeit untersuchte sie die praktischen Umsetzungsmöglichkeiten der straftilgenden Maßnahmen. Betreut worden war ihre Arbeit von Paul Heilborn[90], der von 1903 bis 1927 an der Breslauer Universität lehrte.[91] Das Zweitgutachten hatte Xaver Severin Gretener[92] erstellt. Erna Scheffler war damit die erste Juristin, die an der Friedrich-Wilhelms-Universität zu Breslau promoviert wurde.[93] Dieser Studienabschluss hatte allerdings „im Wesentlichen nur eine dekorative Wirkung"[94] und qualifizierte sie weder für einen typisch juristischen Beruf noch für den juristischen Vorbereitungsdienst.

Die Juristenfakultät in Breslau verlangte für den Erwerb des Doktorgrades das erfolgreiche Absolvieren einer mündlichen Prüfung und einer schriftlichen

---

[86] Zu den unterschiedlichen Straftheorien siehe: *Hörnle*, Straftheorien, 2. Auflage, 2017; *Roxin*, in: Grundlagen staatlichen Strafens, S. 701–715; *Seidl*, Der Streit um den Strafzweck zur Zeit der Weimarer Republik, 1974.

[87] Franz von Liszt (1851–1919) begründete in seiner 1882 veröffentlichten Publikation „Der Zweckgedanke im Strafrecht" die Spezialprävention, deren Gedanken sich bereits bei Platon finden lassen, neu.

[88] *Friedenthal*, Straftilgende Maßnahmen, S. 35.

[89] *Friedenthal*, Straftilgende Maßnahmen, S. 42.

[90] Paul Heilborn, geboren 1861, habilitierte sich 1891 an der juristischen Fakultät in Berlin, die ihn neun Jahre später zum Professor ernannte. 1903 ging er an die Schlesische Friedrich-Wilhelms-Universität. Er lehrte dort, zunächst noch als außerordentlicher Professor, vor allem Straf- und Strafprozessrecht. Ab 1906 hielt er auch Vorlesungen im Staats- und Kirchenrecht. Heilborn blieb bis zu seiner Emeritierung 1927 – seit 1913 als ordentlicher Professor – Ordinarius der Juristischen Fakultät. Sein wissenschaftlicher Schwerpunkt lag – im Gegensatz zu seiner Lehrtätigkeit – vor allem im Völkerrecht. Siehe *Lange*, in: Jahrbuch der Schlesischen Friedrich-Wilhelms-Universität zu Breslau, Bd. 42–44 (2001–2003), S. 543, Fn. 81; *Gretener*, in: Festschrift zur Feier des hundertjährigen Bestehens der Universität Breslau, Teil 2, S. 234.

[91] *Lange*, in: Jahrbuch der Schlesischen Friedrich-Wilhelms-Universität zu Breslau, Bd. 42–44 (2001–2003), S. 542 f.; *Gretener*, in: Festschrift zur Feier des hundertjährigen Bestehens der Universität Breslau, Teil 2, S. 234.

[92] Xaver Severin Gretener (1851–1933) wurde 1900 zum ordentlichen Professor der Breslauer Juristenfakultät ernannt. Er hielt bis zu seiner Emeritierung 1922 vor allem straf- und strafprozessrechtliche Vorlesungen, las aber auch Rechtsphilosophie, Verwaltungsrecht und Völkerrecht. Sein wissenschaftlicher Schwerpunkt lag im Strafrecht. *Lange*, in: Jahrbuch der Schlesischen Friedrich-Wilhelms-Universität zu Breslau, Bd. 42–44 (2001–2003), S. 543, Fn. 82; *Ditt*, „Stoßtruppfakultät Breslau", S. 11.

[93] *Lange*, in: Jahrbuch der Schlesischen Friedrich-Wilhelms-Universität zu Breslau, Bd. 42–44 (2001–2003), S. 542.

[94] *v. Langsdorff*, „Die Frau" 20 (1912/13), S. 603.

Ausarbeitung, die es öffentlich zu verteidigen galt. Neben diesen Prüfungsleistungen mussten drei Exegesen, eine aus dem römischen, eine aus dem kanonischen und eine aus dem deutschen beziehungsweise Lehnrecht, ausgearbeitet werden.[95] Auch an anderen juristischen Fakultäten, beispielsweise in Berlin, Kiel und Halle, wurden derartige schriftliche Interpretationen von Quellentexten gefordert.[96] An vielen anderen Universitäten waren die wissenschaftlichen Voraussetzungen für die Zulassung zur juristischen Promotion allerdings geringer. In Bonn, Erlangen, Freiburg, Heidelberg und Rostock musste beispielsweise lediglich eine Dissertation eingereicht und eine mündliche Prüfung abgelegt werden.[97] In Breslau promoviert zu werden, war somit vergleichsweise schwierig, da für die erforderlichen Exegesen gute Lateinkenntnisse gefordert waren. An der dortigen Fakultät erlangten lediglich drei Frauen bis 1920 den juristischen Doktorgrad, während es beispielsweise in Heidelberg dreizehn Doktorandinnen waren.[98] Es kann angenommen werden, dass Frauen gezielt Universitäten suchten, an denen auch ohne gute Lateinkenntnisse eine Promotion erreicht werden konnte.[99] Erna Scheffler, die sich bereits für ihre Abiturprüfung privat vorbereiten musste,[100] hatte vermutlich schon als junges Mädchen ausreichende Lateinkenntnisse erworben. Anders als für viele Frauen, die Latein mühsam in Privatstunden nachholen mussten, waren die erforderlichen Exegesen für sie daher in dieser Hinsicht wahrscheinlich kein großes Problem.[101] Erna Scheffler konnte mit ihrem erfolgreichen Studienabschluss dem Aufruf einer der ersten Frauenrechtlerinnen Folge leisten: Helene Lange[102] hatte schon im Jahre 1907

[95] *Posener*, Der Junge Jurist, S. 93.

[96] Vgl. *Posener*, Der Junge Jurist, S. 92–95.

[97] Vgl. *Posener*, Der Junge Jurist, S. 92–95.

[98] *Boedeker*, 25 Jahre Frauenstudium, Heft III, S. 1–7.

[99] *Häntzschel* spricht von einem „regelrechten Promotionstourismus", in: Bedrohlich gescheit, S. 201; ähnlich auch *Röwekamp*, Die ersten deutschen Juristinnen, S. 166 f.

[100] *Waldhoff*, JöR 56 (2003), S. 262.

[101] Vgl. *Röwekamp*, Die ersten deutschen Juristinnen, S. 167.

[102] Helene Lange wurde am 9. April 1848 in Oldenburg geboren. Sie bestand 1872 in Berlin die Lehrerinnenprüfung und unterrichte fortan in der Mädchenbildung, deren Missstände sie alsbald erkannte. Sie setzte sich vor allem für eine Emanzipation von Mädchen und Frauen durch Bildung ein. Ihrem Ziel, die Unterrichtung von Mädchen durch Lehrerinnen zu ermöglichen, verlieh sie 1887 in einer Petition an das preußische Unterrichtsministerium Nachdruck. 1890 gründete sie den Allgemeinen Deutschen Lehrerinnenverein (ADLV) und übernahm dessen Leitung. Im Jahre 1893 gründete sie die Zeitschrift „Die Frau", das spätere Sprachrohr der bürgerlichen deutschen Frauenbewegung. Sie gehörte dem Beratungsgremium zur Reform des Höheren Mädchenschulwesens der preußischen Kultusverwaltung an, die schließlich ihre Forderung nach sechsklassigen (Real-)Gymnasien für Mädchen umsetzte. Gemeinsam mit Gertrud Bäumer, die die Leitung der „Sozialen Frauenschule" in Hamburg übernahm, lebte und arbeitete sie von 1917 bis 1920 in Hamburg. Dort wurde sie 1919 für die DDP in die Hamburger Bürgerschaft gewählt. Ab 1920 lebte sie wieder in Berlin, musste sich aber krankheitsbedingt mehr und mehr aus der Öffentlichkeit zurückziehen. Am 13. Mai 1930 verstarb die bereits zu ihren Lebzeiten berühmte Frauenrechtlerin in Berlin. Biografische Angaben bei: *Wolff*, Helene Lange, abrufbar: http://www.bpb.de/gesellschaft/gender/frauenbewegung/35312/helene-

die „Epoche der Agitation" von der „Epoche der Tat" abgelöst gesehen und forderte von der nächsten Generation, die Frauenbewegung durch die Leistungen voranzutreiben.[103] Dies war Erna Scheffler durch ihre gute Schulbildung, die ihr das Studium der Rechte ermöglichte, gelungen. Es blieb ihr allerdings noch verwehrt, einen klassischen juristischen Beruf zu ergreifen. Sie musste sich daher zunächst nach beruflichen Alternativen umschauen.

3. Berufseinstieg und Familiengründung

Nach ihrem Studium arbeitete Erna Scheffler als juristische Hilfskraft bei einem Anwalt in ihrer Heimatstadt und betätigte sich in Rechtsberatungsstellen der Fürsorge. Während des Ersten Weltkriegs war sie sodann von November 1916 bis 1918 in der Justiz- und Finanzabteilung der deutschen Militärverwaltung in Belgien beschäftigt.[104] Sie war unter der Leitung von Marie-Elisabeth Lüders[105], die später Politikerin wurde,[106] als Hilfsreferentin im besetzten Brüssel

lange?p=0, (Stand 07.06.2019); *Schaser*, Helene Lange und Gertrud Bäumer. Eine politische Lebensgemeinschaft, 2000.

[103] *Schaser*, in: Frauen auf dem Weg zur Elite, S. 97.

[104] *Zeidler*, Gedenkrede, S. 6.

[105] Marie-Elisabeth Lüders wurde am 25. Juni 1878 in Berlin geboren. Nach der Ausbildung an einer höheren Töchterschule sowie an einer Wirtschafts-Frauenschule in Berlin verließ sie ihre Heimat zunächst, um in Weimar in einem Mädchenpensionat zu unterrichten. Von 1901 bis 1906 arbeitete sie wieder in Berlin im Bereich der Fürsorge. 1909 immatrikulierte sie sich gemeinsam mit Agnes von Zahn-Harnack an der Berliner Universität und studierte Staatswissenschaften. Sie beendete ihr Studium mit einer Doktorarbeit und wurde als erste Frau Deutschlands zum Dr. rer. pol. promoviert. Anschließend wandte sie sich wieder dem Bereich der Fürsorge zu und arbeitete u. a. als Wohnungspflegerin der Stadt Charlottenburg und als Leiterin der Abteilung Kriegsfürsorge. 1916 wurde sie aufgrund ihrer Erfahrungen Leiterin der Frauenarbeitszentrale im Preußischen Kriegsministerium. 1918 begann ihre politische Karriere. Sie trat der DDP bei und war von 1919 bis 1932 Mitglied im Reichstag. Sie engagierte sich vor allem sozialpolitisch, war aber auch in parlamentarischen Ausschüssen für Rechts-, Handels- und Wirtschaftspolitik vertreten. Als Reichstagsabgeordnete setzte sie sich, gemeinsam mit Juristinnen ihrer Zeit, für die Öffnung aller juristischen Berufe und für die Gleichberechtigung der Frau in allen Rechtsgebieten ein. Nach der „Machtübernahme" der Nationalsozialisten verlor sie ihre Ämter, die schriftstellerische Betätigung wurde ihr untersagt. 1937 erfolgte eine kurzzeitige Inhaftierung durch die Gestapo. Unmittelbar nach Kriegsende leitete sie eine amerikanische Militärschule in Bayern. 1947 kehrte sie in ihre Heimatstadt zurück und engagierte sich zunächst als Vorsitzende der Berliner FDP, später als Mitglied des West-Berliner Parlaments, wiederum politisch. Von 1949 bis 1951 war sie Stadträtin für die Abteilung Sozialwesen. 1953 zog sie in den Deutschen Bundestag ein, wo sie bis 1961 u. a. maßgeblich an der Gesetzgebung zur Jugendwohlfahrt und zur Gleichstellung von Mann und Frau mitwirkte. Am 23. März 1966 starb sie in Berlin. Biografische Angaben: *Dertinger*, Frauen der ersten Stunde, S. 95–106; *Röwekamp*, Juristinnen, S. 225–227; *Luckemeyer*, in: Neue Deutsche Biographie 15 (1987), S. 454–456; *Binder*, in: Juristinnen in Deutschland, 1900–2003, S. 191–196.

[106] Sie saß als Abgeordnete der DDP von 1919 bis 1932 im Deutschen Reichstag. Nach

und in Antwerpen tätig.[107] Der Abteilung, der sie angehörte, war aufgegeben, sich vor allem um die arbeitslosen belgischen Frauen zu sorgen, „einschließlich solcher, die mit der Polizei im allgemeinen und mit der Sittenpolizei im besonderen in Konflikt geraten waren".[108] Erna Scheffler wurde in jener Zeit weniger im engen Sinne juristisch, sondern vielmehr sozialpflegerisch tätig. Die soziale Fürsorge war derjenige Arbeitsbereich, in dem viele der frühen Juristinnen beschäftigt waren. Da sie zwar das Rechtsstudium absolvieren, nicht aber die juristischen Examina ablegen durften, blieben ihnen die klassischen juristischen Berufsfelder noch verwehrt. Die Bereiche, die ihnen offen standen, waren die Arbeitsgebiete, die heute unter dem Begriff der Sozialen Arbeit zusammengefasst werden: die Jugend-, Gesundheits-, Wohnungs- und Familienfürsorge.[109] In diesen fürsorgerischen Tätigkeitsfeldern verbesserten sich die Berufschancen für Juristinnen nach dem Ersten Weltkrieg.[110] Vor allem in der Sozialverwaltung wurden Stellen geschaffen, um die durch den Krieg entstandenen oder vermehrten Aufgaben bewältigen zu können.[111] Erna Schefflers Tätigkeit in Rechtsberatungsstellen der Fürsorge war daher zu jener Zeit keinesfalls ungewöhnlich. Der soziale Bereich war vielmehr derjenige, in dem die Mehrzahl der ersten Absolventinnen eines juristischen Studiums zu finden war. Andere nahmen eine Berufstätigkeit in Rechtsauskunftstellen auf oder führten die Geschäfte privater Verbände und Vereine.[112]

Im Jahre 1916 heiratete Erna Scheffler den Juristen und späteren Geschäftsträger der schlesischen Handelskammer Dr. Fritz Haßlacher.[113] Sie erfuhr damals, dass eine Hochzeit auch bedeutete, dass sie in einigen Bereichen weniger Rechte als unverheiratete Frauen haben sollte. So erinnerte sie sich noch Jahre später an ihre „helle Empörung" darüber, dass die Bank sich, weil sie geheiratet hatte, nicht mehr nur mit ihrer eigenen Unterschrift begnügte, sondern sie auch die Zustimmung ihres Mannes benötigte, wenn sie über ihr eigenes Konto verfügen wollte.[114] Das Jahr ihrer Vermählung wurde für Erna Scheffler zugleich eine sehr dunkle und traurige Zeit. Ihr jüngerer Bruder, Rudi Friedenthal, fiel Ende Juli 1916 als Soldat in Frankreich an der Somme.[115] Im folgen-

dem Zweiten Weltkrieg trat sie 1948 in die FDP ein, deren Bundesvorstand sie von 1951 bis 1966 angehörte. 1953 bis 1961 war sie MdB und fungierte als Alterspräsidentin des Parlaments.

107 HStAD NW 238–239, zitiert nach: *Röwekamp*, Die ersten deutschen Juristinnen, S. 378; *Dertinger*, Frauen der ersten Stunde, S. 155–166.

108 *Lüders*, Fürchte Dich Nicht, S. 62.

109 *Röwekamp*, Die ersten deutschen Juristinnen, S. 370.

110 *Röwekamp*, Die ersten deutschen Juristinnen, S. 377 f.

111 *Röwekamp*, Die ersten deutschen Juristinnen, S. 377.

112 *Huerkamp*, Bildungsbürgerinnen, S. 112.

113 *Waldhoff*, JöR 56 (2003), S. 262; *Gutmann*, Zwischen Trümmern und Träumen, S. 105.

114 *Scheffler*, Die Stellung der Frau im Wandel der Gesellschaft, S. 7.

115 *Lange*, in: Jahrbuch der Schlesischen Friedrich-Wilhelms-Universität zu Breslau, Bd. 42–44 (2001–2003), S. 544; *Zeidler*, Gendenkrede, S. 6.

den Jahr kam Tochter Lore zur Welt. Zwischen Mutter und Tochter sollte stets eine enge Beziehung bestehen und dies, obgleich sie ab 1937 – die Tochter musste, um Medizin studieren zu können, nach England gehen – durch Landesgrenzen getrennt waren. Nur ein Jahr nach der Geburt der Tochter bekam das Ehepaar Haßlacher ein zweites Kind.[116] Ihr Sohn Rudi – benannt nach Erna Schefflers verstorbenem Bruder – starb bereits im folgenden Jahr an einer Grippeepidemie.[117]

4. Resümee

Erna Scheffler wuchs in einer Zeit auf, in der Frauen noch entschieden benachteiligt waren. Sie besaßen noch keine volle selbstständige Rechtspersönlichkeit, sondern nur eine vom Mann abgeleitete, von ihm abhängige Stellung im Recht. Nach dem frühen Tod ihres Vaters wurde die weitere Erziehung nicht der Mutter, sondern einem Bruder ihres Vaters als Vormund überantwortet. Die missliche Situation, in der sich ihre Mutter befand, verdeutlichte Erna Scheffler, wie wichtig Selbstständigkeit für Frauen ist, und ließ bei ihr den Wunsch entstehen, einmal einen „ordentlichen Beruf" zu erlernen.[118] Dieses Ziel verfolgte sie derart zielstrebig, dass sie, trotz großer Widrigkeiten, bereits 1914 ihr Jurastudium beenden konnte. Die gesellschaftlichen Rahmenbedingungen sorgten jedoch dafür, dass ihr die juristischen Examen und damit der Eintritt in das Rechtsreferendariat verwehrt blieben. Sie konnte daher keine typisch juristische Karriere beginnen und musste wieder eine Ungleichbehandlung aufgrund ihres Geschlechts hinnehmen. Ihr Berufseinstieg erfolgte deshalb nicht in einem klassischen juristischen Beruf, der vermutlich eher ihrer Neigung entsprochen hätte, sondern im Bereich der Sozialverwaltung.

---

116 *Lange*, in: Jahrbuch der Schlesischen Friedrich-Wilhelms-Universität zu Breslau, Bd. 42–44 (2001–2003), S. 544.

117 *Lange*, in: Jahrbuch der Schlesischen Friedrich-Wilhelms-Universität zu Breslau, Bd. 42–44 (2001–2003), S. 544.

118 *Waldhoff*, JöR 56 (2003), S. 262; *Dertinger*, Frauen der ersten Stunde, S. 156.

4. Resümee

III. Die Weimarer Republik – Aufwind für die juristische Karriere?

Nach dem Ersten Weltkrieg verließ Erna Scheffler Belgien und kehrte zurück nach Berlin. Dort setzte sie ihre berufliche Karriere trotz der sehr schwierigen Zeit der Inflation fort. Sie arbeitete unmittelbar nach Kriegsende zunächst für zwei Jahre als juristische Sachbearbeiterin beim Bund Deutscher Architekten in Berlin.[1] Wenn man Erna Schefflers[2] Aufsatz über den Beruf der Juristin im Berufsratgeber „Das moderne Buch der weiblichen Berufe" aus dem Jahre 1928 liest, wird deutlich, dass dies ein verantwortungsvoller Posten war. Dort berichtete sie, dass sie noch vor dem Assessorexamen die Rechtsberatungsstelle einer großen Berufsorganisation geleitet habe.[3] In dieser Funktion habe sie Kaufleute sowie „Frauen und Männer aller übrigen Volksschichten" vertreten und dabei sei sie nirgends „beim einzelnen einem Misstrauen oder Bedenken begegnet".[4] Im Anschluss an diese Tätigkeit war sie seit Ende 1920 wiederum bei einem Rechtsanwalt beschäftigt, diesmal jedoch in ihrer neuen Heimatstadt Berlin.[5] Allein die Tatsache, dass Erna Scheffler im Jahre 1928 – selbst noch junge Juristin – als eine von vielen Verfasserinnen junge Mädchen über den Beruf der Juristin informierte, zeigt, dass es hinsichtlich der Berufstätigkeit der Frau eine Veränderung gegeben haben musste. Im Vorwort des Ratgebers heißt es gar:

„Die Frauenfrage (…) darf in ihren wesentlichen Punkten als gelöst gelten, denn der Frau stehen innerhalb ihrer physiologischen Grenzen fast alle Wege zum Beruf ebenso offen wie dem Manne."[6]

Erna Schefflers Äußerungen zu den beruflichen Möglichkeiten der Juristin klingen hingegen deutlich skeptischer:

---

[1] *Lange*, in: Jahrbuch der Schlesischen Friedrich-Wilhelms-Universität zu Breslau, Bd. 42–44 (2001–2003), S. 545.

[2] Zum damaligen Zeitpunkt trug sie noch den ehelichen Doppelnamen Haßlacher-Friedenthal.

[3] *Haßlacher-Friedenthal*, Die Juristin, S. 218.

[4] *Haßlacher-Friedenthal*, Die Juristin, S. 218.

[5] *Lange*, in: Jahrbuch der Schlesischen Friedrich-Wilhelms-Universität zu Breslau, Bd. 42–44 (2001–2003), S. 545.

[6] *Janke*, in: Das moderne Buch der weiblichen Berufe, S. 3.

„Der Beruf der Juristin gehört unter den vielen jungen Frauenberufen zu den allerjüngsten. (...) Theoretisch kann also die Frau heute jeden juristischen Beruf ergreifen; wir werden sehen, wie weit die Praxis der Theorie entspricht.“[7]

Obgleich der Beruf Juristin 1928 noch zu den „allerjüngsten“[8] zählte, gab es inzwischen immerhin vermehrt Frauen, die beruflich tätig werden konnten und Auskünfte über berufliche Perspektiven benötigten. Bedenkt man, dass es Frauen bis 1921 überhaupt nicht möglich war, die juristischen Prüfungen abzulegen, wird deutlich, wie zügig diese Entwicklung vorangegangen war. Erna Scheffler wies in ihrem Aufsatz einleitend auf genau diese Entwicklung hin:

„Schon seit dem Anfang des 20. Jahrhunderts war es uns erlaubt, das juristische Universitätsexamen abzulegen und damit den Grad eines Doctor juris zu erwerben, aber erst die Republik hat uns die Zulassung auch zu den juristischen Staatsprüfungen, Referendar- und Assessorexamen, gebracht.“[9]

Wie kam es zu diesem „raschen“ Fortschritt hin zur Öffnung der juristischen Berufe für Frauen? Fügten sich die Gegner und Gegnerinnen der Frauenbewegung, die in den Jahren zuvor noch so zahlreich gewesen waren, bereitwillig dieser Entwicklung?

Festzustellen ist zunächst ganz allgemein, dass die veränderte Situation in Deutschland nach dem Zusammenbruch des Kaiserreichs eine entscheidende Wende für die politische und rechtliche Stellung der Frauen brachte. Die Frauen ernteten nun gewissermaßen die Anerkennung für ihre Leistungen, die sie zur Zeit des Ersten Weltkriegs erbracht hatten.[10] Sie hatten während des Krieges nicht nur die Produktion in Gang gehalten, sondern waren zunehmend in qualifiziertere Berufe und Positionen gelangt.[11] Vor allem in der Fürsorge und in den Stadtverwaltungen hatten sich auch für geschulte Juristinnen neue Betätigungsfelder geboten.[12] Diese Erfahrungen während des Krieges hatten das Selbstwertgefühl der Frauen gestärkt und motivierten einige von ihnen, ihre politischen Ansichten kundzutun.[13] So nahmen in den Revolutionsmonaten 1918/19 auch viele Frauen und Mädchen an den Demonstrationen und Streiks teil.[14]

Mit dem Ende der Monarchie und der vorherrschenden Aufbruchsstimmung verbesserte sich daher auch die Lage der berufstätigen Frauen. Diese veränderten gesellschaftlichen Umstände ließen wohl auch Erna Scheffler hoffen, dass sie einmal selbst Anwältin oder Richterin würde werden können. Die Hoffnung, dass Frauen nun ebenso für die juristischen Staatsexamen zugelassen werden

---

7 *Haßlacher-Friedenthal*, Die Juristin, S. 218.
8 *Haßlacher-Friedenthal*, Die Juristin, S. 211.
9 *Haßlacher-Friedenthal*, Die Juristin, S. 211.
10 *Limbach*, in: Frauen im Recht, S. 11.
11 *Limbach*, in: Frauen im Recht, S. 11; *Kühnl*, Die Weimarer Republik, S. 153.
12 *Röwekamp*, Die ersten deutschen Juristinnen, S. 377–379.
13 *Limbach*, in: Frauen im Recht, S. 11.
14 *Kühnl*, Die Weimarer Republik, S. 153; *Limbach*, in: Frauen im Recht, S. 11.

würden – schon damals eine notwendige Voraussetzung, um einen juristischen Beruf ausüben zu können – wurde gestärkt durch die Zubilligung des Frauenwahlrechts[15] und durch die Proklamation der republikanischen Reichsverfassung am 11. August 1919. Als Ergebnis eines langen Kampfes der bürgerlichen und proletarischen Frauenbewegung wurde als Novum die Gleichstellung der Frau in Art. 109 der Weimarer Reichsverfassung festgelegt:

„Abs. 1: Alle Deutschen sind vor dem Gesetz gleich.
Abs. 2: Männer und Frauen haben grundsätzlich dieselben staatsbürgerlichen Rechte und Pflichten."[16]

Wenngleich nur „grundsätzlich" dieselben lediglich „staatsbürgerlichen" – also nicht dieselben bürgerlichen Rechte – gewährt wurden, war dies ein wichtiger Schritt für die weitere Entwicklung der Gleichberechtigung. Erna Scheffler selbst wird in einem 1969 gehaltenen Vortrag rückblickend die Statuierung der staatsbürgerlichen Rechte, insbesondere „die Statuierung des aktiven und passiven Wahlrechts (…), als die Grundlage alles weiteren Fortschrittes" ansehen.[17] Dennoch bemerkte sie mokant:

„Man hätte eigentlich meinen sollen, daß der Fortschritt in dem Bereich beginnen würde, wo man die Frau seit eh und je mit Ruhm und Preis bedenkt – im Bereich der Mutter und Hausfrau. Aber nein, er begann bei der Staatsbürgerin."[18]

1. Die Öffnung der juristischen Berufe für Frauen – ein Streitthema

Die Entwicklung in der Weimarer Republik, insbesondere die Regelung in Art. 128 WRV, ließ hoffen, dass den Frauen nun auch alle juristischen Berufe offenstanden. Dort hieß es:

„Alle Staatsbürger ohne Unterschied sind nach Maßgabe der Gesetze und entsprechend ihrer Befähigung und ihren Leistungen zu den öffentlichen Ämtern zuzulassen.
Alle Ausnahmebestimmungen gegen weibliche Beamte werden beseitigt.
Die Grundlagen des Beamtenverhältnisses sind durch Reichsgesetz zu regeln."[19]

Doch sollte es noch fast drei weitere Jahre dauern und viel frauenpolitisches Engagement erfordern, bis Frauen erstmals Zugang zu den Ämtern der Rechtspflege erhielten.

---

[15] § 2 des Reichswahlgesetzes vom 30. November 1918: Wahlberechtigt sind alle deutschen Männer und Frauen, die am Wahltag das 20. Lebensjahr vollendet haben, RGBl. 1918, Teil I, S. 1345–1352.

[16] RGBl. 1919, Teil I, S. 1404.

[17] *Scheffler*, Die Stellung der Frau in Familie und Gesellschaft, S. 13.

[18] *Scheffler*, Die Stellung der Frau in Familie und Gesellschaft, S. 10.

[19] RGBl. 1919, Teil I, S. 1407.

a) Die Debatten um die Gesetzgebung bis zur Zulassung der Frauen

Schon im Juli 1918 hatte der Bund Deutscher Frauenvereine in einer Eingabe an den Reichstag die Zulassung von Frauen zu den juristischen Staatsprüfungen gefordert.[20] Diese Petition war vermutlich unbeachtet geblieben.[21] Erst eine Eingabe des Deutschen Juristinnen-Vereins fand Beachtung und trug dazu bei, dass im Mai 1919 der damalige preußische Justizminister Dr. Hugo am Zehnhoff[22] Frauen zur ersten Staatsprüfung zuließ.[23] Die anderen Bundesstaaten erließen daraufhin entsprechende Verordnungen.[24] Wie die Vorsitzende des Deutschen Juristinnen-Vereins Margarete Meseritz[25] resigniert feststellte, öffnete dieser Erlass „die Tür zum juristischen Beruf nicht, sondern verschob die Schranke nur um ein ganz kleines Stück."[26] Während zuvor die Prüfung ver-

---

20 Landesarchiv Berlin, B.-Rep. 235–20 HLA 1330, zitiert nach: *Cordes*, in: Frauenrecht und Rechtsgeschichte, S. 284.

21 Vgl. *Cordes*, in: Frauenrecht und Rechtsgeschichte, S. 284.

22 Paul Hugo am Zehnhoff wurde am 11. Februar 1855 in Waldorf (bei *Haunfelder* wird Bornheim als Geburtsort angegeben) geboren. Er studierte in Bonn, Leipzig und Göttingen Jura. Nach seiner Referendarzeit wurde der inzwischen promovierte Jurist 1882 in Köln als Anwalt am Oberlandesgericht zugelassen. 1898 wurde der angesehene rheinische Anwalt für die Zentrumspartei in den Preußischen Landtag gewählt. Von 1899 bis zum Ende der Kaiserreichs 1918 war er Mitglied des Reichstags. Ab März 1919 bis 1927 war er preußischer Justizminister. In seine Amtszeit fielen u. a. die Neuordnung des Strafvollzugs und des Beamtenrechts sowie das Adelsgesetz, das er maßgeblich gestaltete. Paul Hugo am Zehnhoff starb am 24. August 1930 in Düsseldorf. Biografische Angaben bei: *Brand*, „Eifel Zeitung" 18. Februar 2015, abrufbar im Internet: http://www.eifelzeitung.de/redaktion/kinder-der-eifel/hugo-am-zehnhoff93375/ (Stand: 11.06.2018); *Haunfelder*, Reichstagsabgeordnete der Deutschen Zentrumspartei 1871–1933, S. 120.

23 *Cordes*, in: Frauenrecht und Rechtsgeschichte, S. 285.

24 *Meseritz*, „Vossische Zeitung", Nr. 649, vom 21.12.1919, o. S.

25 Margarete Meseritz (später Muehsam-Edelheim) wurde am 18. Dezember 1891 in Berlin geboren. Sie entstammte einer wohlhabenden jüdischen Familie. Ihre Eltern ermöglichten es ihr, als einer der ersten Schülerinnen, das erste Mädchenrealgymnasium in Berlin zu besuchen. Nach ihrer Schulzeit begann sie ihr Studium im Sommersemester 1910 zunächst an der Philosophischen Fakultät in Berlin. Sie wechselte allerdings noch im selben Jahr an die Juristische Fakultät, wo sie bis 1913 studierte. Ihr Doktordiplom legte sie im darauffolgenden Jahr in Erlangen ab. Margarete Meseritz gehörte 1914 zu den Mitbegründerinnen des Deutschen Juristinnenbundes. Da ihr ein klassischer juristischer Beruf noch nicht offenstand, arbeitete sie vorerst beim Ullstein-Verlag als Assistentin. Sie betätigte sich fortan journalistisch und leitete u. a. die Frauenbeilage der „Vossischen Zeitung". Ab 1918 saß sie für die DDP im Berliner Senat. Auch in der Weimarer Zeit arbeitete sie im Bereich Journalismus für die „C.-V.-Zeitung", das Organ des Centralvereins deutscher Staatsbürger jüdischen Glaubens. Im Jahr 1938, ihr Mann John Edelheim war zuvor verstorben, entschloss sie sich zu emigrieren. Auch in ihrer neuen Heimat New York war sie als Journalistin tätig. Sie war von 1939 bis 1941 Schriftleiterin des „ORT Economic Bulletin" und hatte dort später u. a. die Stellung einer Assistentin für den Präsidenten der „World ORT Union" inne. 1946 heiratete sie einen Chirurgen namens Eduard Muehsam. Von 1955 bis 1975 war sie am damals neu gegründeten New Yorker Leo Baeck Institute beschäftigt. Am 25. Mai 1975 verstarb Margarete Muehsam-Edelheim in New York. Biografische Angaben: *Röwekamp*, Juristinnen, S. 271–274.

26 *Meseritz*, „Vossische Zeitung", Nr. 649 vom 21.12.1919, o. S.

boten gewesen sei, wäre diese zwar zugelassen worden, aber der Vorbereitungsdienst, mithin die Berechtigung zur Ablegung der zweiten Prüfung, bliebe nach wie vor versperrt, erkannte sie damals enttäuscht. Weitere politische Bemühungen waren also notwendig. Ein „negativer Kompetenzkonflikt“,[27] bei dem sich Reich und Länder gegenseitig die Zuständigkeit zuwiesen, erschwerte es den frauenpolitisch Engagierten, eine Regelung zu erzielen. In Preußen beantragte am 3. Februar 1920 der Abgeordnete Friedberg[28] gemeinsam mit den übrigen Genossen der Fraktion der Deutschen Demokratischen Partei auf Bitten des Juristinnen-Vereins,[29] Frauen zu den juristischen Prüfungen zuzulassen.[30] Die Verfassungsgebende Preußische Landesversammlung nahm diesen Antrag am 21. Februar 1920 an. Sie erweiterte ihren Annahmebeschluss um einen vom Abgeordneten Heilmann[31] eingebrachten Antrag. Dieser ersuchte, neben seiner Forderung, Frauen zu den juristischen Prüfungen und zum Vorbereitungsdienst zuzulassen, die Staatsregierung darum, bei der Reichsregierung darauf hinzuwirken, dass diese den Frauen die Möglichkeit eröffne, „Richter“, „Staats-

---

[27] Vgl. Verhandlungen des Reichstags, Bd. 347, 57. Sitzung, 26. Januar 1921, S. 2134; *Rosenbusch*, JuS 1997, S. 1065.

[28] Robert Friedberg wurde am 28. Juni 1851 in Berlin geboren. Er studierte von 1871–1874 Rechts- und Staatswissenschaften in Berlin, Heidelberg und Leipzig. Er ließ sich nach einem Aufenthalt in England und Frankreich 1877 in Leipzig nieder und war dort zunächst als Privatdozent tätig. 1885 wurde er außerordentlicher und 1894 ordentlicher Professor der Staatswissenschaften in Halle. Friedberg gehörte von 1886–1918 als Abgeordneter der nationalliberalen Partei dem Preußischen Landtag und von 1893–1898 dem Reichstag an. Als Berufsparlamentarier ordnete er seine akademische Tätigkeit der Politik unter. Ende 1918 schloss er sich der DDP an und wurde deren Fraktionsvorsitzender in Preußen. Biografische Angaben: *Stolberg-Wernigerode*, in: Neue Deutsche Biographie 5 (1961), S. 445 f.

[29] Margarete Berent Collection, LBI NYC, Schreiben des DJV vom 12. Januar 1920.

[30] Sammlung Drucksachen Preußische Landesversammlung, 6. Band, Antrag Nr. 1841, S. 2789.

[31] Ernst Heilmann (1881–1940) schloss sich noch vor seinem Studium, erst siebzehnjährig, der SPD an. Er studierte von 1900 bis 1903 Rechts- und Sozialwissenschaften an der Berliner Universität. Sein Einsatz für die Zulassung der Frauen zum juristischen Vorbereitungsdienst und den klassischen juristischen Berufen rührte wohl auch daher, dass er im wilhelminischen Deutschland ebenfalls vom staatlichen Vorbereitungsdienst aufgrund seiner „sozialdemokratischen Gesinnung“ ausgeschlossen worden war. Seine Karriere begann als Parlamentsberichterstatter für sozialdemokratische Zeitungen. 1909 wurde er Chefredakteur der „Chemnitzer Volksstimme“. Aus dem Ersten Weltkrieg, in den Heilmann als Kriegsfreiwilliger gezogen war, kehrte er 1916 schwerverwundet zurück. Seine publizistische Tätigkeit wurde nach dem Kriegsende durch seine politische Karriere abgelöst: 1919 bis 1920 war er Stadtverordneter in Charlottenburg, 1919 wurde er in die Verfassunggebende Preußische Landesversammlung gewählt, von 1921 bis 1933 gehörte er dem Preußischen Landtag an und war zugleich Vorsitzender der sozialdemokratischen Fraktion. Von 1928 bis zum 22. Juni 1933 war er zudem Mitglied des Reichstags. Heilmann wurde am 26. Juni 1933 von der Gestapo verhaftet. Dies war der Anfang eines unglaublich furchtbaren Leidenswegs durch die Konzentrationslager und Gefängnisse des Dritten Reichs, der am 3. April 1940 durch seine Ermordung im KZ-Buchenwald endete. Biografische Angaben bei: *Lösche*, in: Vor dem Vergessen bewahren: Lebenswege Weimarer Sozialdemokraten, S. 99–120; *Möller*, Aufklärung und Demokratie, S. 200–225.

anwälte“ und „Rechtsanwälte“ zu werden.[32] Daraufhin erging schließlich am 17. Januar 1921 eine „Allgemeine Verfügung des Preußischen Justizministers, wodurch Frauen nun auch zur zweiten Juristischen Prüfung und zum Vorbereitungsdienst zugelassen wurden“.[33] Allerdings erhielt die Verfügung Einschränkungen: Frauen sollten nicht selbstständig die Dienstgeschäfte eines Richters oder Staatsanwalts wahrnehmen dürfen.[34] Sie erhielten also nicht die gleichen Ausbildungsmöglichkeiten wie die männlichen Referendare.

Auch auf Reichsebene engagierten sich Frauen unterschiedlicher Reichstagsparteien gemeinsam mit den demokratischen Abgeordneten für eine Beteiligung der Frau an der Rechtspflege. Am 2. Dezember 1920 stellten 32 weibliche Abgeordnete aller Parteien einen Initiativantrag.[35] Sie forderten den Reichstag auf, dass dieser die Reichsregierung ersuchen möge, „schleunigst einen Gesetzesentwurf, durch den Frauen zu den juristischen Prüfungen und zum Vorbereitungsdienst zu den gleichen Voraussetzungen wie Männer zugelassen werden“, einzubringen.[36] Gustav Radbruch,[37] damals noch einfacher Abgeordneter, stellte einen entsprechenden Antrag am 21. Januar 1921.[38] Sein Antrag zielte darauf ab, einen Gesetzesentwurf zur Ausführung der Artikel 109 Abs. 2 und 128 Abs. 1 der WRV in Bezug auf die Justiz zu erreichen.[39] Mit dem interfraktionellen Frauenantrag und dem Antrag des Sozialdemokraten Radbruch beschäftigte sich der Reichstag am 26. Januar 1921.[40] Es war Erna Schefflers frühere

---

[32] *Hartwig*, Die Frau in der Rechtspflege, S. 6.

[33] Margarete Berent Collection, LBI NYC, *Hartwig*, Die Frau in der Rechtspflege, S. 5.

[34] *Hartwig*, Die Frau in der Rechtspflege, S. 6.

[35] Antrag Nr. 1035, Frau Agnes und Genossinnen, Reichstagsprotokolle, 1920/24, 22, Bd. 365, Anlage Nr. 1035, S. 705. Am 25.1.1921 ersetzt durch die Entschließung Frau Agnes und Genossinnen, Bd. 365, Nr. 1359, S. 941.

[36] Antrag Nr. 1035, Frau Agnes und Genossinnen, Reichstagsprotokolle, 1920/24, 22, Bd. 365, Anlage Nr. 1035, S. 705.

[37] Gustav Radbruch wurde am 21. November 1878 in Lübeck geboren. Er studierte ab 1898 in München, Leipzig und Berlin Rechtswissenschaft und wurde 1902 als Schüler Franz v. Liszts promoviert. Nach seiner Habilitation 1903 bei Karl v. Lilienthal in Heidelberg war Gustav Radbruch bis 1910 als Privatdozent und bis 1914 als nicht beamteter außerordentlicher Professor beschäftigt. Erst 1914 erhielt er seinen ersten Ruf an die Universität Königsberg, wo er allerdings wegen seiner Teilnahme am Ersten Weltkrieg kaum tätig war. Ab 1919 war Gustav Radbruch, nachdem er für kurze Zeit als außerordentlicher Professor im Öffentlichen Recht tätig war, Ordinarius für Strafrecht in Kiel, bis er 1926 einem Ruf an die Heidelberger Universität folgte. Dort wurde er Anfang Mai 1933 von den Nationalsozialisten aus politischen Gründen entlassen. Nach dem Zweiten Weltkrieg kehrte er auf seinen Lehrstuhl zurück. Neben seiner wissenschaftlichen Karriere war Gustav Radbruch SPD-Politiker. Von 1920 bis 1926 war er Mitglied des Reichstags und wurde während dieser Zeit zweimal Reichsminister der Justiz: von Oktober 1921 bis November 1922 und von August bis November 1923. Am 23. November 1949 starb Gustav Radbruch in Heidelberg. Biografische Angaben zu Gustav Radbruch finden sich u. a. bei: *Alexy*, Christiana Albertina, Heft 58, 2004, S. 47–51; *Kaufmann*, Gustav Radbruch: Rechtsdenker, Philosoph, Sozialdemokrat, 1987.

[38] Reichstagsprotokolle, 1920/24,22, Bd. 365, Anlagen, Nr. 1331, S. 925.

[39] Reichstagsprotokolle, 1920/24,22, Bd. 365, Anlagen, Nr. 1331, S. 925.

[40] Vgl. Verhandlungen des Reichstags, Bd. 347, 57. Sitzung, 26. Januar 1921, S. 2127.

Kollegin „Frau Abgeordnete" Marie-Elisabeth Lüders, die sich in einer mutigen und geistreichen Rede vor dem Reichstag für die volle Gleichberechtigung der Frauen in der Rechtspflege einsetzte.[41] Sie erklärte:

„Für uns Frauen ist die Verfassung nicht eine Zusammenstellung schöner Sentenzen, sondern wir sind so naiv, die Verfassung wortwörtlich zu nehmen, und wir glauben daher, daß grundsätzliche programmatische Erklärungen – auch mit dem besonderen Zusatz des Grundsätzlichen – nur deshalb gemacht werden, um bei der nächsten Gelegenheit in die Tat umgesetzt zu werden."[42]

Nachdem sie dies klargestellt hatte, formulierte sie folgende Forderungen:

„1. eine unbeschränkte Zulassung der Frauen zum Laienrichtertum,
2. eine unbeschränkte Zulassung der Frauen zum vollgültigen Vorbereitungsdienst,
3. dementsprechend die Zulassung der Frauen zur Anwaltschaft,
4. und die Zulassung der Frauen zum Berufsrichtertum."[43]

Der Reichsjustizminister Dr. Heinze[44] warnte bezüglich „der Gleichstellung der Frau mit dem Manne" dringend vor Übereilung und betonte, dass besonders die wirtschaftliche Lage, der starke Zustrom zur Rechtsanwaltschaft, die warnenden Stimmen derselben sowie die notwendige Verminderung der Richterzahl zu beachten seien.[45] Des Weiteren erklärte er:

„Ich warne davor, eine derartige Frage von diesem hohen Hause vielleicht mit wenigen Stimmen Majorität zu entscheiden. Nein, eine derartig grundlegende Umstürzung kann nur erfolgen, wenn die weitesten Kreise des Volkes hinter einer derartigen Reform stehen."[46]

Zahlreiche Kreise des Volkes hätten jedoch noch erhebliche Bedenken gegen die Zulassung der Frauen, bemerkte er. Gemeint waren vor allem Stimmen aus den Berufsorganisationen der Richter und Rechtsanwälte, die eine Zulassung der Frauen mehrheitlich ablehnten. Diese Warnungen könnten jedoch auch in den persönlichen Vorbehalten des Reichsjustizministers Heinze begründet ge-

[41] Verhandlungen des Reichstags, Bd. 347, 57. Sitzung, 26. Januar 1921, S. 2132.
[42] Verhandlungen des Reichstags, Bd. 347, 57. Sitzung, 26. Januar 1921, S. 2133.
[43] Verhandlungen des Reichstags, Bd. 347, 57. Sitzung, 26. Januar 1921, S. 2135.
[44] Karl Rudolf Heinze wurde am 22. Juli 1865 als Sohn des Philosophiehistorikers Max Heinze geboren. Nach dem Studium der Rechtswissenschaften war er von 1989–1912 in der sächsischen Justiz tätig. 1912 wurde er Hilfsarbeiter an der Reichsanwaltschaft, bis er 1914 zum Reichsgerichtsrat ernannt wurde. Seine politische Karriere begann 1899 als Stadtverordneter. 1907–1912 war er als Nationalliberaler Mitglied des Reichtags. 1916 wurde er Unterstaatssekretär im Justizministerium in Konstantinopel. Von Juli bis November 1918 war er Justizminister in Sachsen. Als prägendes Mitglied der DVP gehörte er 1919/1920 der Verfassunggebenden Nationalversammlung an und war von 1920 bis 1924 in führender Stellung Mitglied des Reichstags: Von Juni 1920 bis Mai 1921 und von November 1922 bis August 1923 war er Reichsjustizminister. Im Oktober 1924 wurde er zum Reichskommissar ernannt. Biografische Angaben: *Malettke*, in: Neue Deutsche Biographie 8 (1969), S. 448 f.
[45] Verhandlungen des Reichstags, Bd. 347, 57. Sitzung, 26. Januar 1921, S. 2139.
[46] Verhandlungen des Reichstags, Bd. 347, 57. Sitzung, 26. Januar 1921, S. 2139.

wesen sein.[47] Dessen abwertende Einstellung wird in der Deutschen Juristen-Zeitung in einem Artikel „Zur Frage der Richterauswahl" deutlich:

„Prüft man rein sachlich die Frage, ob die Rechtspflege dadurch verbessert wird, daß Frauen zum Richterberufe zugelassen werden, so wird man die Zulassung der Frauen als beamtete Richter bestimmt ablehnen müssen. Aber auch was den Schöffen- und Geschworenendienst betrifft, werden die Gegengründe überwiegen."[48]

Weiter betont er, dass es die „höchste Tugend des Richters" sei, objektiv zu sein. „Das schönste Vorrecht der Frau" sei wiederum, subjektiv zu sein. Auch der radikalste Politiker gebe daher unter vier Augen zu, dass letzten Endes der Mann Vorurteile leichter überwinde als die Frau.[49]

Erst nachdem der Zulassungsbefürworter und Sozialdemokrat Radbruch Justizminister geworden war, legte die Regierung im April 1922 schließlich den „Entwurf eines Gesetzes über die Zulassung der Frauen zu den Ämtern der Rechtspflege" dem Reichstag vor.[50] Die Gesetzesbegründung im Entwurf hatte Radbruch selbst, sogar unter starkem Widerstand seines eigenen Ressorts, formuliert.[51] Das Gesetz, das nun auch Frauen unterschiedslos zu allen Ämtern der Rechtspflege zuließ, wurde schließlich am 1. Juli 1922 und mit redaktioneller Änderung am 7. Juli 1922 angenommen.[52] Vier Tage später wurde es schließlich verabschiedet. Laut Art. 1 des Gesetzes über die Zulassung der Frauen zu den Ämtern und Berufen der Rechtspflege konnte die „Fähigkeit zum Richteramte" nun auch von Frauen erworben werden.[53] Ebenso konnten Frauen ab diesem Zeitpunkt zu „Handelsrichtern, Amtsanwälten, Gerichtsschreibern und Gerichtsvollziehern ernannt werden".[54] Die langwierige und strittige Gesetzgebungsgeschichte endete somit für die Frauenbewegung und damit auch für Erna Scheffler erfolgreich.

b) Die Einstellung der Berufsorganisationen zur Frage der Zulassung der Frauen

Die Debatten der Gesetzgebung wurden begleitet von erbitterten Auseinandersetzungen innerhalb des Juristenstandes. Während das Justizministerium, vor allem unter den Ministern Dr. Heinze und Schiffer, als bremsender Part im Gesetzgebungsprozess erschien, können die Berufsorganisationen als „die eigent-

47 Ebenso *Rosenbach*, JuS 1997, S. 1065.
48 *Heinze*, DJZ 1921, Sp. 664.
49 *Heinze*, DJZ 1921, Sp. 664.
50 Verhandlungen des Reichstags, Bd. 365, Anlage Nr. 4175, S. 4507.
51 *Radbruch*, Der innere Weg, S. 155.
52 Verhandlungen des Reichstags, 241. Sitzung vom 1. Juli 1922, S. 8216 f.; 246. Sitzung vom 7. Juli 1922, S. 8357.
53 RGBl. 1922, Teil I, S. 573.
54 RGBl. 1922, Teil I, S. 573 Art. I Abs. 2.

lichen Gegner" der Frauen im Streit um die Zulassung bezeichnet werden.[55] Vor allem der 4. Deutsche Richtertag sprach sich am 22. Mai 1921 in Leipzig entschieden und nahezu einhellig gegen die Eignung von Frauen für höhere Justizämter aus.[56] Lediglich 2 von etwa 250 Richtern stimmten für die Eignung der Frauen als Berufsrichterin.[57] Ebenso wurde der Einsatz von Frauen als Geschworene und als Schöffin in Strafsachen mit nur drei bzw. neun Gegenstimmen abgelehnt.[58] Für die Hinzuziehung der Frauen als Schöffinnen in Strafsachen sprach sich immerhin eine Minderheit von 24 Stimmen, für die Zulassung als Richterin in anderen Sachen als Strafsachen (beispielsweise Vormundschaftssachen) sogar eine Minderheit von 44 Richtern aus.[59] Demgegenüber war der Deutsche Anwaltverein vergleichsweise aufgeschlossen.[60] Immerhin 22 von insgesamt 67 Vertretern stimmten auf einer Versammlung des Deutschen Anwaltvereins am 28. Januar 1922 für die Zulassung der Frauen zum Anwalts- und Richterberuf.[61]

Die Gründe, die gegen die Zulassung der Frauen zu den Ämtern der Rechtspflege geltend gemacht wurden, reichten von der körperlichen sowie psychologischen Ungeeignetheit bis zu der Befürchtung wachsender Konkurrenz durch Juristinnen. Angenommen wurde zudem ein Autoritätsverlust der Gerichte, „was mit großen Gefahren für den Staat verbunden sein würde".[62] Einen näheren Einblick in die Argumentation geben folgende Redebeiträge:

Der Berichterstatter des 4. Richtertages, Landgerichtsdirektor Stadelmann, vertrat die Ansicht, dass die Frau psychisch nicht befähigt sei, als Schöffin oder Geschworene zu richten.[63] Dies gelte im Besonderen auch für ihre Eignung als Berufsrichterin.[64] Dazu führte er aus, dass Frauen aufgrund ihrer seelischen Eigenart in weitgehendem Maße Gefühlseinflüssen unterworfen seien, die ihre sachliche Auffassung beeinträchtigen würden. Während der Zeit der Monatsperiode, der Schwangerschaft und der Wechseljahre erhalte die Gefahr, die aus der seelischen Eigenart der Frau erwachse, noch eine erhebliche Steigerung. Die Mehrzahl der Frauen befände sich in dieser Zeit in einem Zustand der Reizbarkeit, sodass sie im erhöhten Maße Gefühlseinflüssen unterworfen wären.[65] Die Entgegnung der Frauenbewegung, „daß die Frau durch diese Zustände in anderen Berufen nicht behindert werde", versuchte er mit dem Hinweis zu ent-

---

55 *Huerkamp*, Bildungsbürgerinnen, S. 277.
56 Vgl. DRiZ 1921, S. 196ff.
57 *Hartwig*, Die Frau in der Rechtspflege, S. 9.
58 DRiZ 1921, S. 206; *Hartwig*, Die Frau in der Rechtspflege, S. 9.
59 DRiZ 1921, S. 206; *Hartwig*, Die Frau in der Rechtspflege, S. 9.
60 *Huerkamp*, Bildungsbürgerinnen, S. 277; *Rust*, in: Barrieren und Karrieren, S. 350.
61 JW 1922, S. 1255; *Hartwig*, Die Frau in der Rechtspflege, S. 9f.
62 *Hartwig*, Die Frau in der Rechtspflege, S. 18.
63 DRiZ 1921, S. 199f.
64 DRiZ 1921, S. 202.
65 DRiZ 1921, S. 200.

kräften, dass bei diesen Berufen nicht dasselbe unbedingte Erfordernis der von Gefühlen unbeeinflussten Objektivität bestünde.[66] Ein weiteres Argument, das Stadelmann gegen die Zulassung der Frauen als Laien- und Berufsrichterinnen anführte, zielte auf das deutsche „Mannesgefühl". Stadelmann erläutert dazu:

„Die Unterstellung des Mannes unter den Willen und den Urteilsspruch der Frau widerspricht der Stellung, welche die Natur dem Manne gegenüber der Frau angewiesen hat und wie sie durch die Verschiedenheit des Geschlechts begründet ist. Sie widerspricht dem natürlichen Charakter des Mannes. Sie widerspricht dem besonderen deutschen Mannesgefühl, wie es bei der Mehrzahl der Männer ausgebildet ist."[67]

Würde eine Unterstellung des Mannes unter den Richterspruch der Frau gleichwohl erfolgen, würde dies, so Stadelmanns Befürchtung, eine schwere Gefährdung des Ansehens der Gerichte nach sich ziehen.[68] In erhöhtem Maße träfen die Gründe für die Unmöglichkeit bei der Zulassung der Frau als Berufsrichterin zu. Seine Hypothese diesbezüglich lautete sogar: „Durch die Zulassung der Frau als Berufsrichterin würde der Rechtsprechung das Grab getragen."[69]

Dieser deutlichen Ablehnung der Frau folgte eine liberalere Meinung des Amtsgerichtsrats Sauermann aus Neukölln. Er berichtete, dass er als erster Jugendrichter in Groß-Berlin gern mit Frauen zusammengearbeitet habe und dass die Frauen gar nicht so weich seien, wie allgemein angenommen werde.[70] Ein weiterer Redner, Amtsgerichtsrat Schenk-Torgau bemängelte die vorgestellten medizinischen Gutachten und hob hervor, dass er wisse, dass viele Ärzte diesen nicht zustimmen würden. Da er den Beweis gegen die Eignung der Frauen nicht als erbracht sah und sich sogar Vorteile durch die Mitarbeit der Frauen vorstellen konnte, stellte er den Antrag, die Versammlung wolle beschließen, dass die Frau als Richter nicht ungeeignet sei.[71] Dass bloß fünf Stimmen diesem Antrag folgten und sich der Richtertag gar mit etwa 250 gegen zwei Stimmen gegen die Zulassung der Frauen als Berufsrichterinnen aussprach, belegt allerdings deutlich das drastische Überwiegen der gegenteiligen Ansicht.[72]

Gegenüber dieser nahezu einhelligen Ablehnung finden sich auf der Vertreterversammlung des Deutschen Anwaltvereins auffallend positivere Stimmen. Grundlage der Beratung war eine Anfrage des Justizministers Schiffer, dem daran gelegen war, die Auffassung des Deutschen Anwaltvereins zur Frage der Zulassung der Frauen zum Anwalts- und Richterberuf zu erfahren.[73] Der Berichterstatter Justizrat Dr. Bieber vertrat gleich zu Beginn der Auseinanderset-

[66] DRiZ 1921, S. 200.
[67] DRiZ 1921, S. 201.
[68] DRiZ 1921, S. 201.
[69] DRiZ 1921, S. 202.
[70] DRiZ 1921, S. 204 f.
[71] DRiZ 1921, S. 205.
[72] DRiZ 1921, S. 206; *Hartwig*, Die Frau in der Rechtspflege, S. 9.
[73] JW 1922, S. 1267, Anlage A.

zung die Ansicht, dass aus dem Gebot der Gerechtigkeit heraus alle Klassen-, Standes- und Geschlechtsunterschiede beseitigt werden müssten, sofern die Gemeinschaft dadurch keinen Schaden erleide.[74] Nachdem er darauf hingewiesen hatte, dass überall, wo die Frage der Zulassung der Frauen zum Richteramt und zur Rechtsanwaltschaft erörtert werde, an die Spitze die Behauptung gestellt werde, „die Frau als solche eigne sich nicht zum Juristenberuf",[75] hinterfragte er dies kritisch: „Ist dies ein wirkliches Werturteil, in der Sache begründet, oder, wie ich behaupte, ein Vorurteil?" Des Weiteren bezog er die Entwicklung anderer Länder mit ein, in denen Frauen bereits als Anwältinnen zugelassen waren, um zu zeigen, dass auch praktische Erfahrungen für die Zulassung sprachen.[76] Auf die Anfrage des Ministeriums, die der Vortragende Dr. Bieber selbst als „eigenartige Fragestellung"[77] bezeichnete,

> „ob die Zulassung der Frauen zur Rechtsanwaltschaft zu einer ungewünschten Benachteiligung der vorhandenen männlichen Anwärter führen und wie dieser Gefahr gegebenenfalls vorgebeugt werden könnte"[78],

entgegnete er:

> „Ich muss sagen: eine solche Frage ist abzuweisen. Heute, wo alle Bewohner Deutschlands das gleiche Recht haben sollten, kann man eine solche Frage nicht nach dem Gesichtspunkte beantworten, ob wir durch die Konkurrenz einige persönliche oder andere Nachteile haben werden."[79]

Wie fortschrittlich die Argumentation des Berichterstatters Bieber im Jahre 1922 war, wird umso deutlicher, wenn man sich den gegenteiligen Auffassungen anderer Vertreter des Anwaltsvereins zuwendet. So zog der Mitberichterstatter Rechtsanwalt Dr. Erbertsheim den Schluss, dass Frauen „nach ihrer körperlichen Veranlagung und Art" zum Richter- und zum Anwaltsberuf nicht zuzulassen seien.[80] Um seine These zu untermauern, bezog er sich auf ein Gutachten von Dr. Möbius und zitierte:

> „Wollen wir ein Weib, das ganz seinen Mutterberuf erfüllt, so kann es nicht ein männliches Gehirn haben. Ließe es sich so machen, daß die weiblichen Fähigkeiten den männlichen gleich entwickelt würden, so würden die Mutterorgane verkümmern. Übermäßige Gehirntätigkeit macht das Weib nicht nur verkehrt, sondern auch krank. Soll das Weib das sein, wozu es die Natur bestimmt hat, so darf es nicht mit dem Manne wetteifern. Die modernen Närrinnen sind schlechte Gebärinnen und schlechte Mütter."[81]

---

[74] JW 1922, S. 1247.
[75] JW 1922, S. 1247.
[76] *Rust*, in: Barrieren und Karrieren, S. 351.
[77] JW 1922, S. 1249.
[78] JW 1922, S. 1249.
[79] JW 1922, S. 1249.
[80] JW 1922, S. 1250.
[81] JW 1922, S. 1250.

Eine derartige Begründung wurde in den anderen Redebeiträgen nicht gewählt. Dies mag darin begründet sein, dass die Bitte des Vorsitzenden, Justizrat Kurlbaum, „auf die medizinischen Fragen (…) nicht einzugehen“, beherzigt wurde. Dennoch vermag die Argumentation einen Eindruck von dem Verständnis der Beziehungen der Geschlechter zu vermitteln, das überwiegend auch den Deutschen Anwaltverein prägte.[82] Nachdem über mehrere unterschiedliche Anträge – die neben der Zulassung und Ablehnung auch den vom Hamburger Anwaltverein gewählten Mittelweg, Frauen zur Rechtsanwaltschaft zuzulassen und vom Richteramt auszuschließen, beinhalteten[83] – debattiert worden war, wurde letztlich der Antrag Ebertsheims: „Die Vertreterversammlung wolle beschließen: Die Frau eignet sich nicht zur Rechtsanwaltschaft oder zum Richteramt. Ihre Zulassung würde daher zu einer Schädigung der Rechtspflege führen und ist aus diesem Grunde abzulehnen“, mit 45 gegen 22 Stimmen angenommen.[84]

c) *Fazit*

Die überwiegend ablehnende Haltung der Berufsorganisationen zu der Frage der Beteiligung der Frauen an der Rechtspflege lässt die Zulassung durch das Reichstagsgesetz, verkündet am 11. Juli 1922,[85] umso beachtenswerter erscheinen. Vorangetrieben wurde die Zulassung der Frauen zu den Staatsexamen und den Ämtern der Rechtspflege vor allem durch die Frauenorganisationen und insbesondere durch die weiblichen Abgeordneten im Reichstag. Dies stärkt die These Erna Schefflers, dass die Statuierung des Wahlrechts als die Grundlage allen weiteren Fortschritts anzusehen sei.[86] Bis 1918 waren Petitionen die einzige Möglichkeit für Frauen, sich direkt in parlamentarische und staatliche Kompetenzen einzumischen.[87] Durch das Erringen des aktiven und passiven Wahlrechts gab es nun erstmals auch 37 Parlamentarierinnen. Dies ermöglichte, dass Frauenbelange nicht nur wie bisher durch rechtsmittellose Petitionen, sondern auch unmittelbar über den Petitionsausschuss sowie mittelbar über die weiblichen Abgeordneten in politische Beratungen eingebracht werden konnten.[88] Doch war nicht nur die Möglichkeit, direkt Anträge zu stellen, ein Fortschritt. Allein die bloße Anwesenheit der Parlamentarierinnen bewahrte die Debatten im Reichstag vermutlich vor allerlei hanebüchenen Argumenten, wie sie auszugsweise wiedergegeben wurden. Sie ließ die Diskussionen vergleichs-

---

[82] Vgl. *Rust*, in: Barrieren und Karrieren, S. 352.
[83] Vgl. JW 1922, S. 1251–1255.
[84] JW 1922, S. 1255.
[85] RGBl. 1922, Teil I, Nr. 51, S. 573 f.
[86] *Scheffler*, Die Stellung der Frau, S. 13.
[87] *Heinsohn*, in: Geschichte der Mädchen und Frauenbildung, S. 150.
[88] *Röwekamp*, Die ersten deutschen Juristinnen, S. 244.

weise juristischer und sachlicher führen. Der SPD-Abgeordnete Hoffmann bezeichnete die Gründe, die gegen die Beteiligung der Frau an der Rechtspflege vorgebracht wurden, „als gute Bekannte aus alter Zeit, aus der Zeit, die die Frau als die Repräsentantin des schönen Geschlechts rühmte, aber als Repräsentantin des intellektuell minderwertigen Geschlechts geringschätzte".[89] Es seien zum Teil dieselben Gründe, die vor wenigen Jahren gegen das Wahlrecht und die parlamentarische Betätigung der Frau geltend gemacht worden seien. Doch heute seien die Frauen in der Politik und im Parlament und sie[90] hätten sie alle gern. Unter der Heiterkeit des Reichtags führte er dazu aus: „Und das nicht etwa nur aus Galanterie, sondern aus innerer Überzeugung für das Recht und die Notwendigkeit ihrer Mitarbeit."[91] Dieser Auszug der Rede aus dem Reichstag verdeutlicht wiederum, wie wichtig das Frauenwahlrecht und der dadurch zunehmende politische Einfluss durch die Frauen für den weiteren Weg der Gleichberechtigung der Geschlechter waren. Optimistisch behauptete Hoffmann, dass die Zeit, in der man die Frau „geistig hat verkümmern lassen, wirtschaftlich und politisch entrechtet hat, um dann ihre Minderwertigkeit festzustellen"[92], für immer vorbei sei.

2. Reformprojekte des Familienrechts in der Weimarer Republik

Die Weimarer Verfassung beflügelte nicht nur die Diskussion um die Zulassung der Frauen zu juristischen Berufen. Die rechtspolitische Diskussion, die in den Jahren 1919 bis 1932 „von einer Lebendigkeit, Offenheit und Breite"[93] gekennzeichnet war, wirkte sich vor allem auch auf das Familienrecht aus. Das damals geltende Familienrecht des Bürgerlichen Gesetzbuches hielt eine gemäßigt patriarchale Ehestruktur aufrecht.[94] Der Mann hatte die Entscheidungsbefugnis in allen das eheliche Leben betreffenden Angelegenheiten und konnte den Wohnort sowie die Wohnung bestimmen.[95] Der gesetzliche Güterstand sah vor, dass der Mann das Vermögen seiner Frau in Besitz nahm, es verwaltete und wie ein Nießbraucher nutzen durfte.[96] In Erziehungsfragen blieb es ebenfalls bei der tradierten Stellung des Ehemannes, obgleich der Begriff der väterlichen Gewalt

---

89 Reichstagsprotokolle, 176. Sitzung vom 23. Februar 1922, S. 6023.

90 Mit „sie" waren vermutlich die übrigen Parlamentarier gemeint.

91 Reichstagsprotokolle, 176. Sitzung vom 23. Februar 1922, S. 6023.

92 Reichstagsprotokolle, 176. Sitzung vom 23. Februar 1922, S. 6023.

93 *Schubert*, Die Projekte der Weimarer Republik, S. 27.

94 *Schwab*, in: Frauen in der Geschichte des Rechts, S. 792.

95 § 1354 Abs. 1 BGB i. d. F. von 1900: „Dem Manne steht die Entscheidung in allen das gemeinschaftliche eheliche Leben betreffenden Angelegenheiten zu; er bestimmt insbesondere Wohnort und Wohnung."

96 *Schwab*, in: Frauen in der Geschichte des Rechts, S. 792.

durch die elterliche Gewalt ersetzt worden war.[97] Bei Meinungsverschiedenheiten behielt der Vater das letzte Wort.[98] Auch die Vermögenssorge[99] sowie die gesetzliche Vertretung des Kindes blieben ausschließlich ihm vorbehalten.[100] Das Familienrecht in seiner ursprünglichen Fassung sicherte demnach erkennbar die ehemännliche Autorität ab und dies, obgleich die emanzipatorische Entwicklung schon damals zu erkennen gewesen war.[101] Die gegenteilige Annahme Franz Wieackers, der erklärte, dass die Kommissionsarbeiten, auf denen das Familienrecht beruhe, noch vor den ersten Emanzipationsbestrebungen gelegen hätten,[102] ist durch die vergleichsweise spät einsetzende Erforschung der Gegenentwürfe seitens der Frauenbewegung widerlegt worden.[103] Bereits im Jahre 1877 gab es eine Petition des Allgemeinen Deutschen Frauenvereins (ADF), die der Ersten Kommission zugeleitet worden war.[104] Die eigentliche Rechtskritik der Frauenbewegung an der geplanten Kodifikation begann allerdings erst nach der Veröffentlichung des Zweiten Entwurfs, dessen familienrechtlicher Teil erst 1894 veröffentlicht worden war.[105] Frühe Juristinnen wie Anita Augspurg, Emilie Kempin und Marie Raschke, die im Ausland Rechtswissenschaften studiert hatten, kritisierten nun die patriarchalen Rechtsvorschriften des Bürgerlichen Gesetzbuches und verfassten Gegenentwürfe.[106] Dass diese Kritik jedenfalls gehört wurde, ist daran zu erkennen, dass Gottlieb Planck, der maßgeblich an der Ausarbeitung des Familienrechts des Bürgerlichen Gesetzbuches beteiligt gewesen war, sein Gesetz in einem Vortrag „Zum Besten des Göttinger Frauenvereins" gegen die Kritik der Frauenbewegung verteidigte.[107] Doch die Verfasser des Bürgerlichen Gesetzbuches, insbesondere Gottlieb Planck selbst, lehn-

---

[97] *Grimme*, Die Entwicklung der Emanzipation, S. 107.

[98] § 1634 S. 2 BGB i. d. F. von 1900.

[99] § 1634 Hs. 1 BGB i. d. F. von 1900.

[100] §§ 1627, 1649 BGB i. d. F. von 1900.

[101] *Grimme*, Die Entwicklung der Emanzipation, S. 89; *Schwab*, in: Frauen in der Geschichte des Rechts, S. 793.

[102] *Wieacker*, Privatrechtsgeschichte der Neuzeit, S. 480. Seine Annahme wurde bereits 1990 von *Limbach* bezweifelt, vgl. *Limbach*, in: Frauen im Recht, S. 3 f.

[103] Zu erwähnen sind: Die Rechtsstellung der Frau um 1900: Eine kommentierte Quellensammlung, hrsg. v. Meder/Duncker/Czelk, 2010; Frauenrecht und Rechtsgeschichte, die Rechtskämpfe der deutschen Frauenbewegung, hrsg. v. Meder/Dunker/Czelk, 2006; *Limbach*, Die Frauenbewegung und das Bürgerliche Gesetzbuch, in: Frauen im Recht, hrsg. v. Battis/Schultz, 1990; *Berneike*, die Frauenfrage ist Rechtsfrage: Die Juristinnen der deutschen Frauenbewegung und das Bürgerliche Gesetzbuch, 1995.

[104] Zur Petition des Allgemeinen Deutschen Frauenvereins, siehe: Meder/Duncker/Czelk (Hrsg.): Die Rechtsstellung der Frauen um 1900, S. 36–41.

[105] *Meder*, Familienrecht, S. 193 f.

[106] Vgl. zur Rechtskritik früher Juristinnen: *Berneike*, Die Frauenfrage ist Rechtsfrage; *Buchholz*, in: Frauen in der Geschichte des Rechts, S. 670–682.

[107] *Planck*, Die rechtliche Stellung der Frau nach dem Bürgerlichen Gesetzbuche, S. 30. Der Vortrag ist veröffentlicht in: Meder/Duncker/Czelk (Hrsg.), Die Rechtsstellung der Frauen um 1900, S. 674–689.

ten es ab, den Forderungen der Frauenbewegung zu folgen.[108] Immerhin hielt er es für möglich,

> „daß die Entwicklung in der Richtung vorwärts geht, daß alles Gewicht auf die völlige Selbständigkeit der Frau gelegt wird und man damit verbundene Uebelstände mit in den Kauf nimmt."[109]

Festzuhalten ist folglich, dass es zwar eine nicht unerhebliche Rechtskritik seitens der Frauenbewegung gab, diese allerdings erst relativ spät einsetzte und auf die Kodifikation des Bürgerlichen Gesetzbuches zunächst ohne Einfluss blieb. Es wird jedoch in der frauenrechtsgeschichtlichen Forschung davon ausgegangen, dass „die Entstehung des Gesetzes (…) einen entscheidenden Impuls für die Rechtsaktivitäten der Frauenvereine gesetzt hat."[110]

Zwei Jahrzehnte später sollte die rechtspolitische Diskussion über die Rechte der Frau durch die programmatische Erklärung in Art. 119 WRV neuen Auftrieb erhalten.[111] Art. 119 Abs. 1 S. 2 WRV bestimmte, dass die Ehe auf der Gleichberechtigung der Geschlechter beruhen solle. Ein Zeugnis dafür, dass die Gleichstellung der Geschlechter in der rechtswissenschaftlichen Diskussion vorangetrieben wurde, sind die fortschrittlichen Projekte des 33. und 36. Deutschen Juristentags. So wurde beispielsweise die Diskussion zur Änderung des ehelichen Güterrechts auf dem 33. Deutschen Juristentag im Jahre 1924 in Heidelberg eingeleitet.[112] Das Thema der bürgerlich-rechtlichen Abteilung lautete: „Welche Richtlinien sind für die künftige Gestaltung des ehelichen Güterrechts aufzustellen?"[113] Unter den Berichterstattern des 33. Deutschen Juristentages war zum ersten Mal auch eine Frau vertreten. Die Berliner Rechtsanwältin Marie Munk[114] forderte in ihrem Hauptreferat als gesetzlichen Güterstand „die Gütertrennung in Verbindung mit einer Beteiligung am Ehegewinn".[115] Gemeinsam mit Professor Kipp[116] trat sie für „eine Art Errungenschaftsgemeinschaft von

---

108 *Grimme*, Die Entwicklung der Emanzipation, S. 89.

109 *Planck*, Die rechtliche Stellung der Frau nach dem Bürgerlichen Gesetzbuch, S. 26, veröffentlicht, in: Meder/Duncker/Czelk (Hrsg.), Die Rechtstellung der Frau um 1900, S. 674–689.

110 *Figurewicz*, in: Frauenrecht und Rechtsgeschichte, S. 170.

111 *Grimme*, Die Entwicklung der Emanzipation, S. 115; vgl. *Hagemeyer*, Denkschrift, 2. Teil, S. 12.

112 *Schubert*, Die Projekte der Weimarer Republik, S. 92; *Hagemeyer*, Denkschrift, 2. Teil, S. 12.

113 Verhandlungen des 33. Deutschen Juristentages, S. 325.

114 Biografische Angaben zu Marie Munk, S. 3, Fn. 9 m. w. N.

115 Verhandlungen des 33. Deutschen Juristentages, S. 340.

116 Theodor Kipp (1862–1931) studierte in Leipzig und Göttingen u. a. bei Windscheid und Jhering Rechtswissenschaften. Bereits 1887 wurde er Privatdozent in Leipzig und kurze Zeit später außerordentlicher Professor in Halle. Ab 1889 war er Ordinarius in Kiel, bis er 1893 einem Ruf nach Erlangen folgte. 1901 ging er nach Berlin, wo er bis 1930 mehrmals als Dekan und 1914/15 auch als Rektor fungierte. Er lehrte Privatrecht und Römisches Recht. Von seinen Werken fanden vor allem seine Lehrbücher zum Erbrecht (1911) und zum Verwandtschafts-

Todes- und Scheidungswegen", die sogenannte „Zugewinnstgemeinschaft"[117] ein. Dass diese keine neue Erfindung war, sondern ein historisch gewachsenes Rechtsinstitut, hatte bereits Margarete Berent[118] in ihrer rechtsgeschichtlichen Dissertation ergründet.[119] Sie selbst plädierte als Diskussionsteilnehmerin für die Vorschläge von Professor Kipp und Marie Munk, indem sie nochmals die Bedeutung der „Gütertrennung mit Zugewinnstgemeinschaft" für vermögenslose Ehefrauen betonte.[120] Letztlich votierte die Versammlung mit nur einer Gegenstimme für eine Neuregelung des ehelichen Güterrechts als ein konsensfähiges rechtspolitisches Ziel.[121] Auf dem 36. und letzten Deutschen Juristentag vor der „Machtergreifung" durch die Nationalsozialisten 1930 in Lübeck war das Thema noch erweitert worden. Unter den Anwesenden waren einige sehr bekannte Vertreterinnen der Deutschen Frauenbewegung.[122] Camilla Jellinek[123], die Vorsitzende des BDF, trat für eine eigenständige Staatsangehörig-

---

und Vormundschaftsrecht (1912) Beachtung. 1896 erschien sein romanistisches Hauptwerk, die „Quellenkunde", das er ab der zweiten Auflage unter dem Titel „Geschichte der Quellen des Römischen Rechts" bis 1919 in vier Auflagen weiterentwickelte. In der Gegenwart ist vor allem sein 1911 erschienener Festschriftbeitrag „Über Doppelwirkungen im Recht" als Kipp'sche Lehre von der Doppelnichtigkeit bekannt. Biografische Angaben bei: *Levy*, SZRom 51 (1931), S. 609–612.

[117] *Berent*, Die Zugewinnstgemeinschaft der Ehegatten, Diss. Breslau 1915.

[118] Margarete Berent (1887–1965) wuchs in einem großbürgerlichen deutsch-jüdischen Haushalt in Berlin auf. 1906 legte sie das Lehrerinnenexamen ab, um anschließend für vier Jahre im Kollmorgenschen Lyzeum zu unterrichten. Sie bereitete sich parallel dazu in den von Helene Lange gegründeten Gymnasialkursen für Frauen auf das Abitur vor, welches sie 1910 bestand. Anschließend studierte sie für fünf Semester an der Juristischen Fakultät in Berlin. Ihr Gesuch, das Erste Staatsexamen ablegen zu dürfen, lehnte das Preußische Justizministerium ab. Ihr Studium schloss sie dennoch in Erlangen mit ihrer umfangreichen Promotion über „Die Zugewinnstgemeinschaft" ab, die sowohl bei ihrem Doktorvater Erwin Riezler als auch bei Otto von Gierke und bei Martin Wolff auf Begeisterung stieß. Da Frauen das Referendariat erst 1922 offenstand und sie somit zunächst keinen klassischen juristischen Beruf ergreifen konnte, war Margarete Berent u. a. als juristische Hilfsarbeiterin in einer Kanzlei, in der Deutschen Zentrale für Jugendfürsorge und für die Allgemeine Elektrizität-Gesellschaft (AEG) Berlin tätig. Des Weiteren lehrte sie Recht an der Sozialen Frauenschule. Nachdem sie Anfang 1925 das Assessorexamen absolviert hatte, eröffnete sie ihre eigene Kanzlei. Als ihr bereits im Juni 1933 die Anwaltszulassung durch die Nationalsozialisten entzogen wurde, engagierte sie sich im großen Umfang für die jüdische Gemeinde. Margarete Berent, die sich sehr spät zur Emigration entschlossen hatte, gelang erst am 30. November 1939 die Ausreise aus Deutschland. Sie blieb zunächst für einige Monate in Chile. Ende April 1940 wurde ihr ein Visum für die USA ausgestellt, wo sie nach erneutem Jurastudium und zahlreichen Aushilfstätigkeiten 1949, im Alter von 62 Jahren, die Zulassung zur Anwaltskammer erhielt. Von 1951 bis kurz vor ihrem Tod im Juni 1965 war sie in der Rechtsabteilung der Stadt New York tätig. Biografische Angaben bei: *Röwekamp*, Juristinnen, S. 36–40.

[119] *Berent*, Die Zugewinnstgemeinschaft der Ehegatten, Diss. Breslau 1915 – angeregt von Martin Wolff. Dazu *Röwekamp*, Die ersten deutschen Juristinnen, S. 579 f.

[120] Verhandlungen des 33. Deutschen Juristentages, S. 382.

[121] *Röwekamp*, Die ersten deutschen Juristinnen, S. 587; *Schwab*, in: Frauen in der Geschichte des Rechts, S. 798.

[122] DJT (Hrsg.), 150 Jahre Deutscher Juristentag, S. 62.

[123] Biografische Angaben zu Camilla Jellinek, S. 4, Fn. 12 m. w. N.

keit der Frau ein, die sie auch bei Eheschließung mit einem Ausländer behalten können solle.[124] Der Fragestellung

„Inwieweit bedürfen die familienrechtlichen Vorschriften des Bürgerlichen Gesetzbuches mit Rücksicht auf den die Gleichberechtigung der Geschlechter aussprechenden Art. 119 Abs. 1 S. 2 der RVerf. einer Änderung?"

nahmen sich Emmy Rebstein-Metzger[125] als Gutachterin und Marianne Weber[126] – Witwe des bekannten Soziologen Max Weber – als Referentin an. Marianne Weber war es, die schon auf dem 36. Juristentag spürte, was sich später bewahrheiten sollte.[127] Ihre Schlussworte lauteten: „Und wir Frauen sind uns darüber klar, daß jede rechtsradikale Revolution das von uns mühsam Erworbene aufs neue in Frage stellt."[128]

Trotz dieser Bemühungen, eine Revidierung der familienrechtlichen Bestimmungen zu erreichen, wurden entsprechende Gesetze nicht verabschiedet. Es gab lediglich einzelne Anläufe des Gesetzgebers, das Nichtehelichen-, Adoptions- sowie das Ehescheidungsrecht zu reformieren.[129] Der eigentliche Kampf für ein gleichberechtigtes Familienrecht spielte sich vielmehr „auf Tagungen und im Schrifttum ab",[130] was beispielhaft die erwähnten Diskussionen auf den Juristentagen belegen.[131]

3. Berufsbeginn als Anwältin und Richterin

Nachdem die Zulassung der Frau zu den Staatsexamen, zum Vorbereitungsdienst und somit zu den juristischen Berufen erfolgreich erstritten worden war, konnte Erna Scheffler ihre berufliche Karriere voranbringen. Bereits im Jahre 1922 bestand sie als eine der ersten Frauen das Referendarexamen mit Auszeichnung und der – unter Juristen höchst selten vergebenen Note – „gut".[132] 1925 legte sie die Prüfung für das Assessorexamen, ebenfalls mit dem Prädikat „gut", ab und wurde als Anwältin in Berlin zugelassen.[133] Bis einschließlich 1925 hatten lediglich 14 Frauen die Assessorprüfung in Preußen bestanden,

[124] DJT (Hrsg.), 150 Jahre Deutscher Juristentag, S. 62.
[125] Siehe zu Emmy Rebstein-Metzger: *Röwekamp*, Juristinnen, S. 321–323.
[126] Siehe zu Marianne Weber: *Röwekamp*, Juristinnen, S. 427–429.
[127] Vgl. *Grimme*, Die Entwicklung der Emanzipation, S. 118.
[128] Verhandlungen des 36. Deutschen Juristentages, Bd. 2, S. 810.
[129] Eine Zusammenstellung sämtlicher amtlicher Quellen der Weimarer Republik zur Reform des Nichtehelichen-, Adoptions- und Ehescheidungsrechts findet sich bei *Schubert*, Die Projekte der Weimarer Republik, 1986.
[130] *Nörr*, Zwischen den Mühlsteinen, S. 94.
[131] *Schwab*, in: Frauen in der Geschichte des Rechts, S. 797.
[132] *Zeidler*, Gedenkrede, S. 5.
[133] *Zeidler*, Gedenkrede, S. 5.

sodass Erna Scheffler eine der ersten Volljuristinnen Deutschlands war.[134] Dass sie die Examen derart erfolgreich absolvieren konnte, lag wohl auch daran, dass sie damals kaum Schwierigkeiten hatte, Beruf und Familie zu vereinbaren. Sie berichtete, dass sie in dieser Beziehung sehr glücklich gewesen sei, da sie in den entscheidenden Jahren der Inflation und Nachinflation ihre Mutter im Haus gehabt habe, die sich, wenn sie selbst nicht konnte, um das Kind gekümmert habe.[135] Außerdem habe es damals noch Personal – eine Köchin und ein Kinderfräulein – gegeben.[136] Dieser Umstand erleichterte Erna Scheffler sicherlich den Start ihrer eigentlichen juristischen Karriere, die mit der anwaltlichen Tätigkeit begann.[137]

Einige Jahre später schrieb sie als junge Rechtsanwältin in einem praktischen Ratgeber für „Moderne weibliche Berufe" über ihre eigenen ersten Erfahrungen und Beobachtungen als Anwältin:

„Mit Vorurteilen hat man als Anwältin wenig zu kämpfen. Richter, Kollegen wie Publikum haben sich ungemein schnell an den weiblichen Anwalt gewöhnt. Ich habe eine der größten Privatbanken beraten und bei Konferenzen über Vertragsschlüsse ihre rechtlichen Interessen vertreten, ich habe – noch vor dem Assessorexamen – die Rechtsberatungsstelle einer großen Berufsorganisation – und zwar von Männern – geleitet, zu meiner Klientel gehören ebenso Kaufleute wie Frauen und Männer aller übrigen Volksschichten – nirgends bin ich beim einzelnen einem Mißtrauen oder Bedenken begegnet, mir die Wahrung seiner Interessen anzuvertrauen."[138]

Ungleich schwieriger für die Frau als für den männlichen Kollegen sei es hingegen, eine Berufsbeziehung zu älteren Kollegen (Sozietät, Terminsvertretung oder dergl.) aufzubauen. Sie würden nämlich befürchten, dass ihre Klientel sich daran stoßen könnte, sich von einer Frau vertreten zu lassen. Erna Scheffler erklärte in dem Berater zur Berufswahl weiter, dass dieses Vorurteil in der älteren Kollegenschaft den Anfang für die junge Anwältin sehr erschwere, da es allgemein üblich sei, sich mit älteren Kollegen zu verbinden.[139]

Erna Schefflers eigene Erfahrungen geben zu erkennen, dass Erschwernisse vor allem aus der älteren Kollegenschaft herrührten. Dies zeigt, dass die Haltung, die viele Anwälte bereits während der Zulassungsdebatte eingenommen hatten, weiter fortbestand. Allgemein fällt die Bewertung der Anwaltstätigkeit vielversprechend aus, wobei sicherlich beachtet werden muss, dass der Bericht Erna Schefflers junge Abiturientinnen ermutigen sollte, sich als Juristin zu versuchen, und insofern allgemein einen attraktiven Eindruck vermitteln möchte.

---

134 Anhand der bei *Huerkamp*, Bildungsbürgerinnen, S. 281 angegebenen Zahlen errechnet.
135 Archiv des SWR, 5790672(BAD).
136 Archiv des SWR, 5790672(BAD).
137 *Dertinger*, Frauen der ersten Stunde, S. 158.
138 *Haßlacher-Friedenthal*, Die Juristin, S. 218.
139 *Haßlacher-Friedenthal*, Die Juristin, S. 218.

Ein von Erna Scheffler als positiv bezeichneter Aspekt verwundert jedoch sehr. Sie betont den großen praktischen Vorzug des Anwaltsberufs im Hinblick auf seine Familienfreundlichkeit:

„Man kann ihn durch Verbindung von Büro und Wohnung im eigenen Heim ausüben und er ist deshalb bei einigem Organisationstalent leichter als ein anderer Beruf mit einer Ehe vereinbar. Da die Anwältin ferner außer der Disziplinargerichtsbarkeit der Anwaltskammer keiner staatlichen oder privatwirtschaftlichen Macht unterliegt, kann man ihr nicht um eine Eheschließung willen den Beruf nehmen, den sie sich in jahrelanger Arbeit aufgebaut hat.“[140]

Wieso sollte eine Eheschließung die Berufsausübung verhindern können? Für den staatlichen Bereich bestimmte doch Art. 128 Abs. 2 WRV, dass alle Staatsbürger ohne Unterschied zu den öffentlichen Ämtern zuzulassen seien. Zudem war doch gerade angeordnet worden, dass alle Bestimmungen gegen „weibliche Beamte“ zu beseitigen seien, vgl. Art. 128 Abs. 2 S. 2 WRV.[141] Dennoch konnten verheiratete „weibliche Beamte“ auch in der Weimarer Zeit rücksichtslos gekündigt werden.[142] Dabei war es sogar gleichgültig, ob die Beamtin schon bei Anstellung verheiratet war oder nicht.[143] Diese Möglichkeit stützte sich auf die Personal-Abbau-Verordnung vom 27. Oktober 1923,[144] die auf einem „verfassungsdurchbrechenden Ermächtigungsgesetz“ beruhte.[145] Es hieß dort in Art. 14 Abs. 1:

„Das Dienstverhältnis verheirateter weiblicher Beamter und Lehrer im Dienste des Reichs, der Länder und Gemeinden (Gemeindeverbände) kann jederzeit am 1. Werktag eines Monats zum Monatsende gekündigt werden, sofern nach dem Ermessen der zuständigen Behörde die wirtschaftliche Versorgung des weiblichen Beamten gesichert erscheint. Dies gilt auch bei lebenslänglicher Anstellung.“[146]

Trotz der verfassungsrechtlich gewährten Gleichstellung in Art. 128 Abs. 2 WRV gab es diese sogenannte „Zölibatsklausel“ als eine gegen die verheiratete Beamtin gerichtete Sonderbestimmung. Als durch das Gesetz über die Einstellung des Personalabbaus und Änderung der Personal-Abbau-Verordnung vom 4. August 1925 der allgemeine Personalabbau eingestellt werden sollte, verbesserte sich die Stellung der Beamtin nur leicht.[147] So wurde die Kündigungsfrist auf drei Monate verlängert und die Abfindungssummen wurden erhöht. Die

---

140 *Haßlacher-Friedenthal*, Die Juristin, S. 217 f.

141 RGBl. 1919, Teil I, S. 1407.

142 *Jellinek*, AöR 76 (1950/51), S. 138; allgemeiner zur Situation der Beamtinnen in der Weimarer Republik siehe: *Hahn*, in: Mutterkreuz und Arbeitsbuch, S. 49–79.

143 *Jellinek*, AöR 76 (1950/51), S. 138.

144 Verordnung zur Herabminderung der Personalausgaben des Reichs (Personal-Abbau-Verordnung) vom 27. Oktober 1923, RGBl. 1923, Teil I, S. 999.

145 *Jellinek*, AöR 76 (1950/51), S. 138.

146 RGBl. 1923, Teil I, S. 1006.

147 RGBl. 1925, Teil I, S. 181.

grundsätzliche Diskriminierung der Beamtin blieb allerdings weiter bestehen. Art. 14 der Personal-Abbau-Verordnung[148] sollte erst mit dem Inkrafttreten des neuen Beamtengesetzes, spätestens jedoch am 31. März 1929 außer Kraft treten.[149] Nachdem diese diskriminierende Regelung ausgelaufen war, beschloss der Gesetzgeber – diesmal mit verfassungsändernder Mehrheit – mit dem „Gesetz über die Rechtsstellung der weiblichen Beamten" vom 30. Mai 1932 eine erneute Sonderregelung gegen die Beamtin.[150] Enthalten war wiederum die Möglichkeit der Entlassung der Beamtin, wenn die wirtschaftliche Versorgung gesichert erschien. Aufgrund dieser die Beamtin diskriminierenden Regelungen erscheint Erna Schefflers Hinweis auf „den großen Vorzug des Anwaltsberufs" – „die Freiheit"[151], einleuchtend. Wie lange derartig diskriminierende Vorschriften selbst im Bundesbeamtengesetz der Bundesrepublik noch fortgelten sollten, ist daran zu erkennen, dass sich Erna Scheffler noch auf dem 38. Deutschen Juristentag im Jahre 1950 mit einer derartigen Zölibatsklausel beschäftigen musste.[152]

Im Jahre 1928 trat Erna Scheffler in den preußischen Justizdienst ein. Sie war zu diesem Zeitpunkt bereits von ihrem ersten Ehemann Fritz Haßlacher geschieden, sodass Bestimmungen gegen verheiratete Beamtinnen einer Laufbahn als Richterin nicht entgegenstanden.[153] Im selben Jahr hatte Erna Scheffler – damals noch praktizierende Anwältin – geschrieben, dass es zu wünschen sei, dass sich eine recht große Anzahl geeigneter Frauen bald dem richterlichen Berufe zuwenden würde. Sie betonte dabei: „Wir Anwältinnen vermissen manchmal schmerzlich den Einfluß weiblichen Verständnisses im Richterkollegium."[154] Dass dies ein Beweggrund war, den Anwaltsberuf gegen den der Richterin zu tauschen, kann nur vermutet werden. Zunächst wurde sie hilfsweise zur Gerichtsassessorin im Kammergerichtsbezirk Berlin ernannt, bis sie zum 1. Februar 1930 unwiderruflich zur ständigen Hilfsrichterin bestellt wurde.[155] Im Jahre 1932 wurde sie schließlich zur Amtsgerichtsrätin in Berlin-Mitte ernannt.[156] Viele Richterinnen gab es in der Zeit der Weimarer Republik tatsächlich nicht. Dieses kann unter anderem auch auf die seit Einführung der Personal-Abbau-Verordnung vom 27. Oktober 1923 einsetzende, die Beamtin diskriminierende Rechtsentwicklung zurückgeführt werden. Dabei ist bis heute

---

[148] RGBl. 1929, Teil I, S. 1006.

[149] RGBl. 1925, Teil I, S. 182, § 2 X, Abs. 2.

[150] RGBl. 1932, Teil I, S. 245.

[151] *Haßlacher-Friedenthal*, Die Juristin, S. 218.

[152] *Scheffler*, Referat 38. Deutscher Juristentag, S. B 13 f. Das von ihr auf diesem Juristentag gehaltene Referat zur Frage der Gleichberechtigung der Frau wird im weiteren Verlauf der Arbeit noch thematisiert werden.

[153] Djb (Hrsg.), Juristinnen in Deutschland, 1900–2003, S. 26.

[154] *Haßlacher-Friedenthal*, Die Juristin, S. 217.

[155] *Röwekamp*, Die ersten deutschen Juristinnen, S. 456.

[156] *Röwekamp*, Juristinnen, S. 349.

aufgrund unterschiedlicher Angaben unklar, wie viele Richterinnen und Assessorinnen tatsächlich in der Weimarer Republik in Deutschland beschäftigt wurden.[157] Während eine offizielle Reichsstatistik von 1933 36 Richterinnen oder Staatsanwältinnen führte,[158] vermutet Claudia Huerkamp, dass die Zahlen noch niedriger liegen müssten.[159] Besonders was die in der Reichsstatistik von 1933 angegebene Anzahl der Anwältinnen von insgesamt 251 beträfe, könne davon ausgegangen werden, dass auch solche Frauen mitgezählt worden seien, die, ohne das zweite Juristische Examen absolviert zu haben, als wissenschaftliche Hilfsarbeiterinnen in Anwaltsbüros tätig waren, mutmaßt Claudia Huerkamp.[160] Dennoch liefert die Reichsstatistik einen Anhaltspunkt für die ungefähre Anzahl. Erna Scheffler selbst gehörte wohl zu den ersten zehn Richterinnen in Deutschland.[161]

4. Rückläufige Tendenzen für die Berufstätigkeit der Frau in juristischen Berufen am Ende der Weimarer Republik

Die Berufschancen für junge Juristen und Juristinnen waren am Ende der Weimarer Zeit generell schon ungünstig. Bereits im Jahre 1927 gab es in der Justiz und Staatsanwaltschaft „Anstellungssperren".[162] Es gab insgesamt zu viele Akademiker und vereinzelt Akademikerinnen für zu wenige freie Stellen. In dieser wirtschaftlich unsicheren Zeit wurden die Ängste vor einer Existenzbedrohung zunehmend größer.[163] Die ansteigende Arbeitslosigkeit war für die Erwerbstätigkeit der Frauen nicht von Vorteil. Verstärkt durch die weiterhin bestehenden Vorurteile gegen Frauen in juristischen Berufen wurden die Frauen daher immer häufiger als Konkurrenz für die männlichen Arbeitssuchenden empfunden.[164] Wenngleich eine Gutachterkommission zum Ausfindigmachen geeigneter Mittel und Wege zur Bekämpfung der Arbeitslosigkeit noch im Frühjahr 1930 mehrheitlich zu dem Ergebnis gekommen war, dass gesetzliche Maßnahmen gegen verheiratete Beamtinnen keinen „realen Beitrag zur Reduzierung der Arbeitslosigkeit leisten könnten", hatte man dieses Lösungsmus-

157 Vgl. *Röwekamp*, Die ersten deutschen Juristinnen, S. 449; *Huerkamp*, Bildungsbürgerinnen, S. 286.

158 Statistik des Deutschen Reichs, Bd. 453, Heft 2, S. 192 (zitiert nach: *Röwekamp*, Die ersten deutschen Juristinnen, S. 449).

159 *Huerkamp*, Bildungsbürgerinnen, S. 286.

160 *Huerkamp*, Bildungsbürgerinnen, S. 286.

161 Vgl. *Röwekamp*, Die ersten deutschen Juristinnen, S. 453–456.

162 *Gaebel*, „Die Frau" 34 (1926/27), S. 222.

163 Vgl. *Schaser*, in: Frauen auf dem Weg zur Elite, S. 101; *Grüttner*, Studenten im Dritten Reich, S. 113.

164 *Grüttner*, Studenten im Dritten Reich, S. 113.

ter keineswegs vergessen.[165] So erklärte der Reichspostminister beispielsweise Ende der 1930er Jahre gegenüber der Reichsregierung, dass es mit dem weiblichen Berufsbeamtentum bei der Post zu Ende gehe, falls es nicht zu einer gesetzlichen Wiedereinführung des Kündigungsrechts gegenüber „weiblichen Beamten" käme.[166] Die gewünschte Regelung wurde schließlich am 12. Mai 1932 mit dem „Gesetz über die Rechtsstellung weiblicher Beamten" eingeführt.[167] In dieser Zeit wurden auch die Bedenken und Vorurteile, die schon in den ersten Jahren der Weimarer Republik gegen die berufstätige Frau allgemein und besonders gegen Frauen in juristischen Berufen gehegt wurden, wieder präsenter und zunehmend lauter.[168] So war der Reichgerichtsrat Johannes Wunderlich in seinem Vortrag anlässlich des 25-jährigen Jubiläums des Sächsischen Richtervereins 1932 voller Überzeugung, dass die Frage der Gleichberechtigung der Geschlechter wesentlich an Aktualität verloren habe. Er meinte, dass das Reichsgesetz, das den Frauen am 11. Juli 1922 die Richterlaufbahn – gegen den Widerstand der Richtervereine – ermöglicht hatte, im Jahre 1932 wohl schwerlich erlassen werden würde.[169] Dass er diese, für die Gleichberechtigung rückläufige Tendenz begrüßte, zeigt folgende Forderung:

> „Das Richteramt verlangt eine wesentlich männliche Kraft und Entschlossenheit und wird von Männern bekleidet werden müssen. Wir wollen froh sein, wenn wir recht viel von unserem männlichen Nachwuchs unterbringen können."[170]

Die Amtsgerichtsrätin Mahn nahm zu dem veröffentlichten Vortrag Stellung und argumentierte für die Eignung von Frauen für die Richterberufe. Sie schloss ab mit der Bemerkung:

> „Ich weiß, dass mit einer Erklärung wie ich sie hier abgebe, kaum etwas geschafft ist. Es ist nicht zu erwarten, daß wir Frauen uns von heute auf morgen durchsetzen. Wir müssen uns an jeder Stelle von neuem bemühen, durch unser Tun und unsere Haltung das Vertrauen derer zu gewinnen, die mit uns als Rechtsuchende, Vorgesetzte, Kollegen und Untergebene zu tun haben."[171]

Zu diesem Zeitpunkt ahnte sie nicht, welche Widerstände in naher Zukunft auf die Frauenbewegung zukommen sollten.

---

165 *Hahn*, in: Mutterkreuz und Arbeitsbuch, S. 74.
166 *Hahn*, in: Mutterkreuz und Arbeitsbuch, S. 74.
167 RGBl. 1931, Teil I, S. 245.
168 *Röwekamp*, Die ersten deutschen Juristinnen, S. 636.
169 *Wunderlich*, DRiZ 1932, S. 325.
170 *Wunderlich*, DRiZ 1932, S. 325.
171 *Mahn*, DRiZ 1932, S. 326.

5. Fazit

Die Errungenschaften zu Beginn der Weimarer Republik, die zunächst auf eine auch die Erwerbsarbeit betreffende Gleichberechtigung hindeuteten, waren den politisch-ökonomischen Entwicklungen ausgesetzt. Lassen sich gegen Ende der 1920er Jahre „erfreuliche Ansätze zur beruflichen Gleichberechtigung" der Juristinnen feststellen,[172] zeigt die Entwicklung der darauffolgenden Jahre, wie ungefestigt der gewonnene Fortschritt war. Je nach konjunktureller Lage wurden die weiblichen Arbeitskräfte vermehrt eingesetzt oder wieder entlassen, was vor allem die Regelungen zur Rechtsstellung „weiblicher Beamte" verdeutlichen. Im wissenschaftlichen und rechtspolitischen Diskurs war hingegen ein anhaltender Fortschritt in Richtung Gleichberechtigung erkennbar. Der Deutsche Juristentag bestellte im Jahre 1924 mit Marie Munk erstmals eine Anwältin als Gutachterin. Auf dem Lübecker Juristentag 1931 diskutierten vornehmlich Frauen – unter anderem Margarete Berent, Camilla Jellinek, Marie-Elisabeth Lüders – die Frage, inwieweit damalige familienrechtliche Vorschriften mit Rücksicht auf den die Gleichberechtigung der Geschlechter aussprechenden Artikel 119 Abs. 1 WRV einer Änderung bedurften. Es nahmen in der Weimarer Republik somit erstmals Juristinnen an den Diskussionen teil. Der Juristentag öffnete sich jedoch nicht nur personell, sondern auch inhaltlich der Frauenbewegung,[173] wofür die Erörterungen der ehe- und familienrechtlichen Themen ein Beleg sind.

Obgleich die positive Tendenz in den Anfangsjahren der Weimarer Republik durch die Entwicklung in ihrer Spätphase gebremst und schließlich durch das emanzipationsfeindliche Frauenbild der Nationalsozialisten vollends zum Stillstand kam, kann man in den Veränderungen, die mit der Weimarer Rechtsverfassung einhergegangen waren, eine Grundlage für den weiteren Fortschritt erblicken. Nach dem Ende des Zweiten Weltkrieges konnten die Frauen im Kampf um die Gleichberechtigung auf die zahlreichen Arbeiten und Gesetzesvorschläge, die die Vertreterinnen der Frauenbewegung in der Weimarer Zeit verfasst hatten, zurückgreifen. Insbesondere die Gutachten des 33. Deutschen Juristentags (1924 in Heidelberg) waren für zukünftige Erörterungen richtungweisend.[174] Nicht nur Erna Scheffler konnte an die Ausarbeitungen und Forderungen ihrer Vorgänger und Vorgängerinnen anknüpfen, als sie auf dem 38. Deutschen Juristentag 1950 ein vielbeachtetes Hauptreferat zum Thema der Gleichberechtigung der Frau halten sollte. Die Reformbestrebungen zum Familienrecht aus der Weimarer Zeit lieferten den Grundstein für kommende Gesetzesänderungen. Die Gesetzgebung der Nachkriegszeit konnte die in der Weima-

[172] *Pientka*, Juristenausbildung, S. 14.
[173] DJT (Hrsg.), 150 Jahre Deutscher Juristentag, S. 61.
[174] *Hagemeyer*, Denkschrift, II. Teil, S. 12.

rer Zeit vorgetragenen Forderungen aufnehmen. Maria Hagemeyer[175], die 1950 mit der Ausarbeitung eines Eherechtsreformgesetzes vom Justizministerium beauftragt worden war,[176] betonte,

> „wie sehr sie bei ihrer Arbeit auf die Ergebnisse des 33. DJT in Heidelberg und das ‚gründliche und gutdurchdachte Referat' Munks zurückgriff, das gemeinsam mit den Überlegungen der anderen Referenten den Ansatzpunkt für die Arbeiten zur Anpassung des Familienrechts an den Grundsatz der Gleichberechtigung von Mann und Frau gebildet hatte"[177].

Es lässt sich daher festhalten, dass zwar zum einen die Entwicklung der Frauenerwerbsarbeit gegen Ende der Weimarer Zeit aufgrund der ökonomischen Entwicklung gebremst wurde, zum anderen aber die emanzipatorischen Reformbestrebungen, wenngleich sie nicht zu einer Gesetzesänderung führten, einen bis dahin noch nie vorhandenen Umfang einnahmen.[178]

---

[175] Biografische Angaben zu Maria Hagemeyer (1896–1991) finden sich bei: *Röwekamp*, Juristinnen, S. 123–125.

[176] *Wendrich*, Die Entwicklung der familienrechtlichen Entscheidungsbefugnisse, S. 88.

[177] *Hagemeyer*, 14.6.1956, Verwaltungsamt Berlin, Entschädigungsakte Munk Nr. 60798 (zitiert nach: *Röwekamp*, Die ersten deutschen Juristinnen, S. 587).

[178] Vgl. *Grimme*, Die Entwicklung der Emanzipation, S. 115.

IV. Berufsverbot während der NS-Zeit

„Aber ehe das hier Erarbeitete sich auswirken konnte, trug die furchtbare Arbeitslosigkeit die Nationalsozialisten an die Macht, und alle Lichter des Fortschritts löschten aus.“[1]

Mit diesen Worten beschrieb Erna Scheffler die weitere Entwicklung der Geschichte der Gleichberechtigung, die nach den Deutschen Juristentagen von 1924 und 1931, die so deutliche Zeichen für die Gleichberechtigung der Geschlechter gesetzt hatten, ins Stocken geraten sollte.

1. Perspektiven von Juristinnen von 1933 bis 1945

Obgleich die Frau als Mutter und Hausfrau das grundlegende Frauenbild der Nationalsozialisten und Nationalsozialistinnen beschreibt, ist es hinsichtlich der Berufstätigkeit der Frau schwieriger, eine grundsätzliche Linie aufzufinden.[2] Dies zeigt sich auch in den Forschungsbeiträgen zur Geschichte der Juristinnen in Deutschland. Während die überwiegende Anzahl der Beiträge die Benachteiligung sowohl der jüdischen als auch der nichtjüdischen Juristinnen aufzeigt,[3] kommt die US-Historikerin Jennifer E. Walcoff zu dem Ergebnis, dass sich die Lage der Juristinnen gegenüber den letzten Jahren der Weimarer Republik kaum verändert hat.[4] Im Folgenden wird nach einer kurzen Darstellung der NS-Politik zur Frauenerwerbsarbeit untersucht, inwiefern von einer im Vergleich zur Weimarer Zeit erhöhten Diskriminierung von Juristinnen während der NS-Zeit gesprochen werden kann. Wichtig ist dabei die Untergliederung in unterschiedliche Gruppen. Mit jüdischen Juristinnen wurde gänzlich anders verfahren als mit nichtjüdischen, junge Assessorinnen trafen andere Maßnahmen als Frauen, die schon einige Jahre im Justizdienst beschäftigt waren. Gegenstand der folgenden Ausführung wird zudem sein, wie das rechtswissenschaftliche Studium gestaltet wurde und welche Karrierechancen sich Juristinnen im Dritten Reich boten.

---

[1] *Scheffler*, Die Stellung der Frau, S. 16.

[2] Vgl. auch *Hahn*, in: Mutterkreuz und Arbeitsbuch, S. 75.

[3] *Ladwig-Winters*, Das Ende eines Aufbruchs S. 39–44; *Weyrather*, in: Mutterkreuz und Arbeitsbuch, S. 131–162; *Röwekamp*, djbZ 2008, S. 125–127; *Bajohr/Röhdiger-Bajohr*, KJ 1980, S. 39–50.

[4] *Walcoff*, in: Volksgenossinnen, S. 48–66.

a) Die nationalsozialistische Politik zur Frauenerwerbsarbeit

Widersprüchliche Äußerungen seitens der Nationalsozialistinnen und Nationalsozialisten führten dazu, dass sich noch vor der Errichtung des NS-Regimes unter Gegnerinnen genauso wie auch unter Anhängerinnen des Nationalsozialismus eine

„starke Unsicherheit und Unklarheit (…) über die grundsätzliche Haltung des Nationalsozialismus gegenüber der Frau sowohl als Staatsbürgerin wie als Arbeiterin im kulturellen, wirtschaftlichen und sozialen Leben des deutschen Volkes“

bemerkbar machte.[5] In Rosenbergs „Mythos des 20. Jahrhunderts“ heißt es: „(…) so ist klar, dass ein grundsätzlicher dauernder staatlicher Einfluss der Frau den Beginn des offenen Verfalls darstellen muss.“[6] Adolf Hitler erklärte in „Mein Kampf“, dass das deutsche Mädchen Staatsbürgerin sei und erst mit seiner Verheiratung „zum Bürger“ werde.[7] Laut Parteiprogramm sollte „das Recht, über Führung und Gesetze des Staates zu bestimmen“, nur dem Staatsbürger zustehen.[8] Was speziell die Frauenerwerbsarbeit anging, sprachen Äußerungen von Gregor Strasser[9] für die geplante Ausschaltung der Frauen aus dem Erwerbsleben. Er erklärte auf der Reichstagung des Nationalsozialistischen Ärztebundes,

„daß die Frau aus dem Produktionsprozeß verdrängt werden müsse, und daß man ihr im Dritten Reich beibringen werde, mit dem Geld, das der Mann nach Hause bringt, auszukommen“[10].

---

[5] *Lüders*, „Vossische Zeitung“, Nr. 523 vom 1. November 1932, S. 2.

[6] *Rosenberg*, Der Mythos des 20. Jahrhunderts, S. 494 f.

[7] Nr. 6 des 25-Punkte-Programms der NSDAP vom 24. Februar 1920 lautete: „Das Recht, über Führung und Gesetze des Staates zu bestimmen, darf nur dem Staatsbürger zustehen. Daher fordern wir, daß jedes öffentliche Amt, gleichgültig welcher Art, gleich ob im Reich, Land oder Gemeinde nur durch Staatsbürger bekleidet werden darf. Wir bekämpfen die korrumpierende Parlamentswirtschaft einer Stellenbesetzung nur nach Parteigesichtspunkten ohne Rücksichtnahme auf Charakter und Fähigkeiten.“

[8] *Hitler*, Mein Kampf, S. 491.

[9] Georg Strasser (31. Mai 1892–30. Juni 1934) studierte Pharmazie und erwarb 1921, nachdem er im Ersten Weltkrieg gedient hatte, eine Medizindrogerie in Landshut. Er trat bereits im September 1922 der SA und der NSDAP bei. Am 16. September 1926 ernannte Hitler ihn zum Reichspropagandaleiter, eineinhalb Jahre später zum Reichsorganisationsleiter. Strasser galt als „gemäßigter NSDAP-Politiker“. Aufgrund unterschiedlicher Ansichten bezüglich einer Regierungsbeteiligung der NSDAP – Strasser versuchte Hitler von der Maximalforderung der Kanzlerschaft abzubringen – legte er am 8. Dezember 1932 seine Parteiämter und das Reichstagsmandat nieder und arbeite wieder als Pharmazeut. Trotz seines freiwilligen Rückzugs aus der NSDAP wurde er im Zuge der Niederschlagung des angeblichen „Röhm-Putsches“ von einem SS-Offizier erschossen. Biografische Angaben bei: *Nolzen*, in: Neue Deutsche Biographie 25 (2013), S. 478–479.

[10] Zitiert nach: *Lüders*, „Vossische Zeitung“, Nr. 523 vom 1. November 1932, S. 2.

Konträr dazu betonte die damals in der Reichsleitung für Kultur- und Erziehungsaufgaben tätige Nationalsozialistin Guida Diehl[11] die Ebenbürtigkeit der weiblichen Denkfähigkeit mit der männlichen. Es gäbe eine

> „eigenste Art der wissenschaftlichen Arbeit und des Studiums der Frau (…), die zum Besten des Volkslebens Erkenntnisse aus der Tiefe herausholt, die uns bereichern und ganz erheblich fördern werden“,

erklärte sie weiter.[12] Aufgrund dieser unterschiedlichen Äußerungen zur Stellung der Frau allgemein und speziell im Berufsleben verwundert es nicht, dass Marie-Elisabeth Lüders in einem offenen Brief an Elsbeth Zander[13], Reichsleiterin der nationalsozialistischen Frauenschaft, fragte, ob die Frau nur Pflichten haben solle, ob sie Bürgerin sei und ob sie arbeiten dürfe.[14] Ihre Anfrage endet mit den Worten:

> „Deshalb möchten wir Frauen gerne wissen, was im Nationalsozialismus grundsätzlich und tatsächlich gelten soll: die generelle Erklärung der Frauen als geistig minderwertig, als staatsbürgerlich minderberechtigt, als ‚Dienerin und Magd‘ des Mannes – oder: als selbständige geistige und sittliche Persönlichkeit, als gleichwertiges, gleichberechtigtes und gleichverpflichtetes Glied der deutschen Volksgemeinschaft – so wie es die deutsche Frauenbewegung und die politisch tätigen Frauen zum Ausgangspunkt, zum Inhalt und zum Ziel ihrer Arbeit gemacht haben.“[15]

---

[11] Guida Diehl (1868–1961) arbeitete, nachdem sie bereits 1886 das Lehrerinnenexamen abgelegt hatte, zunächst als Hauslehrerin in Brüssel und an verschiedenen deutschen Schulen, bis sie 1895 an einer Volksschule festangestellt wurde. 1916 gründete sie den Neulandbund, ein rechtskonservatives evangelisches Erziehungswerk für Frauen. 1918 trat sie in die DNVP ein. Ab 1930 war sie Mitglied der NSDAP, mit der sie vor allem ihre Kritik an der Frauenbewegung und die Betonung der Mutterschaft verband. Sie stieg 1932 zur Kulturreferentin der NS-Frauenschaft auf. Da sie ihre Vorstellungen in der NS-Frauenorganisation nicht vollständig umsetzen konnte, trat sie von diesem Amt 1933 wieder zurück und wandte sich wieder der Neulandbewegung zu. Biografische Angaben bei: *Schade*, in: Ariadne, Bd. 18, 1990, S. 21–24; Informationen zu Guida Diehls Neulandbewegung und ihrem Verhältnis zur völkischen und zur nationalsozialistischen Bewegung finden sich bei: *Lange*, Protestantische Frauen auf dem Weg in den Nationalsozialismus, 1998.

[12] *Diehl*, Die deutsche Frau und der Nationalsozialismus, S. 100.

[13] Elsbeth Zander (1888–1963) gründete schon 1923 in Berlin den Deutschen Frauenorden, der 1926 offiziell als einzige Frauenorganisation der NSDAP anerkannt wurde. Erklärtes Ziel der Organisation war es, Frauen vaterländisch, sozial und rassebewusst zu erziehen. 1929 wurden seine etwa 4000 Mitglieder aufgefordert, entweder der NSDAP beizutreten oder den Deutschen Frauenorden zu verlassen. Ende der 1920er Jahre existierten neben dem Deutschen Frauenorden zahlreiche lokale Splittergruppen von NSDAP-Anhängerinnen. Auf Beschluss der Reichsorganisationsleitung wurde 1931 schließlich mit der sog. NS-Frauenschaft eine einheitliche Frauenorganisation geschaffen, die Zander, unterstützt von Gregor Strasser, bis Anfang März 1933 leitete. Anschließend wurde sie auf einen Posten im Büro des Gauleiters der Kurmark versetzt. 1941 ging Zander in Pension. Biografische Angaben bei: *Kompisch*, Täterinnen, S. 48–50.

[14] *Lüders*, „Vossische Zeitung“, Nr. 523 vom 1. November 1932, S. 2.

[15] *Lüders*, „Vossische Zeitung“, Nr. 523 vom 1. November 1932, S. 2.

Die Einstellung der Nationalsozialisten und Nationalsozialistinnen zur Frauenerwerbsarbeit blieb in vielen Bereichen stark widersprüchlich. Mithin sollte die Verunsicherung über ihre frauenpolitische Haltung, wie sie aus Marie-Elisabeth Lüders' Zeilen spricht, fortdauern. Die Einstellung zur Frauenerwerbsarbeit veränderte sich zudem während der Jahre der nationalsozialistischen Herrschaft. Zielte die nationalsozialistische Frauenpolitik in einer ersten Phase von 1933 bis 1936 auf eine Begrenzung der Frau auf die Hausfrauen- und Mutterrolle und allenfalls „art- oder wesensgemäße" Arbeit von Frauen in spezifischen weiblichen Arbeitsbereichen ab, konnte in einer zweiten Phase von 1936 bis 1939 der Einsatz von Frauen in fast allen Industriezweigen beobachtet werden.[16] Zunächst stand die nationalsozialistische Frauenpolitik im Zeichen der Zurückdrängung der Frau aus dem Erwerbsleben und der Förderung ihrer Rolle als Hausfrau und Mutter. Um diese Ziele zu erreichen, wurden unterschiedliche staatliche Maßnahmen ergriffen. Die Einführung des Ehestandsdarlehens, welches in seiner Durchführungsverordnung festlegte, dass das Darlehen nur gewährt werden würde, sofern die vormals berufstätige Frau ihre Tätigkeit als Arbeitnehmerin mit der Eheschließung aufgäbe,[17] war keineswegs ein familienfreundliches Sozialgesetz, sondern eine Regelung im Rahmen des „Gesetzes zur Verminderung der Arbeitslosigkeit". Es bezweckte in erster Linie die Entlastung des Arbeitsmarktes und zielte darauf ab, Frauen aus dem Berufsleben zu verdrängen.[18] Neben staatlichen Förderungen wie der Gewährung von Kinderbeihilfen für kinderreiche Familien[19] sowie Steuerfreibeträgen für Ehepaare mit Kindern[20] wurden repressive Gesetze erlassen. So wurden ab Februar 1938 Strafsteuern für Ehepaare erhoben, die nach fünf Ehejahren noch kinderlos waren.[21] Des Weiteren stand ab Januar 1941 gem. §§ 1, 5 der Polizeiverordnung über Verfahren, Mittel und Gegenstände zur Unterbrechung und Verhütung von Schwangerschaften[22] das öffentliche Anbieten von Verhütungsmitteln unter Strafe. Die gesetzlichen Regelungen gegen Abtreibungen wurden bereits im Mai 1933 verschärft. Verstöße dagegen wurden zudem viel strikter als noch zur Weimarer Zeit verfolgt.[23] Im Beamtenrecht wurden die Sonderregelungen gegen Beamtinnen, wie es sie schon vor der Machtübernahme durch die Natio-

---

16 Vgl. dazu: *Klinksiek*, Die Frau im NS-Saat, S. 100 f.; *Wagner*, Justizausbildungsordnung, S. 117 f.; *Wiggershaus*, Geschichte der Frauen und der Frauenbewegung, S. 15 f.

17 § 3 Abs. 3, 4 der Durchführungsverordnung, RGBl. 1933, Teil I, S. 377.

18 Vgl. *Kuhn/Rothe*, Frauen im deutschen Faschismus, Bd. 1, S. 88.

19 Vgl. § 1 der Verordnung über die Gewährung von Kinderbeihilfen an kinderreiche Familien vom 15. September 1935, RGBl. 1935, Teil I, S. 1160.

20 Zur nationalsozialistischen Steuerpolitik vgl. *Klinksiek*, Die Frau im NS-Staat, S. 88.

21 *Mason*, in: Gesellschaft, Beiträge zur Marxschen Theorie, S. 151; *Keifer*, Vorgänge 1978, Heft 1, S. 93; *Karl*, Die Geschichte der Frauenbewegung, S. 109.

22 RGBl. 1941, Teil I, S. 63.

23 *Mason*, in: Gesellschaft, Beiträge zur Marxschen Theorie, S. 150.

nalsozialisten gegeben hatte,[24] verschärft. Das Änderungsgesetz zum Beamtenrecht vom 30. Juni 1933[25] sah neben der bereits bekannten Möglichkeit der Entlassung der verheirateten Beamtin weitere Spezialregelungen vor. Es wurde festgelegt, dass Frauen generell erst mit Vollendung des 35. Lebensjahres verbeamtet werden durften. Benachteiligend wirkte zudem die Regelung, dass nun bezüglich der Besoldung der „weiblichen Beamten" von den Vorschriften des Art. 128 Abs. 2 WRV abgewichen werden durfte.[26] Das nationalsozialistische Beamtengesetz vom 26. Januar 1937[27] übernahm die die Beamtinnen diskriminierenden Regelungen.[28] Derlei Maßnahmen sowie die die Familien subventionierenden Regelungen und auch die propagandistischen Feierlichkeiten zum eingeführten Muttertag forcierten die tradierten Rollenbilder. Sie führten teilweise unmittelbar oder jedenfalls mittelbar zu einer Diskriminierung der erwerbstätigen Frau.

Die Einstellung der Nationalsozialistinnen und Nationalsozialisten zur Frauenerwerbsarbeit zeigte sich jedoch ab 1936 von konjunkturellen und nicht zuletzt militärischen Faktoren abhängig.[29] Als die Rüstungspolitik ab 1937 intensiviert wurde und sich damit einhergehend ein Arbeitskräftemangel einstellte, wurden die Frauen auf dem Arbeitsmarkt wieder willkommen geheißen.[30] Die Frauenarbeit, die kurz zuvor noch als unnatürlich gegolten hatte, wurde zum Dienst am Vaterland erklärt.[31] Diese Veränderung lässt sich ebenso anhand der Regelungen zum Ehestandsdarlehen feststellen. So mussten Frauen seit November 1937 bei der Vergabe der Darlehen nicht mehr auf ihren Arbeitsplatz verzichten. Es erhöhte sich lediglich der monatliche Tilgungsbeitrag von 1 Prozent auf 3 Prozent.[32] Die Frauen wurden nun gebraucht, um den großen Arbeitskräftemangel in der Kriegswirtschaft zu beseitigen. Sogar im Heer wurden seit Kriegsbeginn tausende Frauen als Angestellte und Arbeiterinnen beschäftigt.[33] Sie wurden beispielsweise als Nachrichtenhelferinnen oder auch als Stabs- sowie Luftwaffenhelferinnen eingesetzt.[34] Dass Frauen – auch in dieser zweiten Phase – dennoch nicht in allen Berufsgruppen erwünscht waren, zeigt sich, wenn man sich mit Frauen in juristischen Berufsfeldern beschäftigt.

---

24 RGBl. 1932, Teil I, S. 245.
25 RGBl. 1933, Teil I, S. 433.
26 RGBl. 1933, Teil I, S. 435, Kap. III § 7 Nr. 7.
27 RGBl. 1937, Teil I, S. 39.
28 *Karl*, Die Geschichte der Frauenbewegung, S. 109; RGBl. 1941, Teil I, S. 64.
29 *Wagner*, in: Frauen auf dem Weg zur Elite, S. 117 f.
30 *Schupetta*, in: Mutterkreuz und Arbeitsbuch, S. 296.
31 *Matzen-Stöckert*, in: Geschichte der deutschen Frauenbewegung, 4. Auflage, S. 159.
32 RGBl. 1937, Teil I, S. 1159.
33 *v. Gersdorff*, Frauen im Kriegsdienst S. 74.
34 *v. Gersdorff*, Frauen im Kriegsdienst S. 74.

b) Die Verdrängung der Frau aus den juristischen Berufen

Betrafen die bereits genannten Regelungen gleichsam alle Frauen, so litten die Juristinnen besonders unter den Maßnahmen gegen die Frauenerwerbsarbeit. Die Berufe der Richterin und Anwältin wurden ihnen vollkommen versperrt.[35] Dies geschah, obgleich die Weimarer Reichsverfassung und das lang erstrittene Gesetz über die Zulassung der Frauen zu den Ämtern und Berufen der Rechtspflege vom 11. Juli 1922 formell noch in Kraft war.[36] Die Juristinnen passten, wie Anne-Gudrun Meier-Scherling[37] 1975 rückschauend schreibt,

„einfach nicht in das neue ideologische Bild vom Richter als eines ‚kämpferischen', ‚königlichen Mannes', in eine Welt, in der – wie immer wieder betont wurde – nur ‚der Mann das Volk führen' solle".[38]

Während die Verdrängung der Frauen aus dem öffentlichen Dienst immerhin aufgrund eines förmlichen Gesetzes erfolgte, entbehrte die Diskriminierung der Juristinnen im Besonderen überhaupt einer rechtlichen Grundlage.[39] Die berufstätigen Juristinnen blieben daher in den ersten Jahren nach der nationalsozialistischen Machtergreifung im Ungewissen darüber, wie ihre berufliche Zukunft aussehen würde. Verstärkt wurde diese Unsicherheit dadurch, dass die Stimmen, die bereits vor 1933 gegen eine Öffnung aller juristischen Berufe für Frauen laut wurden, sich nach der Machtübernahme der Nationalsozialisten mehrten.[40] So hieß es beispielsweise in der Deutschen Juristenzeitung aus dem Jahre 1933:

„Die Natur hat den Mann bei den Eigenschaften des Verstandes und Willens bevorzugt, das Weib dagegen mit der ganzen Blütenpracht eines reichen und wunderbaren Gemüts-

---

35 *Röwekamp*, Die ersten deutschen Juristinnen, S. 636; *Hervé*, in: Geschichte der deutschen Frauenbewegung, 6. Auflage, S. 112.

36 *Meier-Scherling*, DRiZ 1975, S. 10 f.

37 Anne-Gudrun Meier-Scherling (1906–2002) studierte in Freiburg im Breisgau, Kiel und Berlin Rechtswissenschaften. Sie wurde 1931 bei Martin Wolff promoviert. Da ihr Mann, Heinz Meier, den sie 1933 geheiratet hatte, in russischer Gefangenschaft ums Leben kam, musste sie allein für ihren Sohn und ihre zwei Töchter sorgen. 1939 war sie in Naumburg als Rechtsanwältin tätig. Aus politischen Gründen floh sie jedoch 1950 in den Westen, nach Dortmund. Dort war sie zunächst als Aushilfsrichterin in einer Wiedergutmachungskammer und kurze Zeit später als Landgerichtsrätin tätig. Es folgte eine Station am Oberlandesgericht Hamm, wo sie zur Oberlandesgerichtsrätin ernannt wurde. Die Alliierten veranlassten, dass sie schließlich 1955 als erste Frau an das Bundesarbeitsgericht in Kassel berufen wurde. Sie prägte in den 16 Jahren ihrer Tätigkeit die Rechtsprechung des Bundesarbeitsgerichtes, insbesondere die Grundsatzurteile zur Lohngleichheit von Mann und Frau. Biografische Angaben bei: *Röwekamp*, Juristinnen, S. 251–253; *Löffler*, DB 2001, S. 18.

38 *Meier-Scherling*, DRiZ 1975, S. 11.

39 *Meier-Scherling*, DRiZ 1975, S. 10; Djb (Hrsg.), Juristinnen in Deutschland, 1900–2003, S. 27.

40 Vgl. auch *Röwekamp*, djbZ 2008, S. 125.

und Gefühlslebens überschüttet. Das entspricht auch der natürlichen Bestimmung der beiden Geschlechter. Der Hauptberuf der Frau ist und bleibt die Mütterlichkeit."[41]

Der Verfasser, ein Landgerichtspräsident, erklärte weiter:

„Seit Jahren wird von weiten Kreisen gewünscht, daß die Gesetze beseitigt werden möchten, damit der Frau ihre schönste Tugend, die echte holde Weiblichkeit, zurückgegeben wird. Das würde gewiß von der Mehrzahl der deutschen Frauen selbst begrüßt werden, und es steht zu hoffen, dass die nationale Regierung baldigst dem entsprechen wird."[42]

Tatsächlich erreichte die nationalsozialistische Propaganda breite bürgerliche Schichten, in denen die weiblichen Emanzipationsbestrebungen als Bedrohung empfunden und ein Rückzug der Frauen aus dem Wirtschaftsleben begrüßt wurde.[43] Dadurch, dass die Mutterrolle ideologisch überhöht als natürlich und von Gott gegeben angesehen wurde, sprach das nationalsozialistische Familienbild gerade viele christliche Frauen an.[44] Teilweise hob auch die Frauenbewegung selbst die „Mütterlichkeit" hervor und baute darauf ihre „sozialpolitischen Integrationsforderungen" auf.[45] Nach der Erreichung wichtiger frauenpolitischer Ziele – dem aktiven und passiven Wahlrecht und der freien Berufswahl –, die unterschiedliche Frauenorganisationen gemeinsam verfolgt hatten, kam es zu einer stärkeren Differenzierung innerhalb der Frauenbewegung.[46] Es gab radikale Gruppierungen, beispielsweise die deutsche Sektion der Internationalen Frauenliga für Frieden und Freiheit oder den Bund für Mutterschutz, die emanzipatorische mit pazifistischen Forderungen verknüpften[47] und sich später eindringlich gegen faschistische Tendenzen wehrten.[48] Zu den radikaleren Stimmen der Frauenbewegung gehörte auch die überwiegend in der KPD organisierte, proletarische Frauenbewegung, die eine völlige Gleichstellung der Frau anstrebte.[49] Diesen Gruppierungen stand die Mehrheit der bürgerlichen Frauenbewegung gegenüber. Sie hielt „mit ihrer Auslegung des Frauseins an den patriarchalen Vorstellungen fest"[50] und suchte innerhalb der gegebenen Strukturen eine Einbindung der Frau zu erreichen.[51] Der Dualismus der Geschlechter sollte für die Rechte der Frauen eingesetzt werden. Als negative Folge wurde er dadurch allerdings zugleich manifestiert.[52] Folgendes Zitat

---

[41] *Dietrich*, DJZ 1933, Sp. 1256 f.
[42] *Dietrich*, DJZ 1933, Sp. 1258.
[43] *Keifer*, Vorgänge 1978, Heft 1, S. 92.
[44] Vgl. *Klinksiek*, Die Frau im NS-Staat, S. 84.
[45] *Serloth*, in: Gebrochene Kontinuitäten?, S. 32.
[46] *Karl*, Die Geschichte der Frauenbewegung, S. 105.
[47] *Karl*, Die Geschichte der Frauenbewegung, S. 105.
[48] *Karl*, Die Geschichte der Frauenbewegung, S. 106.
[49] *Karl*, Die Geschichte der Frauenbewegung, S. 106.
[50] *Serloth*, in: Gebrochene Kontinuitäten?, S. 33.
[51] Vgl. *Serloth*, in: Gebrochene Kontinuitäten?, S. 33.
[52] *Serloth*, in: Gebrochene Kontinuitäten?, S. 30.

der Vorsitzenden des Bundes Deutscher Frauenvereine Gertrud Bäumer[53] verdeutlicht diese Haltung: „Als Naturaufgabe der Frau aber gilt unbestritten die Mutterschaft. An die Mutterschaft muss die Arbeitsteilung der Geschlechter anknüpfen."[54] Der Bund Deutscher Frauenvereine, dem insgesamt eine Million Frauen angehörten, zielte nicht darauf, das traditionelle Rollenbild zu überwinden oder die Mitglieder zu politisieren.[55] Das Rollenbewusstsein vieler bürgerlicher Frauenrechtlerinnen war im Gegenteil noch stark von der patriarchalisch-hierarchischen Gesellschaftsstruktur geprägt.[56] Dieses Rollenverständnis konnte die nationalsozialistisch propagierte „Aufwertung" der Hausfrau und Mutter aufnehmen und es mit ihrer Rassenideologie und ihren bevölkerungspolitischen Zielen verbinden.

Es gab jedoch auch einige weibliche Stimmen, die die nationalsozialistische Propaganda als klar frauenfeindlich erkannten und die Frauenbewegung durch die nationalsozialistische Bewegung bedroht sahen. Dies zeigt beispielhaft ein

---

[53] Gertrud Bäumer (1873–1954) absolvierte das Lehrerinnenexamen und trat bereits als 19-Jährige ihre erste Stelle als Volksschullehrerin in Kamen (Westfalen) an. Bereits zwei Jahre später wechselte sie an eine Mädchenschule in Magdeburg, wo sie den ersten Lehrerinnenverein Magdeburgs gründete. 1897 lernte sie auf der Generalversammlung des Allgemeinen Deutschen Lehrerinnenvereins in Leipzig Helene Lange kennen, für die sie ab 1899 als wissenschaftliche Mitarbeiterin zu arbeiten begann. Dies war der Anfang einer 30 Jahre anhaltenden produktiven Lebens- und Arbeitsgemeinschaft: Sie gaben gemeinsam das vier Bände umfassende Handbuch der Frauenbewegung heraus und übernahmen eine Reihe publizistischer Tätigkeiten, z. B. bei den Zeitschriften „Neue Bahnen" und dem „Centralblatt des Bundes Deutscher Frauenvereine" sowie bei der Zeitschrift „Die Frau". Des Weiteren waren sie an der Mädchenschulreform in Preußen 1908 beteiligt. Nebenbei studierte Bäumer als Gasthörerin an der Berliner Universität, an der sie 1904 mit einer Ausnahmegenehmigung ihre Promotion in den Fächern Deutsche Philologie, Nationalökonomie und Philosophie abschloss. Von 1910 bis 1919 war sie Vorsitzende des Bundes Deutscher Frauenvereine. Sie organisierte in dieser Funktion u. a. den Nationalen Frauendienst, dessen Mitglieder während des Ersten Weltkriegs Fürsorgearbeit leisteten. Von 1926 bis 1920 leitete sie außerdem die Soziale Frauenschule in Hamburg. Bereits 1908 schloss sie sich der von Friedrich Naumann mitgegründeten „Freisinnigen Vereinigung" an. Sie engagierte sich fortan für die Politik der DDP und wurde schließlich Berufspolitikerin: 1919/20 war Bäumer Mitglied in der Verfassunggebenden Nationalversammlung. 1920 bis 1932 saß sie – bis 1930 als stellvertretende Vorsitzende der DDP, danach als Mitglied der Deutschen Staatspartei – im Reichstag. 1922 wurde sie ins Reichsinnenministerium berufen, wo sie als erste deutsche Ministerialrätin die Bereiche Jugendwohlfahrt, Schulpolitik und Bildung mitgestaltete. Nachdem sie 1933 ihrer Ämter enthoben worden war, zog sie nach Gießmannsdorf in Schlesien. Sie gab noch bis 1936 „Die Frau" heraus und betätigte sich schriftstellerisch. 1936 erschien ihr historischer Roman „Adelheid. Mutter der Königreiche". Nach dem Zweiten Weltkrieg fand sie eine neue Bleibe in Bad Godesberg, wo sie sich an der Gründung der CSU beteiligte und sich weiterhin als Schriftstellerin betätigte. Biografische Angaben bei: Gerhard/Pommerenke/Wischermann (Hrsg.), Klassikerinnen feministischer Theorie, Bd. 1, S. 289–291; *Albrecht/Haders*, Gertrud Bäumer (1873–1954), abrufbar im Internet: https://www.dhm.de/lemo/biografie/gertrud-baeumer (Stand: 07.06.2019).

[54] Zitiert nach: *Serloth*, in: Gebrochene Kontinuitäten, S. 33.

[55] Vgl. zur Haltung des Bundes Deutscher Frauenvereine zum Nationalsozialismus *Hönig*, Der Bund Deutscher Frauenvereine, S. 142–161.

[56] *Wiggershaus*, Geschichte der Frauen und der Frauenbewegung, S. 13.

1932 veröffentlichter Vortrag von Elisabeth Schwarzhaupt[57], die 1961 als Gesundheitsministerin erste Ministerin der Bundesrepublik wurde. Sie ging bereits im Jahre 1932 – damals junge Assessorin – der Frage nach, wie die nationalsozialistische Bewegung zur Frauenfrage steht.[58] Einleitend beschrieb sie die damalige Situation der Frauenbewegung mit folgenden Worten:

> „Nicht nur die materiellen Verhältnisse wenden sich gegen die Frauenbewegung, sondern die geistige Haltung einer großen Anzahl von Volksgenossen stemmt sich ihr entgegen. Eine Bewegung von der Stoßkraft der nationalsozialistischen Bewegung hat nicht nur das Ziel, die Frauenbewegung am weiteren Fortschreiten zu verhindern, sondern sie will den Frauen den bis jetzt gewonnenen Boden wieder entreißen.“[59]

Bereits das darauffolgende Jahr zeigt, dass sich ihre Prognose bewahrheiten sollte. Die Machtübernahme der Nationalsozialistinnen und Nationalsozialisten bedeutete für die organisierten, unabhängigen Frauenverbände das Ende.[60] Um der Gleichschaltung[61] zu entgehen, lösten sich die meisten Organisationen

---

[57] Elisabeth Schwarzhaupt (1901–1986) besuchte eines der ersten Mädchengymnasien und bestand 1920 das Abitur. Sie absolvierte zunächst das Lehrerinnenexamen. Da sie nie Lehrerin werden wollte, entschloss sie sich, anschließend Jura zu studieren. Sie besuchte die Rechtswissenschaftlichen Fakultäten in Frankfurt und Berlin, wo sie besonders von Martin Wolff beeindruckt war. 1930 begann sie, als Gerichtsassessorin bei der Städtischen Rechtsauskunfts- und Rechtsschutzstelle für Frauen zu arbeiten. Noch als Referendarin warnte sie bei Wahlkampfveranstaltungen der DVP, in Vorträgen und Aufsätzen vor der nationalsozialistischen Bewegung. Dieser aktiv geleistete Widerstand führte dazu, dass sie bereits im Frühjahr 1933 ihre Position als Vertretungsrichterin am Amtsgericht Dortmund und als Beisitzerin am dortigen Landgericht verlor. Sie nutzte die erzwungene Berufspause, um bei Professor Klausing an der Universität Frankfurt zu promovieren. 1935 bekam sie eine Stelle beim Kleinrentnerbund in Berlin. Noch im selben Jahr wechselte sie als wissenschaftliche Mitarbeiterin in die zentrale Verwaltungsstelle der Evangelischen Kirche Deutschland, für die sie bis 1953 – später allerdings als Oberkirchenrätin – arbeitete. Sie betrieb zudem aktiv Frauenverbandsarbeit und engagierte sich unter anderem im Deutschen Juristinnen- und im Deutschen Akademikerinnenbund. 1953 kandidierte sie als CDU-Abgeordnete für den Wahlkreis Wiesbaden und wurde in den Bundestag gewählt. Dort arbeitete sie im Rechtsausschuss zum Familienrecht mit. Ab 1961 leitete sie das eigens für sie geschaffene Gesundheitsresort – Adenauer wollte weder eine Frau in einem wichtigen Ministerium noch eine zweite „Hilde Benjamin“ – und wurde erste Ministerin der Bundesrepublik Deutschland. Nachdem die Sozialdemokratin Käthe Strobel das Ministeramt 1966 übernahm, widmete sich Schwarzhaupt wieder dem Familienrecht und übernahm den Vorsitz im Sonderausschuss zur Reform des Nichtehelichenrechts. 1969 ließ sie sich nicht mehr für die Bundestagswahl aufstellen. Sie setzte sich aber weiterhin aktiv – unter anderem als Vorsitzende des Deutschen Frauenrats – für Frauenrechte ein. Biografische Angaben bei: *Mundzeck*, in: Djb (Hrsg.), Juristinnen in Deutschland, 1900–2003, S. 213–218; *Röwekamp*, Juristinnen, S. 391–394.

[58] *Schwarzhaupt*, Was hat die deutsche Frau vom Nationalsozialismus zu erwarten?, S. 4 f.

[59] *Schwarzhaupt*, Was hat die deutsche Frau vom Nationalsozialismus zu erwarten?, S. 3.

[60] *Karl*, Die Geschichte der Frauenbewegung, S. 107.

[61] Sämtliche Frauenverbände sollten ab Mai 1933 der nationalsozialistischen Organisation „Deutsche Frauenfront“ und damit unmittelbar Adolf Hitler unterstellt werden. Um dieser Eingliederung und der Unterstellung unter die NSDAP-Führung zu entgehen, lösten sich viele Frauenverbände u. a. der Allgemeine Deutsche Lehrerinnenverein (ADLV), Deutsche Juristin-

selbst auf.[62] Dass der „bisher gewonnene Boden" den Frauen durch die Nationalsozialistinnen und Nationalsozialisten entrissen werden würde – wie Elisabeth Schwarzhaupt 1932 befürchtete – musste sie auch ganz persönlich in den folgenden Jahren erfahren. Kurz nach der Machtübernahme verlor sie ihre Stelle als Vertretungsrichterin am Amtsgericht Dortmund und als Beisitzerin am dortigen Landgericht.[63] Der nationalsozialistischen Herrschaft missfiel ihr Engagement für die Deutsche Volkspartei und ihr Widerstand gegen die Nationalsozialistinnen und Nationalsozialisten und deren frauenfeindliche Politik, vor der sie in Vorträgen und Aufsätzen eindringlich gewarnt hatte.[64] Dieses Schicksal teilte sie mit vielen Akademikerinnen. Besonders für jüdische Juristinnen ging mit der Machtübernahme der Nationalsozialistinnen und Nationalsozialisten ein tiefer Einschnitt in ihr jeweiliges berufliches und privates Leben einher. Doch auch die nichtjüdischen Juristinnen wurden stärker als andere Berufsgruppen durch die Nationalsozialistinnen und Nationalsozialisten benachteiligt.[65]

Widerstand gegen die Versuche, Frauen aus bedeutenden beruflichen Positionen auszuschließen, regte sich nicht nur bei Gegnerinnen des NS-Regimes. Auch von Juristinnen, die politisch mit dem nationalsozialistischen Staat übereinstimmten, wurde eine gewisse Gegenwehr geleistet.[66] Trotz dieses offenen Diskurses, der nicht nur in der juristischen Fachwelt geführt wurde, sondern über die Tageszeitungen in die Öffentlichkeit gelangte,[67] blieb die Frage nach den Berufsaussichten der Juristinnen noch weitere Jahre ungeklärt.

Erste tatsächliche Ansätze, die auf den wiederholten Ausschluss von Frauen aus den juristischen Berufen hindeuteten, fanden sich schließlich in der Justizausbildungsverordnung (JAO) vom 22. Juli 1934. Viele Formulierungen sprachen dafür, dass zukünftig nur Männer zur ersten juristischen Prüfung zugelassen werden würden. Es wurde nicht nur durchweg die männliche Form verwendet, sondern häufig auf den deutschen Mann verwiesen. In § 2 Abs. 1 der JAO hieß es beispielsweise:

> „Bei der Meldung zur ersten juristischen Staatsprüfung ist der Nachweis zu führen, daß der Bewerber mit Volksgenossen aller Stände und Berufe in enger Gemeinschaft lebt, die körperliche Arbeit kennen und achten gelernt, Selbstzucht und Einordnung geübt und sich körperlich gestählt hat, wie es einem jungen Manne zukommt."[68]

---

nen-Verein (DJV) und schließlich auch der Dachverband der Frauenvereine (BDF) selbst auf, siehe dazu: *Hönig*, Der Bund Deutscher Frauenvereine, S. 142–160.

[62] *Wiggershaus*, Die Geschichte Frauen und der Frauenbewegung, S. 14.

[63] *Mundzeck*, in: Djb (Hrsg.), Juristinnen in Deutschland, 1900–2003, S. 214.

[64] *Mundzeck*, in: Djb (Hrsg.), Juristinnen in Deutschland, 1900–2003, S. 214.

[65] *Huerkamp*, Bildungsbürgerinnen, S. 288; vgl. *Meier-Scherling*, DRiZ 1975, S. 10.

[66] Vgl. *Röwekamp*, djbZ 2008, S. 125.

[67] *Eben-Servaes*, „Völkischer Beobachter", Norddeutsche Ausgabe vom 8. Februar 1934; *ohne Verfasser*, „Die Frau", 40 (1932/33), S. 312; *ohne Verfasser*, Die Frau als Juristin, „BZ am Mittag", Nr. 11, vom 13. Januar 1933.

[68] RGBl. 1934, Teil I, S. 727.

Ebenfalls wurde als Meldungsvoraussetzung eine „vorgeschriebene Erklärung über die arische Abstammung des Bewerbers und seiner Ehefrau“[69] verlangt; umgekehrt aber nicht die arische Abstammung der Bewerberin und ihres Ehemannes. Aus diesem Grund ist der Annahme Max Wagners in seinem Kommentar zur JOA, dass diese eine Reihe von Bestimmungen enthalte, aus denen sich zwingend die Schlussfolgerung ergebe, dass nach dem Willen des deutschen Gesetzgebers nur Männer zur ersten Staatsprüfung zuzulassen seien,[70] zuzustimmen. Allerdings war das Gesetz über die Zulassung der Frauen zu den Ämtern und Berufen der Rechtspflege vom 11. Juli 1922 nach wie vor in Kraft.

Angesichts der neueingeführten JAO und der zunehmenden Diskussionen über die Berufsmöglichkeiten von Juristinnen verwundert es nicht, dass Anfragen junger Frauen an die Justizministerien, ob ein Jurastudium künftig aussichtslos sei, zunahmen.[71] Unter diesem Druck äußerte sich schließlich das Reichsjustizministerium durch einen Erlass des Justizministers am 17. September 1935, der in Rundschreiben an die Oberlandesgerichtspräsidenten und Generalstaatsanwälte geschickt wurde und konkret lautete:

„Der Herr Reichsminister der Justiz beabsichtige nicht, Frauen in die Richter- und Staatsanwaltslaufbahn zu übernehmen. Wer bis zum 31. März 1936 bereits in das Beamtenverhältnis übernommen ist, bleibt in seiner Stellung. Alle anderen Anträge werden bis spätestens zum 31. März 1936 widerrufen werden.“[72]

Eine Stellungnahme Adolf Hitlers zur Frage der Zulassung von Frauen zur Anwalt- und Richterschaft findet sich erstmals in einem Schreiben seines Stellvertreters vom 24. August 1936 an den Reichsminister der Justiz.[73] Martin Bormann[74] teilte, in Vertretung des Stellvertreters des Führers Rudolf Heß, dem Reichsminister der Justiz folgenden Entschluss Hitlers mit. Er schrieb:

„Auf Grund der Besprechung in Ihrem Ministerium vom 5. August 1936 habe ich, da, wie der Verlauf der Sitzung zeigte, die Partei in diesen Dingen auch ein besonderes Interesse hatte, dem Führer die Angelegenheit vorgetragen. Er hat entschieden, daß Frauen weder Richter noch Anwalt werden sollen.“[75]

---

69 § 10 der JAO, RGBl. 1934, Teil I, S. 727.

70 *Wagner*, Justizausbildungsordnung, S. 35.

71 *Röwekamp*, Die ersten deutschen Juristinnen, S. 642.

72 BA Berlin R 43 II/427, Bl. 40, zitiert nach *Röwekamp*, Die ersten deutschen Juristinnen, S. 678.

73 Abgedruckt in: Djb (Hrsg.), Juristinnen in Deutschland, 1900–1984, S. 180, Anhang, Nr. 26.

74 Martin Bormann (1900–1945) wurde im Juni 1933 zum Stabsleiter bei Hitlers Stellvertreter Rudolf Heß ernannt. Ab November war Bormann Abgeordneter im Reichstag und verwaltete fortan auch Hitlers Privatvermögen. Nach dem Englandflug von Heß übernahm er im Mai 1942 dessen Dienststelle, die nunmehr Hitler persönlich unterstellt und in „Parteikanzlei“ umbenannt wurde.

75 Abgedruckt in: Djb (Hrsg.), Juristinnen in Deutschland, 1900–1984, S. 160, Anhang, Nr. 26.

Einige Wochen später wurde diese Meldung sodann den obersten Justizbehörden kundgetan.[76] Berücksichtigt wurde in dem Schreiben immerhin, dass von dieser Entscheidung eine größere Anzahl von Gerichtsassessorinnen, Assessorinnen und Referendarinnen berührt werde, die nach der Entscheidung des Führers im Staatsdienst nur noch in der Verwaltung Verwendung fänden. Mit dem Hinweis, dass der Stellvertreter des Führers ausdrücklich den Wunsch geäußert habe, die vorhandenen Assessorinnen nach Möglichkeit dort auch unterzubringen, wird dieses Anliegen im Schreiben hervorgehoben.[77] In welche Situation diese Stellungnahme Hitlers jede damals tätige Juristin gebracht hatte, beschrieb Meier-Scherling viele Jahre später mit folgenden Worten:

> „Ausgeliefert war sie einer allmächtigen totalitären Verwaltung, für die keine Verfassung und kein Gesetz, sondern nur noch der Führerwille als ‚Rechts‘grundlage galt. Es gab keine Möglichkeit der Kontrolle, keine Anrufung der Parlamente oder der (Verwaltungs-) Gerichte."[78]

Neben den Juristinnen jüdischer Abstammung, die bereits seit Beginn der Nazi-Diktatur ausgegrenzt wurden, verbannten die Nationalsozialistinnen und Nationalsozialisten nichtjüdische Juristinnen aus der Richter- und Anwaltschaft. Die Maßnahmen, die gegen Juristinnen einsetzten, hingen dabei von der Berufszugehörigkeit und deren Dauer und dem Stand der Ausbildung ab, weshalb diese im Folgenden jeweils nach Gruppen differenziert dargestellt werden.

aa) Diskriminierung und Verfolgung jüdischer Juristinnen

Am stärksten litten die „jüdischen Juristinnen und Juristinnen jüdischer Herkunft"[79] unter den Diskriminierungen durch die Nationalsozialistinnen und Nationalsozialisten. Sie waren nicht nur der fachlichen Abwertung, sondern auch dem nationalsozialistischen Rassenwahn ausgesetzt, der zur Verdrängung, Verfolgung, Versklavung und Tötung jüdischer Mitbürger und Mitbürgerinnen führte.[80] Ab Anfang März 1933 waren jüdische Beamte und Beamtinnen, Richter und Richterinnen sowie Anwälte und Anwältinnen gewalttätigen Übergriffen ausgesetzt.[81] Sie wurden, insbesondere von Horden der Sturmabteilung

---

[76] *Dölemeyer*, in: Festschrift für Knut Wolfgang Nörr, S. 160.

[77] Abgedruckt in: Djb (Hrsg.), Juristinnen in Deutschland, 1900–1984, S. 161 f., Anhang, Nr. 27.

[78] *Meier-Scherling*, DRiZ 1975, S. 12.

[79] Diesen Ausdruck verwendet *Ladwig-Winters*, um deutlich zu machen, dass dadurch, dass sich die „rassische" Verfolgung durch die Nationalsozialisten vorrangig an dem religiösen Bekenntnis der Großeltern orientierte, unterschiedliche Gruppen diskriminiert wurden. Es sei für Jüdinnen in der Retrospektive wichtig, als solche anerkannt zu werden. Für diejenigen, die nicht den jüdischen Gemeinden angehörten, habe aber gerade die zwanghafte Zuordnung zu einer Gruppe, zu der sie keinen Bezug hatten, eine Vereinzelung bedeutet. *Ladwig-Winters*, Das Ende eines Aufbruchs, S. 13, Fn. 5.

[80] Vgl. *Rüthers*, NJW 1988, 2825.

[81] *Göppinger*, Juristen jüdischer Abstammung, S. 49.

(SA) der NSDAP, öffentlich verhöhnt, misshandelt oder gar ermordet.[82] Es ist aus dieser Phase von terroristischen Angriffen auf Gegner der Nationalsozialisten auch ein Fall der Belästigung einer Juristin bekannt.[83] Am 31. März musste sich in Köln eine junge Rechtsanwältin vor aufgeputschten SA-Mitgliedern in Sicherheit bringen.[84] Mit der Historikerin Simone Ladwig-Winters, die diesen Beginn der Entrechtung jüdischer Anwältinnen und Anwälte als „erste Welle der Ausgrenzung" bezeichnet, lässt sich eine Unterteilung in Phasen vornehmen.[85] Nach dieser ersten Phase der Entrechtung folgten weitere Ausgrenzungsmaßnahmen.

Die zweite Phase sei, so Simone Ladwig-Winters, durch das Einschlagen eines „bürokratischeren Weges" gekennzeichnet.[86] Nachdem die Parteileitung der NSDAP am 1. April 1933 angeordnet hatte, jüdische Geschäfte und Waren sowie jüdische Ärzte und Rechtsanwälte zu boykottieren, verstärkten sich die Gewaltakte gegen Juristinnen und Juristen jüdischer Abstammung.[87] Die Leiter der Justizverwaltungen – Hanns Kerrl[88] in Preußen und Hans Frank[89] in Bay-

---

[82] Ausführlich zu den Gewaltakten s. *Göppinger*, Juristen jüdischer Abstammung, S. 49–65.

[83] *Ladwig-Winters*, djbZ 2008, S. 121.

[84] *Luig*, … weil er nicht arischer Abstammung ist, S. 121.

[85] Anders als bei *Ladwig-Winters*, die eine Unterteilung in vier „Wellen der Ausgrenzung" vornimmt, werden vorliegend drei Phasen unterschieden. Die Einteilung bleibt allerdings nicht wie bei *Ladwig-Winters* auf die jüdischen Anwältinnen und Anwälte beschränkt, sondern bezieht die im Justizdienst beschäftigten Jüdinnen und Juden mit ein.

[86] *Ladwig-Winters*, Anwalt ohne Recht, S. 12.

[87] *Göppinger*, Juristen jüdischer Abstammung, S. 57 f.

[88] Hanns Kerrl wurde am 11. Dezember 1887 in Fallersleben geboren. Er trat 1928 in die NSDAP ein und gehörte zu den „ersten Kampfgefährten Hitlers in Norddeutschland". Er bekleidete in der NS-Zeit hohe politische Ämter: 1932 wurde er Präsident des Preußischen Landtags. Ein knappes Jahr später wurde er zum Reichskommissar für das Preußische Justizministerium ernannt. Ab Juli 1935 war er als Reichskirchenminister u. a. verantwortlich für die Religionsgemeinschaften. Biografische Angaben bei: *Nicolaisen*, Neue Deutsche Biographie 11 (1977), S. 534.

[89] Hans Frank wurde am 23. Mai 1900 in Karlsruhe geboren. Er studierte von 1919 bis 1923 in München, Wien und in Kiel Rechts- und Wirtschaftswissenschaften. 1924 wurde er bei Walter Jellinek in Kiel promoviert. 1923 schloss er sich als junger Justizreferendar der SA an und trat kurze Zeit später der NSDAP bei. Nach der 1926 abgelegten zweiten juristischen Staatsprüfung ließ er sich als Anwalt nieder und übernahm bis 1933 zahlreiche Vertretungen von Parteigenossen. Als Vertrauter Hitlers bekleidete er unterschiedliche Ämter innerhalb der NSDAP. Er leitete u. a. ab 1930 die Rechtsabteilung der NSDAP und war im Reichstag als Referent für Rechtsfragen tätig. 1933 wurde er zunächst zum Bayrischen Staatsminister der Justiz und kurz darauf zum „Reichskommissar für die Gleichschaltung der Justiz in den Ländern und für die Erneuerung der Rechtsordnung" ernannt. In dieser Eigenschaft rief er Anfang Oktober auf dem Deutschen Juristentag in Leipzig die Akademie für Deutsches Recht ins Leben, die sich als Aufgabe stellte, eine umfassende, einheitliche Rechtsreform nach nationalsozialistischen Grundsätzen vorzubereiten. Dabei fungierte er ab 1934 als Präsident der Akademie. Ende 1939 wurde er zum Generalgouverneur im besetzten Polen bestellt. Bis 1944 war er dort als Verwaltungschef der besetzten Gebiete mitverantwortlich für die gewalttätige Besatzungspolitik und die Judenverfolgung und Judenvernichtung. Vor dem Internationalen Militär-

ern – wiesen zeitgleich die Oberlandesgerichtspräsidenten und Generalstaatsanwälte an, sämtliche jüdische Richter und Staatsanwälte zu beurlauben.[90] In Preußen sollte erzielt werden, dass nur noch bestimmte jüdische Rechtsanwälte vor Gericht auftreten durften, anderen sollte das Betreten des Gerichtsgebäudes verboten werden.[91] Hans Frank ging in Bayern noch radikaler vor. Er ordnete an, sämtlichen jüdischen Anwälten das Betreten der Gerichtsgebäude zu verbieten.[92]

Nachdem das „Ermächtigungsgesetz" vom 24. März 1933 den nationalsozialistischen Machthabern eine fast uneingeschränkte Gesetzgebungsbefugnis eingeräumt hatte,[93] ergingen zahlreiche Gesetze, die dazu dienten, die Verfolgung der Jüdinnen und Juden zu „legalisieren" und jüdische Juristinnen und Juristen aus dem Berufsbeamtentum und der Richter- und Anwaltschaft zu entlassen.[94] Das „Gesetz zur Wiederherstellung des Berufsbeamtentums" vom 7. April 1933 bestimmte in § 3 Abs. 1: „Beamte, die nicht arischer Abstammung sind, sind in den Ruhestand zu versetzen." Parallel dazu wurde im Rechtsanwaltsgesetz verkündet, dass die Zulassung von „Rechtsanwälten nicht arischer Abstammung" bis zum 30. September 1933 zurückgenommen werden könne.[95] Des Weiteren konnte jüdischen Juristinnen und Juristen ab diesem Zeitpunkt die Zulassung versagt werden, wie es § 2 des Gesetzes über die Zulassung zur Rechtsanwaltschaft festlegte.[96] In diesem Gesetz fand sich zunächst eine Ausnahme: Anwälte, die bereits am 1. August 1914 zugelassen waren, im Weltkrieg gekämpft hatten oder deren Väter oder Söhne im Weltkrieg gefallen waren, konnten zunächst ihre Zulassung behalten.[97] Wider den Erwartungen der Nationalsozialistinnen und Nationalsozialisten konnte der größte Teil der jüdischen Anwälte diese Ausnahmeregelung in Anspruch nehmen.[98] Dies galt jedoch nicht für Junganwältinnen und Junganwälte. Da es Frauen erst ab 1922 möglich war, die große Staatsprüfung abzulegen, konnte es keine „Altanwältinnen" geben. Auf die Ausnahmeregelung für „Frontkämpfer" konnten sie sich aufgrund ihres Geschlechts ebenfalls nicht berufen. Die Regelung, nach der Väter und Söhne von Gefallenen im Ersten Weltkrieg zu-

---

gerichtshof wurde er für seine Verbrechen zum Tode verurteilt. Das Urteil wurde am 17. Oktober 1946 vollstreckt. Biografische Angaben finden sich bei: *Schudnagies*, Hans Frank, 1989; *Schulz*, Neue Deutsche Biographie 5 (1961), S. 341 f.

[90] *Göppinger*, Juristen jüdischer Abstammung, S. 60, *Ladwig-Winters*, Anwalt ohne Recht, S. 12.

[91] Anordnung des Reichskommissars, abgedruckt in: 150 Jahre Landgericht Koblenz, S. 68–70, (69).

[92] *Göppinger*, Juristen jüdischer Abstammung, S. 60.

[93] RGBl. 1935, Teil I, S. 141.

[94] *Göppinger*, Juristen jüdischer Abstammung, S. 65.

[95] RGBl. 1933, Teil I, S. 188, § 1 Abs. 1.

[96] RGBl. 1933, Teil I, S. 188.

[97] RGBl. 1933, Teil I, S. 188, § 1 Abs. 2.

[98] *Ladwig-Winters*, Anwalt ohne Recht, S. 12.

nächst weiter als Anwälte tätig sein durften, war – nach dem jetzigen Stand der Forschung – für Mütter und Töchter von Gefallenen nicht anwendbar.[99] Im Ergebnis halfen die Ausnahmebestimmungen Juristinnen somit nicht, ihren Beruf weiter auszuüben. Aus diesen Gründen betraf das Berufsverbot gleichsam „alle Juristinnen, die jüdisch oder jüdischer Herkunft waren, im gesamten Deutschen Reich".[100] Bis auf Hanna Katz,[101] die einen Sitz in einem internationalen Verband innehatte, mussten daher alle jüdischen Anwältinnen und solche jüdischer Herkunft bereits 1933 ihren Beruf gezwungenermaßen aufgeben.[102] Insgesamt verloren bis Ende 1933 bereits etwa 1500 jüdische Anwälte und Anwältinnen ihre Zulassungen.[103]

In einer dritten Phase, die das „Reichsbürgergesetz" von 1935 einleitete, wurden die Regelungen zu den Berufsverboten weiter verschärft. Waren im „Berufsbeamtengesetz" noch Ausnahmen zugunsten der „Altbeamten" und „Frontkämpfer" vorgesehen (§ 3 Abs. 2), sollten ab 1936 „jüdische Beamte ausnahmslos in den Ruhestand versetzt werden", vgl. § 4 der Ersten Durchführungsverordnung zum Reichsbürgergesetz vom 11. November 1935.[104] Insgesamt schieden bis zum 31. Dezember 1935 aufgrund dieser Regelung 239 Richter und Richterinnen, Staatsanwälte und Staatsanwältinnen sowie Gerichtsassessoren und Gerichtsassessorinnen aus dem Dienst aus.[105] Ebenso wie die im Justizdienst beschäftigten Personen litten die Rechtsanwälte und Rechtsanwältinnen unter der rassischen Verfolgung durch das NS-Regime. Nachdem am 27. September 1938 in der Fünften Verordnung zum Reichsbürgergesetz festgelegt worden war, dass Juden der Beruf des Rechtsanwalts generell verschlossen sei, wurde auch die sogenannte Frontkämpferklausel beseitigt und weitere 1753 Anwälte[106] mussten allein im alten Reichsgebiet aus der Anwaltschaft ausscheiden.[107] Während der Reichspogromnacht – kurz vor Inkrafttre-

---

99 *Ladwig-Winters*, Das Ende eines Aufbruchs, S. 44.

100 *Ladwig-Winters*, Das Ende eines Aufbruchs, S. 11.

101 Hanna Katz (23. Oktober 1895 Berlin–27. Juli 1982 New York) verlor ihre Anwaltszulassung erst am 1. Dezember 1938. Sie war ab 1926 als Schriftführerin beim Trade Mark Committee der International Law Association tätig gewesen. Da verhindert werden sollte, dass ihre Funktion von einem nichtdeutschen Vertreter wahrgenommen wurde, konnte sie die dafür notwendige Anwaltszulassung noch bis Dezember 1938 behalten. Im Jahr darauf wurde sie als jüdische Konsulentin zugelassen. 1941 emigrierte sie in die USA, wo sie – nach erneutem Jurastudium – wiederum als Anwältin tätig wurde. Biografische Angaben bei: *Röwekamp*, Juristinnen, S. 168–172; *Ladwig-Winters*, Das Ende eines Aufbruchs, S. 153 f.

102 *Ladwig-Winters*, Anwalt ohne Recht, S. 12 f.

103 *Göppinger*, Juristen jüdischer Abstammung, S. 91.

104 RGBl. 1935, Teil I, S. 1333.

105 *Gruchmann*, Justiz im Dritten Reich, S. 171; *Göppinger*, Juristen jüdischer Abstammung, S. 77.

106 Die wenigen jüdischen Anwältinnen und Anwälte jüdischer Herkunft waren bereits seit 1933 mit einem Berufsverbot belegt worden, Ausführungen dazu siehe S. 62 f.

107 RGBl. 1928, Teil I, S. 1403; *Göppinger*, Juristen jüdischer Abstammung, S. 94 f.

ten des generellen Berufsverbots – wurden zahlreiche Kanzleien jüdischer Anwälte geplündert und verwüstet.[108]

bb) Maßnahmen gegen Juristinnen nichtjüdischer Herkunft

(1) Maßnahmen gegen Richterinnen und Gerichtsassessorinnen

Nach dem Führerbefehl von 1936 stand fest, dass Frauen als Richterinnen nicht neu zugelassen werden konnten. Welche Maßnahmen die im Justizdienst beschäftigten Frauen trafen, hing unter anderem von der Dauer ihrer Dienstverhältnisse ab. Fest eingestellte Richterinnen, die bereits vor dem 31. März 1936 in einem Beamtenverhältnis standen und eine Planstelle innehatten, konnten ihrer Berufstätigkeit weiter nachgehen. Dennoch litten sie unter diskriminierenden Maßnahmen. Planmäßig angestellte Richterinnen wurden nicht mehr in Straf- und Zivilprozessen eingesetzt.[109] Ihnen wurden weniger öffentlichkeitswirksame Positionen innerhalb ihrer Gerichte zugewiesen und jedwede Beförderung blieb ihnen verschlossen.[110] So erhielten sie eher verwaltende Funktionen und wurden auf den Gebieten der Freiwilligen Gerichtsbarkeit und im Konkurswesen beschäftigt.[111]

Für Gerichtsassessorinnen war die Situation noch ungünstiger. In der Justiz wurden nach 1935 keine Gerichtsassessorinnen neu eingestellt.[112] Gerichtsassessorinnen, die 1935 bereits entgeltlich im Justizdienst tätig waren – vom Reichsjustizministerium als Gerichtsassessorinnen „alter Art" bezeichnet[113] –, wurden immerhin alternative Arbeitsplätze im gehobenen und mittleren Justizdienst angeboten. Diejenigen Assessorinnen, die das Assessorexamen abgelegt, aber vor 1935 noch nicht entgeltlich im Justizdienst beschäftigt gewesen waren, hatten noch schlechtere Berufsaussichten als ihre dienstälteren Kolleginnen. Sie konnten im Bedarfsfalle lediglich darauf hoffen, im gehobenen oder mittleren Justizdienst als Bürohilfsarbeiterinnen beschäftigt zu werden. Eine endgültige Übernahme in diese Laufbahn wurde ihnen dabei allerdings nicht in Aussicht gestellt.[114] Einige Juristinnen nahmen daher deutlich geringer entlohnte Stellen als Hilfskräfte in Anwaltskanzleien an oder arbeiteten in kirchlichen

---

[108] *Ladwig-Winters*, Anwalt ohne Recht, S. 14.

[109] *Glaser*, in: Geschichte der Mädchen und Frauenbildung, S. 308.

[110] *Röwekamp*, djbZ 2008, S. 126; *Huerkamp*, Bildungsbürgerinnen, S. 292.

[111] Djb (Hrsg.), Juristinnen in Deutschland, 1900–2003, S. 28; *Glaser*, in: Geschichte der Mädchen und Frauenbildung, S. 308.

[112] *Röwekamp*, djbZ 2008, S. 127.

[113] Schreiben vom Reichsminister der Justiz an die Herren Oberlandesgerichtspräsidenten und die Herren Generalstaatsanwälte in Preußen vom 1. Februar 1937, abgedruckt in: Djb (Hrsg.), Juristinnen in Deutschland, 1900–1984, S. 163, Anhang, Nr. 28.

[114] Schreiben vom Reichsminister der Justiz an die Herren Oberlandesgerichtspräsidenten und die Herren Generalstaatsanwälte in Preußen vom 1. Februar 1937, abgedruckt in: Djb (Hrsg.), Juristinnen in Deutschland, 1900–1984, S. 163, Anhang, Nr. 28.

oder karitativen Organisationen.[115] Anne-Eva Brauneck,[116] die erste Professorin für Strafrecht und Kriminologie in der Bundesrepublik, berichtete, dass es Aufsehen erregt habe, dass Hildegard Krüger[117], die mit dem Prädikat „sehr gut" das Assessorexamen bestanden hatte, lediglich eine Stelle als Büroangestellte beim Bürgermeister in Wandsbek finden konnte.[118] Karrieremöglichkeiten boten sich allein den Assessorinnen, die bereit waren, für den NS-Staat mit

---

[115] *Glaser*, in: Geschichte der Mädchen und Frauenbildung, S. 308.

[116] Anne-Eva Brauneck wurde am 9. Dezember 1910 in Hamburg geboren. Sie studierte ab 1930 Rechtswissenschaften in Heidelberg – wo sie u. a. Vorlesungen von Gustav Radbruch besuchte – und in Hamburg. Nach ihrer Promotion bei Rudolf Sieverts ging sie zunächst, da ihr die klassischen juristischen Berufe während der NS-Zeit nicht offenstanden, zur Polizei und legte das Kriminalassistentin-Examen ab. Ab 1953 begann ihre universitäre Laufbahn von neuem, zunächst noch als Assistentin ihres früheren Doktorvaters. 1959 reichte sie schließlich ihre Habilitationsschrift ein, die ihr allerdings erst 1961 die venia legendi für Strafrecht und strafrechtliche Hilfswissenschaften einbrachte. 1965 erhielt sie als zweite Juraprofessorin Deutschlands einen Lehrstuhl, und zwar an der Universität Gießen. Die erste Strafrechtsprofessorin Deutschlands verstarb am 6. März 2007 in Lich. Biografische Angaben: *Kreuzer*, Monatsschrift für Kriminologie und Strafrechtsreform 2007, S. 351–359; *Röwekamp*, Juristinnen, S. 61–64.

[117] Hildegard Krüger wurde am 25. Mai 1909 in Wandsbek geboren. Nach ihrem Jurastudium konnte sie trotz herausragender Abschlussnoten zunächst keinen juristischen Beruf ausüben, weil die NS-Politik Frauen einen Einstieg in den Richterberuf verwehrte. Erst 1950 gelang es ihr, ihren Traumberuf zu ergreifen. Sie wurde Richterin am Landesverwaltungsgericht in Düsseldorf. Neben ihrer Tätigkeit in der Justiz verfasste sie zahlreiche Aufsätze, Rezensionen und Urteilsbesprechungen. Sie setzte sich vor allem für die Gleichberechtigung der Frau und der nichtehelichen Kinder ein. Aus der Einleitung zum von ihr mitverfassten Kommentar zum Gleichberechtigungsgesetz von 1958 ist zu erkennen, wie sehr sie gegen die Diskriminierung von Frauen kämpfte. Während ihrer Dienstzeit kam es zu einem Eklat mit dem Gerichtspräsidenten. Der Streit entstand, weil der nordrhein-westfälische Ministerpräsident Arnold ein von ihr mitverfasstes Urteil kritisiert hatte. In dem Urteil, in dem sie die Wiedereinstellungsklage eines NS-Parteibuchbeamten abgewiesen hatte, hatte sie u. a. betont, dass die Behörden derartige Fälle kritisch beachten sollten. Während sich der Kammervorsitzende nach Aufforderung durch den Gerichtspräsidenten in einer Stellungnahme entschuldigte, warf Krüger dem Ministerpräsidenten einen Eingriff in ihre richterliche Unabhängigkeit vor. Es folgten Dienstaufsichtsbeschwerden und Klagen. Krüger versuchte dabei auch, gegen ungünstige Bewertungen vorzugehen, und beschwerte sich, dass sie auf Anweisung vom Gerichtspräsidenten Horion vom Verwaltungsgerichtsrat Jager negativ beurteilt worden sei. Horion und Jager stellten schließlich Strafanzeige wegen falscher Anschuldigungen. Nachdem Krügers Zeuge, unter Eid genommen, angab, sich nicht erinnern zu können, wurde sie vom Amtsgericht verurteilt. Nach eingelegter Berufung wurde das Verfahren, nachdem sie ihre Anschuldigungen zurückgenommen hatte, am Landgericht Düsseldorf eingestellt. 1966 ließ sie sich schließlich an das Verwaltungsgericht in Köln versetzen, wo sie bis zu ihrer Pensionierung 1970 tätig war. Hildegard Krüger verstarb 1994 in Marmagen im Kreis Euskirchen. Biografische Angaben finden sich bei: *Gösku*, Hildegard Krüger, abrufbar im Internet: http://www.hamburg.de/clp/frauenbiografien-schlagwortregister/clp1/hamburgde/onepage.php?BIOID=4330 (Stand: 07.06.2019); *ohne Verfasser*, „Der Spiegel" Nr. 3, vom 16. Januar 1963, S. 39 f. Des Weiteren erscheint über die streitbare Juristin demnächst eine Dissertation an der Universität Leipzig von *Christina Etterer*.

[118] Interview *Brauneck*, in: Fabricius-Brand/Sudhölter/Berghahn (Hrsg.), Juristinnen, S. 167.

seinem Ideal der „Volksgemeinschaft" zu arbeiten, vor allem im Bereich der NS-Frauen- und Wohlfahrtsorganisationen.[119]

Auch während des Zweiten Weltkriegs änderte sich die berufliche Situation für Richterinnen und Gerichtsassessorinnen kaum. Für den Justizdienst galt trotz des teilweise akuten Mangels an männlichen Juristen, dass Frauen nach wie vor nicht als Richterinnen beschäftigt werden durften.[120] In einem Schreiben des Reichsministeriums der Justiz, ausgestellt vom damaligen Staatssekretär Roland Freisler[121], an die Oberlandesgerichtspräsidenten vom 16. Januar 1942 heißt es: „Auch im Kriege muss der Grundsatz aufrecht erhalten bleiben, daß eine Frau weder als Richter (Staatsanwalt) [sic!], noch als Rechtsanwalt [sic!], tätig werden soll."[122] Immerhin hielt es Freisler „angesichts der schwierigen Personallage" für vertretbar, „daß zur Behebung eines Notstandes eine Frau ausnahmsweise bei größeren Gerichten zur Bearbeitung von Grundbuch- oder Registersachen" eingesetzt werde. Zwei Monate später wurde die Beschäftigungsmöglichkeit von Frauen mit der Befähigung zum Richteramt durch eine weitere Reichsverfügung auf alle Gebiete der Freiwilligen Gerichtsbarkeit erweitert.[123] Die grundsätzlich ablehnende Haltung des NS-Regimes gegenüber Frauen in juristischen Berufen blieb dennoch bis zum Ende der nationalsozialistischen Ära bestehen. Im Vergleich zur Vorgehensweise der Nationalsozialisten in anderen Berufsgruppen wurden die Einschränkungen zur Frauenerwerbsarbeit in den juristischen Berufen auch während des Krieges kaum gelockert.[124]

(2) Maßnahmen gegen Anwältinnen und Anwaltsassessorinnen

Die Verdrängung der Frauen aus der Rechtsanwaltschaft verlief langsamer als die der Richterinnen und Gerichtsassessorinnen.[125] Die diskriminierenden Regelungen aus dem Beamtenrecht fanden keine Anwendung und weder das Gesetz über die Zulassung zur Rechtsanwaltschaft von 1933[126] noch die

---

[119] *Röwekamp*, djbZ 2008, S. 126; Djb (Hrsg.), Juristinnen in Deutschland, 1900–1989, S. 20; *Walcoff*, in: Volksgenossinnen, S. 64.

[120] *Röwekamp*, djbZ 2008, S. 127.

[121] Roland Freisler (30. Oktober 1893–3. Februar 1945) wurde nach seiner Tätigkeit im Reichsjustizministerium 1942 Präsident des Volksgerichtshofs. Während seiner Amtszeit, die bis zu seinem Tod 1945 andauerte, wurden am höchsten NS-Gericht mehr als 5.000 Menschen zum Tode verurteilt. Zur Biografie und zur Karriere des NS-Juristen siehe: *Ostendorf*, ZRP 1994, S. 169–172; *Ortner*, Der Hinrichter, 2014.

[122] Der Reichsminister der Justiz an die Herren Oberlandesgerichtspräsidenten, Schreiben vom 16. Januar 1942, abgedruckt in: Djb (Hrsg.), Juristinnen in Deutschland, 1900–1984, S. 171, Anhang Nr. 32.

[123] Der Reichsminister der Justiz an die Herren Oberlandesgerichtspräsidenten, Schreiben vom 27. März 1942, abgedruckt in: Djb (Hrsg.), Juristinnen in Deutschland, 1900–1984, S. 171, Anhang Nr. 33.

[124] *Röwekamp*, djbZ, 2008, S. 127.

[125] Djb (Hrsg.), Juristinnen in Deutschland, 1900–2003, S. 30.

[126] RGBl. 1933, Teil I, S. 188.

Reichsrechtsanwaltsordnung vom 13. Dezember 1935[127] enthielten eine Ausschlussregelung. Dennoch wurden Frauen seit ihrem Inkrafttreten in der Regel nicht mehr für den Anwaltsberuf zugelassen.[128] Die neue Reichsrechtsanwaltsordnung bestimmte, dass der Zulassung zum Rechtsanwalt ein grundsätzlich vierjähriger anwaltlicher Probedienst vorangehen sollte.[129] Regelmäßig wurden Frauen jedoch vom Reichsjustizministerium nicht zum anwaltlichen Probedienst zugelassen, sodass eine Art „mittelbare Frauendiskriminierung" stattfand.[130] Dies verstärkte sich noch, nachdem Adolf Hitler 1936 entschied, „dass Frauen weder Richter noch Anwalt werden sollen".[131] Auch während des Zweiten Weltkrieges änderte sich die berufliche Situation der angehenden Anwältinnen nur geringfügig. Zwar konnte eine Juristin als amtlich bestellte Vertreterin eines Rechtsanwalts tätig sein, wodurch die Kanzleien der zum Kriegsdienst eingezogenen Anwälte weitergeführt werden konnten.[132] Es handelte sich dabei allerdings um eine abgeleitete Tätigkeit, die eben nur in Vertretung ausgeführt werden konnte.[133] Diese endete daher, sobald der Vertretene im Krieg fiel. Der Anwaltsberuf selbst blieb den Frauen bis zum Ende der nationalsozialistischen Ära verschlossen.[134]

(3) Maßnahmen gegen Jurastudentinnen

Insgesamt studierten Anfang der 1930er Jahre immer weniger Schulabgänger. Hatten im Sommersemester 1929 noch knapp 20.000 Schulabgänger ein Studium begonnen, waren es im Sommersemester 1936 nur rund 3.000. Die Zahl der männlichen Studienanfänger der Rechtswissenschaften sank von 4.771 im Sommersemester 1928 auf nur 155 Studienanfänger im Sommersemester 1936 ab.[135] Die Zahl der Jurastudentinnen erreichte noch eher einen Tiefstand. Begannen im Sommersemester 1931 noch über 250 Frauen das juristische Studium, schrieben sich im Wintersemester 1933/34 lediglich acht Frauen für ein Jurastudium ein.[136] In den darauffolgenden Studienjahren blieb ihre Anzahl ähnlich gering.[137] 1936 immatrikulierte sich lediglich eine Frau für das

---

[127] RGBl. 1936, Teil I, S. 107–118.

[128] *Meyer-Scherling*, DRiZ 1975, S. 11; *Röwekamp*, Die ersten deutschen Juristinnen, S. 702; *Dölemeyer*, in: Festschrift für Knut Wolfgang Nörr, S. 161.

[129] *Glöckler*, Die Zulassung zur Rechtsanwaltschaft, S. 51.

[130] Djb (Hrsg.), Juristinnen in Deutschland, 1900–2003, S. 30.

[131] Vgl. Schreiben der Nationalsozialistischen Deutschen Arbeiterpartei, Der Stellvertreter des Führers an den Herrn Reichsminister der Justiz vom 24. August 1936, abgedruckt in: Djb (Hrsg.), Juristinnen in Deutschland, 1900–1984, S. 160, Anhang, Nr. 26.

[132] *Dölemeyer*, in: Festschrift für Knut Wolfgang Nörr, S. 162.

[133] *Dölemeyer*, in: Festschrift für Knut Wolfgang Nörr, S. 162.

[134] *Dölemeyer*, in: Festschrift für Knut Wolfgang Nörr, S. 162.

[135] *Titze*, Datenhandbuch, S. 184.

[136] *Titze*, Datenhandbuch, S. 189.

[137] *Titze*, Datenhandbuch, S. 189.

Jurastudium.[138] Während die Jurastudentinnen Ende der 1920er bis Anfang der 1930er Jahre immerhin 7 bis 8 % der Gesamtstudierenden ausmachten, betrug ihr Anteil von 1935 bis 1939 jeweils weniger als 1,5 %.[139] Dieser Einbruch ist auf verschiedene Maßnahmen des nationalsozialistischen Regimes zurückzuführen.

Am 25. April 1933 wurde das Gesetz gegen die Überfüllung der deutschen Schulen und Hochschulen erlassen.[140] Dieses Gesetz zielte in erster Linie darauf ab, jüdische Studierende nahezu vollständig aus dem höheren Bildungswesen zu entfernen.[141] Es gab den Nationalsozialisten aber auch die Handhabe, die Beschränkung der Studierendenzahlen vorzunehmen, von der Anfang Januar 1934 Gebrauch gemacht wurde. Durch eine Verordnung vom 28. Dezember 1934 beschränkte der damals amtierende Innenminister Frick die Zahl der zukünftig Studierenden des damaligen Abiturientenjahrgangs auf 15.000.[142] Gleichzeitig wurde ein geschlechterspezifischer Numerus clausus eingeführt, der festlegte, dass der Frauenanteil nur 10 Prozent betragen sollte.[143] Dies führte dazu, dass jeder zweite Abiturient, aber nur etwa jede siebte Abiturientin den erforderlichen Hochschulreifevermerk erhielt. Des Weiteren dürfte der 1934 eingeführte Arbeitsdienst gerade auf viele angehende Studentinnen abschreckend gewirkt haben. Es erscheint zunächst widersprüchlich, dass es gerade in den Jahren 1936/37 am wenigsten Jurastudentinnen gab, da der geschlechtsspezifische Numerus clausus bereits 1935 aufgehoben worden war. Tatsächlich hatte die Aufhebung der Zulassungsbeschränkung dazu geführt, dass der Frauenanteil der Studienanfänger insgesamt wieder auf über 20 Prozent angestiegen war.[144] Bei den Jurastudentinnen war indes kein Anstieg, sondern ein erneuter Rückgang der Studierendenzahlen zu beobachten. Zurückzuführen ist diese Entwicklung auf die Äußerung Adolf Hitlers von 1936, mit der er sich gegen die Zulassung von Frauen in der Justiz und der Rechtsanwaltschaft aussprach. Erstaunlich ist daher, dass die Zahl der Jurastudentinnen ab 1939 wieder anstieg,[145] obgleich die herkömmlichen juristischen Berufe den Frauen verschlossen blieben. Diese Entwicklung ist vor dem Hintergrund der neuentstandenen Berufsmöglichkeiten für Absolventinnen des rechtswissenschaftlichen Studi-

---

[138] *Titze*, Datenhandbuch, S. 189.

[139] *Titze*, Datenhandbuch, S. 189.

[140] RGBl. 1933, Teil I, S. 225.

[141] *Huerkamp*, Bildungsbürgerinnen, S. 80.

[142] Reichministerialblatt, Zentralblatt für das Deutsche Reich, hrsg. vom Reichsministerium des Innern, Jg. 62, 1934, S. 16 (zitiert nach: *Huerkamp*, Bildungsbürgerinnen, S. 80).

[143] Reichministerialblatt, Zentralblatt für das Deutsche Reich, hrsg. vom Reichsministerium des Innern, Jg. 62, 1934, S. 16 (zitiert nach: *Huerkamp*, Bildungsbürgerinnen, S. 80).

[144] *Titze*, Datenhandbuch, S. 189.

[145] 1940 betrug der Anteil der weiblichen Studienanfänger sogar wieder knapp 8 %, *Titze*, Datenhandbuch, S. 189.

ums in der NS-Frauenschaft, im Deutschen Frauenwerk und der zunehmenden Werbung für das juristische Studium zu erklären.[146]

Insgesamt lässt sich feststellen, dass die Beschränkung der beruflichen Perspektiven dazu führte, dass immer weniger Frauen sich für ein juristisches Studium entschlossen. Dass der Studentinnenanteil an anderen Fakultäten kaum zurückging – in den Philosophischen Fakultäten betrug der Anteil der Frauen mehr als ein Drittel der Studierendenschaft –,[147] zeigt die vergleichsweise stärkere Benachteiligung der Juristinnen.

cc) Karrierechancen für Juristinnen

Wurden bisher die Schwierigkeiten hervorgehoben, die sich den Frauen in juristischen Berufen und der juristischen Ausbildung stellten, soll nicht unerwähnt bleiben, dass einigen Juristinnen unter dem NS-Regime „bemerkenswerte Karrieren" gelungen waren.[148] Gewisse berufliche Möglichkeiten boten sich den Assessorinnen innerhalb der NS-Frauen- und Wohlfahrtsorganisationen in der Verwaltung und in den Ministerien[149], vorausgesetzt sie waren entschlossen, für das nationalsozialistische Regime zu arbeiten. So standen mit Ilse Eben-Servaes[150] und Marta Unger[151] zwei Frauen „an der Spitze der NS-Frauenorganisationen".[152] Ein weiteres Beispiel für eine Karrierejuristin ist Käthe Petersen,[153] die 1936 Leiterin des Hamburger Pflegeamtes wurde. Dort beaufsichtigte sie zahlreiche Sterilisationsverfahren und arbeitete „an der Verfassung von Richt-

[146] *Huerkamp*, Bildungsbürgerinnen, S. 113.

[147] *Grüttner*, Studenten im Dritten Reich, S. 118; *Titze*, Datenhandbuch, S. 190 f.

[148] *Walcoff*, in: Volksgenossinnen, S. 64.

[149] *Röwekamp*, djbZ 2008, S. 126.

[150] Ilse Eben-Servaes studierte in Berlin, Freiburg und Kiel Rechtswissenschaften und Nationalökonomie. Von 1917 bis April 1919 war sie wissenschaftliche Hilfsarbeiterin im Kriegsministerium tätig. Anschließend arbeitete sie bis August 1921 als Referentin für Italien am Institut für Weltwirtschaft und Seeverkehr in Kiel. Nachdem sie 1922 an der Kieler Universität promoviert wurde, begann sie die Referendarausbildung, die sie in Weimar, Erfurt und Altona absolvierte. 1927 bestand sie das Assessorexamen und wurde sodann Gerichtsassessorin am Amts- und Landgericht Berlin. 1930 ließ sie sich, ebenfalls in Berlin, als Rechtsanwältin nieder. Eben-Servaes trat bereits 1919 in die DNVP ein und war im Vorstand der Nationalen Studentenvereinigung vertreten. Ab April 1933 war sie Mitglied in der NS-Frauenschaft. Dort arbeitete sie als Referentin, bis sie 1936 zur Abteilungsleiterin der Reichsfrauenführung für Recht und Schlichtung befördert wurde. Ab 1934 wirkte sie zudem in der Akademie für Deutsches Recht im Familienrechtsausschuss mit. Daneben betrieb sie eine auf Familienrecht spezialisierte Kanzlei in Berlin. Auch nach dem Zweiten Weltkrieg war sie weiter – zuletzt bei den Landgerichten Heidelberg und Mannheim – als Rechtsanwältin tätig. Biografische Angaben bei: *Königseder*, Recht und nationalsozialistische Herrschaft, S. 90; *Schubert* (Hrsg.), in: Akademie f. Dt. Recht, Bd. 3, 2, S. 41.

[151] Marta Unger hatte unmittelbar nach ihrer Promotion 1933 in Frankfurt eine Stelle im Reichsministerium für Volksaufklärung und Propaganda erhalten, *Walcoff*, in: Volksgenossinnen, S. 64.

[152] *Walcoff*, in: Volksgenossinnen, S. 64.

[153] Zu Käthe Petersen siehe: *Rothmaler*, in: Opfer und Täterinnen, S. 98–124.

linien zur ‚Entsorgung von Asozialen und Gemeinschaftswidrigen' mit".[154] Sie stieg beruflich bis zum Amt einer Senatsrätin auf und leitete ab 1938 die Gesundheits- und Gefährdetenfürsorge der Hamburger Sozialverwaltung.[155] Wie viele Karrierejuristinnen derart „systemkonform mitwirkten"[156] und „damit zur Etablierung und Aufrechterhaltung des Nationalsozialismus beitrugen"[157], bleibt zu erforschen. Angesichts der geringen Anzahl an Assessorinnen und Jurastudentinnen wird die Beteiligung von Juristinnen am NS-Unrecht vermutlich ein eher geringes Ausmaß gehabt haben.

2. Entlassung als Richterin – Leben während der NS-Zeit

Für Erna Scheffler persönlich bedeutete die Errichtung des NS-Regimes einen tiefen Einschnitt in ihr berufliches und privates Leben. Lange geht unter Bezugnahme auf den Wiedergutmachungsbescheid vom 6. Januar 1954 davon aus, dass Erna Scheffler Ende Februar 1934 in den Ruhestand versetzt wurde.[158] Allerdings weist er in der Fußnote darauf hin, dass in einer von Erna Scheffler erstellten tabellarischen Übersicht als Tag ihrer „Verabschiedung" der 11. November 1933 genannt worden sei. Für letzteres Datum als Tag der Entlassung sprechen die Personalnachrichten der Deutschen Justiz vom 23. November 1933. Dort findet sich folgender Text: „Auf Grund des Gesetzes zur Wiederherstellung des Berufsbeamtentums sind in den Ruhestand versetzt: LGRätin Dr. Haßlacher[159] geb. Friedenthal b. d. AG Berlin, die GerAssess. Mill u. Röhrig."[160]

Obgleich es in Nachrufen und Kurzbeiträgen zu Erna Scheffler heißt, dass sie aus „rassischen Gründen" aus dem Justizdienst entlassen worden sei,[161] kommt Lange zu dem Schluss, dass „sich eine letzte Klarheit über die tatsächlichen Motive der Versetzung in den Ruhestand" nicht gewinnen lassen werde.[162] Die Versetzung in den Ruhestand stütze sich formal nicht auf die Regelungen vom 7. April 1933, die sich speziell gegen Menschen, die von den Nationalsozialis-

---

[154] *Röwekamp*, Juristinnen, S. 291.

[155] *Röwekamp*, Juristinnen, S. 291.

[156] *Röwekamp*, djbZ 2008, S. 127.

[157] *Röwekamp*, djbZ 2008, S. 127.

[158] Er bezieht sich dabei auf das im Wiedergutmachungsbescheid angegebene Datum, *Lange*, in: Jahrbuch der Schlesischen Friedrich-Wilhelms-Universität zu Breslau, Bd. 42–44 (2001–2003), S. 546.

[159] Erna Scheffler war zur dieser Zeit noch mit ihrem ersten Mann Fritz Haßlacher verheiratet.

[160] Personalnachrichten, DJZ 1933, S. 701.

[161] *Zeidler*, Gedenkrede, S. 7.

[162] *Lange*, in: Jahrbuch der Schlesischen Friedrich-Wilhelms-Universität zu Breslau, Bd. 42–44 (2001–2003), S. 547.

ten als politische Gegner oder als nicht „arisch“ eingestuft wurden, richtete,[163] „sondern auf die allgemeine, personalwirtschaftlich zu begründende Regelung des § 6 des ‚Gesetzes zur Wiederherstellung des Berufsbeamtentums‘“.[164] Nach dieser Norm konnten Beamte und Beamtinnen, auch wenn sie noch nicht dienstunfähig waren, in den Ruhestand versetzt werden.[165] Ihre Stellen konnten dann jedoch nicht wieder besetzt werden.[166] Da zwei ihrer Großelternteile jüdischer Abstammung waren,[167] spricht allerdings einiges dafür, dass sie der NS-Ideologie nach in die nationalsozialistische Kategorie „Halbjüdin“ eingestuft und aufgrund ihrer „nichtarischen“ Abstammung entlassen wurde.[168] Dass ihre Herkunft zumindest hinterfragt worden war, zeigt ein Vermerk – „jüdisch?“ – auf einem Personalfragebogen, der dem Kammergericht Berlin Anfang Oktober zugegangen war.[169] Ob bei dem angegebenen Entlassungsgrund möglicherweise – wie Lange mutmaßt – Wohlwollen eine Rolle spielte, „wonach eine Lösung gesucht worden war, die nicht zu einer Gefährdung von Erna Haßlacher für ihren weiteren Lebensweg führte“[170], oder ob sie, wie es bei Dertinger heißt, „als Frau“ entlassen worden war,[171] wird sich heute nicht mehr mit absoluter Gewissheit aufklären lassen. Die Umstände ihres Ausscheidens aus dem Justizdienst deuten jedoch stärker auf eine Entlassung Erna Schefflers ausschließlich aus rassischen Motiven hin. Allein die Tatsache, dass sie weiblichen Geschlechts war, hätte nach der damaligen Vorgehensweise (noch) nicht die Entlassung aus dem Justizdienst zur Folge gehabt. 1933 war die Frage, wie mit Frauen in juristischen Berufen umgegangen werden sollte, noch ungeklärt. Gezielte Maßnahmen zur Diskriminierung der Juristinnen setzten erst im Jahre 1935 ein.[172] Zwischen 1933 und 1935 wurden sogar noch mehr Rechtsanwältinnen zugelassen als je zuvor.[173] Außerdem hat Erna Scheffler, die bereits seit 1928 im Justizdienst beschäftigt und im November 1932 zur Amtsgerichtsrätin ernannt worden war, zur Gruppe der fest angestellten Richterinnen gehört. Sie

[163] §§ 3 und 4 Gesetz zur Wiederherstellung des Berufsbeamtentums, RGBl. 1933, Teil I, S. 175.

[164] *Vgl. Lange*, in: Jahrbuch der Schlesischen Friedrich-Wilhelms-Universität zu Breslau, Bd. 42–44 (2001–2003), S. 546.

[165] RGBl. Teil I, 1933, S. 176.

[166] RGBl.Teil I, 1933, S. 176.

[167] Erna Schefflers Großeltern väterlicherseits – Carl Philipp Friedenthal und Klementine Friedenthal, geb. Dyhrenfurth – waren von Geburt her jüdischen Glaubens und sind erst im Erwachsenenalter zum Protestantismus konvertiert, *Lange*, in: Jahrbuch der Schlesischen Friedrich-Wilhelms-Universität zu Breslau, Bd. 42–44 (2001–2003), S. 531.

[168] *Göppinger*, Juristen jüdischer Abstammung, S. 359.

[169] Vgl. *Lange*, in: Jahrbuch der Schlesischen Friedrich-Wilhelms-Universität zu Breslau, Bd. 42–44 (2001–2003), S. 547.

[170] *Lange*, in: Jahrbuch der Schlesischen Friedrich-Wilhelms-Universität zu Breslau, Bd. 42–44 (2001–2003), S. 547.

[171] *Dertinger*, Frauen der ersten Stunde, S. 158.

[172] Zu den Maßnahmen gegen Juristinnen siehe Kapitel IV. 2. dieser Arbeit.

[173] *Röwekamp*, djbZ 2008, S. 126.

hätte demgemäß als Richterin im Dienst bleiben können. Des Weiteren spricht die Tatsache, dass sie sich nach ihrer Entlassung aus der Justiz nicht wieder als Anwältin zulassen ließ, ebenfalls für eine Entlassung aus „rassischen" Motiven. Während Frauen zumindest bis zum Erlass der Reichsrechtsanwaltsordnung von 1935 unbeschränkt zur Rechtsanwaltschaft zugelassen wurden, richteten sich bereits Anfang April 1933 die ersten Gewaltakte gegen „nichtarische" Rechtsanwälte und Rechtsanwältinnen.[174] Diese Umstände und insbesondere der Zeitpunkt ihrer Entlassung kurz nach Inkrafttreten des „Gesetzes zur Wiederherstellung des Berufsbeamtentums" deuten darauf hin, dass Erna Scheffler als Richterin entlassen wurde, weil sie jüdische Vorfahren hatte.[175] Des Weiteren spricht auch die Tatsache dafür, dass ihre einzige Tochter Lore in dieser Zeit ein Medizinstudium in England statt in Deutschland begann. Als sogenannte Vierteljüdin hätte ihr in Deutschland nur das Studium der Volkswirtschaft offen gestanden.[176] Aus diesen Gründen ist es sehr wahrscheinlich, dass Erna Scheffler als „Nichtarierin" aus dem Justizdienst entlassen wurde.[177]

Nachdem Erna Scheffler ihre Berufstätigkeit als Richterin zwangsweise hatte aufgeben müssen, betätigte sie sich stundenweise mit Buchführungsarbeiten, die sie für eine Freundin, die ein Kunstgewerbegeschäft betrieb, vornahm.[178] Während des Krieges verteilte sie Lebensmittelkarten in ihrem Wohnbezirk an der Kundrystraße in Berlin.[179] Dort blieb sie in der gesamten Zeit der nationalsozialistischen Herrschaft unauffällig wohnen.[180] Ein ihr persönlich bekannter Anwalt überließ ihr sein Gartenhäuschen, sodass sie die Nächte ab Januar 1945 mit den vielen Luftangriffen auf Berlin, versteckt in einer Laubenkolonie außerhalb der Stadt, körperlich unversehrt überstehen konnte.[181]

Wie sehr auch Erna Schefflers privater Werdegang durch die Nazi-Herrschaft beeinträchtigt war, zeigt sich daran, dass sie ihren neuen Lebensgefährten, Georg Scheffler, nicht heiraten konnte.[182] Sie hatte Georg Scheffler, der damals Kammergerichtsrat war, 1930 kennengelernt. Beide stimmten, wie Lange – nach brieflicher Mitteilung durch Erna Schefflers Tochter – berichtet, in ihrer sozialdemokratischen Grundhaltung und ihren kulturellen Interessen über-

---

[174] *Göppinger*, Juristen jüdischer Abstammung, S. 87.

[175] Auch bei *Jaeger* heißt es, dass Erna Scheffler als sogenannte Halbjüdin 1933 entlassen wurde, *Jaeger*, in: Juristische Zeitgeschichte 2002/2003, S. 117.

[176] *Jaeger*, in: Juristinnen in Deutschland, 1900–2003, S. 202.

[177] Dies wurde auch im Wiedergutmachungsverfahren 1954 angenommen, *Lange*, in: Jahrbuch der Schlesischen Friedrich-Wilhelms-Universität zu Breslau, Bd. 42–44 (2001–2003), S. 547.

[178] *Dertinger*, Frauen der ersten Stunde, S. 159; *Göppinger*, Juristen jüdischer Abstammung, S. 359; *Waldhoff*, JöR 56 (2003), S. 262.

[179] *Dertinger*, Frauen der ersten Stunde, S. 159; *Göppinger*, Juristen jüdischer Abstammung, S. 359; *Röwekamp*, Juristinnen, S. 349.

[180] *Röwekamp*, Juristinnen, S. 349.

[181] Vgl. *Röwekamp*, Juristinnen, S. 349; *Waldhoff*, JöR 56 (2003), S. 262.

[182] *Göppinger*, Juristen jüdischer Abstammung, S. 359.

ein.[183] Als Georg Scheffler zu Beginn der nationalsozialistischen Herrschaft im Mai 1934 die Heiratserlaubnis beantragte, wurde ihm diese versagt.[184] Dies geschah, obgleich die sogenannten „Nürnberger Rassegesetze" noch nicht in Kraft waren. Jedoch verbot das „Beamten-Besoldungs- und Versorgungsrecht" bereits ab Juli 1933 die Heirat zwischen Beamten „arischer" Abstammung und Personen „nichtarischer" Abstammung.[185] Die Verbundenheit von Erna und Georg Scheffler war jedoch so groß, dass ihre Zuneigung füreinander und der Wunsch zu heiraten das NS-Regime lange überdauern sollten.

Über Erna Schefflers Empfinden während der von ihr erlebten Ausgrenzung und Diskriminierung heißt es bei Lange, dass sie mehr als die Sorge um ihr eigenes Schicksal die Ausgrenzung aus einer Welt beschäftigte, die sie als ureigene empfand:

> „So konnte sie, wie ihre Tochter Lore Fry berichtete, ‚hoch empfindlich' reagieren, wenn Freunde zum Ausdruck brachten, dass sie besorgt um ihr Schicksal als ‚rassische Halbjüdin' seien. ‚Sie lehnte', so ihre Tochter weiter, ‚diesen Rassenstempel als einen neu entdeckten und gemeinen Propaganda-Begriff des Nationalsozialismus ab und war entsetzt, wenn irgendjemand in ihrem Kreis diesen Begriff anscheinend als selbstverständlich hinnahm. Sie sah sich als Mischling so wie es die meisten Mitteleuropäer sind und fand die Geschichte der Familie interessant. Die Folge aber daraus zu ziehen, dass sie rassisch nunmehr ein Fremder war, fand sie einfach falsch, außerdem einen Verrat an ihrem Vater, seiner Humanität und seinen Überzeugungen.'"[186]

3. Resümee

Erna Scheffler wurde aus dem Richterdienst entlassen, als sie junge Amtsgerichtsrätin war.[187] Ihr widerfuhr damit ein Schicksal, das die allermeisten berufstätigen Juristinnen traf.[188] Ob sie als Frau entlassen wurde oder aufgrund ihrer jüdischen Abstammung, ist nicht zweifelsfrei zu klären. Vielleicht hatte es, wie sie selber 1965 im SWR-Interview sagte, einfach „verschiedene Gründe".[189] Sie erfuhr in dieser Zeit, wie der bescheidene emanzipatorische Fortschritt einfach wieder rückgängig gemacht wurde und Diskriminie-

[183] *Lange*, in: Jahrbuch der Schlesischen Friedrich-Wilhelms-Universität zu Breslau, Bd. 42–44 (2001–2003), S. 548.

[184] *Göppinger*, Juristen jüdischer Abstammung, S. 359; *Lange*, in: Jahrbuch der Schlesischen Friedrich-Wilhelms-Universität zu Breslau, Bd. 42–44 (2001–2003), S. 548.

[185] *Lange*, in: Jahrbuch der Schlesischen Friedrich-Wilhelms-Universität zu Breslau, Bd. 42–44 (2001–2003), S. 548.

[186] *Lange*, in: Jahrbuch der Schlesischen Friedrich-Wilhelms-Universität zu Breslau, Bd. 42–44 (2001–2003), S. 549.

[187] Archiv des SWR, 5790672(BAD).

[188] Maria Hagemeyer war z. B. eine der wenigen Richterinnen, die während der NS-Zeit ihren Richterdienst weiter ausüben konnten, *Röwekamp*, Juristinnen, S. 123–125.

[189] Archiv des SWR, 5790672(BAD).

rungen aufgrund von Geschlecht, Rasse und Religion die Politik und den Alltag beherrschten. Es waren sicherlich auch diese negativen Erfahrungen erlebter Ausgrenzung, die Erna Scheffler in ihrem späteren Einsatz für die Gleichberechtigung bestärkten. Viele Juristinnen jüdischer Herkunft, die während der nationalsozialistischen Herrschaft aus ihren Berufen verdrängt wurden, hatten nach dem Zweiten Weltkrieg unter einer „doppelten Diskriminierung" zu leiden.[190] So erhielten etliche verheiratete Jüdinnen oder Juristinnen jüdischer Herkunft keine Entschädigungszahlungen. Ihnen wurde entgegengehalten, dass sie bei regelmäßigem Verlauf ihrer Dienstlaufbahn ebenfalls, nämlich aus beamtenrechtlichen Gründen, als verheiratete Frauen entlassen worden wären.[191] Der Folge dieser Argumentation konnte Erna Scheffler nur dadurch entgehen, dass ihr die Heirat mit Georg Scheffler ebenfalls aus rasseideologischen Gründen versagt worden war.[192]

---

190 Djb (Hrsg.), Juristinnen in Deutschland, 1900–2003, S. 32.
191 Djb (Hrsg.), Juristinnen in Deutschland, 1900–2003, S. 32.
192 Djb (Hrsg.), Juristinnen in Deutschland, 1900–2003, S. 32.

V. Die Zeit nach dem Zweiten Weltkrieg

Nach der bedingungslosen Kapitulation der deutschen Streitkräfte übernahmen zunächst die Alliierten die Staatsgewalt in Deutschland. Das Deutsche Reich war damit faktisch zusammengebrochen.[1] Sehr viele deutsche Städte glichen einer Trümmerlandschaft, was die Versorgung mit Wohnraum, Gas, Elektrizität und Wasser erschwerte. Viele deutsche Staatsbürgerinnen und Staatsbürger realisierten angesichts der immensen Zerstörung der Städte und der daraus resultierenden Existenznöte erst zeitverzögert, dass das Ende des Dritten Reiches gleichzeitig die Erlösung von der nationalsozialistischen Terrorherrschaft bedeutete. Im Vordergrund stand zunächst die bloße Überlebenssicherung. Der Ausdruck, eine „Stunde Null“[2] erlebt zu haben, gibt die subjektive Wahrnehmung eines tiefen Einschnitts deutscher Zeitgenossen wieder.[3] Die Frage, inwiefern der verlorene Zweite Weltkrieg zu einschneidenden Veränderungen geführt hatte – die Frage nach Zäsuren –, ist für viele gesellschaftliche Bereiche untersucht worden.[4] Es wurde vielfach diskutiert, ob es nach 1945 eine „Stunde Null“ im Sinne eines gesamtgesellschaftlichen Umbruchs gegeben hat.[5] Aufgrund der zahlreichen personellen Kontinuitäten und kulturellen Traditionslinien wurde die These eines radikalen gesamtgesellschaftlichen Umbruchs nach

[1] Ob das Deutsche Reich als Völkerrechtssubjekt aufgehört hatte zu existieren oder fortbestand, war und ist aus staatsrechtlicher Sicht umstritten. Die Untergangslehre bejaht einen Untergang. Vertreter der Fortbestandslehre, der sich 1972 auch das BVerfG (BVerfGE 36, 15) anschloss, gehen davon aus, dass das Deutsche Reich den Zusammenbruch 1945 überdauert hat.

[2] Eine kritische Auseinandersetzung mit dem Begriff „Stunde Null“ und seiner historischen Verwendung findet sich bei: *Lehmann*, in: 8. Mai 1945 – Stunde Null?, S. 70–74.

[3] *Frevert*, in: Zäsuren nach 1945, S. 115; *Benser*, in: 1945 – Eine „Stunde Null“ in den Köpfen?, S. 31.

[4] Für den Bereich der Rechtswissenschaft siehe beispielsweise: Kontinuitäten und Zäsuren, Rechtswissenschaft und Justiz im „Dritten Reich“ und in der Nachkriegszeit, hrsg. v. Schumann, 2008; für den Bereich der Literaturwissenschaft siehe nur die Beiträge in: Poetologien deutschsprachiger Literatur 1930–1960, Kontinuitäten jenseits des Politischen, hrsg. v. Baßler/Hubert/Schuster, 2016; *Koopmann*, in: Nachkriegszeiten – Die Stunde Null als Realität und Mythos in der deutschen Geschichte, S. 157–183; für den Bereich der Politikwissenschaft siehe etwa: Schwierige Erinnerung: Politikwissenschaft und Nationalsozialismus, Beiträge zur Kontroverse um Kontinuitäten nach 1945, hrsg. v. Ehrlich/Heinrich/Leonhard/Schmid, 2015.

[5] So beispielsweise auf dem Symposion im Rahmen der Ossietzky-Tage ’85 am 3. Mai 1985, veröffentlicht in: 1945 – Die Stunde Null?, hrsg. v. Kraiker, 1986; Essays zur Periodisierung der deutschen Nachkriegsgeschichte finden sich in: Broszat (Hrsg.), Zäsuren nach 1945, 1990.

1945 weithin zurückgewiesen.[6] Die Zäsur des Jahres 1945 lässt sich vielmehr „als ein Ensemble von Brüchen, Übergängen und Rückgriffen auf vorfaschistische Verhältnisse“ beschreiben.[7] Besonders im Hinblick auf die Frage, welche Chancen sich nach 1945 für die gesellschaftliche, politische und kulturelle Entwicklung Deutschlands boten und in welchem Maße sie genutzt wurden, bildet die Epoche der Nachkriegszeit allerdings nach wie vor eine der interessantesten der Geschichte Deutschlands. Dies gilt im besonderen Maße auch für die Situation der Frau, die Entwicklung der Rollenbilder und der Gleichberechtigung der Geschlechter. Im folgenden Kapitel interessiert dabei vor allem, wie sich die rechtliche und gesellschaftliche Situation für die Frauen und insbesondere für die Juristinnen nach dem Zweiten Weltkrieg entwickelte. Konnte den Juristinnen und speziell Erna Scheffler ein Wiedereinstieg in ihre juristischen Berufe gelingen? Wirkte sich dabei ihre juristische Tätigkeit auf die Entwicklung der rechtlichen Gleichberechtigung der Geschlechter aus?

1. Gesellschaftliche Rahmenbedingungen – Bruch oder Kontinuität der Geschlechterrollen?

Unmittelbar nach Kriegsende lebten in Deutschland sieben Millionen mehr Frauen als Männer.[8] Viele Frauen blieben auch nach dem Ende des Krieges auf sich allein gestellt, weil ihre Männer gefallen waren oder zunächst in Kriegsgefangenschaft bleiben mussten.[9] Im Jahre 1946 standen 100 Männern in der Altersgruppe von 20 bis 30 Jahren 167 Frauen gegenüber; auf 100 Männer im Alter zwischen 30 und 40 Jahren kamen 151 Frauen der gleichen Altersstufe.[10] Insgesamt waren 30 Prozent der Familien vaterlos.[11] Es fehlten folglich insbesondere junge, arbeitsfähige Männer. Neben der schweren Arbeit im Reproduktionsbereich[12] – Wohnungsnot und Hunger bestimmten den Nachkriegsalltag – übernahmen Frauen häufig notgedrungen Produktionsarbeiten. Sie mussten aufgrund des Arbeitskräftemangels etliche Aufgaben erfüllen, die herkömmlich dem männlichen Geschlecht zugeordnet worden waren.[13] Sie arbei-

---

[6] Unter anderem von: *Weizsäcker*, Drei Mal Stunde Null?, S. 8 f., 56 f.; *Benser*, in: 1945 – Eine „Stunde Null“ in den Köpfen?, S. 31 f.

[7] *Benser*, in: 1945 – Eine Stunde Null in den Köpfen?, S. 33.

[8] *Hervé/Nödinger*, in: Geschichte der Deutschen Frauenbewegung, S. 189.

[9] Fast 4 Millionen Männer waren im Krieg gefallen und 11,7 Millionen befanden sich noch in Kriegsgefangenschaft.

[10] *Frevert*, in: Zäsuren nach 1945, S. 115.

[11] *Franzius*, Bonner Grundgesetz und Familienrecht, S. 18.

[12] Reproduktive Tätigkeiten sind solche, die auf Wiederherstellung und Aufrechterhaltung der Arbeitskraft sowohl auf individueller als auch auf gesellschaftlicher Ebene gerichtet sind. In den Reproduktionsbereich fallen vor allem die Haus- und Familienarbeit.

[13] *Müller-List*, Gleichberechtigung als Verfassungsauftrag, S. 28.

teten vor allem in der Bauwirtschaft und Grundstoffindustrie, beispielsweise als LKW-Fahrerinnen, Maschinistinnen, Koksfahrerinnen in Hochofenbetrieben oder als Packerinnen.[14] Die gewonnene Selbstständigkeit, die Fähigkeit, sich unabhängig vom Mann behaupten zu können, erzeugte zwar ein neues Selbstbewusstsein.[15] Jedoch ließen die Entbehrungen und Anstrengungen der Nachkriegszeit auch eine Sehnsucht nach geordneten Verhältnissen und intakten Familien aufkommen.[16]

Vor allem in Berlin kam es in der unmittelbaren Nachkriegszeit zu Massenvergewaltigungen. Für viele Frauen und Mädchen waren die ersten Monate des Friedens folglich bestimmt von der Angst vor sexuellen Überfällen. Zu ihren Überlebensstrategien gehörte auch, sexuelle Gewalt – vor allem da in der politischen Öffentlichkeit lange Zeit keine Aufarbeitung erfolgte – „möglichst undramatisiert hinzunehmen".[17]

Aufgrund der veränderten Gesellschaftsstruktur lag die Hauptlast der Versorgung der Familien in den letzten Kriegs- und Nachkriegsjahren häufig bei den Frauen.[18] In der Literatur wird die Familienstruktur dieser Zeitspanne entsprechend als „erzwungenes Matriarchat" bezeichnet.[19] Optimistischere Stimmen sagten, dass nun die „Stunde der Frauen" geschlagen habe.[20]

Als die Männer aus der Kriegsgefangenschaft zurückkehrten und sich die Versorgungslage im Zuge der Währungsreform vom 20. Juni 1948 normalisierte, zog sich ein Großteil der Frauen aus dem angespannten Arbeitsmarkt zurück.[21] Dies geschah nicht immer freiwillig, sondern passte in das Bild der zunehmenden Familienorientierung der Gesamtgesellschaft ab Ende der 1940er Jahre. So fügten sich viele Frauen wie selbstverständlich wieder der gewohnten Arbeitsteilung der Geschlechter.[22] Allerdings wurde die Rückkehr der Frauen in untergeordnete Stellungen und zur Hausarbeit dadurch befördert, dass Frauen

---

[14] Vgl. *D. Schubert*, in: Frauen in der deutschen Nachkriegszeit, Bd. 1, S. 71–97; *Hervé/Nödinger*, in: Geschichte der Deutschen Frauenbewegung, S. 189; *Ruhl*, Frauen in der Nachkriegszeit, S. 40.

[15] Vgl. *Schelsky*, Wandlungen der deutschen Familie, S. 300.

[16] *Wendrich*, Die Entwicklung der familienrechtlichen Entscheidungsbefugnisse, S. 166; *Nave-Herz*, in: 1945 – Die Stunde Null?, S. 76.

[17] *Meyer/Schulze*, in: Frauen in der Geschichte, Bd. 5, S. 356.

[18] *Nave-Herz*, Die Geschichte der Frauenbewegung, S. 48; *Franzius*, Bonner Grundgesetz und Familienrecht, S. 19.

[19] *Nave-Herz*, Die Geschichte der Frauenbewegung, S. 48; *Kuhn*, in: BZG 1991, S. 595; zu den Erfahrungen alleinstehender Frauen in der Nachkriegszeit siehe: *Meyer/Schulze*, in: Die Geschichte der Frauenbewegung, Bd. 5, S. 348–385 und *König*, in: Die Geschichte der Frauenbewegung, Bd. 5, S. 386–407.

[20] *Frevert*, in: Zäsuren nach 1945, S. 115.

[21] *Ruhl*, Frauen in der Nachkriegszeit, S. 72; *Müller-List*, Gleichberechtigung als Verfassungsauftrag, S. 32.

[22] *Müller-List*, Gleichberechtigung als Verfassungsauftrag, S. 29; *Franzius*, Bonner Grundgesetz und Familienrecht, S. 19.

eine wesentlich geringere Entlohnung als Männer erhielten und Beamtinnen bei Heirat gekündigt werden konnte.[23]

Anfang der 1950er Jahre setzte jedoch eine gegenteilige Entwicklung ein. Die Zahl der weiblichen Beschäftigten stieg wieder deutlich an.[24] Dies war zum einen darin begründet, dass Frauen aufgrund des mit dem sogenannten Wirtschaftswunder einhergehenden Mangels an Arbeitskräften wieder gebraucht wurden.[25] Zum anderen lag es an den „wachsenden Konsumansprüchen der Wohlstandsgesellschaft".[26] Durch den Zuverdienst der Ehefrau sollte beispielsweise neues Inventar oder moderne Haushaltstechnik, etwa eine Waschmaschine oder ein Kühlschrank, finanziert werden.[27] Der Wunsch nach eigener Erwerbstätigkeit von Frauen war dennoch gesellschaftlich wenig akzeptiert.[28] Christlich-konservative Politiker wie der Bundesfamilienminister Franz-Josef Wuermeling[29] blickten äußerst besorgt auf diese Entwicklung und sahen in der steigenden Erwerbsquote und im Streben vieler Frauen nach mehr Gleichberechtigung „eine Gefahr für die Familie".[30] Die Berufstätigkeit besonders von Müttern wurde als Problem gesehen,[31] dem durch gezielte familienpolitische Maßnahmen entgegengewirkt werden sollte.[32] Obgleich nahezu jede dritte Ehefrau einer Erwerbstätigkeit nachging, blieb die Hausfrauenehe das Leitbild der Familienpolitik.[33] Bis weit in die 1960er Jahre hinein bestand ein breiter gesellschaftspolitischer Konsens, dass es die Aufgabe des Ehemannes und Vaters war, die Familie finanziell zu unterhalten – Haushaltsführung und Kindererziehung hingegen den Aufgabenbereich der Ehefrau und Mutter bildeten.[34] Die Forderung nach Gleichberechtigung und die Kritik an der patri-

---

[23] § 2 des Gesetzes zur vorläufigen Regelung der Rechtsverhältnisse der im Dienst des Bundes stehenden Personen vom 17. Mai 1950 verwies diesbezüglich auf die Regelung des Deutschen Beamtengesetzes vom 26. Januar 1937, BGBl.1950, Teil I, S. 207 f.

[24] *Frevert*, in: Zäsuren nach 1945, S. 121; *Ruhl*, Frauen in der Nachkriegszeit, S. 286, Tabelle 6 m. w. N.

[25] *Ruhl*, Frauen in der Nachkriegszeit, S. 205.

[26] *Müller-List*, Gleichberechtigung als Verfassungsauftrag, S. 35.

[27] *Niehuss*, in: Modernisierung im Wiederaufbau, S. 326.

[28] *Müller-List*, Gleichberechtigung als Verfassungsauftrag, S. 33.

[29] Franz-Josef Wuermeling (8. November 1900–7. März 1986) war von 1953 bis 1962 Bundesfamilienminister. Biografische Angaben finden sich bei: *Marx*, abrufbar im Internet: http://www.kas.de/wf/de/71.9969/ (Stand: 07.06.2019).

[30] *Frevert*, in: Zäsuren nach 1945, S. 121; *Müller-List*, Gleichberechtigung als Verfassungsauftrag, S. 35.

[31] Die Diskussion über die fehlende Betreuung sog. „Schlüsselkinder" prägte die öffentliche Meinung, vgl. *Ruhl*, Frauen in der Nachkriegszeit, S. 205 f. Noch im Jahre 1964 ergab eine Umfrage, dass die Erwerbstätigkeit von Frauen, besonders wenn sie Kinder zu versorgen hatten, von 75 Prozent der Männer und 72 Prozent der Frauen negativ bewertet wurde, *Frevert*, in: Zäsuren nach 1945, S. 122.

[32] *Ruhl*, Frauen in der Nachkriegszeit, S. 207.

[33] *Frevert*, in: Zäsuren nach 1945, S. 121.

[34] *v. Rahden*, Zeithistorische Forschung 2005, S. 163; *Frevert*, in: Zäsuren nach 1945, S. 120; *Niehuss*, in: Modernisierung im Wiederaufbau, S. 327.

archalen Geschlechterordnung betraf in den Nachkriegsjahren vielmehr das „innerfamiliäre Machtgefüge".[35] So konstatierte auch der Familiensoziologe Helmut Schelsky bei Frauen eine Neigung, an den herkömmlichen Rollenbildern festzuhalten.[36] Er sah diesen Trend aber begleitet von einer „Verschiebung der väterlichen Autorität zugunsten der Hausfrau und Mutter".[37] Die Auseinandersetzungen im Zuge der Umsetzung des Verfassungsauftrags aus Art. 3 Abs. 2 GG im Familienrecht zeigten jedoch, dass auch diese – aus heutiger Sicht äußerst moderaten – Forderungen nach innerfamiliärer Gleichberechtigung vielen konservativen Kräften der frühen Bundesrepublik zu weit gingen.

Es kann bezüglich der Rollenverteilung innerhalb der Familien und der Erwerbstätigkeit der Frau folglich keine Zäsur im Sinne einer Aufgabe traditioneller Rollenerwartungen nach 1945 festgestellt werden.[38] Jedoch finden sich mit der steigenden Zahl erwerbstätiger Frauen und einer Verschiebung des „innerfamiliären Machtgefüges" vorsichtige Anzeichen eines beginnenden Aufbruchs.

2. Die berufliche Situation für Juristinnen nach 1945

Nach dem Zusammenbruch des NS-Regimes wurden die Berufssperren für Juristinnen aufgehoben und Frauen konnten wieder in allen juristischen Berufen tätig sein.[39] Der Kontrollrat verkündete am 20. Oktober 1945 in seinen Grundsätzen für die Umgestaltung der Rechtspflege:

> „Der Zugang zum Richteramt steht ohne Rücksicht auf Rasse, gesellschaftliche Herkunft oder Religion allen Personen offen, sofern sie die Grundsätze der Demokratie anerkennen."[40]

Juristinnen durften also wieder im Justizdienst tätig sein und auch zur Rechtsanwaltschaft konnten sie wieder zugelassen werden. Die amerikanische Militärregierung setzte für die Umsetzung ihres „reeducation-Programms" sogar eine Frauenbeauftragte ein, um der Gleichstellung innerhalb der jungen Demokratie nachzuhelfen.[41] Tatsächlich wurden, noch ehe die deutsche Justiz mit ihrer Arbeit beginnen konnte, sogar einige Verteidigungen vor den Militärgerichten von Frauen übernommen.[42] Nach Wiederaufnahme des Justizbetriebes fanden

---

[35] *Schelsky*, Wandlungen der deutschen Familie, S. 198.

[36] *Frevert*, in: Zäsuren nach 1945, S. 121.

[37] *Schelsky*, Wandlungen der deutschen Familie, S. 290.

[38] So auch: *Nave-Herz*, in. 1945 – Die Stunde Null?, S. 83; *Frevert*, in: Zäsuren nach 1945, S. 117.

[39] *Scheffler*, Die Stellung der Frau, S. 17; *Meier-Scherling*, DRiZ 1975, S. 12; *Hassels/Hommerich*, Frauen in der Justiz, S. 38.

[40] Kontrollratsproklamation Nr. 3, Amtsblatt des Kontrollrats in Deutschland, S. 22.

[41] *Häntzschel*, in: Bedrohlich gescheit, S. 213.

[42] Djb (Hrsg.), Juristinnen in Deutschland, 1900–2003, S. 33; *K. Schubert*, djbZ 2008,

sich an vielen Amts-, Land- und Oberlandesgerichten vereinzelt Richterinnen und auch an die Obersten Bundesgerichte wurde jeweils eine Frau berufen.[43] Juristinnen halfen beim Wiederaufbau der kommunalen Verwaltungen mit und waren auch in politischen Parteien in der Nachkriegszeit vereinzelt wieder vertreten.[44] Sie hatten nach Ende des Krieges gegenüber ihren männlichen Kollegen sogar einen Vorteil. Gerade weil sie im Dritten Reich diskriminiert und von den klassischen juristischen Berufen ausgeschlossen worden waren, waren sie an der Tätigkeit der Justiz in der Regel nicht beteiligt gewesen.[45] Aus diesem Grund stritt die Vermutung, dass sie nicht in die nationalsozialistischen Verbrechen verstrickt gewesen waren, für sie.[46] Gleichzeitig gab es einen großen Bedarf an qualifiziertem und unbelastetem juristischen Personal, sodass manchen Juristinnen ein schneller beruflicher Wiedereinstieg gelang.[47] So berichtete Charlotte Schmitt[48], die später die erste Richterin am Bundesverwaltungsgericht wurde, dass man es ihr beinahe als Verpflichtung nahegebracht habe, wieder in den Staatsdienst zu treten. Zugleich ärgerte sie sich sehr darüber, dass ihre männlichen Kollegen, als sie dann im Richterdienst war, dennoch vor ihr zu Richtern auf Lebenszeit ernannt wurden.[49]

Allgemein ermöglichte die Entwicklung während der Nachkriegszeit manchen Frauen einen schnellen beruflichen Einstieg und ebnete damit für einige Juristinnen den Weg für spätere eindrucksvolle Karriereverläufe. Dabei darf jedoch nicht übersehen werden, dass Frauen in juristischen Berufen nach wie vor auch Schwierigkeiten ausgesetzt waren. Es gab weiterhin die sogenannte „Zölibatsklausel" im Beamtenrecht, die für verheiratete Juristinnen bis zu

S. 139. Die erste und bis 1950 einzige als „Offizialverteidigerin" tätige Juristin war Helga Stödter (1922–2011). Sie war 1945 vom damaligen Justizministerium Württemberg/Hohenzollern vor dem Obersten Französischen Militärgericht in Rastatt für die sogenannten Kriegsverbrecher-Prozesse einberufen worden. Biografische Angaben zu Helga Stödter finden sich in einem ausführlichen Lebenslauf, abrufbar im Internet: http://www.helga-stoedter-stiftung.de/wp-cotent/uploads/2012/01/cv_und_taetigkeiten_frau_stoedter.pdf (Stand: 11.06.2018).

[43] Neben Erna Scheffler, die zur Richterin am Bundesverfassungsgericht ernannt wurde, wurden Gerda Krüger-Nieland und Elisabeth Krumme an den Bundesgerichtshof, Anne Gudrun Meier-Scherling an das Bundesarbeitsgericht, Charlotte Schmitt an das Bundesverwaltungsgericht und Maria Schwarz an das Bundessozialgericht berufen, *Rust*, in: Barrieren und Karrieren, S. 357.

[44] Djb (Hrsg.), Juristinnen in Deutschland, 1900–2003, S. 33.

[45] Djb (Hrsg.), Juristinnen in Deutschland, 1900–2003, S. 33.

[46] Djb (Hrsg.), Juristinnen in Deutschland, 1900–2003, S. 33.

[47] *Misselwitz*, Marie Luise Hilger, S. 291.

[48] Charlotte Schmitt (1900–1989) wurde auf Vorschlag des Deutschen Juristinnenbundes 1953 zur Richterin am Bundesverwaltungsgericht ernannt. Sie war damit die erste und bis 1967 die einzige Richterin am Bundesverwaltungsgericht. Von 1958 bis zu ihrer Pensionierung im Jahre 1977 fungierte sie als Vorsitzende des Zweiten Senats, *Franßen*, DVBl. 1993, S. 752; *Röwekamp*, Juristinnen, S. 366 f.

[49] *Schmitt* im Interview mit *Fabricius-Brand*, abgedruckt in: Fabricius-Brand/Sudhölter/Berghahn (Hrsg.), Juristinnen, S. 125.

ihrer Abschaffung 1951 eine „rechtliche Hürde" bildete.[50] Dieses Vorgehen gegen „Doppelverdiener-Haushalte" blieb zudem kein rein rechtliches Hindernis; fortwährende Auseinandersetzungen mit dem „Doppelverdienervorwurf" gehörten vielmehr zum Arbeitsalltag der Juristinnen in der damaligen Zeit.[51]

Diese Darstellung darf aber nicht darüber hinwegtäuschen, dass der Frauenanteil in den juristischen Berufen insgesamt in den ersten zwanzig Jahren der Bundesrepublik äußerst niedrig blieb. In der Justiz lag der Frauenanteil 1959 bei lediglich 2,5 Prozent.[52] Noch geringer war der Frauenanteil in der Anwaltschaft. Dort lag er 1960 noch unter zwei Prozent.[53] Die geringe berufliche Beteiligung verwundert insofern nicht, als es schlichtweg weiterhin kaum studierte Juristinnen gab. „Die erzwungene Abstinenz von juristischen Berufspositionen"[54] – wie Huerkamp die während des NS-Regimes erfolgte Benachteiligung von Frauen in juristischen Berufen bezeichnete – hatte dazu geführt, dass das Interesse an einem juristischen Studium stark zurückgegangen war. Aus diesem Grund fehlte genaugenommen der weibliche juristische Nachwuchs. Zwar zog die erzwungene Abstinenz der Juristinnen die Folge nach sich, dass diese gegenüber ihren männlichen Kollegen, die meist „in der einen oder anderen Weise in die Verbrechen des Nationalsozialismus verstrickt gewesen waren"[55], bessere Wiedereinstiegschancen hatten. Aus der beruflichen Abstinenz resultierten aber auch lückenhafte Lebensläufe sowie mangelnde Berufserfahrung.[56] Derartige „Zwangspausen" wirkten sich für Richterinnen, die während der NS-Zeit auf sogenannte Ausweichstellen verdrängt worden waren, noch bis in die 1970er Jahre negativ auf Besoldungs- und Beförderungsansprüche aus.[57] So kam es vor, dass ein männlicher Bewerber aufgrund seiner „gradlinig unterbrechungslosen Laufbahn" einer gleichqualifizierten Bewerberin vorgezogen wurde.[58] Hinzu kam, dass von Juristinnen, die in der Nachkriegszeit nun erstmals eine ihrer Qualifikation entsprechende Stelle erhielten, eine intensivere Einarbeitung erwartet wurde.[59] Auch die Ressentiments, die es noch immer gegenüber Frauen in juristischen Berufen gab, dürften die Juristinnen unter einen gewissen Erfolgsdruck und den Zwang, ihre juristischen Fähigkeiten beweisen zu müssen, gesetzt haben.[60] So berichteten Richterinnen, die in der Nachkriegszeit tätig waren, dass man sie bei ihrer Einstellung eher strenger

50 *Rust*, in: Barrieren und Karrieren, S. 357.
51 *Hassels/Hommerich*, Frauen in der Justiz, S. 39.
52 *Hassels/Hommerich*, Frauen in der Justiz, S. 39.
53 *Böge*, in: Studierende und Studierte Frauen, S. 92.
54 *Huerkamp*, Bildungsbürgerinnen, S. 289.
55 *Huerkamp*, Bildungsbürgerinnen, S. 289.
56 *Misselwitz*, Marie Luise Hilger, S. 290; *Huerkamp*, Bildungsbürgerinnen, S. 290.
57 *Meier-Scherling*, DRiZ 1975, S. 12; *Huerkamp*, Bildungsbürgerinnen, S. 290.
58 *Meier-Scherling*, DRiZ 1975, S. 12; *Hassels/Hommerich*, Frauen in der Justiz, S. 39.
59 Djb (Hrsg.), Juristinnen in Deutschland 1900–2003, S. 33.
60 Vgl. *Hassels/Hommerich*, Frauen in der Justiz, S. 39.

gemustert habe als ihre männlichen Kollegen und sie unter einem höheren Leistungsdruck gestanden hätten.[61]

Zudem kam es häufig zu Schwierigkeiten im Rahmen der „Wiedergutmachung" der erlittenen Diskriminierung. Das „Gesetz zur Regelung der Wiedergutmachung nationalsozialistischen Unrechts für Angehörige des öffentlichen Dienstes" (BWGöD) sah die Entlassung einer Beamtin oder Richterin aufgrund ihres Geschlechts nicht als Verfolgungsgrund i. S. v. § 1 BWGöD an. Zwar wurde die verlorene Zeit – sofern eine Juristin wiederum in den öffentlichen Dienst eingestellt worden war – als Dienstzeit im Sinne des Besoldungs- und Versorgungsrechts angerechnet, § 31 c Abs. 1 BWGöD.[62] Ein allgemeiner Wiedergutmachungstatbestand für die Beamtinnen, die ihres Geschlechtes wegen während der nationalsozialistischen Herrschaft benachteiligt worden waren, war jedoch nicht eingeführt worden. Eine allgemeine Wiedergutmachung stand vielmehr nach §§ 1, 5 BWGöD, § 1 BEG nur denjenigen Juristinnen zu, die aus Gründen der politischen Gegnerschaft, der Rasse, des Glaubens oder der Weltanschauung in ihrem beruflichen oder wirtschaftlichen Fortkommen durch nationalsozialistische Maßnahmen gehindert worden waren. Die Entlassung einer Beamtin allein wegen ihres Geschlechts stellte also keinen Verfolgungsgrund dar. Das BWGöD beschränkte sich demzufolge darauf, einen Ausgleich für den entstandenen Zeitverlust zu gewähren. Ferner fiel unter diese Vorschrift nur, wer als Beamtin „entlassen" worden war. Hatte sich eine Juristin mangels Berufsaussichten während der NS-Zeit nach bestandenem zweitem Staatsexamen gar nicht erst beworben, wurde dies nicht weiter berücksichtigt.[63]

Die ehemalige Bundesrichterin Meier-Scherling berichtete 1975:

> „Noch heute haben Richterinnen, die während des III. Reiches auf Ausweich- und Notstellen tätig waren, Schwierigkeiten bei der beamtenrechtlichen Anrechnung solcher Arbeitsstellen."[64]

In der Deutschen Richterzeitung vom Oktober 1978 wird ein derartiger Fall ausführlich dokumentiert und bezüglich seiner Verfassungskonformität diskutiert.[65]

Es waren diese Schwierigkeiten und die Diskriminierungserfahrungen der Vergangenheit, die dazu führten, dass bereits im August 1948 sieben Frauen die Vereinigung „Weibliche Juristinnen und Volkswirte e. V." gründeten.[66] In einem ersten Rundschreiben des Vereins werden die Ursachen, die zum Zusammenschluss geführt haben, verdeutlicht:

---

61 *Fabricius-Brand/Sudhölter/Berghahn* (Hrsg.), Juristinnen, S. 92, 101.

62 BVerwG Urteil von 01.07.1963, Az: VIII C 52.62, Rn. 7.

63 Vgl. BVerwG Urteil vom 01.07.1963, Az: VIII C 52.62, Rn. 8–11.

64 *Meier-Scherling*, DRiZ 1975, S. 12.

65 *Evans-von Krbek*, DRiZ 1978, S. 293–298.

66 Zur Vereinsgeschichte des Deutschen Juristinnenbundes siehe: Djb (Hrsg.), Juristinnen in Deutschland, 1900–2003, S. 33–44; *Röwekamp*, djbZ 2008, S. 117–120.

„‚Keine Frau vor oder hinter den Schranken des Gerichts' – dieser immer wieder zitierte Ausspruch Hitlers gab den willkommenen Anlaß, die Frauen in der Rechtspflege, in der Verwaltung und in der Wirtschaft des Dritten Reiches aus den in jahrelangen Bemühungen erkämpften Positionen verhältnismäßig schnell zu verdrängen. (...) Nach dem Zusammenbruch im Mai 1945 sind theoretisch die den Frauen gesetzten Beschränkungen wieder aufgehoben worden. Die Praxis lässt indessen deutlich erkennen, daß die nationalsozialistische These, wonach die Frau wegen ihrer angeblich gefühlsmäßigen und subjektiven Einstellung für Juristen- und Verwaltungsberufe nicht geeignet sei und das [sic!] sie ausschließlich in sog. ‚weibliche Berufe' gehöre, noch tief verwurzelt ist."[67]

Die Diskriminierungserfahrungen und die Angst vor einer Wiederholung waren es wohl auch, die Frauen im Kampf um die Einführung von Art. 3 GG zusammenrücken ließen und dafür sorgten, dass Elisabeth Selberts Vorschlag im Rahmen der Auseinandersetzungen im Parlamentarischen Rat über den Grundsatz der Gleichberechtigung „wäschekörbeweise"[68] Zuspruch erhalten sollte.

3. Privater und beruflicher Neubeginn für Erna Scheffler

Erna Scheffler gehörte zu denjenigen Frauen, denen ein schneller Wiedereinstieg in den Richterberuf gelang. In erster Linie bedeutete das Ende des Zweiten Weltkriegs für sie jedoch eine Befreiung, die sich nicht allein auf ihr Berufsleben beschränkte. Mit dem Untergang des Dritten Reiches war die zwölf Jahre andauernde rassische Diskriminierung vorbei. Endlich war die Zeit der Verbote der Nationalsozialisten vorüber, die Erna Scheffler nicht nur beruflich, sondern auch ganz privat getroffen hatten. Ihr war es über mehr als ein Jahrzehnt lang untersagt worden, ihren Lebensgefährten Georg Scheffler zu heiraten. Dennoch hielt das Paar über all die Jahre zueinander. Was dies zu einer Zeit bedeutete, als der Kuppeleiparagraph (§ 180 StGB a. F.) noch in Kraft war und die Form der nichtehelichen Lebensgemeinschaft – damals als Konkubinat bezeichnet – gesellschaftlich geächtet wurde, lässt sich heutzutage nicht so einfach vorstellen. Während diese Form des Zusammenlebens heute üblich ist, machten sich beispielsweise Hauseigentümer sogar wegen Kuppelei strafbar, wenn sie an unverheiratete Paare vermieteten. Aus diesem Grund erstaunt es nicht, dass das Paar kurz nach Kriegsende am 31. Mai 1945 – als die Menschen gerade begonnen hatten, sich in den zerstörten Städten einzurichten – die Ehe einging.[69] Die Erfahrung des unehelichen Zusammenlebens während des Dritten Reichs blieb

---

[67] AddF NL-P-11, 00037M05, Schreiben der Vereinigung weiblicher Juristen und Volkswirte e. V. vom 10. November 1948.

[68] Elisabeth Selbert selbst verwendete in einer Rede vom 18. Januar 1949 diese Beschreibung. Vermutlich übertrieb sie damit etwas, doch dürfte es sich um eine große Menge von Eingaben gehandelt haben, *Böttger*, Das Recht auf Gleichheit und Differenz, S. 191.

[69] *Jaeger*, in: Djb (Hrsg.), Juristinnen in Deutschland, 1900–2003, S. 198; *Dertinger*, Frauen der ersten Stunde, S. 155.

allerdings nicht folgenlos. Sie führte unter anderem dazu, dass Erna Scheffler „in späteren Berufsjahren, wenn im fachlichen Gespräch das Thema auf die rechtliche Behandlung des Konkubinates kam, konservative Prinzipienreiter mit souverän süffisanten Bemerkungen zu schockieren“[70] wusste. Wie eng ihre Verbindung zu Georg Scheffler über all die Jahre bleiben sollte, lässt sich anhand eines Zitats von Elisabeth Schwarzhaupt aus ihrem Nachruf zum Tode von Erna Scheffler erahnen:

> „Die Ehe war überaus glücklich. Herr Scheffler begleitete später seine Ehefrau auf ihren zahlreichen Reisen zu Vorträgen bei Tagungen. Sie pflegte zu sagen: ‚Die Zeit ist zu kostbar. Wir trennen uns nie.‘“[71]

Auch beruflich ging es für die inzwischen 53-jährige Juristin endlich wieder bergauf. Zunächst ahnte jedoch wohl nicht einmal sie selbst, welch steile juristische Karriere sie in den nächsten zwei Jahrzehnten absolvieren würde. Schon im Dezember 1945 kehrte sie in den Staatsdienst zurück und wurde Richterin am Landgericht in Berlin.[72] Erna Scheffler berichtete, dass sie bis zum letzten Augenblick geschwankt habe, ob sie Anwältin bleiben oder wieder Richterin werden solle. Nachdem sie sich aber entschieden habe, in die Richterlaufbahn zurückzukehren, habe sie es nie wieder bereut.[73] Gemeinsam mit Marion Gräfin Yorck von Wartenburg[74] arbeitete sie zunächst als Beisitzerin in einer

---

[70] *Zeidler*, Gedenkrede, S. 8.

[71] *Schwarzhaupt*, Mitteilungsblatt des DAB, 1983, S. 6.

[72] *Lange*, in: Jahrbuch der Schlesischen Friedrich-Wilhelms-Universität zu Breslau, Bd. 42–44 (2001–2003), S. 549.

[73] Radiointerview, Archiv des SWR, 5790672(BAD).

[74] Marion Gräfin Yorck von Wartenburg (14. Juni 1904–13. April 2007) studierte zunächst Medizin und wechselte dann an die Juristische Fakultät Berlin. Nachdem sie 1927 ihr Referendarexamen bestanden hatte, begann sie mit dem juristischen Vorbereitungsdienst. Ende 1928 erhielt sie von der Universität Breslau ihren Doktorgrad. Im Mai 1930 heiratete sie den Juristen und späteren Widerstandskämpfer Peter Graf Yorck von Wartenburg. Das junge Paar lebte von 1934 bis 1936 in Breslau. Gemeinsam absolvierten sie an der dortigen Universität ein Studium generale. Wieder nach Berlin zurückgekehrt, wurde ihr Haus zum Treffpunkt der später als „Kreisauer Kreis“ bekannten Widerstandsgruppe, die Pläne zur politisch-gesellschaftlichen Neuordnung nach der Hitler-Diktatur erstellte. Nach dem Attentat auf Hitler am 20. Juli 1944 wurde Graf Yorck von Wartenburg von der Gestapo festgenommen. Er wurde noch am Tage seiner Verurteilung, am 8. August 1944, hingerichtet. Marion Gräfin Yorck von Wartenburg wurde am 10. August 1944 verhaftet und saß zunächst für drei Monate im Moabiter Gefängnis. Anfang März 1946 wurde sie erneut, diesmal von Polen, verhaftet und blieb einige Wochen in Breslau und Warschau inhaftiert. 1946 nahm sie in Berlin ein Richteramt an. 1952 wurde sie als erste Frau in Deutschland Vorsitzende einer Jugendstrafkammer am Landgericht Berlin. Ihre richterliche Tätigkeit – vor allem ihre harten Urteile gegen Homosexuelle – ist bis heute umstritten, siehe *Pretzel*, „taz“ v. 17. Juli 2004, abrufbar im Internet: http://www.taz.de/!726167/ (Stand 07.06.2019). Mit ihrem neuen Lebensgefährten, dem Juristen und CDU-Politiker Ulrich Biel, lebte sie nach ihrer Pensionierung zurückgezogen in Berlin-Lichterfelde. Biografische Angaben bei: *Röwekamp*, Juristinnen, S. 444–446; *Meding*, Mit dem Mut des Herzens: Die Frauen des 20. Juli, S. 191 f.

Zivilkammer am Landgericht Berlin.[75] Sie war allerdings zu Beginn noch im Angestelltenverhältnis als Hilfsrichterin beschäftigt.[76] Ab Januar 1946 wurde sie zunächst zur Landgerichtsrätin und Mitte November 1947 sogar zur Landgerichtsdirektorin ernannt.[77] Damit war sie die erste Frau, die in Berlin als Direktorin an einem Landgericht tätig war.[78] Kurze Zeit darauf gab sie diese Position allerdings wieder auf, um ihrem Mann nach Düsseldorf zu folgen. Georg Scheffler wurde dort im Jahre 1948 zum Richter am Oberlandesgericht ernannt. Da es zu dieser Zeit noch nicht vorstellbar war, dass Ehepartner am selben Gericht tätig sein könnten,[79] wandte sich Erna Scheffler dem Öffentlichen Recht zu. Sie arbeitete von nun an in der Verwaltungsgerichtsbarkeit in Düsseldorf; anfangs als Verwaltungsgerichtsrätin und kurze Zeit später als Verwaltungsgerichtsdirektorin.[80]

Ihr wissenschaftliches Interesse galt mehr und mehr der Durch- und Umsetzung der Gleichberechtigung der Frau. Zu diesem Thema publizierte sie nicht nur einige Aufsätze und Zeitungsbeiträge,[81] sondern machte mit ihrem Referat auf dem 38. Juristentag dem Gesetzgeber für die Umsetzung der Gleichberechtigung der Geschlechter konkrete Vorschläge.[82] Im Folgenden soll zunächst die allgemeine Rechtsentwicklung der Emanzipation der Frau in der Nachkriegszeit beleuchtet werden, um anschließend Erna Schefflers Beitrag für die Umsetzung der Gleichberechtigung der Geschlechter im damals geltenden Recht herauszuarbeiten.

---

[75] Interview von *Fabricius-Brand/Berghahn* mit Marion Gräfin Yorck von Wartenburg, abgedruckt in: Fabricius-Brand/Sudhöter/Berghahn (Hrsg.), Juristinnen, S. 132.

[76] *Lange*, in: Jahrbuch der Schlesischen Friedrich-Wilhelms-Universität zu Breslau, Bd. 42–44 (2001–2003), S. 549.

[77] *Lange*, in: Jahrbuch der Schlesischen Friedrich-Wilhelms-Universität zu Breslau, Bd. 42–44 (2001–2003), S. 549; *Scheffler*, Die Stellung der Frau, S. 12; *Dertinger*, Frauen der ersten Stunde, S. 159.

[78] *Zeidler*, Gedenkrede, S. 5.

[79] *Jaeger*, in: Djb (Hrsg.), Juristinnen in Deutschland, 1900–2003, S. 198.

[80] *Waldhoff*, JöR 56 (2003), S. 263; *Dertinger*, „Frankfurter Rundschau", vom 15. Mai 1993, S. 5.

[81] *Scheffler*, MDR 1951, S. 136–138; *dies.*, DRiZ 1953, S. 85–88; *dies.*, „Die Neue Zeitung", 29. Januar 1953; *dies.*, Die Mädchenbildung, Heft. 10, Oktober 1951, S. 1–5; *dies./Krüger*, in: Neues Beamtentum, Beiträge zur Neuordnung des Öffentlichen Rechts, hrsg. v. Institut zur Förderung öffentlicher Angelegenheiten, S. 186–215.

[82] *Scheffler*, Referat 38. Deutscher Juristentag, S. B 3–B 30.

VI. Die umstrittene Einführung von Art. 3 Abs. 2 Grundgesetz

„Den entscheidenden Schritt vorwärts brachte uns das Grundgesetz vom 23. Mai 1949, denn hier, in Art. 3 Abs. 2 und 3, wurde nun – im Gegensatz zur Weimarer Verfassung – die rechtliche Gleichordnung für die Frauen nicht nur als Programmsatz verkündet, sondern in vollem Umkreis des Rechts, also im öffentlichen [sic!] wie im Privatrecht als aktuelles, unmittelbar anzuwendendes Recht statuiert.“[1]

Mit diesen Worten erläuterte Erna Scheffler rückblickend die Situation der Frauen im Kampf um die Gleichberechtigung nach 1945. In diesem Kapitel wird beleuchtet, dass dieser „Meilenstein“ in der Geschichte der Frauenrechte wiederum erkämpft werden musste und es noch viele Jahre dauern sollte und häufig „der Nachhilfe des Bundesverfassungsgerichts“[2] bedurfte, bis der Verfassungssatz in allen Rechtsgebieten Eingang finden sollte. Die Darstellung dieser wichtigen Episode der Frauenbewegung wird begonnen mit einem kurzen Abschnitt zur Entstehungsgeschichte von Art. 3 Abs. 2 GG. Eine besondere Rolle soll der Einsatz für die Gleichberechtigung von Elisabeth Selbert im Parlamentarischen Rat spielen. Im Anschluss an die Untersuchung der Frage, ob es rechtliche Veränderungen durch die Einführung der verfassungsrechtlich garantierten Gleichberechtigung gab, soll in den beiden sich anschließenden Kapiteln Erna Schefflers Beitrag zur Umsetzung der von Elisabeth Selbert erkämpften Verfassungsnorm ermittelt werden.

1. Elisabeth Selberts Arbeit im Parlamentarischen Rat

Im Parlamentarischen Rat waren mit Dr. Elisabeth Selbert, Dr. Helene Weber[3], Friederike Nadig[4] und Helene Wessel[5] vier Frauen vertreten. Sie stellten von insgesamt 65 stimmberechtigten Mitgliedern deutlich die Minderheit dar. Den-

---

1 *Scheffler*, Die Stellung der Frau, S. 17 f.

2 *Scheffler*, Die Stellung der Frau, S. 21 f.

3 Helene Weber (17. März 1881–25. Juli 1962) war von 1900–1919 beruflich zunächst als Lehrerin tätig. 1919 wechselte sie in die Politik und vertrat die Zentrumspartei in der Weimarer Nationalversammlung. Von 1921–1924 saß sie im Preußischen Landtag, ab 1924–1933 dann im Deutschen Reichstag. Sie betätigte sich in unterschiedlichen Funktionen im Bereich der Fürsorge und Wohlfahrtspflege. 1933 wurde sie aus politischen Gründen aus dem Staats-

noch vermochten sie es, sich von der Mehrzahl der Abgeordneten in der Anzahl ihrer Redebeiträge und ihrem Einsatz zu unterscheiden.[6] Sie saßen in unterschiedlichen Ausschüssen und prägten wesentlich die Debatten um die Gleichberechtigung der Frau,[7] den Schutz von Ehe und Familie und um das Schulwesen.[8] Sie bildeten jedoch nicht, wie man annehmen könnte, eine geschlossene „Frauen-Fraktion“[9], sondern hatten unterschiedliche Ideen und Vorstellungen, die sie in ihren jeweiligen Spezialgebieten einbrachten.[10]

Mit den Vorarbeiten zu den Grundrechtsartikeln, also unter anderem mit dem Gleichheitsgebot, beschäftigten sich die Mitglieder des Ausschusses für Grundsatzfragen. Helene Weber und Friederike Nadig gehörten diesem Ausschuss

dienst entlassen. Nach 1945 knüpfte sie wieder an ihre politische Tätigkeit an. Sie trat der CDU bei und wurde 1946 Abgeordnete im Nordrhein-Westfälischen Landtag. 1947 bis 1948 war sie Mitglied im britischen Zonenbeirat. Von 1949 bis 1962 gehörte sie dem Deutschen Bundestag an. *Lange*, Helene Weber (CDU), abrufbar im Internet: http://www.bpb.de/geschichte/deutschegeschichte/grundgesetzundparlamentarischer-rat/39156/helene-weber-cdu (Stand: 11.06.2018); *Sitter*, Die Rolle der vier Frauen, S. 25–30; *vom Hofe*, Helene Weber, abrufbar im Internet: http://www.kas.de/wf/de/37.8381/ (Stand: 07.02.2018).

[4] Friederike Nadig (11. Dezember 1897–14. August 1970) war zunächst als Verkäuferin tätig. 1922 machte sie ihr Staatsexamen als Wohlfahrtspflegerin und arbeitete anschließend in der Jugendfürsorge. 1933 wurde sie aus dem Öffentlichen Dienst entlassen. Sie war bereits in ihrer Jugend in der Sozialistischen Arbeiterjugend politisch aktiv. 1916 trat sie in die SPD ein. Nach dem Zweiten Weltkrieg verstärkte sie ihr politisches Engagement: Sie war beteiligt am Wiederaufbau der SPD in Ostwestfalen, 1946–1948 war sie Mitglied im Zonenbeirat, 1947 bis 1950 Mitglied des Nordrhein-Westfälischen Landtags und von 1949 bis 1961 Mitglied des Deutschen Bundestags. Zeitgleich war sie von 1946 bis 1966 Geschäftsführerin der Arbeiterwohlfahrt Ostwestfalen. *Lange*, Friederike Nadig (SPD), abrufbar: http://www.bpb.de/geschichte/deutsche-geschichte/grundgesetz-undparlamentarischer-rat/39112/friederike-nadig-spd Stand: (11.06.2018); *Sitter*, Die Rolle der vier Frauen, S. 15 f.

[5] Helene Wessel (6. Juli 1898–13. Oktober 1969) begann schon früh ihre politische Karriere. Sie trat 1919 in die Zentrumspartei ein und war von 1928 bis 1933 Mitglied des Preußischen Landtags. Als examinierte Fürsorgerin beschäftigte sie sich vor allem mit Sozialpolitik. Von den Nationalsozialisten als politisch unzuverlässig eingestuft, zog sie sich aus der Politik zurück. 1945 war sie an der Neugründung der Zentrumspartei beteiligt und wurde sodann Abgeordnete im Nordrhein-Westfälischen Landtag. 1949 wurde sie in den Deutschen Bundestag gewählt und übernahm als erste Frau den Partei- und schließlich auch den Fraktionsvorsitz der Zentrumspartei. Sie setzte sich zusammen mit Gustav Heinemann gegen die deutsche Wiederbewaffnung und für ein wiedervereinigtes, neutrales Deutschland ein. Dafür gründeten sie die Gesamtdeutsche Volkspartei (GVP), die sich bereits 1957 wieder auflösen sollte. Aufgrund des Austritts aus der Zentrumspartei verlor sie ihr Bundestagsmandat. Sie wurde 1957, nun aber für die SPD, erneut Mitglied des Bundestags und behielt ihr Mandat bis 1969. *Zündorf*, Biografie Helene Wessel, abrufbar im Internet: http://www.hdg.de/lemo/biografie/helene-wessel.html (Stand: 11.06.2018); *Sitter*, Die Rolle der vier Frauen, S. 31–35; *Dertinger*, Frauen der ersten Stunde, S. 227–239.

[6] *Sitter*, Die Rolle der vier Frauen, S. 58.

[7] Zu den Beratungen im Parlamentarischen Rat über die Formulierung des Gleichberechtigungsgrundsatzes siehe auch: *Vaupel*, Die Familienrechtsreform in den fünfziger Jahren, S. 55–80.

[8] *Sitter*, Die Rolle der vier Frauen, S. 58.

[9] *Dertinger*, Frauen der ersten Stunde, S. 184.

[10] *Sitter*, Die Rolle der vier Frauen, S. 54.

an.[11] Elisabeth Selbert, die später für ihren unermüdlichen Einsatz in Bezug auf die Gleichberechtigung von Mann und Frau hochgeschätzt wurde, wirkte zunächst hauptsächlich im Rechtspflege- und Bundesverfassungsgerichtsausschuss mit. Als Anwältin hatte sie das „Durcheinander der Kompetenzen“ und die „Einmischung der NSDAP in der Rechtspflege“ erlebt.[12] Es waren diese eigenen Erfahrungen – auch ihre Plädoyers waren während der NS-Diktatur von der Gestapo überwacht worden[13] –, die sie motivierten, „gerade auf dem Gebiet der Rechtspflege eine echte Demokratie anzustreben“.[14] Sie setzte sich daher für eine strenge Gewaltenteilung ein, insbesondere für die Unabhängigkeit des Richters und die Errichtung des Bundesverfassungsgerichts zum Schutz der Grundrechte.[15] Eine Mitarbeit an der Festschreibung der Gleichberechtigung der Frau hatte Elisabeth Selbert zunächst für entbehrlich gehalten. Sie war im Hinblick auf die Erfahrungen, die die Frauen in den vergangenen Jahrzehnten gemacht hatten, wie selbstverständlich davon ausgegangen, dass „die Gleichberechtigung ohne Kampf über die politische Bühne gehen würde“.[16] Entgegen ihrer Erwartung enthielt der vom Grundsatzausschuss ausgearbeitete Grundrechtskatalog jedoch keinen generellen, die Frau in allen Rechtsgebieten gleichstellenden Gleichheitssatz.[17]

Die von Friederike Nadig vorgeschlagene Selbertsche Formulierung „Männer und Frauen sind gleichberechtigt“ konnte im Grundsatzausschuss keine Mehrheit finden. Der Einwand Thomas Dehlers[18], dass dann das Bürgerliche Gesetzbuch verfassungswidrig sei, genügte, um eine weitere Erörterung zu unterbinden. Auf die ebenfalls von Friederike Nadig vorgeschlagene Lösung, anhand von Übergangsbestimmungen die Verfassungsmäßigkeit zu erhalten und eine langsame Anpassung der zivilrechtlichen Vorschriften zu ermöglichen, wurde nicht weiter eingegangen. Der Grundsatzausschuss konnte sich daher lediglich darauf einigen, die Gleichberechtigung im Staatsbürgerrecht festzuschreiben, nicht aber im Privatrecht. Daher lautete der Gleichheits-

---

[11] Der Parlamentarische Rat, Bd. 5, Teil 1, S. XIII f.

[12] *Böttger*, Das Recht auf Gleichheit und Differenz, S. 162.

[13] *Böttger*, Das Recht auf Gleichheit und Differenz, S. 162.

[14] Zitiert nach: *Böttger*, Das Recht auf Gleichheit und Differenz, S. 162.

[15] *Limbach*, in: Elisabeth Selbert, S. 241; *Böttger*, Das Recht auf Gleichheit und Differenz, S. 162.

[16] Zitiert nach: *Böttger*, Das Recht auf Gleichheit und Differenz, S. 163.

[17] *Limbach*, in: Elisabeth Selbert, S. 241.

[18] Thomas Dehler (14. Dezember 1897–21. Juli 1967) war von 1924–1945 zunächst in München und später in Bamberg als Rechtsanwalt tätig. Er war Gründungsmitglied der FDP in Bayern. 1946 bis 1949 war er Mitglied des Bayerischen Landtags und wurde von diesem 1948 in den Parlamentarischen Rat gewählt. Er war dort Mitglied im Ältestenrat, im Hauptausschuss und dem Ausschuss für die Organisation des Bundes. 1949 wechselte er in die Bundespolitik und wurde Bundesminister der Justiz. Bis 1976 war er Mitglied des Deutschen Bundestags. *Lange*, Thomas Dehler (FDP), abrufbar: http://www.bpb.de/geschichte/deutschegeschichte/grundgesetzundparlamentarischerrat/39056/thomas-dehler-fdp (Stand: 07.06.2019).

artikel vor der ersten Lesung des Hauptausschusses: „Männer und Frauen haben die gleichen staatsbürgerlichen Rechte und Pflichten.“[19] Diese Formulierung, die stark an die Regelung aus der Weimarer Reichsverfassung erinnerte – einzig das Wort grundsätzlich war gestrichen worden –, ließen bei Elisabeth Selbert „die Alarmglocken“ läuten.[20] Sie hatte aus den Erfahrungen der Weimarer Zeit gelernt und wollte die Gleichberechtigung nicht allein auf staatsbürgerliche Rechte und Pflichten beschränkt wissen.[21] Für sie war es eine Selbstverständlichkeit, dass man weiter gehen müsse als in Weimar und dass man Frauen die Gleichberechtigung auf allen Gebieten geben müsse.[22] Um umzusetzen, was ihr selbstverständlich schien, trat sie im Hauptausschuss vehement für die Aufnahme ihrer Formulierung „Männer und Frauen sind gleichberechtigt“ ein. Elisabeth Selbert ahnte, dass ihr Vorschlag nach wie vor auf Widerstand stoßen würde und drohte gar damit, im Falle einer erneuten Ablehnung die Öffentlichkeit einzubeziehen.[23] Sie erklärte, dass man ihr entgegen halten werde, dass durch diesen Artikel mit einem Schlag das Bürgerliche Recht insoweit verfassungswidrig werden würde. Allerdings hatte die SPD die Ängste der Mehrheit der Delegierten vor diesen weitreichenden Folgen antizipiert und eine Übergangsregelung[24] ausgearbeitet. Maßgeblich an der Ausarbeitung dieser Fristenregelung beteiligt war Wiltraut Rupp-von Brünneck[25] – damals Assistentin von

---

19 *Limbach*, in: Elisabeth Selbert, S. 242.

20 *Böttger*, Das Recht auf Gleichheit und Differenz, S. 180.

21 *Jaeger*, in: Menschenrechte, S. 81.

22 Der Parlamentarische Rat, Bd. 14, Teilband 1, S. 510.

23 „Sollte der Artikel in dieser Fassung heute wiederholt abgelehnt werden, so darf ich Ihnen sagen, daß in der gesamten Öffentlichkeit die maßgeblichen Frauen wahrscheinlich dazu Stellung nehmen werden, und zwar derart, daß unter Umständen die Annahme der Verfassung gefährdet ist.“ *Selbert*, Der Parlamentarische Rat, Bd. 14, Teilband 1, S. 511.

24 Diese Regelung wurde später in Art. 117 Abs. 1 GG aufgenommen.

25 Wiltraut Rupp-von Brünneck wurde am 7. August 1912 in Berlin-Lankwitz geboren. Sie entstammte einer ostelbischen Adelsfamilie, die schon viele Juristen hervorgebracht hatte. Der Familientradition entsprechend studierte sie von 1932 bis 1936 an den Universitäten Berlin, Königsberg, Göttingen und Heidelberg Jura. Beide juristischen Staatsexamen bestand sie 1936 und 1942 mit Auszeichnung, obgleich sie während der NS-Zeit als Frau keinerlei Aussicht hatte, in einem klassischen juristischen Beruf tätig zu sein. Ab 1941 begann sie als wissenschaftliche Assistentin am Institut für Arbeitsrecht in Berlin, eine Doktorarbeit zu schreiben. Nachdem ihre begonnene Dissertation bei einem Luftangriff vernichtet worden war, zog sie sich aus der Wissenschaft zurück und arbeitete von 1943 bis 1945 im Reichsjustizministerium, zuletzt als Regierungsrätin im Grundbuch- und Erbrechtsreferat. Nach dem Zweiten Weltkrieg lebte Wiltraut Rupp-von Brünneck mit ihrer Mutter in Oberröblingen auf den Familienbesitz und wurde zunächst Richterin am Amtsgericht Sangershausen, kurze Zeit später am Landgericht Merseburg. Als „Junkerstochter“ enteignet, fiel sie der Säuberung der Justiz von allen „bürgerlich-akademischen“ Juristinnen und Juristen zum Opfer und zog 1945 nach Wiesbaden. Dort wurde sie 1947 unter der Leitung des späteren hessischen Ministerpräsidenten Georg August Zinn als Referentin in der öffentlich-rechtlichen Abteilung des Hessischen Justizministeriums eingestellt. In dieser Funktion beteiligte sie sich als Sachverständige des Redaktionsausschusses an den Vorarbeiten zum Grundgesetz. Von 1951 bis 1963 war sie in der Hessischen Staatskanzlei tätig und leitete die Abteilung für Bundesratsangelegenheiten.

Georg August Zinn –, die ab dem 1. September 1963 die Nachfolgerin von Erna Scheffler am Bundesverfassungsgericht werden sollte. Nach dieser Regelung sollte das dem Gleichberechtigungsgrundsatz entgegenstehende Recht noch bis zum 31. März 1953 in Kraft bleiben. Doch auch die Einführung dieser Fristenregelung, die letztlich bezweckte, eine unmittelbare Geltung des Gleichberechtigungsgrundsatzes hinauszuzögern, um dem Gesetzgeber genügend Zeit für verfassungskonforme Neuregelungen einzuräumen, konnte noch nicht alle Abgeordneten des Parlamentarischen Rats überzeugen. Der Selbertsche Antrag wurde zunächst mit elf zu neun Stimmen abgelehnt.[26] Aus diesem Grund blieb Elisabeth Selbert nichts anderes übrig, als ihre Warnung, die Frauenöffentlichkeit in die Debatten einzubeziehen, zu realisieren. Wie eine Wanderpredigerin sei sie von Versammlung zu Versammlung gefahren und habe den Frauen erzählt, was für eine Art Ausnahmegesetz sie zu erwarten hätten, berichtete sie später über ihre Versuche, die Frauen in eigener Sache zu mobilisieren.[27] Dass sie dabei sehr erfolgreich war, zeigten die Proteste und Eingaben, die daraufhin „wäschekörbeweise" den Parlamentarischen Rat erreicht haben sollen.[28] Die Mitglieder des Hauptausschusses konnten sich diesem Protest schließlich nicht mehr verschließen,[29] da er sie von ganz unterschiedlichen Frauengruppen – teilgenommen hatten nicht nur zahlreiche weibliche Landtagsabgeordnete und Gewerkschaftlerinnen, sondern sogar eher konservative landwirtschaftliche Frauenverbände – erreichte.[30] In seiner 47. Sitzung vom 8. Februar 1949 stimmten seine Mitglieder schließlich einstimmig für den Selbertschen Formulierungsvorschlag.[31] Seine Urheberin bezeichnete diese Stunde der Abstimmung später als „Sternstunde ihres Lebens".[32]

1963 wurde Wiltraut Rupp-von Brünneck vom Bundesrat als Nachfolgerin Erna Schefflers an das Bundesverfassungsgericht gewählt. In ihrer neuen Arbeitsstätte lernte sie ihren späteren Mann, Professor Hans Georg Rupp, Bundesverfassungsrichter im Zweiten Senat, kennen. Mit ihm gemeinsam setzte sie sich für die Einführung eines „dissenting vote" ein. Von der 1970 eingeführten Möglichkeit, ein Sondervotum zu verfassen, machte die streitbare Juristin fortan selbst ausgiebig Gebrauch. Wiltraut Rupp-von Brünneck gehörte dem Ersten Senat des Bundesverfassungsgerichts bis zu ihrem Tod am 18. August 1977 an. Biografische Angaben finden sich bei: *Lenze*, in: Streitbare JuristInnen, Bd. 2, S. 427–431; *Majer*, JöR 41 (1993), S. 1–13.

[26] Der Parlamentarische Rat, Bd. 14, Teilband 1, (2009), S. 517.

[27] *Dertinger*, Frauen der ersten Stunde, S. 236.

[28] *Limbach*, in: Elisabeth Selbert, S. 244.

[29] *Limbach*, in: Elisabeth Selbert, S. 244; *Sitter*, Die Rolle der vier Frauen, S. 70.

[30] Beispiele für die Eingaben an den Parlamentarischen Rat finden sich bei: *Reich-Hilweg*, Männer und Frauen sind gleichberechtigt, S. 143–148; *Böttger*, Das Recht auf Gleichheit und Differenz, S. 194–196 und S. 202–214.

[31] Der Parlamentarische Rat, Bd. 14, Teilband 2, S. 1468.

[32] Zitiert nach: *Böttger*, Das Recht auf Gleichheit und Differenz, S. 166.

2. Rechtliche Veränderungen durch die Einführung von Art. 3. Abs. 2 GG?

Das Ziel war also erreicht. Die volle Gleichberechtigung der Geschlechter war im Grundgesetz verankert worden. Doch was änderte sich nun tatsächlich an der rechtlichen Stellung der Frau? Aufgrund der Übergangsregelung in Art. 117 Abs. 1 GG galt die volle Gleichberechtigung zunächst nur für die staatsbürgerlichen Rechtspositionen.[33] Für die anderen Rechtsgebiete war eine Übergangsfrist von drei Jahren vorgesehen worden. Dem Gesetzgeber blieb aufgrund dieser Regelung bis zum 31. März 1953 Zeit, die Gesetze an das Gleichstellungsgebot aus Art. 3 Abs. 2 und 3 GG anzupassen. Unmittelbar nach der Einführung veränderte sich die Rechtsstellung der Frau somit kaum. Erna Scheffler erinnerte in ihrem im Jahre 1969 gehaltenen Vortrag über die Stellung der Frau in Familie und Gesellschaft an diese Frist und kommentierte diese pragmatisch: „(…) aber was spielten angesichts jahrtausendealter Rechtsungleichheit die paar Jahre schon für eine Rolle.“[34]

Es galt also zunächst das Familienrecht des Bürgerlichen Gesetzbuches aus der Zeit der Jahrhundertwende weiter, in dem die Frau höchstens als „Gehilfin des Mannes“, nicht aber als „eigenständige Persönlichkeit“ erfasst wurde.[35] So hatte der Mann nach wie vor die Entscheidungsbefugnis in allen „das gemeinschaftliche eheliche Leben betreffenden Angelegenheiten“.[36] § 1356 BGB in der zur damaligen Zeit unverändert geltenden Fassung von 1900 verpflichtete die Frau einseitig zur Hausarbeit und Mitarbeit im Geschäft des Mannes, sofern eine solche Tätigkeit nach den ehelichen Verhältnissen üblich war.[37] Um diese Aufgaben zu erfüllen, stand der Frau die „Schlüsselgewalt“ zu. Diese berechtigte sie, gem. § 1357 Abs. 1 BGB i. d. F. von 1900, innerhalb ihres Wirkungskreises die Geschäfte ihres Mannes zu besorgen und ihn zu vertreten.[38] Als Ausfluss der Vorrangstellung des Mannes hatte der Mann das Recht, der Frau diese

---

[33] *Scheffler*, Die Stellung der Frau, S. 18.

[34] *Scheffler*, Die Stellung der Frau, S. 18.

[35] *Ramelsberger*, „Süddeutsche Zeitung“ vom 8. Mai 2015, S. 12.

[36] § 1354 BGB i. d.F von 1900: „(I) Dem Manne steht die Entscheidung in allen das gemeinschaftliche eheliche Leben betreffenden Angelegenheiten zu; er bestimmt insbesondere Wohnort und Wohnung. (II) Die Frau ist nicht verpflichtet, der Entscheidung des Mannes Folge zu leisten, wenn sich die Entscheidung als Mißbrauch seines Rechts darstellt.“

[37] § 1356 i. d. F. von 1900: „(I) Die Frau ist, unbeschadet der Vorschriften des § 1354, berechtigt und verpflichtet, das gemeinschaftliche Hauswesen zu leiten. (II) Zu Arbeiten im Hauswesen des Mannes ist die Frau verpflichtet, soweit eine solche Thätigkeit nach den Verhältnissen, in denen die Ehegatten leben, üblich ist.“

[38] § 1357 BGB i. d. F. von 1900: „Die Frau ist berechtigt, innerhalb ihres häuslichen Wirkungskreises die Geschäfte für ihn zu besorgen und ihn zu vertreten. Rechtsgeschäfte, die sie innerhalb ihres Wirkungskreises vornimmt, gelten als im Namen des Mannes vorgenommen, wenn nicht aus den Umständen sich ein anderes ergibt.“

Befugnisse zu entziehen.[39] Bestand die Gefahr, dass durch eine etwaige außerhäusliche Tätigkeit der Ehefrau die ehelichen Interessen vernachlässigt würden, konnte der Ehemann – nach Ermächtigung durch das Vormundschaftsgericht – die Ausübung der Tätigkeit durch Kündigung des Dienst- oder Arbeitsvertrages seiner Ehefrau unterbinden.[40] Bei Meinungsverschiedenheiten in Erziehungsfragen blieb es ebenfalls bei der tradierten Stellung des Mannes. Die „elterliche Gewalt" trat zugunsten des Mannes zurück. Er hatte das „Letztentscheidungsrecht", während der Mutter als beschränkte Nebengewalt die gemeinschaftliche Sorge für die Person des Kindes blieb.[41] Im Beamtenrecht widersprach vor allem § 63 Deutsches Beamtengesetz (DBG) dem Gleichberechtigungsgrundsatz aus Art. 3 Abs. 2 GG.[42] Hier galt bis zur Einführung des Bundesbeamtengesetzes vom 17. Juli 1953[43] die sogenannte Zölibatsklausel, nach der verheiratete Beamtinnen entlassen werden konnten.[44]

Diese Auswahl an diskriminierenden Regelungen lässt den damaligen Reformbedarf erahnen. Doch sollten gesetzgeberische Neuerungen zunächst noch auf sich warten lassen. Statt mit der Umsetzung des Verfassungsauftrags aus Art. 3 Abs. 2 GG zu beginnen, wurde Anfang der 1950er Jahre gar der Versuch unternommen, die fortschrittliche Entwicklung wieder rückgängig zu machen.[45]

---

39 § 1357 Abs. 2 BGB i. d. F. von 1900: „Der Mann kann das Recht der Frau beschränken oder ausschließen. Stellt sich die Beschränkung oder Ausschließung als Mißbrauch des Rechtes des Mannes dar, so kann sie auf Antrag der Frau durch das Vormundschaftsgericht aufgehoben werden.

40 § 1358 Abs. 1 BGB i. d. F. von 1900: „Hat sich die Frau einem Dritten gegenüber zu einer von ihr in Person zu bewirkenden Leistung verpflichtet, so kann der Mann das Rechtsverhältnis ohne Einhaltung einer Kündigungsfrist kündigen, wenn er auf seinen Antrag von dem Vormundschaftsgerichte dazu ermächtigt worden ist. Das Vormundschaftsgericht hat die Ermächtigung zu ertheilen, wenn sich ergibt, daß die Thätigkeit der Frau die ehelichen Interessen beieinträchtigt."

41 § 1634 BGB i. d. F. von 1900: „(I) Neben dem Vater hat während der Dauer der Ehe die Mutter das Recht und die Pflicht, für die Person des Kindes zu sorgen; zur Vertretung des Kindes ist sie nicht berechtigt, unbeschadet der Vorschrift des § 1685 Abs. 1. (II) Bei einer Meinungsverschiedenheit zwischen den Eltern geht die Meinung des Vaters vor."

42 § 63 DBG: „(I) Ein weiblicher Beamter kann, wenn er sich verehelicht, entlassen werden. Er ist zu entlassen, wenn er es beantragt. Er darf ohne Antrag nur entlassen werden, wenn seine wirtschaftliche Versorgung nach der Höhe des Familieneinkommens dauernd gesichert erscheint; die wirtschaftliche Versorgung gilt als dauernd gesichert, wenn der Ehemann in einem Beamtenverhältnis steht, mit dem ein Anspruch auf Ruhegehalt verbunden ist."

43 BGBl. 1953,Teil I, S. 551.

44 Noch bei der Entstehung des Bundesbeamtengesetzes, das am 4. August 1953 verkündet wurde, beantragte der damalige Bundespostminister, Hans Schuberth, eine Bestimmung in den Entwurf einzufügen, die die Entlassung von verheirateten Beamtinnen ermöglichen sollte. Er blieb dabei jedoch erfolglos, *Wengst*, Beamtentum zwischen Reform und Tradition, S. 269.

45 *Willenbacher*, in: Von Stalingrad zur Währungsreform, S. 607.

Zwar herrschte überparteiliche Einigkeit darüber, dass die Familie als „das Zentralproblem der Nachkriegszeit“ besondere Aufmerksamkeit verdiente.[46] Über die Lösungen wurde aber vor allem im Rahmen der Auseinandersetzung um die Reform des Familienrechts äußerst kontrovers in Politik, Gesellschaft und Wissenschaft debattiert. Vor allem die Rolle des Vaters als „Haupt der Familie“ war heftig umstritten. Trotz des so eindeutig formulierten Grundsatzes „Männer und Frauen sind gleichberechtigt“ in Art. 3 Abs. 2 des GG bestanden erhebliche Differenzen bezüglich der Rollen- und Machtverteilung innerhalb der Ehe und Familie.[47] So brachten die sich an die Einführung von Art. 3 Abs. 2 GG anschließenden Auseinandersetzungen zur Umsetzung des Gleichberechtigungssatzes die unterschiedlichen Standpunkte hinsichtlich der Gleichberechtigung von Mann und Frau wieder zum Vorschein.[48] Anders als bei den Diskussionen im Parlamentarischen Rat wurde sogar „im Zuge der konservativen Machtkonsolidierung offen der männlichen Vorherrschaft in der Familie das Wort geredet“.[49] Es wurde offensichtlich, dass der Kampf für die Gleichberechtigung der Geschlechter nicht mit der Aufnahme des Gleichberechtigungsgrundsatzes in das Grundgesetz beendet worden war, sondern wiederum viel frauenpolitisches Engagement erforderlich werden sollte, um den Verfassungsauftrag umzusetzen.

[46] *Moeller*, Geschützte Mütter, S. 15.
[47] Vgl. *Willenbacher*, in: Von Stalingrad zur Währungsreform, S. 608.
[48] *Willenbacher*, in: Von Stalingrad zur Währungsreform, S. 608.
[49] *Voegeli/Willenbacher*, in: Restauration im Recht, S. 201.

VII. Die Umsetzung des Gleichberechtigungsgrundsatzes

1. Erna Scheffler übernimmt „den Staffelstab"[1]

Als weitere Aufgabe blieb also die rechtliche und tatsächliche Umsetzung der Gleichberechtigung, wie sie in der Verfassung garantiert worden war. Sowohl Elisabeth Selbert als auch Erna Scheffler wussten, dass es zuweilen nicht ausreichen konnte, Grundsätze verfassungsrechtlich zu garantieren. Wie viele Frauen ihrer Generation hatten sie schon in den Zwanzigerjahren erfahren, wie leicht die verfassungsrechtlich festgeschriebene Gleichberechtigung unterwandert werden konnte. „Die Wiederholung nach dem Zweiten Weltkrieg, als die Heimkehrer und Flüchtlinge die Arbeitslosigkeit vergrößerten, wußte Erna Scheffler zu verhindern",[2] schrieb Renate Jaeger[3] über die erste ihrer Vorgängerinnen. Sie sei diejenige gewesen, „die als Verfassungsrichterin der ersten Stunde vollstreckte, was Elisabeth Selbert im Kampf um die Grundrechte erreicht hatte".[4] Es ging Erna Scheffler genauso wie Elisabeth Selbert darum, die Gleichberechtigung der Frau „in vollem Umkreis des Rechts"[5] durchzusetzen. Dieser Aufgabe galt ihr großes Engagement in den kommenden Jahren. Dafür setzte sie sich bei ihrer Arbeit in Frauenverbänden, in Veröffentlichungen und Vorträgen und später schließlich als Richterin am Bundesverfassungsgericht ein.

Nach all ihren Diensten für die Gleichberechtigung im Parlamentarischen Rat hatte alternativ Elisabeth Selbert als Kandidatin für einen Richterposten am Bundesverfassungsgericht zur Verfügung gestanden.[6] Sie wurde vom Bundesrichterwahlausschuss jedoch nicht gewählt, da sie „vielen (…) Leuten politisch zu profiliert" war.[7] Des Weiteren war Elisabeth Selbert in der Bundespolitik nach ihren Erfolgen im Parlamentarischen Rat nicht mehr aktiv. Dies

---

1 *Jaeger* verwendet diesen bildhaften Ausdruck in: Djb (Hrsg.) Juristinnen in Deutschland, 1900–2003, S. 198.

2 *Jaeger*, in: Juristische Zeitgeschichte, 2002/2003, S. 117.

3 Renate Jaeger war vom 24. März 1994 bis zum 31. Oktober 2004 Richterin am Bundesverfassungsgericht.

4 *Jaeger*, Jahrbuch der Juristischen Zeitgeschichte 2002/2003, S. 116.

5 *Scheffler*, Die Stellung der Frau, S. 17.

6 AddF, NL-P-11, 00005M08, Schreiben vom Bundesminister der Justiz an Elisabeth Selbert vom 10. Mai 1951.

7 So die spätere Erklärung von ihrem Parteigenossen Adolf Arndt siehe: Interview Barbara

lag daran, dass sie von ihrer Partei, der SPD, im Stich gelassen wurde, die sie nicht als Kandidatin für die Wahl zum ersten Deutschen Bundestag aufstellte.[8] Anhand eines Briefwechsels mit ihr und der Vorsitzenden der Vereinigung weiblicher Juristen und Volkswirte e. V., Rechtsanwältin Hildegard Gethmann, wird deutlich, dass sich Elisabeth Selbert bereits zuvor zurückgesetzt gefühlt hatte. Der Deutsche Juristinnen-Verein bemühte sich mit einem Schreiben vom 12. August 1950 um die Teilnahme von Elisabeth Selbert am Deutschen Juristentag in Frankfurt am Main. Die erste Vorsitzende Hildegard Gethmann schrieb:

„Wie uns vertraulich mitgeteilt wurde, beabsichtigt ein Teil der Männer gegen den Art. 3 BGG Sturm. [sic!] zu laufen. Da Sie selbst im Parlamentarischen Rat so sehr für den Artikel 3 eingetreten sind, so haben Sie gewiss auch ebenso wie wir das denkbar grösste [sic!] Interesse daran, dass in Frankfurt nichts Derartiges passiert. Wir bitten sie daher herzlich, Mitglied des Deutschen Juristentages zu werden und am 14. – 16. Sept. nach Frankfurt zu kommen und dort als stimmberechtigtes Mitglied zur Gleichberechtigungsfrage zur Diskussion zu sprechen. (…)“[9]

Elisabeth Selbert kam dem Wunsch des Deutschen Juristinnen-Vereins, die Diskussion auf dem Deutschen Juristentag zu bereichern, nicht nach. Sie begründete ihre Absage damit, dass sie der Aufforderung weder aus zeitlichen noch aus „inneren Gründen“ Folge leisten könne.[10] Sie berichtete in ihrer Antwort vom 11. September 1950, dass sie in diesen Tagen gemeinsam mit Professor Zweigert im Sechser-Ausschuss für die Reform des Familienrechts schon ein gutes Stück Arbeit geschafft habe.[11] Im Übrigen habe sie auch zur Polemik keine Neigung, nachdem sie der Juristentag als Referentin zu Art. 3 GG völlig übergangen habe, erklärte sie weiter. Sie bat sodann: „Seien Sie mir ob dieser Einstellung nicht böse. Ich hoffe sogar, Sie um Ihr Verständnis bitten zu dürfen. Gern würde ich allerdings etwas über Frankfurt von Ihnen hören.“[12] Dieser Bitte kam Hildegard Gethmann mit ihrem Schreiben vom 9. Oktober 1950 nach. Es heißt dort:

„Selbstverständlich habe ich Verständnis für Ihre Einstellung und für die kleine Verbitterung, die aus Ihren Zeilen spricht. Ich beobachte schon seit längerer Zeit, daß Sie, die Sie

---

Böttger mit Elisabeth Selbert, abgedruckt bei: *Böttger*, Gleichheit und Differenz, S. 123–159, 154.

[8] *Jaeger*, Juristische Zeitgeschichte 2002/2003, S. 118.

[9] AddF, NL-P-11, 00037M05, Schreiben von Hildegard Gethmann (DJV) an Elisabeth Selbert vom 12. August 1950.

[10] AddF, NL-P-11, 00037M05, Schreiben von Elisabeth Selbert an Hildegard Gethmann (DJV) vom 11. September 1950.

[11] AddF, NL-P-11, 00037M05, Schreiben von Elisabeth Selbert an Hildegard Gethmann (DJV) vom 11. September 1950.

[12] AddF, NL-P-11, 00037M05, Schreiben von Elisabeth Selbert an Hildegard Gethmann (DJV) vom 11. September 1950.

sich im Parlamentarischen Rat in Bonn mit solchem Eifer für den Art. 3 BGG eingesetzt haben, heute etwas zurückgesetzt werden. Das war aber gerade der tiefere Grund meiner Aufforderung, auf dem Juristentag zur Diskussion zu sprechen. Wir brauchen solche Frauen wie Sie im Vordergrund.“[13]

Abschließend betonte sie, dass sie sich unendlich freuen würde, wenn Elisabeth Selbert ihr umfangreiches Wissen und ihre Bereitschaft zur Arbeit im öffentlichen Leben mit in den Dienst ihrer Arbeit stellen und sie Mitglied in ihrer Vereinigung werden würde.[14] Vermutlich wurde dabei übersehen, dass Elisabeth Selbert bereits am 19. März 1949 ihren Beitritt zur Vereinigung erklärt hatte.[15]

In ihrem Antwortschreiben heißt es, dass sie sich ihrer Erinnerung nach bereits vor Jahresfrist angemeldet habe, sie die Anmeldung aber noch einmal übersenden würde, da sie ihre Unterlagen nicht zur Hand habe.[16] Sie ging in ihrem Brief ebenfalls auf ihre Äußerung im Zusammenhang mit ihrer Teilnahme am Deutschen Juristentag ein:

„Keineswegs bin ich deshalb verbittert oder gekränkt, weil man mich für Frankfurt am Main nicht herangezogen hat. Bin ich doch mein ganzes Leben weder ehrgeizig noch eitel gewesen. Nur wird es mir nicht gelingen, die Rolle des nicht geladenen Gastes zu spielen. Doch genug damit.“[17]

Dieser Briefwechsel lässt vermuten, dass sich Elisabeth Selbert – auch wenn sie keine Verbitterung zugeben mochte – über die weniger werdende Aufmerksamkeit ärgerte. Insbesondere fühlte sie sich vom Deutschen Juristentag übergangen, weil sie für den Kongress vom 14. bis 16. September 1950 in Frankfurt am Main nicht als Referentin vorgesehen worden war.

So kam es, dass Erna Scheffler „sozusagen den Staffelstab (…), den Elisabeth Selbert 1949 abgeben musste“,[18] aufnahm und statt ihrer an der rechtlichen Umsetzung von Art. 3 Abs. 2 GG maßgeblich mitwirken sollte. Erna Scheffler beteiligte sich fortan an der lebhaften rechtswissenschaftlichen Diskussion zur Umsetzung der verfassungsrechtlich garantierten Gleichberechtigung.[19] Beson-

[13] AddF, NL-P-11, 00037M05, Schreiben von Hildegard Gethmann (DJV) an Elisabeth Selbert, vom 9. Oktober 1950.

[14] AddF, NL-P-11, 00037M05, Schreiben von Hildegard Gethmann (DJV) an Elisabeth Selbert, vom 9. Oktober 1950.

[15] AddF, NL-P-11, 00037M05; Schreiben von Elisabeth Selbert an die Vereinigung weiblicher Juristen und Volkswirte e. V. vom 18. März 1949.

[16] AddF, NL-P-11, 00037M05, Schreiben von Elisabeth Selbert an Hildegard Gethmann (DJV) vom 30. Oktober 1950.

[17] AddF, NL-P-11, 00037M05, Schreiben von Elisabeth Selbert an Frau Rechtsanwältin Gethmann, Vorsitzende der Vereinigung weiblicher Juristen, vom 30. Oktober 1950.

[18] Diese bildhafte Beschreibung von *Jaeger*, in: Djb (Hrsg.), Juristinnen in Deutschland, 1900–2003, S. 198, schildert diese – wohl nicht ganz freiwillige – Aufgabenübertragung sehr passend.

[19] *Scheffler*, Referat, 38. Deutscher Juristentag, S. B 3-B 27; *dies.*, in: Sonderdruck, „Die Mädchenbildung“, Heft 10, Oktober 1951, S. 1–5; *dies.*, DRiZ 1951, S. 8 f.; *dies.*, MDR 1951,

dere Beachtung wurde ihr dabei auf dem 38. Deutschen Juristentag am 15. September 1950 in Frankfurt am Main zuteil. Sie hielt ein Referat über die Frage, in welcher Weise es sich empfehle, gemäß Art. 117 GG das geltende Recht an Art. 3 Abs. 2 GG anzupassen. Als Referentin konnte sie so ihre Vorschläge für eine Anpassung des geltenden Rechts an Art. 3 Abs. 2 GG dem fachkundigen Publikum und durch die publizierte Fassung der weiteren juristischen Fachwelt vorstellen. Dieser Vortrag sei es gewesen, der ihr ein Jahr später den Weg in das Bundesverfassungsgericht ebnete, heißt es in Nachrufen und in den Porträts über Erna Scheffler.[20] Sie nahm folglich bereits auf dem 38. Deutschen Juristentag in Frankfurt die Rolle der Expertin für Art. 3 Abs. 2 GG ein, die Elisabeth Selbert gerne ausgefüllt hätte. Die Durchsicht der Briefe im Nachlass von Elisabeth Selbert ergab, dass sich die beiden Frauen keinesfalls als Konkurrentinnen missfielen, sondern sich im Einsatz für die Gleichberechtigung gelegentlich austauschten und mit Informationen versorgten.[21]

2. Der 38. Deutsche Juristentag – Vorschläge zur Umsetzung des Verfassungsauftrags

In der Nachkriegszeit lag die zentrale Aufgabe des Deutschen Juristentags darin, am Aufbau der rechtsstaatlichen und freiheitlichen Begründung der Bundesrepublik mitzuwirken.[22] Neben den zentralen Themen „Recht, Freiheit und Ordnung" wurde auf den ersten Juristentagen der Nachkriegszeit über Grundsatzfragen diskutiert.[23] Eine dieser Themenstellungen war die Gleichberechtigung der Frau und ihre Umsetzung im geltenden Recht. Wie schwierig die Aufgabe der Anpassung des damals geltenden Rechts an Art. 3 Abs. 2 GG war, sollten die kontrovers geführten Diskussionen in der Politik und Rechtswissen-

S. 136–138; *dies./Krüger*, in: Neues Beamtentum, Beiträge zur Neuordnung des Öffentlichen Dienstes, S. 186–215; *dies.*, DRiZ 1953, S. 85–88; *dies.*, in: Bettermann/Nipperdey/Scheuner (Hrsg.), Die Grundrechte, S. 246–323.

[20] *van Rahden*, in: Zeithistorische Forschungen 2005, S. 160–179; *Waldhoff*, JöR 56 (2003), S. 263; *Röwekamp*, Juristinnen, S. 349; *Jaeger*, in: Djb (Hrsg.), Juristinnen in Deutschland, S. 199; *Heck*, JZ 1983, S. 721; *Ley*, NJW 1983, S. 1653; *Moeller*, Geschützte Mütter, S. 295 f.

[21] AddF, NL-P-11, 00080M05, Schreiben von Erna Scheffler an Elisabeth Selbert vom 22. Dezember 1953; NL-P-11, 00024M03, Schreiben von Erna Scheffler an Elisabeth Selbert vom 21. Juni 1952. Ein Schreiben von Herta Gotthelf an Elisabeth Selbert enthält die Bitte, Elisabeth Selbert möge sich bezüglich der am Bundesverfassungsgericht anhängigen, die Wirksamkeit von Art. 117 GG in Frage stellenden Normenkontrollklage telefonisch mit Frau Scheffler in Verbindung setzen, „damit auch ja kein Unglück passiert"; NL-P-11, 00024M04, Schreiben von Herta Gotthelf (Parteivorstand der SPD) an Elisabeth Selbert vom 9. Oktober 1953.

[22] DJT (Hrsg.), 150 Jahre Deutscher Juristentag, S. 92 f.

[23] DJT (Hrsg.), 150 Jahre Deutscher Juristentag, S. 92.

schaft innerhalb der nächsten Jahre zeigen. Durch die Einführung von Art. 3 Abs. 2 GG fand sich vor allem die Familienrechtswissenschaft vor eine völlig neue Situation gestellt. Der Verfassungstext „Männer und Frauen sind gleichberechtigt" führte dazu, dass viele Vorschriften im Familienrecht nicht mehr verfassungskonform waren. Es galt folglich, ein neues Regelungskonzept zu erarbeiten, das den Vorgaben des Grundgesetzes entsprach.[24] Die Besonderheit dabei war, dass erstmals ein „privatrechtsfremdes" Rechtsgebiet – die Verfassung selbst – quasi die Eckpfeiler für das zu erarbeitende neue Familienrecht bildete.[25]

Vor dem Hintergrund dieses aufwendigen Vorhabens verwundert es nicht, dass sich auch die bürgerlich-rechtliche Abteilung des 38. Deutschen Juristentags im Jahre 1950 des Themas der Gleichberechtigung der Frau annahm. Unter der Fragestellung „In welcher Weise empfiehlt es sich, gemäß Art. 117 des Grundgesetzes das geltende Recht an Art. 3 Abs. 2 des Grundgesetzes anzupassen?"[26] wurde über die Neugestaltung des Ehe- und Familienrechts, aber auch des Staatsangehörigkeits-, Beamten- und Steuerrechts diskutiert. Die neu gewählte Vorsitzende Regierungspräsidentin Theanolte Bähnisch[27] wies in ihren einleitenden Worten darauf hin, wie wichtig es sei, „eine Übereinstimmung von Gesetz und Wirklichkeit zu erreichen".[28] Sie erklärte, dass das Gesetz nicht der Wirklichkeit vorangehen solle, sondern die Wirklichkeit, die sich gebildet habe, solle ihren gesetzgeberischen Niederschlag finden. Betrachte man jedoch die Behandlung von Mann und Frau, sei zu erkennen, dass die Konzeption des Bürgerlichen Gesetzbuches, die ja aus dem 19. Jahrhundert stamme, unmöglich einer Wirklichkeit der Mitte des 20. Jahrhunderts nach zwei furchtbaren Weltkriegen und nach der völligen Umgestaltung der sozialen und wirtschaftlichen Verhältnisse gerecht werden könne. Gerade diese Umgestaltung habe auch die Stellung der Frau im Berufsleben und im öffentlichen Leben völlig verändert. Ihre Beobachtung dieser Veränderung schilderte sie wie folgt:

> „Beide Weltkriege und die Nachkriegszeit verlangten dringend nach der Mitarbeit der Frau im beruflichen und öffentlichen Leben. Die Frauen haben sich dieser Mitarbeit nicht versagt, und ich glaube, feststellen zu können: Die Frauen haben sich auch in dieser Mit-

---

[24] *Franzius*, Die Diskussion um die Gleichberechtigung, S. 8; *Vaupel*, Die Familienrechtsreform in den fünfziger Jahren, S. 86.

[25] *Simitis*, in: Rechtswissenschaft in der Bonner Republik, S. 402; *Franzius*, Bonner Grundgesetz und Familienrecht, S. 55; *Vaupel*, Die Familienrechtsreform in den fünfziger Jahren, S. 86.

[26] Sitzungsbericht, 38. Deutscher Juristentag, S. B 1.

[27] Theanolte Bähnisch hieß ursprünglich Dorothea Nolte. Da es ihr zum Zeitpunkt ihrer Heirat 1927 nicht möglich war, ihren Mädchennamen weiterzuführen, erfand sie mit Theanolte Bähnisch, wie sie sich fortan nannte, eine kreative Lösung, *Fels*, in: Juristinnen in Deutschland, 1900–2003, S. 210.

[28] Sitzungsbericht, 38. Deutscher Juristentag, S. B 2.

arbeit bewährt, und die Entwicklung ist nicht nur eine äußere gewesen, sondern es sind so grundlegende innere Veränderungen dabei mit der Frau vorgegangen, daß ihr Verhältnis zum Manne auf eine völlig neue Ebene gestellt werden muß. Sie kann die einmal erworbene Selbständigkeit und diese innere Veränderung ihres Charakters nicht ablegen, wie man einen Arbeitskittel ablegt, und man kann eine einmal geschehene Entwicklung niemals ungeschehen machen."[29]

Nachdem sie betont hatte, dass der Gesetzgeber des Grundgesetzes dies erkannt habe und mit einem einfachen, klaren Satz die Gleichberechtigung ausgesprochen habe, beschrieb sie die Aufgabe des Deutschen Juristentags:

„(...) wenn der Deutsche Juristentag, wie in der Zeit vor 1933, die Gesetzgebung führend mit beeinflussen will, dann ist es seine Aufgabe und seine Pflicht, Vorschläge zu machen, die helfen, die Verfassung zu erfüllen und die Übereinstimmung von Gesetz und Wirklichkeit herbeizuführen."[30]

Genau dieser Aufgabe nahm sich Erna Scheffler, damals Landesverwaltungsgerichtsrätin, gemeinsam mit Professor Eugen Ulmer[31] im Rahmen des Deutschen Juristentags an. Während sie sich hauptsächlich mit den öffentlichrechtlichen Fragen, vor allem aus dem Staatsangehörigkeits-, Beamten- und Steuerrecht, und nur am Rande mit zivilrechtlichen Fragen beschäftigte, behandelte ihr Korreferent diese ausführlicher.

Die Befürchtung des Deutschen Juristinnen-Vereins, dass ein Teil der Männer beabsichtige, gegen den Art. 3 BGG „Sturm zu laufen",[32] hebt die Bedeutung von Erna Schefflers Aufgabe noch hervor. Der Gegenwind, den die Befürworterinnen und Befürwortern der Gleichberechtigung bei den Debatten um die Umsetzung der Gleichberechtigung im geltenden Recht damals verspürten,

---

[29] Sitzungsbericht, 38. Deutscher Juristentag, S. B 2.

[30] Sitzungsbericht, 38. Deutscher Juristentag, S. B 2.

[31] Eugen Ulmer wurde am 26. Juni 1903 in Stuttgart geboren. Er studierte ab 1921 in Tübingen und Berlin Rechtswissenschaft. An der Tübinger Fakultät wurde er, während er bereits seine Referendarausbildung absolvierte, 1926 promoviert. Sein Doktorvater Philipp Heck betreute auch seine Habilitation, die er nur zwei Jahre später, fünfundzwanzigjährig, abschloss. Nachdem er 1929 als ordentlicher Professor an die Universität Rostock berufen worden war, war er von 1930 bis 1955 Ordinarius für deutsches und ausländisches Privat- und Handelsrecht an der Universität Heidelberg. Sein Referat auf dem 38. Deutschen Juristentag entsprach nicht seinem eigentlichen Forschungsgebiet: dem Wettbewerbs-, Urheber- und Verlagsrecht. Des Weiteren beschäftigte er sich rechtsvergleichend – beeinflusst von Ernst Rabel – mit dem englischen Recht. 1955 folgte Eugen Ulmer einem Ruf an die Universität München, der er als Dekan und später als Rektor diente. Ab 1957 übernahm der das von Eduard Reimer gegründete Institut für Patent- und Urheber- und Wettbewerbsrecht. Von 1965 bis 1973 fungierte er als Direktor des nun zum Max-Planck-Institut für Ausländisches und Internationales Patent-, Urheber- und Wettbewerbsrecht ausgebauten Instituts. Eugen Ulmer starb am 26. April 1988 in Heidelberg. Biografische Angaben bei *Deutsch*, in: Deutschsprachige Zivilrechtslehrer des 20. Jahrhunderts, S. 207–219.

[32] AddF, NL-P-11, 00037M05, Brief der Vereinigung weiblicher Juristen und Volkswirte e. V. an Elisabeth Selbert vom 12. August 1950.

zeigt, dass die dem DJV „vertraulich mitgeteilte“[33] Befürchtung nicht unbegründet war.[34]

Im Folgenden wird Erna Schefflers Referat inhaltlich knapp wiedergegeben. Daran anschließend werden ihre Visionen für die Neugestaltung des geltenden Rechts dargestellt, um im sich anschließenden Kapitel abgleichen zu können, inwieweit sie vom Gesetzgeber der 1950er Jahre umgesetzt wurden.

a) Erna Schefflers Positionen

Einleitend beschäftigte sich Erna Scheffler als erste Referentin mit der Frage, was Gleichberechtigung bedeutete. Sie erläuterte, dass die besondere Bestimmung in Art. 3 Abs. 2 GG „Männer und Frauen sind gleichberechtigt“ nur heißen könne, dass der natürliche Unterschied der Geschlechter rechtlich nicht als verschiedener Tatbestand gewertet werden dürfe.[35] Entgegen ihrer Überzeugung, dass es aufgrund „der so schönen und klaren Fassung“ der Umsetzung der Gleichberechtigung im Grundgesetz „einer Auslegung der Verfassung insoweit nicht mehr bedürfe“, stellte sie fest:

> „Die Veröffentlichungen des letzten Jahres haben aber gezeigt, daß trotz der Klarheit und Einfachheit der Verfassung versucht wird, das Prinzip der Gleichberechtigung zu durchlöchern, die Verfassung zu entwerten.“[36]

Doch dieselben Argumente, mit denen man die Verfassungsbestimmung zu entwerten suche, seien jedem Fortschritt der Emanzipation der Frau von jeher entgegengehalten worden, warnte Erna Scheffler. Trotzdem habe die Frau als solche, die unverheiratete Frau, in der Gesetzgebung – wenn auch nicht überall im praktischen Leben – die Gleichberechtigung mit dem Mann erreicht.[37] Nur die verheiratete Frau sei im Gesetz noch vielfältig und entscheidend zurückgesetzt.[38] Für die Beseitigung dieser Ungleichbehandlung setzte Erna Scheffler sich in ihrem Vortrag ein, indem sie eine Vielzahl an gesetzlichen Regelungen als verfassungswidrig bewertete und neue verfassungskonforme Lösungen aufzeigte.

Bei der Anpassung des Staatsangehörigkeitsrechts ging es Erna Scheffler im Wesentlichen darum, dass für den Erwerb und den Verlust der deutschen Staatsangehörigkeit bei Kindern die deutsche Staatsangehörigkeit der Mutter ebenso maßgeblich sei wie die des Vaters. Sie vertrat weiter, dass die deutsche Staats-

---

[33] AddF, NL-P-11, 00037M05, Brief der Vereinigung weiblicher Juristen und Volkswirte e. V. an Elisabeth Selbert vom 12. August 1950.

[34] Vgl. insbesondere den Diskussionsbeitrag von *Bosch*, 38. Deutscher Juristentag, S. B 60 f.

[35] *Scheffler*, Referat, 38. Deutscher Juristentag, S. B 4.

[36] *Scheffler*, Referat, 38. Deutscher Juristentag, S. B 4.

[37] *Scheffler*, Referat, 38. Deutscher Juristentag, S. B 6.

[38] *Scheffler*, Referat, 38. Deutscher Juristentag, S. B 4.

angehörigkeit weder durch Heirat erworben noch durch Heirat verloren gehen solle. Vielmehr sollte deutschen Staatsangehörigen, die in einer staatsbürgerlichen Mischehe lebten, zukünftig lediglich durch die Ausübung einer Verzichterklärung die deutsche Staatsbürgerschaft aberkannt werden können. Des Weiteren empfahl Erna Scheffler, Ausländer, die mit einem deutschen Staatsangehörigen (Mann oder Frau) in staatsbürgerlicher Mischehe leben, auf Antrag einzubürgern, sofern nicht wichtige Gründe entgegenstünden.[39]

Das Hauptproblem im Beamtenrecht war für Erna Scheffler die sogenannte Zölibatsklausel, „nach der einer Beamtin Amt und Ruhegehalt genommen" werden konnten.[40] In der Wiederaufnahme der Klausel in § 63 des damals vorläufigen Bundesbeamtengesetzes sah sie „einen eklatanten Verfassungsbruch"[41], den sie beseitigt wissen wollte. Des Weiteren setzte sie sich für den Fortfall der Genehmigungspflicht bei Betrieb eines Gewerbes durch die Ehefrau eines Beamten ein. Auch sprach sie sich für ein gleiches Mindestalter für die lebenslängliche Anstellung „männlicher und weiblicher Beamter" aus. Im Beamtenbesoldungsrecht setze Erna Scheffler sich für eine gleiche Besoldung und ein gleiches Wohnungsgeld für „männliche und weibliche Beamte" ein. Außerdem plädierte sie dafür, den Hinterbliebenen der Beamtinnen und Beamten die gleichen Versorgungsrechte einzuräumen.[42]

Im Steuerrecht wollte sie erreichen, dass die Bestimmungen über die gemeinsame Besteuerung von Eheleuten gestrichen werden.[43]

Obgleich der Schwerpunkt ihres Referats auf den öffentlich-rechtlichen Fragestellungen lag, thematisierte Erna Scheffler auch grundsätzliche Probleme des Familienrechts. Dieser Teil sei zugleich der wichtigste und schwierigste, betonte sie.[44] Er sei so wichtig, weil er für das ganze Volk von praktischer Bedeutung sei, und so schwierig, weil im Familienrecht die Gleichberechtigung mit der patriarchalischen Stellung des Mannes zusammenpralle.[45] Aus den Leitsätzen sind ihre konkreten Vorschläge für die verfassungskonforme Neugestaltung des Familienrechts zu erkennen.[46] Erna Scheffler plädierte insgesamt dafür, dass die Eheleute fortan sowohl im persönlichen Eherecht als auch im Ehegü-

---

[39] *Scheffler*, Leitsätze zum Referat, 38. Deutscher Juristentag, S. B 28.

[40] *Scheffler*, Referat, 38. Deutscher Juristentag, S. B 12.

[41] *Scheffler*, Referat, 38. Deutscher Juristentag, S. B 16.

[42] *Scheffler*, Leitsätze zum Referat, 38. Deutscher Juristentag, S. B 28. Bereits auf der Arbeitstagung am 2. und 3. Dezember in Weinheim zu „Fragen der Neuordnung des Beamtenwesens" trat Erna Scheffler gemeinsam mit Hildegard Krüger für die Gleichberechtigung im Beamtenrecht ein. In ihrem Vorbericht über die „beamtenrechtliche Stellung der Frau" begründeten sie ihre zahlreichen Änderungsvorschläge, in: Neues Beamtentum, Beiträge zur Neuordnung des Öffentlichen Rechts, hrsg. v. Institut zur Förderung öffentlicher Angelegenheiten, S. 186–215.

[43] *Scheffler*, Leitsätze zum Referat, 38. Deutscher Juristentag, S. B. 29.

[44] *Scheffler*, Referat, 38. Deutscher Juristentag, S. B 21.

[45] *Scheffler*, Referat, 38. Deutscher Juristentag, S. B 21 f.

[46] *Scheffler*, Leitsätze zum Referat, 38. Deutscher Juristentag, S. B. 29 f.

terrecht und im Elternrecht völlig gleich zu behandeln seien. Dabei hielt sie allgemein

> „alle Bestimmungs- und Eingriffsbefugnisse des Mannes, gesetzliche Vermutungen zugunsten des Mannes und die Beschränkung des Einflusses der Frau auf die Möglichkeit, bei Rechtsmissbrauch seitens des Mannes den Richter anzurufen“,

für unvereinbar mit der Gleichberechtigung.[47] Bei der Anpassung des Familienrechts an Art. 3 Abs. 2 GG solle daher davon ausgegangen werden, dass die Ehegatten in allen das gemeinschaftliche Leben betreffenden Angelegenheiten gemeinsam zu bestimmen hätten.

Zur kontrovers diskutierten Namensfrage formulierte Erna Scheffler folgenden Leitsatz:

> „Den Familienname (Name des Mannes oder Name der Frau oder eine Verbindung beider unter Begrenzung auf zweitteilige Namen) haben die Eheleute durch eine gemeinsame Erklärung gegenüber dem Standesbeamten vor der Eheschließung zu wählen“.[48]

Im Unterhaltsrecht wollte Erna Scheffler die Idee der Gleichberechtigung dahingehend verwirklicht sehen, dass jeder Ehegatte nach Maßgabe seines Vermögens, seines Einkommens und seiner Arbeitskraft die Lasten des Familienunterhalts zu tragen habe, wobei die Tätigkeit im Hauswesen den anderen Arten, zum Unterhalt der Familie beizutragen, gleich zu bewerten sei.[49] Die Regelung zur Schlüsselgewalt wollte Erna Scheffler derart geändert wissen, dass sie jedem Ehegatten selbstständig mit der Folge der solidarischen Verpflichtung beider Ehegatten zustehe. Bezüglich der Elternrechte plädierte sie für folgende Änderung:

> „Die Elternrechte werden bei bestehender Ehe von den Eltern gemeinsam ausgeübt. Erscheint das Wohl des Kindes dadurch gefährdet, daß die Eltern sich nicht einigen können, so kann der Vormundschaftsrichter das Elternrecht für eine einzelne Angelegenheit oder für einen Kreis von Angelegenheiten dem einen Elternteil allein übertragen. Leben die Eltern getrennt oder sind sie geschieden, so entscheidet der Vormundschaftsrichter, wem die Elternrechte zustehen. Sie sollen ohne wichtigen Grund nicht geteilt werden. Vereinbarungen der Eltern sind zu berücksichtigen.“[50]

Hinsichtlich der güterrechtlichen Beziehungen der Ehegatten sprach sich Erna Scheffler für Vertragsfreiheit im Rahmen des Bürgerlichen Rechts aus.[51] Gesetzlicher Güterstand sollte ihres Erachtens die Gütertrennung mit hälftiger Beteiligung am Zugewinn sein, wie er bereits auf dem 33. Deutsche Juristentag in Heidelberg 1924 gefordert worden war. Wahlweise sei neben dem gesetzlichen

---

[47] *Scheffler*, Leitsätze zum Referat, 38. Deutscher Juristentag, S. B 29.

[48] Diesen Vorschlag bekräftigte sie kurze Zeit später in einem Aufsatz in der MDR 1951, S. 186–188, zum Thema: „Der Familienname von Frau und Kind“.

[49] *Scheffler*, Leitsätze zum Referat, 38. Deutscher Juristentag, S. B 29.

[50] *Scheffler*, Leitsätze zum Referat, 38. Deutscher Juristentag, S. B 29 f.

[51] *Scheffler*, Leitsätze zum Referat, 38. Deutscher Juristentag, S. B 30.

Güterstand eine echte Errungenschaftsgemeinschaft, eventuell auch eine echte Gütergemeinschaft auf der Basis völliger Gleichberechtigung in Anlehnung an das Gesellschaftsrecht zu stellen.[52]

Unter langanhaltendem Beifall schloss Erna Scheffler ihr Referat mit folgenden Worten ab:

> „Ich bin damit am Ende und hoffe, daß ich die Basis zu einer fruchtbaren Diskussion gegeben habe. Mir liegt das nicht nur deshalb so sehr am Herzen, weil es sich um die Sache der Frauen handelt, sondern auch, und vielleicht noch mehr, weil sich heute erweisen muß, ob wir willens und fähig sind, die Verfassung, die wir uns selbst gegeben haben, wahrhaft zu erfüllen."[53]

b) Bewertung

Die kontrovers geführte Debatte im Anschluss an die Referate zeigte, dass es Erna Scheffler gelungen war, „die Basis zu einer fruchtbaren Diskussion"[54] zu liefern. In einer „langen und doch immer fesselnden Sitzung" soll die Gleichberechtigung von Mann und Frau von den Mitgliedern des Deutschen Juristentags lebhaft erörtert worden sein.[55] Marie Munk, die zur „besonderen Freude"[56] von Erna Scheffler extra aus den USA angereist war und an der Diskussion teilnahm, zollte ihrem Referat „die größte Bewunderung".[57] Dagegen sah Professor Bosch[58] „eine gewisse natürliche Präponderanz des Mannes", wie sie in den Motiven des BGB zu finden war, als noch nicht widerlegt an[59] und kritisierte damit die Forderung, dass es keine Entscheidungszuständigkeit innerhalb der Ehe und der Familie geben dürfe. Er berief sich dabei, genauso wie andere

---

52 *Scheffler*, Leitsätze zum Referat, 38. Deutscher Juristentag, S. B 30.

53 *Scheffler*, Referat, 38. Deutscher Juristentag, S. B 27.

54 *Scheffler*, Referat, 38. Deutscher Juristentag, S. B 27.

55 *Hummel*, JR 1950, S. 585.

56 *Scheffler*, Die Stellung der Frau, S. 18.

57 *Scheffler*, Diskussionsbeitrag, 38. Deutscher Juristentag, S. B 62.

58 Friedrich Wilhelm Bosch (2. Dezember 1911–20. März 2000) studierte von 1930 bis 1933 Rechtswissenschaft an den Universitäten in Genf, Freiburg i. Br., Bonn und Köln. 1935 wurde er an der Bonner Fakultät promoviert. 1937 bis 1940 war er Richter am Amtsgericht und am Landgericht in Bonn. 1943 erfolgte die Habilitation in Straßburg, die von Professor Hans Dölle betreut worden war. Ab 1950 war er als Ordinarius für Bürgerliches-, Landwirtschafts- und Zivilprozessrecht an der Juristischen Fakultät in Bonn tätig, bis er 1964 einem Ruf an die damals neu gegründete Ruhr-Universität Bochum folgte. Nachdem er drei Jahre als Professor und zwischenzeitlich als Dekan am Aufbau der Bochumer Universität beteiligt war, kehrte Professor Bosch an die Bonner Universität zurück, wo er bis zu seiner Emeritierung 1980 lehrte. Sein Forschungsschwerpunkt lag im Familienrecht. 1954 gründete er die Zeitschrift für das Gesamte Familienrecht (FamRZ), die anfangs vor allem ein Forum für ein konservatives Familienrechtsverständnis war. Biografische Angaben zu F. W. Bosch finden sich bei: *Marquardt*, in: In Memoriam Friedrich Wilhelm Bosch, S. 9–14.

59 *Bosch*, Diskussionsbeitrag, 38. Juristentag, S. B 61.

Vertreter eines patriarchalischen Geschlechterverständnisses,[60] auf die „natürlichen Ordnungen".[61]

Erna Scheffler und ihr Korreferent Professor Eugen Ulmer waren allerdings entschlossen, gerade diese „Kronjuwelen" des Patriarchats – die in § 1354 und §§ 1628, 1629 BGB festgeschriebene Vorrangstellung des Ehemannes und Vaters – aufzugeben.[62] Sie zählten damit zu den progressiven Befürwortern einer konsequenten Umsetzung des Verfassungsauftrags. Dennoch konnten sie die bürgerlich-rechtliche Abteilung des 38. Deutschen Juristentags von ihren Sichtweisen überzeugen. Sogar ihre Forderung nach einer gemeinsamen Entscheidungsfindung der Eheleute, sowohl bei ehelichen Angelegenheiten als auch im Eltern-Kind-Verhältnis, mit der Empfehlung an den Gesetzgeber, diese bei der Familienrechtsreform zu berücksichtigen, wurde letztendlich mehrheitlich gebilligt.[63] Folglich blieb Professor Bosch als Vertreter eines konservativen Familienverständnisses – zumindest auf dem 38. Deutschen Juristentag – in der Minderheit.[64] Überwiegend hielten die Zivilrechtslehrer jedoch wie Professor Bosch an einer patriarchalisch-autoritären Familienstruktur fest.[65] Die Vortragenden der bürgerlich-rechtlichen Abteilung des 38. Deutschen Juristentags hatten sich allerdings ausführlich mit ihren Publikationen auseinandergesetzt. In der dadurch stattfindenden „regen Interaktion" zwischen Praxis und Rechtslehre[66] lag ein besonderer Gewinn der Verhandlungen zur Umsetzung der Gleichberechtigung auf dem Deutschen Juristentag 1950. Dabei überwogen in der Diskussion auf dem Deutschen Juristentag sowie allgemein in den Äußerungen seitens der Rechtspraxis die Gleichberechtigungsbefürworter.[67] Dies mag auch darin begründet sein, dass sich besonders auf dem Deutschen Juristentag viele Juristinnen einbrachten,[68] während es in der Zivilrechtslehre noch keine weiblichen

---

[60] Vgl. *Beitzke*, JZ 1952, S. 745.

[61] *Bosch*, SJZ 1950, S. 625.

[62] *Franzius*, Bonner Grundgesetz und Familienrecht, S. 59.

[63] Beschlüsse der bürgerlich-rechtlichen Abteilung, 38. Deutscher Juristentag, S. B 102.

[64] Professor Eugen Ulmer spiegelte damit jedoch keinesfalls die unter seinen Kollegen herrschende Auffassung wider. Die meisten Zivilrechtslehrer (Beitzke, Bosch, Conrad, Hedemann, Mitteis) traten nicht für eine konsequente Umsetzung des Gleichberechtigungsgebots ein, vgl. *Beitzke*, JZ 1952, S. 744–746; *Bosch*, SJZ 1950, S. 635–646; *Hedemann*, Die Rechtsstellung der Frau, S. 27, 36 f.; *Mitteis*, SJZ 1950 S. 241–247. Sie wollten weitgehend am status quo des geltenden Familienrechts festhalten, *Franzius*, Bonner Grundgesetz und Familienrecht, S. 83 f.

[65] Eine sehr interessante und ausführliche Auseinandersetzung mit den Beiträgen der westdeutschen Zivilrechtslehrer zu den Diskussionen um die Gleichberechtigung findet sich bei: *Franzius*, Bonner Grundgesetz und Familienrecht, S. 66–124.

[66] *Franzius*, Bonner Grundgesetz und Familienrecht, S. 82.

[67] Vgl. Diskussionsbeiträge, 38. Deutscher Juristentag, S. 57–100.

[68] Es äußerten sich u. a.: Rechtsanwältin Marie Munk, Rechtsanwältin Hildegard Gethmann, Stadträtin Marie-Elisabeth Lüders, Rechtsanwältin Marie Plum, Rechtsanwältin Emmy Rebstein-Metzger, Regierungspräsidentin Theanolte Bähnisch, Rechtsanwältin Hertha Curti-

Stimmen gab.[69] Allerdings sollten im weiteren Verlauf der Anpassung des Familienrechts an den Gleichberechtigungsgrundsatz § 1354 und §§ 1628, 1629 BGB die Regelungen bleiben, um die am heftigsten gestritten wurde.[70]

Erna Schefflers Vorschläge zum Namensrecht zeigen besonders deutlich, dass sie 1950 zu den konsequentesten Gleichberechtigungsbefürwortern gehörte. Sie setzte sich dafür ein, dass die Ehegatten mit einer gemeinsamen Erklärung gegenüber den Standesbeamten vor der Eheschließung den Familiennamen frei wählen können sollten. Nach ihrer Ansicht konnte der Familienname entweder der Name des Mannes oder der Name der Frau oder eine Verbindung beider Namen unter Begrenzung auf zweiteilige Namen sein. Wie progressiv dieser Vorschlag zur Namenregelung damals war, zeigt sich daran, dass er erst Jahrzehnte später im Jahre 1976 – zumindest teilweise[71] – verwirklicht wurde.[72] Bis dahin blieb der Ehename zwingend der des Ehemannes. Obgleich ihr die Rechtsanwältin Hildegard Gethmann und Marie-Elisabeth Lüders in der Diskussion beipflichteten, wurde ihr Vorschlag auf dem Deutschen Juristentag 1950 nicht angenommen. Beschlossen wurde, dass der Familienname grundsätzlich der Mannesname bleibe. Der Frau wurde jedoch zuerkannt, ihren Namen neben dem ihres Mannes weiterzuführen. Auch sollte den Ehegatten ermöglicht werden, einen Doppelnamen als Familiennamen zu wählen. Der Name der Frau sollte jedoch lediglich im Wege einer Namensänderung zum Familiennamen werden können. Im Namensrecht ließen sich die Mitglieder der bürgerlich-rechtlichen Abteilung des Juristentags somit noch nicht mehrheitlich von den Vorschlägen der Referentin überzeugen.[73] Erna Scheffler ärgerte besonders, dass sie „nicht einmal eine Mehrheit der Frauen"[74] gewinnen konnte. Dies veranlasste sie, ihrer Meinung in einem Aufsatz in der Monatsschrift für Deutsches Recht Nachdruck zu verleihen.[75]

Auch ihre weiteren Ideen waren damals äußerst fortschrittlich und einige Jahre später für die weitere Rechtsentwicklung wegweisend. So blieben auch derartig offen diskriminierende Regelungen wie die Zölibatsklausel – trotz der deutlichen Worte auf dem Juristentag – noch weitere knappe drei Jahre in Kraft. Sie wurde erst durch das neue Beamtengesetz vom 14. Juli 1953[76] abgeschafft.

---

us. Insgesamt waren die Diskussionsbeiträge von Juristinnen und Juristen in etwa paritätisch verteilt, vgl. Diskussionsbeiträge, 38. Deutscher Juristentag, S. 57–100.

[69] *Franzius*, Bonner Grundgesetz und Familienrecht, S. 82.

[70] *Müller-List*, Gleichberechtigung als Verfassungsauftrag, S. 37.

[71] Der Ehename konnte nun entweder der des Mannes oder der der Frau sein. Ein aus beiden Namen gebildeter Doppelname wurde abgelehnt.

[72] Erstes Gesetz zur Reform des Ehe- und Familienrechts vom 14. Juni 1976, BGBl.1976, Teil I, S. 1421.

[73] Diskussionsbeiträge, 38. Deutscher Juristentag, S. B 74 f.

[74] *Scheffler*, Die Stellung der Frau, S. 22.

[75] *Scheffler*, Der Familienname von Frau und Kind, MDR 1951, S. 136–138.

[76] RGBl. 1953, Teil I, S. 551.

Außerdem musste das Bundesverfassungsgericht noch 1974 betonen, dass die Vorstellung vom Vater als Haupt- oder Mittelpunkt der Familie rechtlich durch die Partnerschaft zwischen Mann und Frau abgelöst sei.[77]

c) Die Resonanz auf die Ergebnisse des Deutschen Juristentags in der juristischen Fachwelt

Die auf dem Juristentag gefassten Beschlüsse bildeten zunächst den Ausgangspunkt für die weitere Ausarbeitung eines neuen Gesetzes. Sie bildeten dabei zudem „gewissermaßen den Grundstein" für die sich in den kommenden Jahren anschließenden, teilweise hitzig geführten Debatten im Parlament sowie innerhalb der juristischen Fachwelt.[78]

Konrad Zweigert[79] bemerkte zur weiteren Entwicklung der Umsetzung des Verfassungsauftrags der Gleichberechtigung, dass nach der Diskussion um die Gleichberechtigung von Mann und Frau eine „Stille" folgte.[80] Dies sei die Stille, in der nach der Diskussion der Grundprobleme „die Filigranarbeit der paraphierten Entwürfe" zu leisten sei, die ja unter der unerbittlichen Fristsetzung des Art. 117 GG stünde, erklärte er seinen Eindruck ausführlicher.[81] Gerade der Frankfurter Juristentag habe in der Tat viel zu dieser schöpferischen Stille des Augenblicks beigetragen.[82] Dank der vorzüglichen Referate der beiden Vortragenden sei der Themenkreis im Grundsätzlichen dort wirklich ausdiskutiert worden. Seine weiteren anerkennenden Worte können belegen, dass sich Erna Scheffler auf dem Frankfurter Juristentag der juristischen Fachwelt empfahl:

> „Und den Gegnern der Gleichberechtigung wurde reiche Belehrung zuteil: meinten sie, daß Frauenrechtlerinnen nur blaustrümpfig ‚petrolieren' könnten, so wurden sie durch den Charme, Witz und Geist der Hauptreferentin enttäuscht (…).",

lobte Zweigert Erna Scheffler.[83]

In einem weiteren Bericht zum 38. Deutschen Juristentag findet Erna Schefflers Referat ebenfalls positiven Anklang.[84] „In klaren und kühnen Ausführungen" habe die Referentin aus der nach ihrem Verständnis positiven Vorschrift des Art. 3 Abs. 2 GG die Folgerungen für die persönlichen Ehewirkungen, das eheliche Güterrecht und die elterliche Gewalt gezogen, heißt es dort.[85] Erna

---

[77] BVerfGE 37, 217, 250.
[78] *Franzius*, Bonner Grundgesetz und Familienrecht, S. 59.
[79] Biografische Angaben zu Konrad Zweigert siehe S. 128, Fn. 26 dieser Arbeit.
[80] *Zweigert*, JZ 1951, S. 90.
[81] *Zweigert*, JZ 1951, S. 90.
[82] *Zweigert*, JZ 1951, S. 91.
[83] *Zweigert*, JZ 1951, S. 91.
[84] *Hummel*, JR 1950, S. 585.
[85] *Hummel*, JR 1950, S. 585.

Scheffler selbst erinnerte in ihrem 1970 gehaltenen Vortrag über die Stellung der Frau in Familien und Gesellschaft an den Juristentag 1950:

„Dieser Frankfurter Juristentag wird mir als Wahrzeichen der Wandlung unvergeßlich bleiben. Noch einmal wurden in der Diskussion alle Argumente gegen die Gleichordnung der Frau aufgewärmt – aber sie hatten keine Kraft mehr; und Professor *Ulmer* und ich – wir waren die Referenten – haben die große Freude gehabt, daß unsere Thesen nicht nur von der großen Mehrheit – auch der männlichen Teilnehmer – angenommen wurden, sondern daß sie inzwischen nahezu vollständig in die Gesetze übergegangen sind – zum Teil allerdings nur mit Nachhilfe durch das Bundesverfassungsgericht.“[86]

Wie bedeutsam dieser Wandel auch für die Vertreter der alten Frauenbewegung war, wird durch die bewegenden Schlussworte von Marie-Elisabeth Lüders auf dem Deutschen Juristentag veranschaulicht.

„ (...) Dreißig Jahre sind vergangen, seitdem die erste Frau in meiner Person (...) aufgefordert wurde, Mitglied des Deutschen Juristentags zu werden. Drei oder vier andere Frauen folgten. Nun ist am heutigen Tag eine juristische Amazonenschar von etwa fünfzig Frauen hier eingezogen. (...) Sie werden verstehen, meine Herren, was es für mich bedeutet, daß Sie in einer so klugen, neutralen und verständnisvollen Weise das zu verwirklichen helfen, worum wir anderen, von denen die meisten nicht mehr am Leben sind, unter unerhörten Schwierigkeiten fünfzig und sechzig Jahre in der Öffentlichkeit gekämpft haben, und nicht gerade mit Freundlichkeiten bedacht worden sind. Ich danke den Herren des Deutschen Juristentages für die Abstimmungen, die sich hier vollzogen haben in Gemeinschaft mit den Frauen, und ich sehe darin bis zu einem gewissen Grade eine Bestätigung, daß ich nicht ganz umsonst gelebt habe mit denen zusammen, die für das gekämpft haben, was jetzt erreicht ist.“[87]

Die große Beteiligung von Juristinnen – 30 bis 40 Prozent der Stimmberechtigten waren Frauen – wurde jedoch auch kritisch gesehen. In einem Bericht über den 38. Deutschen Juristentag, erschienen in der Monatsschrift für Deutsches Recht 1950, wurde etwa betont, dass nicht zu übersehen sei, dass die Zusammensetzung der Abteilungen durch besondere Interessenlagen bedingt sein könne. So sei ein ganz erhebliches Übergewicht des weiblichen Elements in der ersten Abteilung[88] nur dadurch zu erklären, dass alle an den Fragen der Gleichberechtigung besonders interessierten Frauen zur Teilnahme am DJT und an den Verhandlungen erschienen seien. Daraus schlussfolgerte der Autor:

„Es ist unverkennbar, daß auf diesem Wege auch bei anderen besondere Kreise interessierende Fragen Abstimmungsergebnisse herbeigeführt werden können, die mit der Autorität des DJT verkündet werden, ohne daß sie wirklich die Auffassung der Mehrheit der deutschen Juristen enthalten.“[89]

---

[86] *Scheffler*, Die Stellung der Frau, S. 18.
[87] *Lüders*, Diskussionsbeitrag, 38. Deutsche Juristentag, S. B 100.
[88] Die erste Abteilung des Deutschen Juristentags war und ist auch heutzutage die bürgerlich-rechtliche Abteilung.
[89] Bericht über den 38. Deutschen Juristentag, MDR 1950, S. 578.

Auf diese Bemerkung hin äußerte sich Erna Scheffler im Januar 1951 „noch einmal"[90] zur Gleichberechtigung der Frau. Sie war froh, die Gelegenheit nutzen zu können, „ein Mißverständnis über die Entstehung des Abstimmungsergebnisses", welches durch die Bemerkung eines Berichterstatters[91] hervorgerufen worden sei, ausräumen zu können.[92] Sie erklärte, dass durch die zwar in abstracto mögliche Gefahr des beschriebenen Autoritätsverlustes der Eindruck entstehen könne, dass bei der Abstimmung die Stimmen der Frauen ausschlaggebend gewesen seien. Sie betonte sodann, dass dies nicht der Fall sei, was sie mit dem Stimmenverhältnis belegte. Die Frauen hätten nur etwa ein Drittel, höchstens zwei Fünftel der Stimmberechtigten gestellt, sodass ohne die Männer kein Beschluss hätte zustande kommen können.[93]

Bei den für die 1950er Jahre progressiven Beschlüssen des 38. Deutschen Juristentags handelte es sich allerdings lediglich um Vorschläge, wie die Legislative das damals geltende Recht verfassungskonform ausgestalten könnte. Ihnen kam demzufolge keinerlei Bindungswirkung zu. Im anschließenden Kapitel wird untersucht, ob die Empfehlungen des Deutschen Juristentags, insbesondere Erna Schefflers Ideen für eine Neugestaltung des Familienrechts, von der Legislative in den 1950er Jahren auch umgesetzt wurden. Dabei wird zunächst der Prozess der gesetzgeberischen Umsetzung des Verfassungsauftrags aus Art. 3 Abs. 2 GG einschließlich der sich ergebenden Schwierigkeiten dargestellt. Anschließend wird zusammengefasst, in welchen Punkten das entwickelte Gleichberechtigungsgesetz den aufgestellten Leitsätzen des Frankfurter Deutschen Juristentags von 1950 entsprach und welche Regelungen nach wie vor einer konsequenten Umsetzung des Verfassungsauftrags aus Art. 3 Abs. 2 GG entbehrten.

3. Die gesetzgeberische Umsetzung des Verfassungsauftrags aus Art. 3 Abs. 2 GG

Die Bindungsklausel des Art. 1 Abs. 3 GG, deren zentrale Aussage in „der Normativität der Grundrechtssätze" lag und seit jeher liegt, verdeutlichte, dass es sich bei Art. 3 Abs. 2 GG nicht mehr nur um einen Programmsatz[94], sondern um einen unmittelbar geltenden Grundsatz handelte.[95] Das Grundgesetz gab dem Gesetzgeber gem. Art. 117 Abs. 1 GG knapp vier Jahre Zeit, Art. 3

[90] Der Ausdruck ist dem Titel des Aufsatzes entnommen, *Scheffler*, DRiZ 1951, S. 8.
[91] *Scheffler* bezog sich dabei auf die oben beschriebene Äußerung im Bericht über den 38. Deutschen Juristentag, MDR 1950, S. 578.
[92] *Scheffler*, DRiZ 1951, S. 8.
[93] *Scheffler*, DRiZ 1951, S. 8.
[94] Zur Zeit der WRV war dies noch der Fall gewesen.
[95] *Herdegen*, in: Maunz/Dürig, Grundgesetz-Kommentar Art. 1 Abs. 3, Rn. 1.

Abs. 2 GG widersprechende Normen anzupassen. Zum 31. März 1953 sollten die der Gleichberechtigung entgegenstehenden Normen suspendiert werden. Das Rechtsanwendungsgebot im Sinne von Art. 1 Abs. 3 GG, das eine Grundrechtsgeltung von Art. 3 Abs. 2 GG ohne notwendige Vermittlung durch einen Gesetzgebungsakt vorschrieb, sowie die aufgenommene Übergangsfrist ließen die begründete Erwartung an die Legislative entstehen, dass sie entgegenstehendes Bundesrecht nunmehr verfassungskonform ausgestalten werde. Bei dem Vollzug des Gleichberechtigungsgrundsatzes bildeten die Reformen im Familien- und Eherecht den Schwerpunkt.[96] Zunächst sah es auch so aus, als käme die Gesetzgebung ihrem Gestaltungsauftrag nach. Der Impuls, mit den Gesetzgebungsarbeiten zu beginnen, kam jedoch nicht von den bürgerlich-konservativen Regierungsfraktionen, sondern von der Opposition. Die SPD stellte am 1. Dezember 1949 einen Initiativantrag, der das Gesetzgebungsverfahren einleitete.[97] Erst daraufhin wurde das Bundesjustizministerium tätig und beauftragte Oberlandesgerichtsrätin Hagemeyer[98], eine Denkschrift[99] über die Anpassung des geltenden Familienrechts an den Grundsatz der Gleichberechtigung von Mann und Frau vorzubereiten.[100] Diese ausführliche Ausarbeitung ließ eine zügige Umgestaltung des Familienrechts erwarten. Allerdings war weder die politische noch die gesellschaftliche „Grundstimmung der Zeit“ der Verwirklichung fortschrittlicher Gesetzespläne zuträglich[101]; und so sollte der Vollzug des Gleichberechtigungsgrundsatzes im Bürgerlichen Recht durch den Gesetzgeber insgesamt gar zwei Legislaturperioden umfassen.[102] Man hätte meinen können, dass eine knapp vierjährige Zeitspanne – die gerade noch dem Prinzip der sachlichen Diskontinuität entsprach[103] – ausreichen sollte, um ein

---

[96] Die Forderung des KPD-Antrags, dass Frauen einen Rechtsanspruch auf gleichen Lohn bei gleicher Arbeit gewährt werden müsse, wurde nicht weiter aufgegriffen, vgl. *Reich-Hilweg*, Männer und Frauen sind gleichberechtigt, S. 30 f.

[97] BT-Drucks. Nr. 1/176.

[98] Biografische Angaben zu Maria Hagemeyer (17. April 1896–1. Dezember 1991) finden sich bei: *Röwekamp*, Juristinnen, S. 123–125.

[99] Diese insgesamt knapp sechzig Seiten umfassende Ausarbeitung befasste sich in ihrem ersten Teil mit den persönlichen Wirkungen der Ehe, beispielsweise dem Entscheidungsrecht in gemeinsamen ehelichen Angelegenheiten oder dem Namensrecht sowie mit der Berufstätigkeit der Ehegatten. Im zweiten Teil behandelte es ausführlich das eheliche Güterrecht. Schlussendlich ging die Verfasserin auf die Bestimmungen über das Rechtsverhältnis zwischen Eltern und Kindern ein. Hierunter fiel auch die Regelung des § 1628 BGB, die bei Meinungsverschiedenheiten der Eltern den Stichentscheid des Vaters vorsah. Die Ausarbeitung nahm nicht nur die bisherige deutsche Rechtsentwicklung in den Blick. Die Verfasserin bezog vergleichend auch ausländische Rechte ein und beschäftigte sich mit vorherigen Erörterungen wie beispielsweise mit den Reformvorschlägen des 38. Deutschen Juristentags.

[100] *Schwab*, in: Frauen in der Geschichte des Rechts, S. 805 f.; *Müller-List*, Gleichberechtigung als Verfassungsauftrag, S. 36.

[101] *Schwab*, in: Frauen in der Geschichte des Rechts, S. 806.

[102] *Reich-Hilweg*, Männer und Frauen sind gleichberechtigt, S. 30.

[103] Das Prinzip der sachlichen Diskontinuität besagt, dass alle Gesetzesentwürfe, die bis

solches Gesetzgebungsverfahren erfolgreich durchzuführen. Die Anpassungsfrist wurde jedoch um ganze vier Jahre überschritten. Obgleich mit den Vorschlägen des 38. Deutschen Juristentages und der Denkschrift von Hagemeyer bereits wichtige Vorarbeiten geleistet worden waren, wurde erst mit dem Gleichberechtigungsgesetz vom 18. Juni 1957[104] die lang ersehnte Novellierung des Ehe- und Familienrechts abgeschlossen.[105] Im Folgenden sollen das Gesetzgebungsverfahren in der ersten Legislaturperiode und die Gründe für die Fristversäumung überblicksartig dargestellt werden.

a) Das Gesetzgebungsverfahren in der ersten Legislaturperiode

Die Beratungen im Parlamentarischen Rat deuteten bereits darauf hin, dass die Umsetzung der Gleichberechtigung von Mann und Frau vor allem im Familienrecht ein problematisches Unterfangen werden sollte. Viele der Abgeordneten des Parlamentarischen Rats waren in ihren Redebeiträgen bei den Debatten über die Formulierung der Gleichberechtigung noch von einer klassischen Arbeitsteilung der Geschlechter und einer traditionellen Familienstruktur ausgegangen.[106] Vor allem die Mitglieder konservativer Parteien hatten sich von ihrer ursprünglichen Überzeugung, die Gleichberechtigung nur für bestimmte Rechtsbereiche einzuführen, erst auf den zunehmenden Druck besonders der weiblichen Öffentlichkeit gelöst.[107] Im Blick hatten sie dabei wohl auch den bevorstehenden Wahlkampf, bei dem es vor allem galt, die weiblichen Wählerstimmen zu gewinnen.[108] In den Auseinandersetzungen, die die Entstehung des Gleichheitssatzes begleiteten, kündigte sich somit an, was sich in den wissenschaftlichen Veröffentlichungen zum Thema Gleichberechtigung in den darauffolgenden Jahren bestätigte. Der Streit um die Gleichberechtigung der Ge-

---

zum Ende einer Legislaturperiode nicht abgearbeitet sind, verfallen und bei Bedarf in das neu gewählte Parlament erneut eingebracht werden müssen.

[104] Gesetz über die Gleichberechtigung von Mann und Frau auf dem Gebiete des bürgerlichen Rechts (Gleichberechtigungsgesetz) vom 18. Juni 1957, BGBl. 1957, Teil I, S. 609–640.

[105] Ausführliche Darstellungen zur Entstehung des Gleichberechtigungsgesetzes finden sich bei: *Vaupel*, Die Familienrechtsreform in den fünfziger Jahren, S. 112–150 und S. 169–195; *Wendrich*, Die Entwicklung der familienrechtlichen Entscheidungsbefugnisse, S. 85–246 und S. 267–318; *Müller-List*, Gleichberechtigung als Verfassungsauftrag, S. 36–54.

[106] So konnte sich der Abgeordnete von Mangoldt (CDU) nur schwer vorstellen, „daß der Mann, wenn eine Ehe mit Kindern vorhanden ist, die Kinder versorgen soll". Siehe *v. Mangoldt*, in: Der Parlamentarische Rat, Band 5/II, Ausschuss für Grundsatzfragen, S. 748. Die Abgeordnete Weber (CDU) trat ebenfalls dafür ein, „daß die Frau für das Familienleben frei" werde, s. *Weber*, in: Der Parlamentarische Rat, Band 5/II, Ausschuss für Grundsatzfragen, S. 749.

[107] Dies mag auch daran gelegen haben, dass sie unter dem Einfluss der katholischen Kirche standen. Siehe dazu *Vaupel*, Die Familienrechtsreform in den fünfziger Jahren, S. 61–64.

[108] 1949 bestand in Deutschland ein erhebliches Übergewicht an Wählerinnen. 100 männlichen Wahlberechtigten standen 170 weibliche gegenüber, vgl. *Stammen/Maier*, in: Vorgeschichte der Bundesrepublik Deutschland, S. 418.

schlechter wurzelte in „unüberbrückbar scheinenden ethischen, religiösen und weltanschaulichen Gegensätzen".[109] Es standen sich zwei grundverschiedene Ansichten gegenüber: Die Vertreter eines patriarchalischen Familienmodells wollten am geltenden Familienrecht – trotz des neuen Verfassungsauftrags – soweit wie möglich festhalten. Andere strebten eine konsequente Umsetzung der Gleichberechtigung an und traten für eine stärkere Individualisierung innerhalb der Ehe ein.[110] Diese Positionen vertraten vor allem die Vertreterinnen der Frauenbewegung, die ebenfalls versuchten, auf das anstehende Gesetzgebungsverfahren Einfluss zu nehmen. So wurde beim 1949 gegründeten „Deutschen Frauenring"[111] extra ein Rechtsausschuss gebildet, der das Gesetzgebungsverfahren verfolgen und eigene Vorschläge ausarbeiten sollte.[112]

Der Streit entzündete sich an den Kernvorschriften § 1354 und §§ 1628, 1629 BGB i. d. F. von 1900. § 1354 BGB in der damals gültigen Fassung von 1900[113] teilte dem Mann die Entscheidung in allen gemeinschaftlichen ehelichen Angelegenheiten zu, während §§ 1628, 1629[114] BGB i. d. F. von 1900 die Frage der Erziehung und Vertretung des Kindes betraf. Letztere Normen wiesen dem Vater das Letztentscheidungsrecht zu, wenn keine Einigung über die Erziehung der Kinder erfolgen konnte, und regelten die Vertretung des Kindes einseitig zugunsten des Vaters. Während die Fürsprecher einer konsequenten Durchführung der Gleichberechtigung das Entscheidungsrecht des Ehemannes und Vaters beseitigt wissen wollten[115], konnten sich Vertreter einer traditionellen Familienstruktur davon nicht lösen.[116] Sie wollten dem Vater und Ehemann in

---

[109] *Vaupel*, Die Familienrechtsreform in den fünfziger Jahren, S. 92.

[110] Ausführlich dazu: *Vaupel*, Die Familienrechtsreform in den fünfziger Jahren, S. 92–97; *Franzius*, Bonner Grundgesetz und Familienrecht, S. 69–74; *Ruhl*, in: APuZ 1992, S. 32–34.

[111] Der Deutsche Frauenring fasste fünfzehn überkonfessionelle und überparteiliche Frauenorganisationen zusammen, sodass er quasi als Dachverband organisiert war. Er verstand sich als Nachfolgeorganisation des Bundes Deutscher Frauenvereine, für weitere Informationen zur Gründung und Zielsetzung des Deutschen Frauenrings siehe *Henicz/Hirschfeld*, in: Kuhn, Frauen in der deutschen Nachkriegszeit, Bd. 2, S. 143–148.

[112] *Wendrich*, Die Entwicklung der familienrechtlichen Entscheidungsbefugnisse, S. 167.

[113] § 1354 BGB i. d. F. von 1900: „Dem Manne steht die Entscheidung in allen das gemeinschaftliche eheliche Leben betreffenden Angelegenheiten zu; er bestimmt insbesondere Wohnort und Wohnung. Die Frau ist nicht verpflichtet, der Entscheidung des Mannes Folge zu leisten, wenn sich die Entscheidung als Mißbrauch seines Rechts darstellt."

[114] § 1628 BGB i. d. F. von 1900: „Neben dem Vater hat während der Dauer der Ehe die Mutter das Recht und die Pflicht, für die Person des Kindes zu sorgen; zur Vertretung des Kindes ist sie nicht berechtigt, unbeschadet der Vorschrift des § 1685 Abs. 1. Bei einer Meinungsverschiedenheit zwischen den Eltern geht die Meinung des Vaters vor."

[115] Diese Ansicht vertraten u. a.: der Deutsche Anwaltverein, Stellungnahme des Deutschen Anwaltvereins, abgedruckt in: Information für die Frau 1952, S. 23; der Deutsche Juristinnen-Verein, in: Stellungnahme des DJV, abgedruckt in: JZ 1952, S. 504 f.; *Scheffler*, DRiZ 1951, S. 8 f.; *dies.*, Referat auf dem 38. Deutschen Juristentag; *dies.*, DRiZ 1953, S. 85–88; *Krüger*, JZ 1952, S. 614; *Arnold*, DRiZ 1953, S. 81–85.

[116] Dies vertraten u. a.: *Bosch*, SJZ 1950, S. 626–644; *Mitteis*, SJZ 1950, S. 241; *Conrad*,

abgeschwächter Form das Recht zum „Stichentscheid" belassen.[117] Zudem gab es noch eine mittlere Linie. Deren Verfechter wollten zwar das Entscheidungsrecht des Ehemannes abschaffen, das des Vaters hingegen aufrechterhalten.[118]

Diese drei Strömungen fanden sich nicht nur in der rechtswissenschaftlichen Auseinandersetzung, sondern auch innerhalb der Kirchen. Die katholische Kirche sah die Vorrangstellung des Mannes in der Schöpfungsgeschichte begründet und trat demgemäß für ein patriarchalisches Familienbild ein.[119] Während einige evangelische Theologen der katholischen Auffassung nahestanden, vertraten liberalere protestantische Kirchenvertreter eine andere Meinung. Sie wendeten sich gegen eine „naturrechtliche Begründung" und stellten in Abrede, dass sich aus der Schöpfungsgeschichte ein Über- und Unterordnungsverhältnis ergebe, welches Rechtspflichten begründen könne.[120] Innerhalb der evangelischen Kirche ließen sich somit zwei Richtungen ausmachen: die konservativ-protestantische und die liberal-protestantische.

Diese in der Wissenschaft und der Kirche geführte Auseinandersetzung wurde sodann ins Parlament getragen. Dort wurde innerhalb der nächsten Jahre bei den Beratungen und Lesungen zu der Gesetzesreform wiederum kontrovers diskutiert.

Verantwortlich für die Erstellung eines Gesetzesentwurfs war der damalige Bundesjustizminister Thomas Dehler.[121] Er hatte sich bisher – etwa im Parlamentarischen Rat – nicht als Verfechter der Gleichberechtigung hervorgetan. Auch zu Beginn der Gesetzgebungsarbeiten räumte er diesem Thema noch keine Priorität ein.[122] Sein Interesse an der Familienrechtsreform soll erst in dem Moment gewachsen sein, als die katholische Kirche versuchte, an der Erstellung des Entwurfs mitzuwirken.[123] Um die Klerikalisierungsversuche insbesondere der katholischen Kirche abzuwenden, berücksichtigte er umso mehr die Vorstellungen der evangelischen Kirche und sogar die Forderungen von Frauenverbänden. Dies führte dazu, dass sich der vorläufige Gesetzesentwurf des Bundesjustizministeriums[124] auf einer mittleren Line bewegte, wie

in: Arbeitsgemeinschaft für Forschung des Landes Nordrhein-Westfalen, Geisteswissenschaften, Heft 12, 1953, S. 53–93.

[117] *Ruhl*, APuZ 1992, S. 33.

[118] Diese Ansicht vertraten u. a.: *Boehmer*, MDR 1950, S. 386–393; *Schnorr von Carolsfeld*, JR 1950, S. 417–420.

[119] Zur Haltung der katholischen Kirche und ihrer Einflussnahme siehe: Die kirchliche Stellungnahme zur Familienrechtsreform in der Bundesrepublik, in: Herder-Korrespondenz, Heft 6, März 1953, S. 276–282; *Wendrich*, Die Entwicklung der familienrechtlichen Entscheidungsbefugnisse, S. 115–144; *Ruhl*, Verordnete Unterordnung, S. 239 f.

[120] *Ruhl*, APuZ 1992, S. 33 f. m. w. N.

[121] Angaben zu Thomas Dehler siehe: S. 89, Fn. 18.

[122] Zum Entwurf des Bundesjustizministeriums, insbesondere zur Haltung von Thomas Dehler, siehe: *Ruhl*, Verordnete Unterordnung, S. 237–245.

[123] *Ruhl*, APuZ 1992, S. 35.

[124] Am 17. März 1952 übersandte das Bundesjustizministerium dem Bundeskanzleramt

sie auch von konservativ-protestantischen Vertretern der evangelischen Kirche eingenommen wurde:[125] Die Entscheidungsgewalt des Ehemannes wurde zwar gestrichen, die des Vaters allerdings beibehalten. Der Ehefrau wurde die außerhäusliche Betätigung zugestanden.[126]

Wie zu erwarten war, ging der Entwurf vor allem der katholischen Kirche entschieden zu weit. Sie verteidigte die Beibehaltung der Familienhierarchie und wendete sich an die christdemokratischen Abgeordneten.[127] Vor allem bei Bundeskanzler Konrad Adenauer selbst war die katholische Kirche mit ihren Interventionen erfolgreich.[128] Schließlich sprach sich der stärkere Koalitionspartner (CDU/CSU) in den folgenden Kabinettssitzungen gegen den Entwurf des Justizministers und mit der Argumentation der katholischen Kirche für eine Beibehaltung des Entscheidungsrechts des Ehemannes aus.[129] Die Beratungen im Bundesrat am 26. September 1952 führten zu einigen Änderungsvorschlägen.[130] Dennoch hielt die Bundesregierung an ihrem Vorschlag fest. Der erste Entwurf der Bundesregierung vom 23. Oktober 1952[131] entsprach sodann der Ansicht der katholischen Kirche: Es wurde nicht nur am Letztentscheidungsrecht des Vaters festgehalten, § 1628 BGB RegE I.[132] Gem. § 1354 BGB RegE I sollte sogar das Entscheidungsrecht des Ehemannes – allerdings in etwas abgeschwächter Form – bestehen bleiben.[133] Des Weiteren durfte eine Ehefrau nur berufstätig sein, sofern sie ihre ehelichen Pflichten nicht vernachlässigte.[134]

Das Festhalten der Bundesregierung am patriarchalischen Ehebild rief wiederum zahlreiche Proteste hervor: So stieß der Regierungsentwurf nicht nur bei

und dem Bundesinnenministerium seinen Entwurf zur Stellungnahme. *Müller-List*, Gleichberechtigung als Verfassungsauftrag, S. 39.

[125] Vorschlag der Evangelischen Frauenarbeit in Deutschland für eine Reform des Eherechts vom 1.6.1951, abgedruckt bei: *Müller-List*, Gleichberechtigung als Verfassungsauftrag, Dokument Nr. 6, S. 154–165; *Vaupel*, Die Familienrechtsreform in den fünfziger Jahren, S. 127; *Franzius*, Bonner Grundgesetz und Familienrecht, S. 61.

[126] Zu den einzelnen Regelungen des Entwurfes siehe: Die Synopse der §§ 1354–1358 und 1627–1629 im Anhang bei *Wendrich*, Die Entwicklung der familienrechtlichen Entscheidungsbefugnisse, S. 335–352.

[127] Zur Haltung der katholischen Kirche und ihrer Einflussnahme siehe: *Wendrich*, Die Entwicklung der familienrechtlichen Entscheidungsbefugnisse, S. 115–144; *Ruhl*, Verordnete Unterordnung, S. 239 f.

[128] Dies lag vermutlich auch am guten Verhältnis zwischen Kardinal Frings und Adenauer. Siehe dazu: *Morsey*, Katholizismus im politischen System der Bundesrepublik 1949–1963, S. 33–59; *ders.*, in: Politik und Konfession, S. 483–501.

[129] *Franzius*, Bonner Grundgesetz und Familienrecht, S. 61; *Vaupel*, Die Familienrechtsreform in den fünfziger Jahren, S. 130.

[130] BT-Drucks. Nr. I/3802, Anlage A.

[131] BT-Drucks. Nr. I/3802.

[132] BT-Drucks. Nr. I/3802, S. 20.

[133] BT-Drucks. Nr. I/3802, S. 6.

[134] BT-Drucks. Nr. I/3802, S. 6.

Frauenverbänden,[135] sondern auch beim Deutschen Gewerkschaftsbund und bei Privatpersonen auf heftige Kritik.[136] Vor allem die Mitglieder der unterschiedlichen Frauenorganisationen waren entrüstet, sahen sie doch ihre bisher erreichten Erfolge in Gefahr. Durch zahlreiche Stellungnahmen unter anderem an den Bundeskanzler, das Bundeskabinett, den Bundesrat – insbesondere auch an einzelne Landesminister – und den Bundestag, versuchten sie, eine konsequentere Umsetzung der Gleichberechtigung der Geschlechter zu erreichen.[137]

Der Bundestag befasste sich am 27. November 1952 mit dem ersten Regierungsentwurf.[138] Nun standen sich also kurz vor Ablauf der Frist des Art. 117 Abs. 1 GG die unterschiedlichen Positionen im Bundestag gegenüber. Die Sozialdemokraten forderten eine konsequente Umsetzung des Verfassungsauftrags und damit die Streichung sowohl des ehelichen als auch des väterlichen Stichentscheids. Auch die FDP machte sich für die Parität der Geschlechter im Ehe- und Familienleben stark.[139] Die Mehrheit der christdemokratischen Abgeordneten begrüßte den Entwurf der Bundesregierung als Abbild ihrer Vorstellung des Familienlebens.[140] Nach der Ersten Lesung wurde der Gesetzesentwurf dem Ausschuss für Rechtswesen und Verfassungsrecht zugeleitet.[141]

Die Erörterungen in diesem Unterausschuss begannen am 5. Februar 1953. Damit blieb zur Ausarbeitung eines neuen gemeinsamen Entwurfs nicht einmal ein Monat Zeit, um vor der Anpassungsfrist die weiteren Lesungen im Bundestag durchführen zu können. Die Meinungsverschiedenheiten waren jedoch genau wie im Plenum des Bundestags zu grundsätzlich, um binnen dieser nunmehr sehr kurzen Zeitspanne die Beratungen abzuschließen. Eine termingerechte Umsetzung des Verfassungsauftrags aus Art. 3 Abs. 2 GG war unmöglich geworden. Dies veranlasste die Koalitionsparteien CDU/CSU, FDP, DP und FU dazu, einen Antrag auf Fristverlängerung zu stellen.[142] Da die SPD jegliche Verlängerungsklausel ablehnte,[143] konnte gem. Art. 79 Abs. 2 GG die erforder-

135 Zur Kritik der Frauenverbände in der ersten Wahlperiode siehe *Wendrich*, Die familienrechtlichen Entscheidungsbefugnisse, S. 237–242.

136 *Müller-List*, Gleichberechtigung als Verfassungsauftrag, S. 41 f.

137 Vgl. *Wendrich*, Die Entwicklung der familienrechtlichen Entscheidungsbefugnisse der Ehefrau, S. 238 mit weiteren Nachweisen.

138 Protokolle zu den Verhandlungen des Deutschen Bundestages, I. Wahlperiode 1949, 239. Sitzung, S. 11052–11072.

139 Vgl. Redebeitrag der Abgeordneten *Ilk*, Protokolle zu den Verhandlungen des Deutschen Bundestages, I. Wahlperiode 1949, 239. Sitzung, S. 11063–11065.

140 Sie spiegelte dabei aber nicht die Meinung der Mehrheit der weiblichen christdemokratischen Abgeordneten wider. Sowohl der Bundesfrauenausschuss der CDU als auch die Arbeitsgemeinschaft der Frauen der CSU sprachen sich gegen die Vorrechte des Mannes aus, vgl. *Müller-List*, Gleichberechtigung als Verfassungsauftrag, S. 42.

141 Protokolle zu den Verhandlungen des Deutschen Bundestages, I. Wahlperiode 1949, 239. Sitzung, S. 11072.

142 BT-Drucks. Nr. 1/4200 vom 19.3.1953.

143 Protokolle zu den Verhandlungen des Deutschen Bundestages, I. Wahlperiode 1949, 258. Sitzung, S. 12507–12572.

liche Zweidrittelmehrheit nicht erreicht werden.[144] Das Vorhaben, in der ersten Legislaturperiode mit einem neuen Familienrechtsgesetz die Gleichberechtigung auch im Zivilrecht umzusetzen, war somit gescheitert.

b) Die Gründe für die Fristversäumung und deren Folgen

Die Ursachen, die zur Versäumung der in Art. 117 Abs. 1 GG gesetzten Übergangsfrist führten, waren vielfältig. Zum einen maß das Justizministerium der Gesetzesreform nicht von Anfang an das nötige Gewicht bei. Weder die Unionsparteien noch der Bundesjustizminister Dehler drängten zur Eile. Zum anderen stellte sich rasch heraus, dass eine große Uneinigkeit über den Inhalt der Gesetzesreform bestand – nicht einmal innerhalb des Kabinetts konnte man sich auf eine Linie einigen.

Zugleich nahm die Institution Familie während der Nachkriegszeit einen hohen Stellenwert ein.[145] Sie sollte als stabilisierender Faktor der Gesellschaft fungieren.[146] Aus diesem Grund handelte es sich bei der Umsetzung der Gleichberechtigung der Geschlechter im Familienrecht um ein die gesamte Gesellschaft betreffendes Thema, welches dementsprechend viel Beachtung fand. So wurde das Gesetzgebungsverfahren begleitet von zahlreichen Stellungnahmen der Kirchen, Frauenverbände und Gewerkschaften.[147] Die Uneinigkeit betraf vor allem die innere Struktur der Familie und damit eine ideologische Grundsatzfrage. Entweder sprach man sich für ein paritätisches Geschlechterverhältnis innerhalb der Familie aus oder man vertrat das herkömmliche patriarchalische Familienbild. Diese unterschiedliche Haltung zog sich auch durch die Parteienlandschaft. Während sich die SPD von Beginn an für eine konsequente Umsetzung der Gleichberechtigung der Geschlechter einsetzte, vertraten die Unionsparteien mehrheitlich die konservativ-katholische Auffassung, die an der Vorrangstellung des Ehemannes festhielt. Folglich fanden sich auch im Bundestag gegenläufige Ansichten, die – wie der Streit um die §§ 1354, 1628, 1629 BGB a. F. zeigte – keiner Kompromisslösung zugänglich waren. Zudem war die Mandatsverteilung einer zügigen Umsetzung derart umstrittener Reformen abträglich. Die Koalitionsparteien aus CDU/CSU, FDP und DP besaßen lediglich acht Mandate mehr als die Opposition.[148] Obendrein sprachen sich weibliche Abgeordnete in den Fraktionen nur sehr vereinzelt für die Beibehaltung des ehemännlichen und/oder väterlichen Stichentscheids

---

144 *Wendrich*, Die Entwicklung der familienrechtlichen Entscheidungsbefugnisse, S. 213.

145 *Schäfers*, in: Modernisierung im Wiederaufbau, S. 311 f.

146 *Schäfers*, in: Modernisierung im Wiederaufbau, S. 312.

147 *Müller-List*, Gleichberechtigung als Verfassungsauftrag, S. 41 f.

148 *Wendrich*, Die Entwicklung der familienrechtlichen Entscheidungsbefugnisse der Ehefrau, S. 85.

aus.[149] Aus diesem Grund war auch innerhalb der Koalitionsparteien kein einheitliches Meinungsbild vorhanden.[150] Zu Beginn der Ära Adenauer bestand eine enge Bindung der CDU/CSU-Wählerschaft und der Parteimitglieder insbesondere an die katholische Konfession.[151] Anfang der 1950er Jahre war die Religion für die Mehrheit der Bevölkerung gleichsam die Basis der Wertebildung.[152] Ein Trend zur Säkularisierung war noch nicht erkennbar.[153] Im Gesetzgebungsprozess konnte es katholischen Geistlichen durch Stellungnahmen und an die Parlamentarier versandte Briefe gelingen, Einfluss auf die Gesetzgebungsarbeiten zu nehmen. Diese Einflussnahme wirkte sich auf die zügige Umsetzung der Gleichberechtigung der Frau im Familienrecht hemmend aus. Ferner traf die katholische Vorstellung mit der Tendenz innerhalb der Jurisprudenz der Nachkriegszeit zusammen, vermehrt wieder naturrechtlich zu argumentieren.[154] Durch das Festhalten an einer „natürlichen oder göttlichen Ordnung" fand eine moralische und religiöse Überhöhung statt, die eine argumentative Auseinandersetzung deutlich erschwerte.[155] Folglich kann auch in der Wiederkehr des Naturrechts in der Zeit nach dem Zweiten Weltkrieg[156] eine weitere Ursache für die Schwierigkeiten bei der Umsetzung der Gleichberechtigung im Familienrecht gesehen werden.

Während seitens der Koalitionsparteien der Versuch unternommen wurde, den Fristablauf zu verhindern, wandte sich die SPD entschieden gegen derartige Versuche.[157] Sie erkannte zwar an, dass der eintretende Rechtszustand unbefriedigend sei, vertraute aber gleichzeitig auf die Kompetenz der Gerichte.[158] Zahlreiche Frauenverbände hofften ebenfalls, dass durch die vorübergehende Mithilfe der Rechtsprechung die Umsetzung von Art. 3 Abs. 2 GG in der zweiten Legislaturperiode zügig und konsequent erfolgen würde.[159] Die Zu-

---

149 *Wendrich*, Die Entwicklung der familienrechtlichen Entscheidungsbefugnisse der Ehefrau, S. 85.

150 *Müller-List*, Gleichberechtigung als Verfassungsauftrag, S. 42.

151 Vgl. dazu *Gotto*, in: Katholizismus im politischen System der Bundesrepublik, S. 7–32.

152 *Schäfers*, in: Modernisierung im Wiederaufbau, S. 314.

153 Vgl. *Schäfers*, in: Modernisierung im Wiederaufbau, S. 314.

154 Zur Naturrechtsrenaissance in Deutschland nach 1945 siehe: *Künnecke*, RphZ 2015, S. 84–105; *Kaufmann*, in: Die Bedeutung der Wörter, S. 105–132.

155 Ähnlich *Vaupel*, Die Familienrechtsreform in den fünfziger Jahren, S. 109.

156 *Hattenhauer*, Die geistesgeschichtlichen Grundlagen des Rechts, S. 408, Rn. 819 f.

157 Dies verdeutlicht der Redebeitrag von *Nadig* in der 258. Bundestagssitzung vom 26.3.1953: „Diese Frist bedeutet keineswegs, daß im Grundgesetz dem Bundestag nur eine Ermächtigung erteilt und bis zum 31. März 1953 eine Frist gesetzt sei; das Grundgesetz hat vielmehr selbst bereits die Regelung getroffen, daß mit dem 31. März 1953 alle Gesetze, soweit sie mit der zwingenden Grundrechtsvorschrift der Gleichberechtigung von Mann und Frau unvereinbar sind, außer Kraft treten." Protokolle des Deutschen Bundestages, I. Wahlperiode, S. 12517.

158 Protokolle des Deutschen Bundestages, I. Wahlperiode, 258. Sitzung vom 15.3.1953, S. 12519.

159 Die Frauenverbände sprachen sich daher ebenfalls gegen eine Fristverlängerung aus,

kunft sollte zeigen, dass es für die Gleichberechtigungsbefürworter ein Glücksfall war, dass mit Erna Scheffler eine engagierte Fürsprecherin der konsequenten Durchführung der Gleichberechtigung im für Art. 3 GG zuständigen Ersten Senat des Bundesverfassungsgerichts saß. Dieser erklärte bereits einige Wochen nach seiner Gründung eine vom OLG Frankfurt angestrengte Normenkontrollklage hinsichtlich der Wirksamkeit von Art. 117 GG für unbegründet und bestätigte somit die unmittelbare Gültigkeit von Art. 3 Abs. 2 GG ab dem 1. April 1953. Das Urteil des Bundesverfassungsgerichts sowie dessen Vorgeschichte und Auswirkungen werden im Rahmen von Erna Schefflers Tätigkeit am Bundesverfassungsgericht (Kapitel VIII. 1.) ausführlich untersucht.

c) Die Entstehung des Gleichberechtigungsgesetzes in der zweiten Legislaturperiode

Bei der Bundestagswahl am 6. September 1953 errangen die Unionsparteien CDU/CSU mit 45, 2 Prozent einen überragenden Wahlsieg.[160] Sie koalierten mit der FDP, DP und dem BHE, wodurch die Regierungsparteien im Bundestag über 344 Sitze und damit über eine Zwei-Drittel-Mehrheit verfügten. An die Stelle von Bundesjustizminister Thomas Dehler trat Fritz Neumayer[161] (FDP). Eine weitere Neuerung war, dass ein Familienministerium etabliert wurde, welches an dem Gesetzgebungsverfahren zum Gleichberechtigungsgesetz mitwirken durfte.[162] Zuständiger Minister wurde der konservativ eingestellte Jurist Franz-Josef Wuermeling[163] (CDU). Anders als in der ersten Legislaturperiode wurde zügig mit den Gesetzgebungsarbeiten begonnen.[164] Schon am 10. Dezember 1953 übermittelte das Bundesjustizministerium dem Bundeskanzleramt eine Neuauflage des Gesetzesentwurfs über „die Gleichberechtigung von Mann und Frau auf dem Gebiet des bürgerlichen Rechts", der kurze Zeit später als Gesetz eingebracht wurde.[165] Trotz der Kritik am ersten Regierungsentwurf folgte er ihm im Wesentlichen.[166] Es wurde sogar die Entscheidungsbefugnis des Mannes bei ehelichen Angelegenheiten wieder aufgenommen

siehe *Wendrich*, Die Entwicklung der familienrechtlichen Entscheidungsbefugnisse, S. 241 m. w. N.

160 Bundestagswahl 1953, Wahlergebnisse abrufbar im Internet: http://www.kas.de/wf/de/71.8957/ (Stand 07.06.2019).

161 Fritz Neumayer (29. Juli 1884–12. April 1973) war von 1953 bis 1956 Bundesminister der Justiz.

162 Zur Entstehung des Familienministeriums siehe: *Münch*, Familienpolitik in der Bundesrepublik Deutschland, S. 205–226.

163 Franz-Josef Wuermeling (8. November 1900–7. März 1986) war von 1953 bis 1962 Bundesfamilienminister.

164 *Vaupel*, Die Familienrechtsreform in den fünfziger Jahren, S. 170; *Wendrich*, Die Entwicklung der familienrechtlichen Entscheidungsbefugnisse der Ehefrau, S. 268.

165 *Franzius*, Bonner Grundgesetz und Familienrecht, S. 132.

166 *Franzius*, Bonner Grundgesetz und Familienrecht, S. 132 f.

und die Verpflichtung der Frau zur Hausarbeit stärker betont. In der ersten Lesung im Bundestag am 12. Februar 1954 lagen ebenfalls die Gesetzesentwürfe der SPD- und der FDP-Fraktion vor. Während der Entwurf der FDP am väterlichen Stichentscheid festhielt, bewegte sich der der SPD auf der Linie der Gleichberechtigungsbefürworter und lehnte sowohl das ehemännliche Entscheidungsrecht als auch den väterlichen Stichentscheid ab. Auch in der zweiten Legislaturperiode blieben die Vorschriften zum ehemännlichen und väterlichen Stichentscheid somit die strittigsten Punkte. In den parlamentarischen Diskussionen standen sich dabei allerdings nicht nur die Parteipositionen gegenüber, vielmehr war die Frage der Gleichberechtigung häufig auch eine Frage der geschlechtlichen Zugehörigkeit.[167] Nach der kontroversen Debatte im Bundestag wurden die drei unterschiedlichen Gesetzesentwürfe dem Ausschuss für Rechtswesen und Verfassungsrecht überwiesen.[168] Dort wurden sie im Unterausschuss „Familienrechtsgesetz" in insgesamt siebenundsiebzig Sitzungen erörtert.[169] Bei der Neuregelung des Güterrechts konnte sich der Ausschuss ohne größere Diskussionen auf die Einführung der Zugewinngemeinschaft als gesetzlichen Güterstand einigen.[170] Über andere Fragen, primär über die des Letztentscheidungsrechts, wurde wiederum heftig gestritten.[171] Die Ausschussmitglieder beschlossen mit acht zu sieben Stimmen die Streichung des ehemännlichen Entscheidungsrechts.[172] Bei der Verhandlung des väterlichen Stichentscheids ergab sich hingegen eine Pattsituation, sodass die Frage im Gesamtausschuss entschieden werden musste. Hier votierte eine knappe Mehrheit (15:13 Stimmen) für den Erhalt des väterlichen Letztentscheidungsrechts.[173]

Die Ergebnisse des Ausschusses[174] bildeten die Grundlage für die weiteren Erörterungen im Plenum des Bundestags.[175] Während auch hier die Einführung der Zugewinngemeinschaft als gesetzlicher Güterstand, die Abschaffung des Kündigungsrechts des Ehemannes für Arbeitsverträge seiner Frau gem. § 1358 BGB a. F. sowie die Beibehaltung der tradierten Rollenverteilung gem.

---

[167] So setzte sich beispielsweise Elisabeth Schwarzhaupt (CDU) für die Streichung des ehemännlichen und väterlichen Stichentscheids ein, *Schwarzhaupt*, in: Verhandlungen des Deutschen Bundestages, II. Wahlperiode, 15. Sitzung vom 12.2.1954, S. 512–515 und 206. Sitzung vom 3.5.1957, S. 1773 f., 1178.

[168] *Müller-List*, Gleichberechtigung als Verfassungsauftrag, S. 56.

[169] Ausführlich zu den Beratungen im Ausschuss für Rechtswesen und Verfassungsrecht siehe: *Wendrich*, Die Entwicklung der familienrechtlichen Entscheidungsbefugnisse, S. 298–311; *Ruhl*, APuZ 1992, S. 40.

[170] *Franzius*, Bonner Grundgesetz und Familienrecht, S. 134 f.

[171] *Wendrich*, Die Entwicklung der familienrechtlichen Entscheidungsbefugnisse, S. 299 f. und 306 f.; *Müller-List*, Gleichberechtigung als Verfassungsauftrag, S. 58.

[172] *Müller-List*, Gleichberechtigung als Verfassungsauftrag, S. 58 f.

[173] *Weber*, in: Schriftlicher Bericht des Ausschusses für Rechtswesen und Verfassungsrecht vom 25.4.1957, zu BT-Drucks. 2/3409, S. 2.

[174] BT-Drucks. Nr. 2/3409 vom 12.4.1957.

[175] Verhandlungen des Deutschen Bundestages, II. Wahlperiode 1953, 206. Sitzung vom 3.5.1957, S. 11747–11801.

§ 1356 BGB a. F. nahezu unumstritten waren, entbrannte erneut eine Diskussion über die „Grundpfeiler des Patriarchats“.[176] Sowohl die Gleichberechtigungsbefürworter als auch die Vertreter eines konservativen Familienverständnisses aus den Unionsparteien kritisierten die ausgearbeiteten Vorschläge des Rechtsausschusses. So beanstandete die CDU die Abschaffung des ehemännlichen Entscheidungsrechts (§ 1354 BGB a. F.) und beantragte dessen Wiederaufnahme.[177] Des Weiteren wurden seitens der SPD, FDP und sogar von Teilen der CDU/CSU-Fraktion Abänderungsanträge für eine gemeinsame Entscheidungsfindung der Eheleute bei Fragen der Kindererziehung gestellt.[178] Die Änderungsvorschläge waren jedoch allesamt erfolglos, sodass es im Wesentlichen bei den vom Unterausschuss vorbereiteten Regelungen blieb.[179] Letztlich wurde das Gesetz im Bundestag am 3. Mai 1957 einstimmig verabschiedet. Für beide Seiten blieb es allerdings vielmehr eine Kompromisslösung, die wegen der Dringlichkeit des Gesetzes eingegangen wurde.[180] Nach vom Bundesrat erteilter Zustimmung[181] wurde das Gleichberechtigungsgesetz am 18. Juni 1957 ausgefertigt und am 21. Juni 1957 im Bundesgesetzblatt verkündet.[182] Es trat am 1. Juli 1958 in Kraft.

d) Zusammenfassende Beurteilung

Nach dem sehr lang andauernden Gesetzgebungsprozess mit seinen kontroversen Debatten im Parlament wurde schließlich am 21. Juni 1957 das Gesetz über die Gleichberechtigung von Mann und Frau auf dem Gebiete des Bürgerlichen Rechts verkündet, welches am 1. Juli 1958 in Kraft trat. Inwiefern erfüllte das Gesetz den Verfassungsauftrag aus Art. 3 Abs. 2 GG? Waren die Vorschläge, die die Referenten Erna Scheffler und Eugen Ulmer dem Gesetzgeber durch ihre auf dem DJT formulierten Leitsätze an die Hand gaben, angenommen worden?

Wichtige Neuerungen, die das Gleichberechtigungsgesetz von 1957 vorsah, waren vor allem die Gleichstellung von Mann und Frau hinsichtlich des Entscheidungsrechts in allen gemeinschaftlichen ehelichen Angelegenheiten[183] und die Einführung der Zugewinngemeinschaft als gesetzlicher Güterstand.[184]

---

[176] *Franzius*, Bonner Grundgesetz und Familienrecht, S. 52.

[177] *Wendrich*, Die Entwicklung der familienrechtlichen Entscheidungsbefugnisse, S. 311 f.

[178] *Franzius*, Bonner Grundgesetz und Familienrecht, S. 136; *Wendrich*, Die Entwicklung der familienrechtlichen Entscheidungsbefugnisse, S. 313.

[179] *Müller-List*, Gleichberechtigung als Verfassungsauftrag, S. 59 f.

[180] Vgl. *Müller-List*, Gleichberechtigung als Verfassungsauftrag, S. 60 sowie *Vaupel*, Die Familienrechtsreform in den fünfziger Jahren, S. 192.

[181] Verhandlungen des Bundesrats, 177. Sitzung vom 24.5.1957, S. 651–667.

[182] BGBl. 1957, Teil I, S. 609–640.

[183] § 1354 BGB i. d. F. von 1900 wurde abgeschafft.

[184] *Dölle*, Familienrecht, S. 29; *Grimme*, Die Entwicklung der Emanzipation der Frau, S. 141 und S. 143.

Insofern entsprachen die neuen Regelungen endlich den emanzipatorischen Vorschlägen der ersten Juristinnengeneration, die auf dem Deutschen Juristentag bereits im Jahre 1924 diskutiert und vom Deutschen Juristentag 1950 dem Gesetzgeber empfohlen worden waren.[185]

Trotz dieser emanzipatorischen Änderungen lag vielen Regelungen jedoch nach wie vor das Modell der Hausfrauenehe zugrunde. Es fanden sich immer noch Bestimmungen, die an der patriarchalischen Struktur des vorkonstitutionellen Familienrechts festhielten. „Ein Aufheben der Mannesrolle, Rollenpluralität oder gar Rollentausch"[186] sucht man daher – obgleich diese Ideen im juristischen Diskurs und teilweise in der Rechtsprechung Einzug gehalten hatten – im Gleichberechtigungsgesetz von 1957 vergeblich.

Die Leistungen der Hausfrau und Mutter wurden gem. § 1360 S. 2 BGB i. d. F. von 1958 erstmalig als Unterhaltsleistungen bewertet.[187] Damit wurde die Familienarbeit nunmehr zu einem Unterhaltsbeitrag erhoben, der dem durch Erwerbsarbeit erzielten Unterhaltsbeitrag des Mannes gleichwertig sein sollte. Anders als die vom Deutschen Juristentag empfohlene geschlechtsneutrale Formulierung[188] sah das Gleichberechtigungsgesetz die Führung des Haushaltes „in der Regel" als Frauenaufgabe an.[189] Zwar wurde die Hausfrauenarbeit zum Rang eines gleichwertigen Unterhaltsbeitrages erhoben, doch die in der Rollenfixierung selbst begründete Ungleichbehandlung wurde dadurch keinesfalls abgeschafft. Zudem blieb die Leitung des Haushaltes gem. § 1356 BGB i. d. F. von 1958 der alleinige Verantwortungsbereich der Ehefrau, dessen Verpflichtungen sie durch die allein ihr zustehende Schlüsselgewalt besorgen konnte.[190] Folglich blieb es, trotz der fortschrittlichen Vorarbeiten des Deutschen Juristentags, bei der tradierten Rollenverteilung, die auf der geschlechtlichen Trennung

---

[185] An dem Beschluss des Heidelberger Juristentages von 1924 hielt die bürgerlich-rechtliche Abteilung des 38. Deutschen Juristentags 1950 in Frankfurt fest, siehe: Beschlüsse der bürgerlich-rechtlichen Abteilung, 38. Deutscher Juristentag, S. B 101.

[186] *Grimme*, Die Entwicklung der Emanzipation der Frau, S. 141.

[187] § 1360 BGB i. d. F. von 1958 lautete: „Die Ehegatten sind einander verpflichtet, durch ihre Arbeit und mit ihrem Vermögen die Familie angemessen zu unterhalten. Die Frau erfüllt ihre Verpflichtung in der Regel durch die Führung des Haushalts; zu einer Erwerbstätigkeit ist sie nur verpflichtet, soweit die Arbeitskraft des Mannes und die Einkünfte des Ehegatten zum Unterhalt der Familie nicht ausreichen und es den Verhältnissen der Ehegatten auch nicht entspricht, daß sie den Stamm ihres Vermögens verwerten."

[188] „Jeder hat nach Maßgabe seines Vermögens, seines Einkommens und seiner Arbeitskraft die Lasten des Familienunterhalts zu tragen; die Tätigkeit im Hauswesen ist den anderen Arten, zum Unterhalt der Familien beizutragen, gleich zu bewerten.", Beschlüsse der bürgerlich-rechtlichen Abteilung, 38. Deutscher Juristentag, S. B 101.

[189] § 1360 i. d. F. von 1958, zitiert oben in Fn. 187.

[190] Eine Ausdehnung der Schlüsselgewalt auf beide Partner sah das Gleichberechtigungsgesetz trotz entsprechender Entwürfe nicht vor, vgl. § 1357 BGB i. d. F. von 1958; sämtliche Entwürfe zur Schlüsselgewalt (bis zur Fassung von 1958) finden sich abgedruckt bei: *Wendrich*, Die Entwicklung der familienrechtlichen Entscheidungsbefugnisse der Ehefrau, S. 341–343.

zwischen Erwerbsarbeit auf der einen und Haus- und Familienarbeit auf der anderen Seite beruhte.[191]

Sollte sich eine Ehefrau hingegen dennoch für eine außerhäusliche Erwerbstätigkeit entscheiden, konnte ihr Ehemann dies immerhin nicht mehr durch eine Kündigung ihres Arbeitsvertrages verhindern. § 1358 BGB i. d. F. von 1900, der dieses Recht vorsah, war gestrichen worden. Beibehalten wurde hingegen die namensrechtliche Regelung, § 1355 BGB i. d. F. von 1958, die bestimmte, dass die Frau den Familiennamen des Mannes erhielt. Zugestanden wurde der Frau lediglich, ihren Mädchennamen dem Namen des Mannes hinzuzufügen.

Während dem Ehemann das Recht zum Stichentscheid durch das Gleichberechtigungsgesetz genommen war,[192] blieb mit dem Letztentscheidungsrecht des Vaters „das letzte Refugium offener männlicher Vormachtstellung"[193] weiterhin erhalten. Ihm stand gem. § 1628 Abs. 1 BGB i. d. F. von 1958, wenn die Eltern sich bei der Ausübung ihrer elterlichen Gewalt nicht einigen konnten, nach wie vor das letzte Wort zu.[194] Des Weiteren lag gem. §§ 1628, 1629 BGB i. d. F. von 1957 auch das Vertretungsrecht allein beim Vater.[195] Es waren vor allem diese Normierungen des Gleichberechtigungsgesetzes zur elterlichen Gewalt, die die Einschätzung Dölles, der das Gleichberechtigungsgesetz als „vom Geist vorsichtiger Anpassung an den Gleichberechtigungsgrundsatz erfüllt"[196] sah, euphemistisch erscheinen lässt. Lag doch in den eine männliche Vormachtstellung konsolidierenden Regelungen ein offensichtlicher Verstoß gegen das verfassungsrechtliche Gebot der Gleichberechtigung von Mann und Frau aus Art. 3 Abs. 2 GG vor. Für Erna Scheffler, die in ihrem Referat auf dem Deutschen Juristentag in Frankfurt 1950 betont hatte, dass derartige Entscheidungsregeln sowie jedwede Missbrauchs- oder Vermutungsklausel eindeutig verfassungswidrig seien,[197] muss das Gleichberechtigungsgesetz eine herbe Enttäuschung gewesen sein. Ihre Visionen für eine Umsetzung des Verfassungsauftrags aus Art. 3 Abs. 2 GG wurden vom Gesetzgeber lediglich ansatzweise umgesetzt. Auch aus diesem Grund muss es – wie Konrad Zweigert vermutete –

„für sie besonders beglückend gewesen sein, daß ihr als Richterin am Bundesverfassungsgericht nicht mehr nur das werbende Wort in Rede und Schrift, sondern, nachdem sie ihre richterlichen Kollegen überzeugt hatte, das starke Instrument der gericht-

[191] *Wendrich*, Die Entwicklung der familienrechtlichen Entscheidungsbefugnisse der Ehefrau, S. 319.

[192] Allerdings handelte es sich dabei um eine denkbar knappe Entscheidung, siehe zu den Beratungen im Bundestag: *Feuersenger*, Die garantierte Gleichberechtigung, S. 113–119.

[193] *Grimme*, Die Entwicklung der Emanzipation der Frau, S. 143.

[194] § 1629 Abs. 1 BGB i. d. F. von 1958.

[195] § 1628 Abs. 1 BGB i. d. F. von 1958.

[196] *Dölle*, Familienrecht, S. 29.

[197] *Scheffler*, Referat 38. Deutscher Juristentag, S. B 24.

lichen Entscheidung zu Gebote stand, an die alle Verfassungsorgane der Bundesrepublik Deutschland gebunden waren und sind"[198].

So zügig, wie man es sich nach den Debatten auf dem Frankfurter Juristentag erhoffte, gingen die angestoßenen Reformen also nicht voran. Die durch zahlreiche Stellungnahmen zu den Gesetzesvorhaben vorgebrachte Kritik der Frauenverbände konnte daran nur wenig ändern. Sie wurde vornehmlich von Juristinnen betrieben und – anders als bei der Entstehung des Grundgesetzes – nur unzureichend vom „weiblichen Wahlvolk" unterstützt.[199] Dabei waren es unter anderem die restaurativen Tendenzen der 1950er Jahre, die es der Frauenbewegung erschwerten, die Familienrechtsreform stärker in ihrem Sinne zu beeinflussen.[200] Die weitere Entwicklung sollte jedoch zeigen, dass einige Frauen – vor allem juristisch gebildete Frauen wie Erna Scheffler – auch nach der Verkündung des Gleichberechtigungsgesetzes nichts unversucht ließen, doch noch eine Umsetzung des Verfassungsauftrags aus Art. 3 Abs. 2 GG zu erzielen.[201] Die Vereinigung weiblicher Juristen und Volkswirte warnte kurz vor Verkündung des Gleichberechtigungsgesetzes im Februar 1957:

„Sollte jetzt (…) die gesetzliche Wiedereinführung des Stichentscheids des Vaters erfolgen, so würde dies einen unverständlichen Rückschritt bedeuten. Ein solches Gesetz würde der Anfechtung vor dem Bundesverfassungsgericht unterliegen."[202]

Ob das Bundesverfassungsgericht die Vorschläge der Gleichberechtigungsbefürworter zur Neugestaltung des Familienrechts in den 1950er Jahren[203] konsequenter als die Legislative umsetzte, wird im Folgenden anhand zweier Bundesverfassungsgerichtsentscheidungen untersucht. Vorab erfolgt eine kurze Einleitung zu Erna Schefflers Wahl zur Bundesverfassungsrichterin und ihrer dortigen richterlichen Tätigkeit.

198 *Zweigert*, JZ 1973, S. 605.

199 *Limbach*, in: Frauen im Recht, S. 15.

200 Vgl. *Vaupel*, Die Familienrechtsreform in den fünfziger Jahren, S. 212.

201 *Wendrich*, Die Entwicklung der familienrechtlichen Entscheidungsbefugnisse, S. 320.

202 Vereinigung weiblicher Juristen und Volkswirte, in: Informationen für die Frau, Februar 1957, S. 6.

203 Insofern sind Erna Schefflers Ideen, die sie auf dem Deutschen Juristentag in Frankfurt vorstellte, für die Vorschläge der Gleichberechtigungsbefürworter exemplarisch.

VIII. Die erste Frau in roter Robe

1. Erna Schefflers Tätigkeit am Bundesverfassungsgericht

Erna Scheffler wurde am 7. September 1951 zur Bundesverfassungsrichterin ernannt. Sie war damit „die erste Frau in roter Robe“.[1] Die Hälfte der ursprünglich insgesamt 24 Mitglieder des Gerichts wurde vom Bundesrat, die andere Hälfte vom Bundestag gewählt. Ein zuvor zwischen der Regierungskoalition und der SPD ausgehandelter Kompromiss sah vor, dass sie jeweils acht Richter bestimmen konnten.[2] Acht weitere Richterposten sollten durch parteilose Persönlichkeiten besetzt werden.[3] Erna Scheffler, die sich nie aktiv parteipolitisch engagiert hatte, erhielt einen dieser parteilosen Sitze.[4] Sie wurde am 6. September 1951 gem. § 7 BVerfGG i. d. F. vom 17. April 1951 vom Bundesrat für den Ersten Senat gewählt.[5] Unterstützt wurde ihre Kandidatur von der SPD und dem Bundesland Nordrhein-Westfalen.[6] Nach ihrer Wiederwahl am 26. Juni 1959 war sie weitere vier Jahre, bis zu ihrer Pensionierung am 31. August 1963, am Bundesverfassungsgericht tätig. Erna Scheffler war somit insgesamt zwölf Jahre als Richterin im Ersten Senat des Bundesverfassungsgerichts tätig.[7] Während ihrer gesamten Amtszeit blieb Erna Scheffler

---

[1] *Kümmel*, DRiZ 1984, S. 358.

[2] *Moeller*, Geschützte Mütter, S. 296.

[3] *Moeller*, Geschützte Mütter, S. 296.

[4] *Dertinger*, „Frankfurter Rundschau“, vom 15. Mai 1993, S. 5; *Moeller*, Geschützte Mütter, S. 296.

[5] Der Bundesrat wählte am 6. September 1951 neben Erna Scheffler für den Ersten Senat: Erwin Stein, Franz Wessel, Theodor Ritterspach, Martin Drath und Wilhelm Ellinghaus. Zwei Tage zuvor waren Kurt Zweigert, Gerhard Heiland, Herbert Scholtissek, Joachim Lehmann, Hermann Höpker-Aschoff und Konrad Zweigert vom Wahlmännergremium des Bundestags gem. § 6 IV BVerfGG i. d. F. vom 17. April 1951 für den Ersten Senat gewählt worden. Zur Erstbesetzung des Bundesverfassungsgerichts siehe: *Ley*, ZParl 1982, S. 521–541.

[6] *Moeller*, Geschützte Mütter, S. 296; *Kommers*, Judicial Politics in West Germany, S. 128.

[7] Die durchschnittliche Amtsdauer lag im Ersten Senat bei 9 ½ Jahren. Dies lag daran, dass diejenigen Richter, die Mitglieder der Bundesgerichte waren, „für die Dauer ihres Amtes“ an das Bundesverfassungsgericht gewählt wurden. Im Übrigen war die eine Hälfte der weiteren 16 Bundesverfassungsrichter für acht Jahre, die andere Hälfte für vier Jahre mit der Möglichkeit der Wiederwahl gewählt worden. Insbesondere die Richter Ritterspach (24-jährige Amtsdauer) und Stein (20-jährige Amtsdauer) prägten die Rechtsprechung des Ersten Senats für längere Zeit. *Ley*, ZParl 1982, S. 525 f.

allerdings die einzige Frau unter zunächst 24, später 20 Bundesverfassungsrichtern.[8]

Viele Juristinnen, die die erforderlichen Voraussetzungen zur Wahl zum Bundesverfassungsgericht mitbrachten, gab es im Jahr 1951 nicht, zumal sie zum Zeitpunkt der Wahl gem. § 3 BVerfGG i. d. F. von 1951 mindestens 40 Jahre alt – also vor 1911 geboren sein mussten.[9] So verwundert es nicht, dass sich unter den rund hundert von den Parteien und den Landesregierungen vorgeschlagenen sowie die Liste der Bundesrichter mitumfassenden Juristen nur zwei weitere Juristinnen fanden: Elisabeth Selbert[10] und Hildegard Krüger[11].[12] Alle drei Frauen waren von der SPD vorgeschlagen worden. Allerdings enthielten die jeweils von der SPD und CDU vorgelegten Vorschläge für die konkrete Besetzung der Senate keinen der zuvor in Rede stehenden Frauennamen.[13] Vermutlich war es daher allein der Intervention von Parlamentarierinnen und Frauenverbänden zu verdanken, dass zumindest eine Juristin berücksichtigt wurde.[14] Im für die Bundesverfassungsrichterwahl zuständigen Bundestagsausschuss forderte die einzige vertretene Frau, Emmy Meyer-Laule[15], mindestens eine Frau pro Senat zu wählen.[16] Dafür schlug sie ihre Parteikollegin Elisabeth Selbert sowie Erna Scheffler vor.[17] Aus welchen Gründen Erna Scheffler letzt-

---

[8] Durch das Gesetz zur Änderung des Gesetzes über das Bundesverfassungsgericht vom 21. Juli 1956 (BGBl. Teil I, S. 662) ist die Zahl der Richter auf insgesamt zwanzig reduziert worden. Seit 1961 sind die Senate mit jeweils acht Richtern besetzt.

[9] *Berkemann*, DVBl. 2014, S. 141.

[10] Biografische Angaben siehe: S. 4, Fn. 14.

[11] Biografische Angaben siehe: S. 65, Fn. 117.

[12] *Wengst*, Staatsaufbau und Regierungspraxis, S. 229 f.

[13] *Lange*, Jahrbuch der Schlesischen Friedrich-Wilhelms-Universität zu Breslau, Bd. 42–44 (2001–2003), S. 561.

[14] *Lange*, Jahrbuch der Schlesischen Friedrich-Wilhelms-Universität zu Breslau, Bd. 42–44 (2001–2003), S. 561; *Schwarzhaupt*, in: Mitteilungsblatt des Deutschen Akademikerinnenbundes, S. 24.

[15] Emmy Meyer-Laule (20. Februar 1899–15. März 1985) stammte aus einer wohlhabenden Bauernfamilie. Sie heiratete 1919 Professor Arthur Meyer, der der DDP angehörte. Das junge Ehepaar bekam bereits ein Jahr später eine Tochter. 1924 trat Emmy Meyer-Laule in die SPD ein. Obgleich sie während der NS-Zeit überwacht wurden – ihr Mann wurde sogar zwangspensioniert –, gelang es Meyer-Laule, ihren jüdischen Mitmenschen zu helfen, indem sie beispielsweise Emigrationen mitvorbereitete. Nach dem Zweiten Weltkrieg betrieb sie wieder aktiv Sozialpolitik. 1946 wurde sie Mitglied im Landesvorstand der baden-württembergischen SPD. Von 1949 bis 1961 war sie Mitglied im Deutschen Bundestag, wo sie sich vor allem für die Rechte der Kriegsgeschädigten, Sozialrentner und Erwerbslosen einsetzte. Weitere Verdienste erwarb sie sich mit ihrem Engagement für die bereits grundgesetzlich verankerte Abschaffung der Todesstrafe. Sie trat zudem dafür ein, dass mehr Frauen im Beruf, in der Politik und allgemein in der Öffentlichkeit aktiv werden sollten. Biografische Angaben bei: *Notz*, Frauen in der Mannschaft: Sozialdemokratinnen im Parlamentarischen Rat und im Deutschen Bundestag 1948/49–1957, S. 374–386.

[16] *Lange*, Jahrbuch der Schlesischen Friedrich-Wilhelms-Universität zu Breslau, Bd. 42–44 (2001–2003), S. 561 f.

[17] Niederschrift über die gemeinsame Besprechung der Wahlmänner gem. § 6 Abs. III

lich gewählt wurde, lässt sich in Ermangelung schriftlicher Unterlagen für die erste Wahl der Bundesverfassungsrichter nicht ergründen.[18] Es heißt, dass ihr Vortrag auf dem Juristentag im Jahr zuvor ausschlaggebend für die Wahl zur Bundesverfassungsrichterin gewesen sei.[19] Im Übrigen entsprach sie im besonderen Maße den gesetzlichen Anforderungen der damaligen Fassung von § 3 Abs. 2 BVerfGG.[20] Denn damals wurden neben der Befähigung zum Richteramt besondere Kenntnisse im öffentlichen Recht sowie Erfahrungen im öffentlichen Leben verlangt.[21] Die wenigen Frauen, die die ihnen erst seit 1922 offenstehenden Examensprüfungen absolviert hatten, zog es zudem mehrheitlich eher in das Zivil- oder Familienrecht. Erna Scheffler kam es also entgegen, dass sie sich in der unmittelbaren Nachkriegszeit dem Öffentlichen Recht zugewandt hatte und als Verwaltungsrichterin seitdem in diesem Rechtsgebiet tätig gewesen war.[22] Zudem konnte sie mit ihrem ein Jahr zuvor gehaltenen Referat zur Gleichberechtigung der Frau und der Frage der Anpassung des geltenden Rechts an Art. 3 Abs. 2 GG auf dem Frankfurter Juristentag eine Veröffentlichung mit verfassungsrechtlichem Bezug vorweisen. Den erforderlichen Nachweis einer besonderen fachlichen Eignung konnte sie folglich erbringen.[23] Ihre Mitkandidatin Hildegard Krüger hätte diese Kenntnisse ebenfalls gehabt, da sie genau wie Erna Scheffler am Düsseldorfer Verwaltungsgericht tätig war. Vermutlich konnte sich Erna Scheffler ihrer jüngeren Kollegin gegenüber durchsetzen, da sie als Landesgerichtsdirektorin die höhere berufliche Stellung vorweisen konnte.[24] Des Weiteren war Erna Scheffler – besonders durch ihre Mitgliedschaft in Frauenverbänden und ihrem Beitrag auf dem Deutschen Juristentag – deutlich besser vernetzt als Hildegard Krüger.[25] Allerdings wäre es fehlerhaft, einseitig Erna Schefflers Kompetenzen im Öffentlichen Recht hervorzuheben. Während sie sich im frühen Stadium ihrer Ausbildung im Rahmen ihrer Doktorarbeit noch mit dem Strafrecht beschäftigte, war sie danach viele Jahre im Zivilrecht tätig. Über ihre Erfahrung im Zivilrecht freute sich ihr Richterkollege, der

---

BVerfGG mit den Vertrauensmännern des Bundesrates am 21.6.1951 in Bonn, S. 2, Parlamentsarchiv Deutscher Bundestag, BT-Wahlmännerausschuss vom 4. September 1951, zitiert nach: *Lange*, in: Jahrbuch der Schlesischen Friedrich-Wilhelms-Universität zu Breslau, Bd. 42–44 (2001–2003), S. 561 f.

18 *Ley*, NJW 1983, S. 1653.

19 *Waldhoff*, JöR 56 (2003), S. 263 f.; *Lange*, in: Jahrbuch der Schlesischen Friedrich-Wilhelms-Universität zu Breslau, Bd. 42–44 (2001–2003), S. 555; *Rust*, APuZ 2001, S. 30.

20 *Ley*, NJW 1983, S. 1653.

21 Vgl. *Ley*, NJW 1983, S. 1653.

22 *Berkemann*, DVBl. 2014, S. 141.

23 Vgl. auch *Ley*, ZParl 1982, S. 531.

24 *Lange*, in: Jahrbuch der Schlesischen Friedrich-Wilhelms-Universität zu Breslau, Bd. 42–44 (2001–2003), S. 563.

25 Biografische Angaben zu Hildegard Krüger siehe S. 65, Fn. 117 dieser Arbeit.

renommierte Privatrechtswissenschaftler Konrad Zweigert.[26] Er hob rückblickend auf ihre Zeit am Bundesverfassungsgericht hervor, dass sie sich gemeinsam bemüht hätten, „dem leicht ins Verschwommene geratenden Verfassungsrecht mit den strengen und erprobten Instrumenten des Zivilrechts schärfere Konturen abzugewinnen".[27]

Der Erste Senat des Bundesverfassungsgerichts, dem Erna Scheffler angehörte, war in der Zeit ihrer richterlichen Tätigkeit unter anderem zuständig für Normenkontrollverfahren und Verfassungsbeschwerden.[28] Bis 1959 war er neben der Wahrung der klassischen Grundrechte (Art. 1–17 GG) zuständig für die Justizgrundrechte (Art. 101, 103, 104 GG).[29] In den ersten fünf Jahren war der Erste Senat zudem verantwortlich für Parteiverbote und Wahlrechtssachen. In Erna Schefflers Amtszeit erklärte der Erste Senat gleich zwei Parteien für verfassungswidrig: Im ersten Jahr seiner Existenz wurde als Folge des erfolgreichen Parteiverbotsverfahrens die Sozialistische Reichspartei (SRP) aufgelöst.[30] Weitaus schwerer fiel der Bundesverfassungsrichterin und ihren Kollegen die Entscheidung im von der Bundesregierung ebenfalls 1951 beantragten Verbotsverfahren gegen die Kommunistische Partei (KPD). Erst am 17. August 1956 erging schließlich das bis heute umstrittene Verbotsurteil.[31] Mindestens ebenso politisch brisant waren die Entscheidungen des Bundesverfassungsgerichts zur Wiederbewaffnung im Jahre 1952, von denen zwei vom Ersten Senat[32],

---

[26] Konrad Zweigert (22. Januar 1911–12. Dezember 1996) war für eine Amtsperiode von 1951 bis 1956 als Richter am Bundesverfassungsgericht tätig. Seine größte Bekanntheit erlangte er als Rechtsvergleicher und als Experte im Internationalen Privatrecht. Aufgewachsen in Berlin studierte er an den Universitäten in Grenoble, Göttingen und in seiner Heimatstadt Jura. Nachdem er 1937 das zweite Staatsexamen abgelegt hatte, arbeitete er am damaligen Kaiser-Wilhelm-Institut für ausländisches und internationales Privatrecht, dessen Leitung Ernst Rabel kurz zuvor hatte aufgeben müssen. Er war dort unter Ernst Heymann als Referent für die romanischen Rechtsordnungen tätig und leitete die Gutachtenabteilung. Ihm und seinem damaligen Institutskollegen Hans Rupp – der von 1951 bis 1975 ebenfalls Richter am Bundesverfassungsgericht, allerdings im Zweiten Senat, war – ist es zu verdanken, dass die Bibliothek des Instituts 1944 gerade noch rechtzeitig nach Tübingen ausgelagert und so gerettet werden konnte. 1946 habilitierte sich Zweigert in Tübingen und übernahm kurze Zeit später einen Lehrstuhl an der dortigen Fakultät. Nach seiner Tätigkeit als Bundesverfassungsrichter folgte er im Zuge des Umzugs des Max-Planck-Instituts für ausländisches und internationales Privatrecht – wie das ehemalige Kaiser Wilhelm Institut seit 1949 hieß – einem Ruf an die Hamburger Universität. 1963 wurde er als Nachfolge Dölles Direktor des Instituts, das er – seit 1967 zugleich Vizepräsident der Max-Planck-Gesellschaft – bis 1979 leitete. Biografische Angaben bei: *Flessner*, NJW 1996, S. 1877; *Kötz*, RabelsZ 60 (1996), S. 413–416.

[27] *Zweigert*, JZ 1973, S. 606.

[28] § 14 I BVerfGG i. d. F. vom 21. Juli 1956 (BGBl. I 662).

[29] *Zweigert*, in: Das Bundesverfassungsgericht 1951–1971, S. 95.

[30] BVerfGE 2, 1.

[31] BVerfGE 5, 85. Zum KPD-Verbot siehe: *Foschepoth*, Verfassungswidrig!: das KPD-Verbot im Kalten Bürgerkrieg; *A. v. Brünneck*, Politische Justiz gegen Kommunisten, S. 117–134.

[32] BVerfGE 1, 281: Wiederbewaffnung I; BVerfGE 1, 396: Wiederbewaffnung II.

eine vom Zweiten Senat[33] und eine sogar im Plenum[34] – also von Erna Scheffler und ihren Kollegen aus beiden Senaten – getroffen wurden. Im Kern ging es dabei um die geplante Ratifizierung eines Entwurfs zur Bildung einer Europäischen Verteidigungsgemeinschaft (EVG). Allerdings entschied das Gericht in den Verfahren dreimal lediglich in Verfahrensfragen und wies den Antrag der SPD-Fraktion auf Erlass einer einstweiligen Anordnung gegen die Bundesregierung über den Beitritt zur EVG aus formalen Gründen ab. Dieses „prozessuale Hin und Her"[35] führte dennoch zum ersten großen „Statusstreit" zwischen der Regierung Adenauer und dem Bundesverfassungsgericht.[36] Ein weiteres wichtiges Urteil, mit dem sich das Bundesverfassungsgericht Ende der 1950er Jahren Respekt verschaffte, ist das sogenannte Lüth-Urteil[37], in dem der Erste Senat am 15. Januar 1958 nicht nur wichtige Fragen zum Grundrecht der Meinungsfreiheit (Art. 5 GG) klärte, sondern die mittelbare Drittwirkung der Grundrechte begründete. Noch im selben Jahr traf der Erste Senat eine wegweisende Entscheidung zum Berufsrecht. Im sogenannten Apotheken-Urteil[38] vom 11. Juni 1958 entwickelte der Erste Senat die sogenannte „Stufentheorie" als Konkretisierung der zulässigen Einschränkungen der Berufsfreiheit aus Art. 12 Abs. 1 GG und stellte praktisch die Niederlassungsfreiheit her.[39]

Wie häufig die Rechtsprechung des Ersten Senats zur Umsetzung des Gleichberechtigungsgrundsatzes beitragen musste, ist an den vielen Entscheidungen zu Art. 3 Abs. 2 GG, insbesondere aus der Anfangszeit des Bundesverfassungsgerichts, abzulesen. Unter der Mitwirkung von Erna Scheffler sprach der Senat folgende Urteile:

- Zunächst bestätigte das Bundesverfassungsgericht am 18. Dezember 1953 in seiner Grundsatzentscheidung zu Art. 3 Abs. 2 GG (BVerfGE 3, 225), dass die Verfallsklausel aus Art. 117 I GG nicht verfassungswidrig und somit das Gleichberechtigungsgebot unmittelbar geltendes Recht sei.[40]
- Vier Jahre später, am 17. Januar 1957, erklärte es die zwingende Zusammenveranlagung der Ehegatten im Steuerrecht für verfassungswidrig (BVerfGE 6, 55).[41]

---

[33] BVerfGE 2, 143: Wiederbewaffnung IV.
[34] BVerfGE 2, 86: Wiederbewaffnung III.
[35] *Wesel*, Der Gang nach Karlsruhe, S. 58.
[36] Siehe dazu: *Lembcke* in: Das Bundesverfassungsgericht im politischen System, S. 151–161; *Wesel*, Der Gang nach Karlsruhe, S. 54–82.
[37] BVerfGE 7, 198.
[38] BVerfGE 7, 377.
[39] *Zweigert*, in: Das Bundesverfassungsgericht 1951–1971, S. 102.
[40] BVerfGE 3, 225.
[41] BVerfGE 6, 55.

- Am 29. Juli 1959 wurde der sogenannte Stichentscheid des Vaters, der im Konfliktfall dem Vater das Recht, allein zu entscheiden, einräumte, für verfassungswidrig erklärt (BVerfGE 10, 59).[42]
- Das Verdikt der Verfassungswidrigkeit traf auch die Höfeordnung, mit der Bevorzugung des männlichen Erben, über die am 6. Februar 1963 entschieden wurde (BVerfGE 15, 337).[43]
- Noch im selben Jahr wurde am 24. Juli klargestellt, dass es dem Gleichberechtigungsgebot widersprach, Leistungen von Müttern, Hausfrauen und Mithelfenden in der Sozialversicherung unberücksichtigt zu lassen, sodass Waisenrenten nicht zu zahlen waren (BVerfGE 17, 1).[44]

Für die Umsetzung der Gleichberechtigung der Geschlechter bedurfte es, wie es Erna Scheffler selbst einmal rückschauend schilderte, folglich häufig der „Nachhilfe" des Bundesverfassungsgerichts.[45] Sie ließ in ihrem rückblickenden Vortrag von 1970 allerdings unerwähnt, dass sie selbst an dieser „Nachhilfe" keinesfalls unbeteiligt gewesen war. In einer Äußerung ganz allgemein über den „ständigen und vielfältigen Einfluss von Frauen"[46] lässt sie die Zuhörer jedoch erahnen, dass sie viele dieser Entscheidungen zur Umsetzung der Gleichberechtigung beeinflusste. Sie erwähnte:

> „Wir haben als Frauen vielfach einen anderen Blick, einen anderen Wertmaßstab beim Abwägen von Argumenten. Ich selbst habe in den 12 Jahren der Arbeit im Bundesverfassungsgericht erfahren, welch große Möglichkeiten man auch als einzige Frau hat, eine Mehrheit für den eigenen Standpunkt zu gewinnen, wenn man ihn mit Sachkenntnis, Geschick und Intensität vertritt."[47]

Auch den Äußerungen ihrer damaligen Richterkollegen kann man entnehmen, dass es ihr das ein oder andere Mal gelungen sein könnte, ihre männlichen Kollegen von ihrer Sichtweise zu überzeugen. So schrieb beispielsweise Konrad Zweigert zu Erna Schefflers 80. Geburtstag:

> „Die Entscheidungen des Ersten Senats zur Gleichberechtigung im Familienrecht (etwa: das Ende des Stichentscheids des Vaters in Fragen der elterlichen Gewalt), zur Gleichberechtigung im Steuerrecht und Sozialversicherungsrecht (z. B. Witwer-Rente) waren im Wesentlichen ihr Werk."[48]

Auch Karl Heck[49] gedachte in seinem Nachruf auf Erna Scheffler dessen, dass ihre Mitwirkung die Rechtsprechung des Ersten Senats entscheidend beeinflusst

---

42 BVerfGE 10, 59.
43 BVerfGE 15, 337.
44 BVerfGE 17,1.
45 *Scheffler*, Die Stellung der Frau, S. 21.
46 *Scheffler*, Die Stellung der Frau, S. 13.
47 *Scheffler*, Die Stellung der Frau, S. 13.
48 *Zweigert*, JZ 1973, S. 605.
49 Karl Heck (1896–1997) wurde am 18. März 1954 zum Richter am Bundesverfassungs-

habe. Der Senat sei sowohl, was die Bedeutung der Ehe und Familie als auch, was die Gleichberechtigung der Geschlechter anbelangt, weitgehend ihren Erwägungen gefolgt, betonte er.[50] Erna Scheffler sei scherzweise als „der maßgebende Mann im Ersten Senat“ bezeichnet worden, erinnerte er sich weiter an ihre gemeinsame Zeit am Bundesverfassungsgericht.[51]

Erna Schefflers Mann konnte ebenfalls – mit seiner Ernennung zum Richter am Bundesgerichtshof am 9. Januar 1952 – ein weiterer Karrieresprung gelingen. Das Ehepaar erwarb in Wolfartsweier, einem kleinen Ort außerhalb von Karlsruhe, ein abgelegenes und stark renovierungsbedürftiges Haus.[52] Von Freunden ist überliefert worden, dass es anfangs nicht einmal an die Trinkwasserversorgung angeschlossen war, was dazu geführt haben soll, dass Erna Scheffler sich dieses am Bundesverfassungsgericht abzapfte und nach Hause transportierte.[53] Aufgrund zweier Tatsachen ist zu vermuten, dass Erna Scheffler die gemeinsamen Abendstunden auch nutzte, um sich fachlich mit ihrem Mann auszutauschen. So soll im Scheffler'schen Wohnraum ein Doppelschreibtisch gestanden haben, der es den Eheleuten ermöglichte, sich bei der Arbeit anzusehen.[54] Auch galt Erna Scheffler als die sechste Stimme des fünfköpfigen BGH-Senats ihres Ehemannes.[55]

2. Die Grundsatzentscheidung zur Gleichberechtigung (BVerfGE 3, 225)

Im weiteren Verlauf der Arbeit werden zwei Urteile zur Gleichberechtigung aus der Anfangszeit des Bundesverfassungsgerichts beleuchtet, an denen Erna Scheffler entscheidend mitgewirkt hat. Wenngleich es sich bei den Urteilen um

---

gericht gewählt. Er gehörte dem Ersten Senat bis zum 9. Februar 1965 an. Seine Karriere innerhalb der Justiz begann schon sehr viel früher: 1929 wurde er zum Richter in Württemberg ernannt. Ein Jahr später wechselte er an das Stuttgarter Landgericht. 1933 stieg er zum Amtsgerichtsdirektor in Reutlingen auf. Drei Jahre später wurde er nach Stuttgart strafversetzt, weil er sich weigerte, der NSDAP beizutreten. In Stuttgart war er zunächst als Landgerichtsrat und ab 1940 als Landgerichtsdirektor tätig. Nach überstandener Kriegsgefangenschaft 1947 arbeitete er zunächst für ungefähr ein Jahr am Stuttgarter Justizministerium, bis er 1949 Senatspräsident am dortigen Oberlandesgericht wurde. 1950 wechselte er ans Landgericht und wurde dessen Präsident. Noch im selben Jahr wurde er zum Richter am Bundesgerichtshof ernannt. Dort war Heck, bis er im Frühjahr 1954 seine Tätigkeit am Bundesverfassungsgericht aufnahm, im für Grundstücksrecht zuständigen Fünften Zivilsenat tätig. Biografische Angaben bei: *Hänlein*, NJW 1996, S. 3131–3134.

[50] *Heck*, JZ 1983, S. 721.

[51] *Heck*, JZ 1983, S. 721.

[52] *Jaeger*, in: Juristinnen in Deutschland, 1900–2003, S. 199.

[53] *Lange*, in: Jahrbuch der Schlesischen Friedrich-Wilhelms-Universität zu Breslau, Bd. 42–44 (2001–2003), S. 565.

[54] *Schwarzhaupt*, in: Mitteilungsblatt des Deutschen Akademikerinnenbundes 1983, S. 7.

[55] *Jaeger*, in: Juristinnen in Deutschland, 1900–2003, S. 199.

Gemeinschaftswerke der Richterinnen und Richter des jeweiligen Senats handelte, soll der Versuch unternommen werden, Erna Schefflers persönlichen Anteil an den zuvor dargestellten Urteilen zu ermitteln.

a) Die Ausgangslage – Die Auswirkung der Überschreitung der Anpassungsfrist in Art. 117 Abs. 1 GG

Bis zum verfassungsrechtlich vorgesehenen Datum, dem 31. März 1953, war kein Gesetz zur Anpassung des Bürgerlichen Rechts an den Grundsatz der Gleichberechtigung zustande gekommen (vgl. Kapitel VII 3 a)). Die verfassungsmäßige Frist des Art. 117 Abs. 1 GG war somit verstrichen, ohne dass entgegenstehendes Recht reformiert worden war. Dies hatte zur Folge, dass der Rechtsprechung die Aufgabe zufiel, die Gleichberechtigung zu realisieren. Aufgrund der Verfallklausel in Art. 117 Abs. 1 GG trat das dem Gleichberechtigungsgebot aus Art. 3 Abs. 2 GG entgegenstehende Recht außer Kraft. Ab dem 1. April 1953 befanden sich die deutschen Richter und Richterinnen daher in einer ungewohnten Lage.[56] Sie mussten nun die verfassungsrechtlich gewährleistete Gleichberechtigung umsetzen. Vor allem im Familienrecht, „das ja im Ganzen noch auf dem Vorrang des Ehemannes aufbaute",[57] waren viele Regelungen unwirksam geworden. Die Richter mussten nun entscheiden, ob eine Norm mit Art. 3 Abs. 2 GG vereinbar sei.[58] Dabei reichte die Nichtanwendung der vorkonstitutionellen, nunmehr verfassungswidrigen Bestimmungen häufig nicht aus. Vielmehr sahen sich die Richter in der ungewöhnlichen Situation, statt der Legislative zu entscheiden, welche Regelung fortan gelten sollte.[59] Als Anhaltspunkt konnte ihnen zunächst lediglich ein erster Regierungsentwurf zur Gleichberechtigung vom 23. Oktober 1952 dienen. Es folgten ein weiterer Entwurf zur Neugestaltung des Familienrechts – eingebracht durch die Fraktionen von FDP und SPD – und schließlich Ende Januar 1953 ein zweiter Entwurf der Bundesregierung. Diesen Entwurf kritisierte Erna Scheffler kurze Zeit später auf einer Tagung des Landesverbandes der Frauenarbeitsgruppen Baden Württembergs in Stuttgart als „tragisch, wenn nicht lächerlich".

> „Der Entwurf sichere etwas mehr verklausuliert ebenso das Patriarchat wie das BGB. Nicht die Gleichberechtigung wirke ehezerstörend, sondern, wie zahlreiche Fälle aus ihrer Praxis als Richterin beweisen würden, die heute völlig unmotivierte, alleinige Entscheidungsgewalt des Mannes",

---

[56] *Kropholler*, Gleichberechtigung durch Richterrecht, S. 7.
[57] *Zweigert*, in: Das Bundesverfassungsgericht, S. 106.
[58] *Bosch*, NJW 1987, S. 2617.
[59] Vgl. *Kropholler*, S. 7; *Bosch*, NJW 1987, S. 2618; *Dürig*, in: Maunz/Dürig, 76. EL, Art. 117, Rn. 3.

heißt es über ihre Kritik in der „Neuen Zeitung" vom 29. Januar 1953.[60] Bis der Gesetzgeber durch das Gleichberechtigungsgesetz vom 18. Juni 1957[61] seinen Gesetzgebungsauftrag aus Art. 117 Abs. 1 GG schließlich – zumindest in Teilen – erfüllte, sollte es hingegen noch einige Jahre dauern.

Es war zu erwarten, dass in dieser Situation – also nach Ablauf der Frist des Art. 117 Abs. 1 GG – ein Streit über Grundsatzfragen entbrennen würde: Durfte die Gleichberechtigung überhaupt durch Richterrecht verwirklicht werden? Wurden dadurch nicht die Grundwerte der Rechtssicherheit und der Gewaltenteilung verletzt?[62] Konnte es also ein „verfassungsunmittelbares Familienrecht" überhaupt geben oder war gar Art. 117 Abs. 1 GG selbst verfassungswidrig?

In Anbetracht der damals heftigen Diskussionen um die „richtige" Verwirklichung der Gleichberechtigung, ist es nicht verwunderlich, dass sich die Richterinnen und Richter mit der Aufgabe der unmittelbaren Anwendung von Art. 3 Abs. 2 GG überfordert fühlten.[63] Insbesondere das Oberlandesgericht Frankfurt am Main war der Ansicht, dass Art. 117 Abs. 1 GG gegen übergeordnete Grundsätze der Rechtssicherheit und Gewaltenteilung verstoße, soweit angeordnet werde, dass auch ohne Anpassungsgesetz Art. 3 Abs. 2 GG entgegenstehendes Recht vom 1. April 1953 an ersetze.[64] Es legte daher dem Bundesverfassungsgericht im Wege einer konkreten Normenkontrolle gem. Art. 100 Abs. 1 GG die Frage, „ob Art. 117 Abs. 1 GG insoweit nichtig sei, als er das bürgerliche Recht auf dem Gebiete von Ehe und Familie mit Ablauf des 31. März 1953 außer Kraft setzt", zur Entscheidung vor.[65] Über diese Frage hatte nun der Erste Senat, mit Erna Scheffler als Berichterstatterin,[66] zu entscheiden.

b) Entscheidungsgründe

Im Rahmen der Zulässigkeit der Normenkontrolle war zunächst problematisch, ob das Bundesverfassungsgericht auch über die Verfassungswidrigkeit von Verfassungsnormen selbst gem. Art. 100 Abs. 1 GG entscheiden kann. Es ging dabei besonders um die Frage, ob Normen der Verfassung denklogisch überhaupt an ranghöheren Normen gemessen werden können. Diese Frage bejahten die Richter. Zwar gelte der Grundsatz, dass der *pouvoir constituant* alles nach seinem Willen ordnen könne. Gelte er jedoch ausnahmslos,

---

60 *Anonym*, „Die Neue Zeitung", vom 29. Januar 1953.
61 BGBl. 1953, Teil I, 609 f.
62 *Kropholler*, Gleichberechtigung durch Richterrecht, S. 63.
63 Vgl. *Langenfeld*, in: Maunz/Dürig, 81. EL, Art. 117, Rn. 4.
64 OLG Frankfurt am Main, Beschluss vom 22.4.1953 – 3 U 51/53, in: NJW 1953, S. 746–748.
65 BVerfGE 3, 225 (227).
66 BArch, 237/92160, Verfahrensakte (Az.: 1 BvL 106/53), S. 4.

„würde er aber einen Rückfall in die Geisteshaltung eines wertungsfreien Gesetzespositivismus bedeuten, wie sie in der juristischen Wissenschaft und Praxis seit längerem überwunden [sei].“[67]

Auf den großen Ausnahmecharakter einer Prüfung von Verfassungsnormen selbst wird unter Bezugnahme auf die Radbruchsche Unerträglichkeitsformel[68] verwiesen. Es wird so verdeutlicht, dass die „theoretische Möglichkeit originärer ‚verfassungswidriger Verfassungsnormen‘ einer praktischen Unmöglichkeit“ nahezu gleich komme.[69] Die Richter und die Richterin bejahten nicht nur „die, wenn auch nur entfernte, Denkbarkeit verfassungswidriger Verfassungsnormen“,[70] sondern auch die diesbezügliche Prüfungszuständigkeit des Bundesverfassungsgerichts. Die entgegengehaltenen Argumente, der Richter würde sich bei einer solchen Prüfung verfassunggebende Gewalt anmaßen und sich deshalb vom Grundsatz der Gewaltenteilung zu weit entfernen, entkräftete der Erste Senat mit der abwehrenden Funktion der Normenkontrolle.[71] Er erachtete die Vorlage des OLG Frankfurt nach Art. 100 Abs. 1 GG folglich als zulässig.

In der materiell-verfassungsrechtlichen Prüfung befassten sich Erna Scheffler und ihre Richterkollegen mit der Frage, ob die durch die Frist in Art. 117 Abs. 1 GG verursachte Gesetzeslücke und die „Betrauung des Richters“ mit der Aufgabe, diese zu füllen, gegen die Grundsätze der Rechtssicherheit und der Gewaltenteilung verstießen. „Der Grundsatz der Rechtssicherheit ist durch Art. 117 Abs. 1 zweiter Halbsatz GG nicht verletzt“, heißt es in den Entscheidungsgründen.[72] Die Richter betonten zwar, wie wichtig die Rechtssicherheit „als wesentliches Element des rechtsstaatlichen Prinzips“ sei, erläuterten aber sodann, dass sie häufig mit der Forderung nach materieller Gerechtigkeit in Widerstreit liege.[73] Es müsse in erster Linie Aufgabe des Gesetzgebers sein, diesen Widerstreit bald nach der Seite der Rechtssicherheit, bald nach der Seite der materialen Gerechtigkeit hin zu entscheiden.[74] Dies sei hier geschehen, erklärten die Richter. Die Mitglieder des Parlamentarischen Rates hätten die Gleichberechtigung von Mann und Frau einmütig als ein Gebot materialer Gerechtigkeit anerkannt. Um Zeit für eine Anpassungsgesetzgebung zu gewinnen,

---

67 BVerfGE 3, 225 (232).

68 In dem Aufsatz „Gesetzliches Unrecht und Übergesetzliches Recht“ entwickelte der Rechtsphilosoph Radbruch 1946 die später viel zitierte These: „Der Konflikt zwischen der Gerechtigkeit und der Rechtssicherheit dürfte dahin zu lösen sein, daß das positive, durch Satzung und Macht gesicherte Recht auch dann den Vorrang hat, wenn es inhaltlich ungerecht und unzweckmäßig ist, es sei denn, daß der Widerspruch des positiven Gesetzes zur Gerechtigkeit ein so unerträgliches Maß erreicht, daß das Gesetz als ‚unrichtiges Recht‘ der Gerechtigkeit zu weichen habe“, SJZ 1946, S. 105–108.

69 BVerfGE 3, 225 (233).

70 BVerfGE 3, 225 (235).

71 BVerfGE 3, 225 (236).

72 BVerfGE 3, 225 (237).

73 BVerfGE 3, 225 (237).

74 BVerfGE 3, 225 (237).

habe der Grundgesetzgeber diese Aktualisierung des Grundsatzes der Gleichberechtigung der Geschlechter um eine begrenzte Zeit hinausgeschoben. Zugleich werde jedoch durch die verschiedenen Fassungen der Absätze 1 und 2 des Art. 117 GG unterstrichen, dass für den Fall eines fruchtlosen Ablaufs der Frist „eine etwa dann folgende Rechtsunsicherheit um des als material gerecht Erkannten willen bewußt in Kauf" genommen worden sei.[75]

„Da eine solche Fristverlängerung nicht Gesetz geworden ist, vermag der Richter die wohlerwogene und sachlich durchaus vertretbare Entscheidung des Gesetzgebers (...) nicht zu ändern – die eintretende Rechtsnot müßte denn schlechthin nicht erträglich sein."[76]

Ob dies der Fall war, beschäftigte die Richter weiter.

War nun also „die Anwendung des Art. 3 Abs. 2 GG mit den richterlichen Mitteln der Subsumtion, Auslegung und Lückenfüllung" möglich? Oder handelte es sich, wie vom Oberlandesgericht Frankfurt behauptet worden war, um einen „politischen Begriff", eine „leere Formel"? Letztlich ging es also um die Einordnung von Art. 3 Abs. 2 GG entweder als „echte Rechtsnorm" oder als „nicht justiziablen Programmsatz".[77]

Erna Scheffler und ihre Kollegen entschieden sich für Ersteres. Die Ansicht, es handle sich um einen nicht justiziablen Programmsatz, beruhe in erster Linie darauf, dass die Bedeutung der Bestimmung als Konkretisierung des allgemeinen Gleichheitssatzes (Art. 3 Abs. 1 GG) verkannt werde, erläuterten sie. Durch Art. 3 Abs. 2 und 3 GG sei verfassungskräftig die Frage, ob die dort genannten Ungleichheiten einen beachtlichen Grund für Differenzierungen abgeben, verneint worden. Um Art. 3 Abs. 2 GG als Rechtssatz zu erkennen und anzuwenden, sei es freilich erforderlich, dem Begriff „Gleichberechtigung" den ihm immanenten präzisen juristischen Sinn abzugewinnen und ihn nicht durch eine Gleichsetzung mit den manchmal polemisch verwendeten, rechtlich kaum fassbaren Vokabeln „Gleichwertigkeit" oder „Gleichmacherei" zu entwerten, heißt es weiter.[78]

„Mit ‚Gleichwertigkeit' hat ‚Gleichberechtigung' nämlich nur insofern zu tun, als Gleichberechtigung stets – nicht nur im Verhältnis von Mann und Frau – auf Gleichwertigkeit aufbaut, die Andersartigkeit anerkennt",

konstatierten die Richterin und die Richter des Ersten Senats, indem sie auf Elisabeth Selberts Äußerung im Parlamentarischen Rat Bezug nahmen.[79] Sie erläuterten ihr Verständnis des Begriffs der Gleichberechtigung näher und stellten fest:

---

75 BVerfGE 3, 225 (238).
76 BVerfGE 3, 225 (239).
77 Vgl. BVerfGE 3, 225 (239).
78 BVerfGE 3, 225 (241).
79 BVerfGE 3, 225 (241).

„Von ‚Gleichmacherei' wesensmäßig verschiedener Kategorien kann im Zusammenhang mit dem Begriff der Gleichberechtigung schon deshalb nicht die Rede sein, weil das Differenzierungsgebot des Art. 3 Abs. 2 GG ebenso wie das des Abs. 3 nur die Bedeutung hat, daß die aufgeführten faktischen Verschiedenheiten keine rechtliche, nicht aber auch dass sie keine gesellschaftliche, soziologische, psychologische oder sonstige Wirkung haben dürfen."[80]

Anschließend erklärte der Erste Senat, dass auch der innere Zusammenhang zwischen Art. 3 Abs. 2 GG und Art. 6 Abs. 1 GG nicht dazu führe, dass Art. 3 Abs. 2 GG qualitativ keine Rechtsnorm sei. Er betonte dabei die Vereinbarkeit der Grundrechtsnormen. Erna Scheffler und ihre Senatskollegen hoben diesbezüglich insbesondere hervor, dass bei richtiger Zusammenschau von Art. 3 Abs. 2 und Art. 6 Abs. 1 GG nicht die Gefährdung der einen Bestimmung durch die andere zu befürchten sei. Vielmehr nahmen die Richterin und die Richter an, dass beide Bestimmungen dazu dienen werden, einander zu erfüllen.[81]

Nach Ansicht des Ersten Senats handelte es sich bei der Norm des Art. 3 Abs. 2 GG um eine solche, die „besondere Anforderungen an die Kraft richterlicher Interpretation und Gesetzesergänzung" stellt. Diese Art rechtsfindender Lückenfüllung sei im modernen Rechtsstaat mehr und mehr zur echten richterlichen Aufgabe geworden. Der moderne Gesetzgeber, erklärte der Senat weiter, würde vielerorts unbestimmte Rechtsbegriffe und allgemeine Regeln verwenden, weil es unmöglich sei, der Lebensverhältnisse Herr zu werden und zugleich einen Weg zur rechtlichen Differenzierung zu eröffnen.[82] Art. 3 Abs. 2 GG unterscheide sich von anderen Generalklauseln auch nicht dadurch, dass nur er den Richter nötige, eine Gesetzeslücke in schöpferischer Rechtsfindung zu schließen. Auch solche schöpferische Füllung sei eine herkömmliche und stets bewältigte richterliche Aufgabe, betonten die Richterin und die Richter unter Bezugnahme auf die Regelung zu Treu und Glauben und von der Rechtsprechung entwickelter Rechtsinstitute, wie beispielsweise Aufwertung, Verwertung, Wegfall der Geschäftsgrundlage und Verschulden bei Vertragsschluss.[83] Mit Verweis auf die seit dem Fristablauf entstandene „umfangreiche Judikatur" hoben sie die Auslegungsfähigkeit von Art. 3 Abs. 2 GG hervor und betonten, dass deshalb eine „unerträgliche Rechtsunsicherheit" nicht zu erwarten sei.[84] Ein Blick auf die bisherige Rechtsprechung zeige vielmehr, dass sich zu den wichtigsten Zweifelsfragen eine herrschende Meinung bereits abzeichne.[85]

---

[80] BVerfGE 3, 225 (241).
[81] BVerfGE 3, 225 (242).
[82] BVerfGE 3, 225 (243).
[83] Der Wegfall der Geschäftsgrundlage und der Grundsatz der culpa in contrahendo wurden erst durch das Gesetz zur Modernisierung des Schuldrechts vom 26.11.2001 gesetzlich festgeschrieben (BGBl. I S. 3138).
[84] BVerfGE 3, 225 (245).
[85] BVerfGE 3, 225 (245).

Die These, Art. 117 Abs. 1 zweiter Halbsatz GG verletze den Grundsatz der Gewaltenteilung, widerlegte der Erste Senat nachfolgend sehr knapp. Er führte aus:

„Aus der (…) getroffenen Feststellung, daß die durch Art. 117 Abs. 1 zweiter Halbsatz GG dem Richter übertragene Aufgabe ihrem Wesen nach noch eine echt richterliche Aufgabe ist und daß sie ohne Verletzung des Prinzips der Rechtssicherheit erfüllt werden kann, ergibt sich zugleich, daß auch der Grundsatz der Gewaltenteilung nicht verletzt wird.“[86]

Diese Argumentation führte im Ergebnis zur folgenden Entscheidungsformel:

„Artikel 117 Abs. 1 GG ist insoweit wirksam, als er das dem Artikel 3 Abs. 2 GG entgegenstehende bürgerliche Recht auf dem Gebiete von Ehe und Familie mit Ablauf des 31. März 1953 außer Kraft setzt.“[87]

aa) Auswertung

Das erste Urteil zu Art. 3 Abs. 2 GG aus den Anfangsjahren des Bundesverfassungsgerichts fand aufgrund der damaligen Auseinandersetzung in Politik und Gesellschaft und der nach wie vor ausstehenden Familienrechtsreform viel Beachtung. Es wurde daher nicht nur in den juristischen Fachzeitschriften, sondern auch in den Tageszeitungen und sogar im Rundfunk thematisiert.[88] Auch heute ist das sogenannte Gleichberechtigungsurteil noch von Interesse. So finden sich nicht allein rechtsdogmatisch interessante Fragestellungen, wie die, ob es denklogisch überhaupt verfassungswidriges Verfassungsrecht geben kann.[89] Von besonderer Bedeutung ist das Urteil aufgrund der Einordnung von Art. 3 Abs. 2 GG als „echter Rechtsnorm“ und der zugründeliegenden rechtsmethodischen und historischen Begründung sowie der rechtlichen und gesellschaftspolitischen Auswirkungen.

Zur Lösung der komplizierten rechtsdogmatischen Fragestellungen verwies das Bundesverfassungsgericht im Gleichberechtigungsurteil erstmals ausdrücklich auf die Radbruchsche Formel.[90] Interessant ist dabei nicht nur, dass das BVerfG wiederholt[91] die Existenz „überpositiven“, auch den Verfassungsgeber bindenden Rechts anerkannte, sondern auch die formelle Frage der Verwerfungskompetenz erörterte.[92]

86 BVerfGE 3, 225 (248).

87 BVerfGE 3, 225 (225).

88 Im Südwest-Rundfunk wurde sowohl über die mündliche Verhandlung als auch über das Urteil selbst berichtet, Archiv des SWR, WO128295(AMS).

89 Hierzu: *Maurer*, Staatsrecht I, § 22, Rn. 25.

90 Die Bezugnahme auf die Radbruchsche Formel überrascht und kann als *atypisch* beschrieben werden, da der Urteilsgegenstand nicht gesetzliches Unrecht aus der NS-Zeit ist, vgl. *Dieckmann*, Überpositives Recht als Prüfungsmaßstab, S. 49.

91 Bereits im obiter dictum des Bundesverfassungsgerichtsurteils vom 23. Oktober 1951, BVerfGE 1, 14 ff., erkannte es die Existenz überpositiven Gesetzesrechts an.

92 Eine kritische Würdigung zur Rezeption der Radbruchschen Formel im sogenannten

Indem das Bundesverfassungsgericht Art. 3 Abs. 2 und Art. 3 Abs. 3 GG als verfassungsrechtliche Konkretisierungen des allgemeinen Gleichheitssatzes aus Art. 3 Abs. 1 GG einordnete, sah es „die politische Frage, ob die in Art. 3 Abs. 2 und 3 genannten Ungleichheiten einen beachtlichen Grund für Differenzierungen im Recht abgeben" als „verfassungskräftig verneint" an.[93] Es könne daher nicht mehr gefragt werden, ob der Geschlechtsunterschied heute noch als rechtlich erheblich anzusehen sei.[94] Demzufolge begründete das Bundesverfassungsgericht bereits in seiner ersten Entscheidung zur Gleichberechtigung ein striktes Differenzierungsverbot und negierte die Annahme, es handele sich bei Art. 3 Abs. 2 GG lediglich um einen Programmsatz. Art. 3 Abs. 2 GG wurde somit nicht als bloßes politisches Programm, sondern als „echte Rechtsnorm" qualifiziert. Damit öffnete das Gleichberechtigungsurteil das Tor für die tatsächliche Durchsetzung der Gleichberechtigung der Geschlechter.[95] Das Bundesverfassungsgericht billigte, indem es die Wirksamkeit von Art. 117 Abs. 2 GG feststellte, zugleich die unmittelbare Umsetzung von Art. 3 Abs. 2 GG durch die Gerichte. Aus diesem Grund blieb es zunächst die Aufgabe der Richter, die Gleichberechtigung der Geschlechter zu realisieren. Das Urteil des Bundesverfassungsgerichts leitete eine fünfjährige Zeitspanne ein, in der es die Aufgabe der Richter war, ein Gesetzesvakuum zu füllen.

Die Bewertung des Urteils des Ersten Senats des Bundesverfassungsgerichts hängt unter anderem davon ab, ob die getroffene Prognose, dass eine unerträgliche Unsicherheit nicht zu erwarten sei,[96] sich im Ergebnis bewahrheitete, inwiefern sich also die Vorschrift des Art. 3 Abs. 2 GG als justiziabel erweisen sollte. Letztlich geht es dabei um die Frage, ob die getroffene Entscheidung „ein Mehr an Rechtssicherheit" herbeiführen konnte „oder ob umgekehrt die geplante Rechtsfortbildung" sich als „nicht praktikabel" erweisen sollte.[97] Während Kritiker in den ersten Jahren nach dem Inkrafttreten des Gleichberechtigungsgesetzes teilweise noch ihre Freude ausdrückten, dass die „schreckliche, die normenlose Zeit" nun vorbei sei,[98] finden sich in den 1970er Jahren deutlich positivere Stimmen.[99] So erinnert beispielsweise Ficker an die „hervorragende Leistung der deutschen Rechtsprechung", die „so vorzüglich" gewesen sei, „daß es vielleicht sogar nicht einmal einer neuen gesetzlichen Regelung bedurft

Gleichberechtigungsurteil, BVerfGE 3, 225, findet sich bei *Dieckmann*, Überpositives Recht als Prüfungsmaßstab, S. 50–53.

[93] BVerfGE 3, 225 (240).

[94] BVerfGE 3, 225, (240).

[95] *Zweigert*, Das Bundesverfassungsgericht, S. 106.

[96] BVerfGE 3, 225 (245).

[97] *Möllers/Redcay*, EuR 2013, 409 (423).

[98] *Schlüter*, NJW 1953, 809.

[99] Zu den unterschiedlichen Ansichten ausführlich *Kropholler*, Gleichberechtigung durch Richterrecht, S. 8 f.

hätte.“[100] Kropholler nahm sich dieser „außergewöhnlichen Rechtslage“, die bis zum Inkrafttreten des Gleichberechtigungsgesetzes im Jahre 1958 andauern sollte, 1974 an.[101] Er betonte, dass die Rechtsprechung dieser Jahre ein einmaliges Modell dafür biete, was die deutsche Rechtsprechung leisten könne, wenn von ihr gefordert werde, ein Gesetzesvakuum auszufüllen.[102] Er führte dazu aus:

„Die Aufgabe, die der Rechtsprechung in jenen Jahren gestellt war, ging über die übliche Füllung einzelner Gesetzeslücken weit hinaus; denn im Familienrecht mußten ganze Partien überholten Gesetzesrechts neu gestaltet werden, insbesondere weite Teile des Ehewirkungs- und Güterrechts, aber auch eine Reihe von Vorschriften aus dem Bereich der ehelichen Kindschaft.“[103]

Dieser Zeitraum könne daher als ein einzigartiges Beispiel für die Entwicklung eines zivilrechtlichen Fallrechts in Deutschland bezeichnet werden.[104] Er kam zu dem Ergebnis, dass das Richterrecht während des Gesetzesvakuums kein Rechtschaos entstehen ließ.[105] „Überraschenderweise litt die ‚materiale Gerechtigkeit‘ (…) sogar stärker als die Rechtssicherheit“, konstatierte er. Auch Dölle vertrat die Meinung, dass „die Gerichte (…) die ihnen zufallende Aufgabe der Umstellung des Familienrechts (…) erstaunlich gut gelöst“ hätten.[106]

Das befürchtete „Rechtschaos“ war folglich ausgeblieben, wie die Beurteilungen ab Mitte der 1960er Jahre verdeutlichten.[107] Diese Untersuchungen, die die weitere Entwicklung einbeziehen konnten, zeigten, dass die Prognose der Bundesverfassungsrichterin und der Bundesverfassungsrichter zutreffend war. Im Ergebnis führte also das Urteil, das die „Gleichberechtigung durch Richterrecht“ zuließ, zu einer schnelleren Umsetzung des Verfassungsgebots von Art. 3 Abs. 2 GG, als es gesetzliche Reformen vermocht hätten. Erst knappe fünf Jahre später sollte der Gesetzgeber dem Reformbedarf zumindest teilweise nachkommen, was die Bedeutung des Urteilsspruchs für die Durchsetzung der Gleichberechtigung verdeutlicht.

Die rechtstheoretische Begründung, die diese fünfjährige Epoche in der deutschen Familienrechtsprechung entstehen ließ, ist ebenfalls interessant: Es ist das erste Urteil des Bundesverfassungsgerichts, das ausführt, „eine Gesetzeslücke könne durch schöpferische Rechtsfindung geschlossen werden“.[108] Es

[100] *Ficker*, in: Quo vadis ius societatum, S. 47.
[101] *Krophollers* wissenschaftliche Ausarbeitung „Gleichberechtigung durch Richterrecht“ ist aus einem im Rahmen seines Habilitationsverfahrens am 19. Juli 1974 an der Universität München gehaltenen Vortrag hervorgegangen.
[102] *Kropholler*, Gleichberechtigung durch Richterrecht, S. 8.
[103] *Kropholler*, Gleichberechtigung durch Richterrecht, S. 8.
[104] *Kropholler*, Gleichberechtigung durch Richterrecht, S. 9.
[105] *Kropholler*, Gleichberechtigung durch Richterrecht, S. 79.
[106] *Dölle*, Familienrecht, S. 27.
[107] *Dölle*, Familienrecht, S. 27 f.
[108] *Wiedemann*, NJW 2014, S. 2408.

unterstrich damit folglich die Anerkennung der richterlichen Rechtsfortbildung. Auch aus diesem Grund wird das Urteil noch heute häufig in Aufsätzen und in der Rechtsprechung als Beleg der frühzeitigen Anerkennung der richterlichen Rechtsfortbildung angeführt.[109]

Bemerkenswert sind darüber hinaus die Ausführungen zu dem Zusammenspiel von Art. 3 Abs. 2 und Art. 6 Abs. 1 GG. Der Erste Senat stellte insofern klar, dass der Schutz von Ehe und Familie in Art. 6 Abs. 1 GG keinesfalls Art. 3 Abs. 2 GG übergeordnet sei, sondern dass vielmehr auch in Ehe und Familie Mann und Frau gleichberechtigt sein sollen.[110] Der entgegenstehenden Ansicht, die von einer „Überordnung" von Art. 6 GG gegenüber Art. 3 GG ausging, wurde insofern eine Absage erteilt.[111]

Auf den ersten Blick erscheint das „Gleichberechtigungsurteil" für die weitere Entwicklung des emanzipatorischen Fortschritts ausschließlich förderlich gewesen zu sein. In der Retrospektive ist jedoch zu erkennen, dass sich einige in der Entscheidung enthaltene Begründungen für die weitere Entwicklung einer konsequenten Gleichberechtigung der Geschlechter zugleich hemmend auswirken sollten. Das damalige Verständnis von Art. 3 Abs. 2 GG als „Differenzierungsverbot" kann aus heutiger Sicht als „positivistischer" Interpretationsansatz gewertet werden, der eben nur dazu geeignet war, unmittelbare Diskriminierungen zu beseitigen.[112] Als „zielführendes Thema" der Rechtsprechung des Bundesverfassungsgerichts bis Anfang der 1970er Jahre kann man rückblickend die „Gleichwertigkeit" bei gegebener „Andersartigkeit" ausmachen.[113] Prinzipiell unberücksichtigt blieben so die Wirkungen von geschlechtsneutralen Normen, die sich in der Wirklichkeit geschlechtstypisch auswirken und so benachteiligend wirken können.[114] Eine Einbeziehung der abweichenden gesellschaftlichen Wirklichkeit fand in der Rechtsprechung zu Art. 3 Abs. 2 GG während der Gründungs- und Anfangsphase nicht statt. Auf eine dynamische Verfassungsauslegung wurde damals noch verzichtet.

Des Weiteren hielt das Bundesverfassungsgericht zwar fest, dass auch in Ehen und Familien Mann und Frau gleichberechtigt seien. Es ergänzte aber:

> „Es bedarf kaum eines Hinweises, daß im Bereich des Familienrechts im Hinblick auf die objektiven biologischen oder funktionalen (arbeitsteiligen) Unterschiede nach der Natur des jeweiligen Lebensverhältnisses auch eine besondere rechtliche Regelung erlaubt oder sogar notwendig ist (z. B. alle Bestimmungen zum Schutze der Mutter, Differenzierungen der Art der Leistung für die Familiengemeinschaft)."

---

[109] Beispielsweise: *Wiedemann*, NJW 2014, S. 2408; *Hirsch*, ZRP 2012, S. 208; *Geserich*, DStR-Beiheft 2011, S. 95.

[110] BVerfGE, 3, 225 (242).

[111] *Leicht-Scholten*, Das Recht auf Gleichberechtigung im Grundgesetz, S. 98.

[112] *Berkemann*, DVBl. 2014, S. 144.

[113] *Berkemann*, DVBl. 2014, S. 142.

[114] *Langenfeld*, in: Maunz/Dürig, 91. EL, Art. 3 Abs. 2, Rn. 29.

Ohne weitere Begründung wurde damit die die „Rechtsprechung zur Gleichberechtigung tragende Argumentationsfigur der biologischen und funktionalen Unterschiede“ eingeführt.[115] In den Anfangsjahren wurde in den Entscheidungen zu Art. 3 Abs. 2 GG noch stark die natürliche Verschiedenheit der Geschlechter betont.[116] Unter Einbeziehung der weiteren Entwicklung lassen sich drei Phasen mit jeweils unterschiedlicher Akzentsetzung bei der Interpretation von Art. 3 Abs. 2 GG ausmachen.[117] Während in den ersten beiden Jahrzehnten der Bundesverfassungsrechtsprechung die „Gleichwertigkeit bei Andersartigkeit“ als Leitmotiv bei der Auslegung von Art. 3 Abs. 2 GG bezeichnet werden kann, wurde ab den 1970er Jahren der Aspekt der Gleichheit der Geschlechter hervorgehoben.[118] Erst ab den späten 1980er Jahren wurde zunehmend anerkannt, dass Art. 3 Abs. 2 GG ein Gleichberechtigungsgebot beinhaltet, welches auf die Angleichung der Lebensverhältnisse von Männern und Frauen hinwirken soll.[119] Von einer Verfassungsinterpretation, die Art. 3 Abs. 2 GG als Schutzpflicht des Staates, die eben auch die tatsächliche Gleichberechtigung der Geschlechter erstrebt, war das erste Urteil des Bundesverfassungsgerichts zur Gleichberechtigung folglich noch weit entfernt. Vor allem die Anerkennung funktionaler Unterschiede wirkte sich, wie spätere Entscheidungen zeigen sollten, nachteilig auf die Verwirklichung der Gleichberechtigung der Frau aus.[120]

Bei dieser rückblickenden Kritik darf jedoch nicht verkannt werden, dass das „Gleichberechtigungsurteil“ die wichtige Einordnung von Art. 3 Abs. 2 GG als unmittelbar geltende Verfassungsnorm vornahm. Diese Einordnung war, da sie in den parlamentarischen Debatten Anfang der 1950er Jahre vielfach bestritten worden war, bedeutsam. Auch den Versuchen, mit Hilfe einer Überordnung des Ehe- und Familiengedankens die Gleichberechtigung der Frau zu unterwandern, wurde eine Absage erteilt. Des Weiteren sorgte das „Gleichberechtigungsurteil“, indem es die Verfassungskonformität von Art. 117 Abs. 1 GG bestätigte, dafür, dass die Umsetzung der Gleichberechtigung im Familienrecht vom damaligen Gesetzgeber nicht weiter hinausgezögert werden konnte, wollte er seiner Gesetzgebungszuständigkeit nachkommen. Die erste Grundsatzentscheidung zu Art. 3 Abs. 2 GG stellt daher einen wichtigen Auftakt für die Beseitigung Frauen diskriminierender Regelungen dar.[121] Bis nicht nur alle unmittelbar diskriminierenden Normen, sondern auch faktische Diskriminierungen und

---

115 *Sacksofsky*, Das Grundrecht auf Gleichberechtigung, S. 29.

116 Besonders deutlich wird dies in der Homosexuellen-Entscheidung, BVerfGE 6, S. 389.

117 *Osterloh*, in: Die Gleichberechtigung der Frau in einer sich wandelnden Gesellschaft, S. 20.

118 *Sacksofsky*, in: Geschlecht im Recht, S. 193.

119 Besonders deutlich formuliert wird dies erstmals im Urteil zur Verfassungswidrigkeit des Nachtarbeitsverbots für Arbeitnehmerinnen, BVerfGE 85, 191 (207).

120 *Bacher*, Sind Männer und Frauen gleichberechtigt?, S. 127.

121 *Hohmann-Dennhardt*, in: Das Bundesverfassungsgericht im politischen System, S. 255.

überkommene Rollenverteilungen, die Frauen vielfach benachteiligten, beseitigt wurden, sollte sich jedoch noch eine lange Kette von Bundesverfassungsgerichtsentscheidungen anschließen.

bb) Erna Schefflers Einfluss auf die Entscheidung

Dass Erna Scheffler einen erheblichen Einfluss auf das Urteil nehmen konnte, dürfte vor allem daran gelegen haben, dass sie in dem Verfahren nach einer im Bundesarchiv aufgefundenen gerichtsinternen Verfügung am 9. September 1953 „zum Berichterstatter" bestimmt worden war.[122] Die Aufgabe des Berichterstatters bzw. der Berichterstatterin besteht beim Bundesverfassungsgericht, wie auch bei sonstigen Gerichten, darin, ein schriftliches Gutachten – Votum – zu erstellen und die Entscheidung entsprechend vorzubereiten.[123] Zwar kann der Inhalt einer Entscheidung nicht allein auf die Person der Berichterstatterin oder des Berichterstatters zurückgeführt werden. Eine Studie über den Willensbildungsprozess am Bundesverfassungsgericht[124] ergab aber, dass die berichterstattende Richterin bzw. der berichterstattende Richter einen nicht „unbeträchtlichen Einfluss" auf die Entscheidungsfindung im Senat hat.[125] Erna Scheffler übernahm also die Bearbeitung des Verfahrens. Sie gestaltete als Berichterstatterin dabei aber nicht lediglich den Zeitplan der Bearbeitung und trug während der mündlichen Verhandlung am 25. November 1953 den Sachverhalt vor.[126] Vielmehr nutzte sie ihre Sachkenntnis, um fundierte Entwürfe zu ver-

---

[122] BArch, 237/92160, Verfahrensakte Az 1 BvL 106/53, S. 4. Interessant ist insofern, als das verwendete Formular keinesfalls – wie heute üblich – die vorgesehene weibliche Form vorsah. So musste „Bundesverfassungsrichter" handschriftlich noch um ein „in" ergänzt werden; auch eine Berichterstatterin war im Formular noch nicht vorgesehen.

[123] http://www.bundesverfassungsgericht.de/DE/Verfahren/Der-Weg-zur-Entscheidung/der-weg-zur-entscheidung_node.html.

[124] Es handelt sich um eine größere Studie über die gesamte Struktur des Willensbildungs- und Entscheidungsprozesses des BVerfG, die im Herbst 2005 durchgeführt wurde. Es wurden die im Befragungszeitraum Herbst 2005 aktiven Richterinnen und Richter (insgesamt 16) am BVerfG interviewt. Außerdem wurden alle ehemaligen Richter, die noch nicht das 80. Lebensjahr überschritten hatten, kontaktiert (insgesamt 21). Mit fünfzehn von ihnen wurden Gespräche geführt. Den Interviewpartnerinnen und Interviewpartnern wurde Anonymität zugesichert.

[125] Die aus der Studie gewonnenen Ergebnisse wertete Kranenpohl in seinem Aufsatz „Herr des Verfahrens oder nur Einer unter Acht? Der Einfluss des Berichterstatters in der Rechtsprechungspraxis des Bundesverfassungsgerichts" aus. Im Rahmen der Studie betonten alle Befragten, dass die bzw. der Berichterstattende im Entscheidungsverfahren des BVerfG ein bedeutender Akteur sei, dessen Einfluss nicht zu unterschätzen sei. Dieser beachtliche Einfluss des Berichterstatters bzw. der Berichterstatterin beruhe auf einer ganzen Reihe von Faktoren, erklärt Kranenpohl. Zunächst einmal sei sie bzw. er für die Bearbeitung der ihr bzw. ihm durch die Geschäftsverteilung zugewiesenen Fälle eigenverantwortlich zuständig. Zweitens präge sie bzw. er durch die Abfassung des Votums die Entscheidung vor. Schließlich sei nicht zu übersehen, dass ein ‚eingearbeiteter' Berichterstatter bzw. eine eingearbeitete Berichterstatterin Experte bzw. Expertin für das von ihm bzw. ihr verantwortete Sachgebiet sei.

[126] Dies geht hervor aus BArch, B237/92160, S. 203 f.

fassen.[127] Dass Erna Scheffler als Berichterstatterin eine besondere Expertise für die Frage der Gleichberechtigung der Geschlechter aufwies, bezeugt schon das von ihr zwei Jahre zuvor auf dem 38. Deutschen Juristentag in Frankfurt am Main gehaltene Referat.[128] Erna Scheffler war zudem mit der Problematik, die dadurch entstanden war, dass der Gesetzgeber die in Art. 117 Abs. 1 GG vorgesehene Frist hatte verstreichen lassen, und den damit einhergehenden Rechtsproblemen vertraut. Im Mai 1953, einige Monate bevor das Verfahren am Bundesverfassungsgericht rechtshängig geworden war, hatte sie sich in einem Aufsatz mit der Frage der Auslegung des Grundsatzes der Gleichberechtigung beschäftigt.[129] Ihm ist zu entnehmen, dass sie keine Bedenken gegen eine unmittelbare Anwendung von Art. 3 Abs. 2 GG durch die Gerichte hatte. Zum Verhältnis von Art. 3 Abs. 2 (3) GG und Art. 6 Abs. 1 GG stellte Erna Scheffler bereits zu diesem Zeitpunkt klar, „daß weder der Gesetzgeber der Weimarer Verfassung noch des Grundgesetzes an die – neuerdings befürchtete – Normenkollision (…) gedacht habe“. Aus diesem Grund leuchte nur eine wechselseitige Interpretation derart ein, dass der Gesetzgeber eine Ehe und Familie, in der Mann und Frau gleichberechtigt seien, schützen wolle.[130] Im Urteil wird ebenfalls eine historisch-teleologische Auslegung mit dem Ergebnis vorgenommen, dass „auch in Ehe und Familie Mann und Frau gleichberechtigt sind“.[131] Auch die letztlich entscheidende Charakterisierung von Art. 3 Abs. 2 GG als „justiziable Rechtsnorm“ war in Erna Schefflers Aufsatz angelegt. Mit Verweis auf Dölle, der den Gesetzgeber in Ehesachen in einer „unüberbrückbaren Distanz zu den Lebensvorgängen“ sah, sprach sich Erna Scheffler für eine Zurückhaltung des Gesetzgebers bei der Regelung von Ehe- und Familienangelegenheiten aus. Sie plädierte deshalb dafür, allgemeine Richtlinien, aus denen sich eine Grundhaltung ergebe, für eine neue Ordnung des Ehe- und Elternrechts ausreichen zu lassen. Dabei war sie überzeugt, dass sich eine derartige Grundhaltung schon aus der Verfassung selbst ergebe.[132] Die „Richtlinien“ seien aus dem Ergebnis der ein halbes Jahrhundert andauernden Erörterungen abzulesen, die weitgehend zu einer communis opinio geführt hätten. Daneben stünden dem Richter sowohl Rechts- und Gesetzesanalogie als auch Rechtsver-

[127] Auch wenn ein Votum oder ein Entwurf im Senatsverfahren lediglich die Beratungsgrundlage bildet, ist es – nach Kranenpohl – dem Berichterstatter bzw. der Berichterstatterin möglich, darüber die Diskussion und letztlich die Entscheidung maßgeblich zu beeinflussen. Dies folge zum einen schon aus der Tatsache, dass die berichterstattende Person den Vorgang am besten kenne. Zum anderen folge es daraus, dass sie eine gewisse Struktur – die etwa bestimmte Schlussfolgerungen nahelege, andere dagegen weniger zielführend erscheinen lasse – vorgeben könne.

[128] Dazu ausführlich Kapitel VII. 2.

[129] *Scheffler*, DRiZ 1953, S. 85–88.

[130] *Scheffler*, DRiZ 1953, S. 86.

[131] BVerfGE 3, 225, S. 242.

[132] *Scheffler*, DRiZ 1953, S. 85.

gleichung und schließlich auch der Kabinettsentwurf und der Gegenentwurf der parlamentarischen Opposition als Hilfsmittel zu Gebote.[133] Auch die Erforderlichkeit, „dem Begriff der ‚Gleichberechtigung' den ihm immanenten präzisen juristischen Sinn" abzugewinnen und ihn von „polemisch verwendeten, rechtlich kaum fassbaren Vokabeln" wie „Gleichwertigkeit" oder „Gleichmacherei" abzugrenzen, beschreibt Erna Scheffler bereits in ihrem Aufsatz.[134]

Diese Vorarbeiten dürften ihr die Erstellung eines ersten „Entscheidungsentwurfs", den sie bereits am 15. September – nur sechs Tage, nachdem sie zur Berichterstatterin ernannt worden war – ihren Kollegen im ersten Senat vorlegte,[135] erleichtert haben. Im Ergebnis hielt sie die Normenkontrolle für zulässig aber unbegründet. Auf vierzig Seiten schilderte sie den Tatbestand und führte Gründe für ihren Entscheidungsvorschlag aus. Ihr Entwurf traf jedoch nicht bei allen Mitgliedern des Ersten Senats auf Zustimmung. Höpker-Aschoff, der damalige Präsident des Bundesverfassungsgerichts und Vorsitzender des Ersten Senats, hielt den Antrag des Oberlandesgerichts Frankfurt bereits für unzulässig.[136] Erna Scheffler blieb jedoch auch in einem zweiten Entwurf[137] bei ihrer Meinung und begründete die Frage der Zulässigkeit der Überprüfung von Art. 117 Abs. 1 Halbsatz im Wege der Normenkontrolle und damit die dogmatisch höchst problematische Frage, „ob es theoretisch überhaupt möglich ist, Normen der Verfassung selbst an ranghöheren Normen der Verfassung, welcher Herkunft auch immer, zu messen"[138], wie folgt:

„Das Grundgesetz als Verfassung im hergebrachten Sinne kann nur als Einheit begriffen werden. Daraus folgt, daß rein formal von der Ebene der Verfassung aus gesehen, ranghöhere und rangniedrigere Normen in dem Sinne, daß sie aneinander gemessen werden könnten, grundsätzlich nicht denkbar sind (ebenso BGHZ 1; 274 (276)). Das gilt unabhängig von Bedeutung und innerem Gewicht der einzelnen Normen, unabhängig auch davon, ob sie auf Grund eines Gesetzesvorbehaltes in gewissem Umfang der Disposition des einfachen Gesetzgebers unterliegen oder ob sie umgekehrt durch Art. 79 Abs. 3 GG einer Verfassungsänderung entzogen sind. (…) Die ausnahmslose Geltung des darin zum Ausdruck kommenden Grundsatzes, daß der ursprüngliche Verfassungsgesetzgeber alles nach seinem Belieben ordnen könne, würde aber einen Rückfall in die Geisteshaltung eines wertungsfreien Gesetzespositivismus bedeuten, wie sie in der juristischen Wissenschaft und Praxis seit längerem überwunden ist. Gerade die Zeit des nationalistischen Regimes in Deutschland hat gelehrt, daß auch der Gesetzgeber Unrecht setzen kann, daß

133 *Scheffler*, DRiZ 1953, S. 85.

134 *Scheffler*, DRiZ 1953, S. 86.

135 BArch B 237/1000360 Eine „breitere Erörterung" hielt sie nach dem umfangreichen Votum des BGH „für überflüssig".

136 BArch B 237/1018278, Bemerkungen zu dem Urteilsentwurf von Frau Dr. Scheffler zu Art. 117 GG, 12. Oktober 1953.

137 BArch 237/1000360. Der Entwurf ist undatiert. Da der dem Entwurf zu entnehmende Tenor auf Grund der mündlichen Verhandlung vom 25. November 1953 erging, dürfte dieser Entwurf kurz vor der Urteilsverkündung am 18. Dezember 1953 verfasst worden sein.

138 BArch, 237/1000360, undatierter Entwurf.

also, soll die praktische Rechtsausübung solchen geschichtlich denkbaren Entwicklungen nicht ungewappnet gegenüberstehen, in äußersten Fällen die Möglichkeit bestehen muß den Grundsatz der materialen Gerechtigkeit höher zu werten als den der Rechtssicherheit, wie er in der Geltung des positiven Gesetzes für die Regel zum Ausdruck kommt. Das Bundesverfassungsgericht sieht für die Entscheidung des vorliegenden Falles keinen Anlaß, im einzelnen zu entwickeln, wann solche extremen Fälle gegeben sein können. Ihr Ausnahmecharakter steht außer Zweifel und kommt zum Beispiel in der vorsichtigen Formulierung zum Ausdruck, die Gustav Radbruch in seinem Aufsatz ‚Gesetzliches Unrecht und überpositives Recht' (abgedruckt in Radbruchs ‚Rechtsphilosophie', 4. Aufl., 1950, S. 347 ff.) wählt, (...)."

Daraus, dass sich diese Argumentation nahezu wortgleich im später veröffentlichen Urteil findet, erkennt man, dass Erna Scheffler die Mehrheit der Mitglieder mit dieser Argumentation überzeugen konnte. Ob ihr dabei in die Karten spielte, dass Höpker-Aschoff, der krankheitsbedingt an den Beratungen nicht mehr teilnehmen konnte,[139] die Mitglieder des Senats nicht mehr von seiner Argumentation überzeugen konnte, ist nur zu vermuten. Auch bei der materiellrechtlichen Begründung zeigen zahlreiche Parallelen zwischen den Entwürfen Erna Schefflers und dem späteren Urteil, dass dieses vor allem ihre Handschrift trägt.

3. Das sogenannte „Stichentscheid-Urteil" (BVerfGE 10, 59)

a) *Die Ausgangssituation*

Mit dem Gleichberechtigungsgesetz von 1957 setzte die Legislative den Verfassungsauftrag aus Art. 3 Abs. 2 GG schließlich – zumindest teilweise – im damals geltenden Familienrecht um.[140] Die Epoche des vornehmlich durch Richterrecht geprägten Familienrechts war somit beendet. Die Gleichberechtigung von Mann und Frau wurde durch die Gesetzesreform 1957 jedoch noch nicht in allen Bereichen des Familienrechts umgesetzt.[141] So war zwar das Entscheidungsrecht des Ehemannes in allen gemeinschaftlichen ehelichen Angelegenheiten letztlich mit knapper Mehrheit beseitigt worden. In Erziehungsfragen regelte § 1628 BGB i. d. F. von 1957, dass in Konfliktfällen allein der Vater die Entscheidungsbefugnis habe. Ihm stand – entsprechend dazu – gem. § 1629 Abs. 1 BGB i. d. F. von 1957 im außerhäuslichen Bereich die Vertretungsmacht zu. Es blieb insofern bei einer deutlichen Vormachtstellung des Vaters. Diesen

139 *Darnstädt*, Verschlusssache Karlsruhe, S. 114.

140 *Limbach* beurteilt die Reform durch das Gleichberechtigungsgesetz als „halbherzig", in: 40 Jahre Art. 3 Grundgesetz, 40 Jahre Frauenverbandsarbeit, S. 22.

141 Erst mit dem Ersten Gesetz zur Reform des Ehe- und Familienrechts von 1976 wurde der Gleichberechtigungsgedanke im Familienrecht nahezu vollends verwirklicht.

offensichtlichen Verfassungsverstoß kommentierte Erna Scheffler in der Rückschau folgendermaßen:

„Es gehört zu den seltsamsten Erscheinungen der Entwicklung, daß der Frau längst alle beruflichen Tätigkeiten unter gleichen Bedingungen offenstanden wie den Männern, daß sie aber als Mutter in ihrem ureigensten Wirkungskreis sich dem Vater fügen mußte, so daß ihre Stimme als Abgeordnete oder als Richterin ebensoviel wog wie die Stimme eines Mannes, aber bei Entscheidungen über ihr eigenes Kind verstummen mußte.“[142]

Marie-Elisabeth Lüders, damals Alterspräsidentin des Bundestages, wusste, dass dieser widersinnige Zustand wiederum nur durch ein Urteil des Bundesverfassungsgerichts würde beendet werden können. Sie erkundigte sich bei ihrer langjährigen Bekannten Erna Scheffler nach den maßgebenden Bestimmungen für „die sogenannte abstrakte Normenkontrolle“[143]. Erna Scheffler antwortete ihr in einem Schreiben vom 18. September 1957. Nachdem sie Art. 93 Abs. 1 Nr. 2 GG und § 76 des BVerfGG zitiert hatte, erläuterte sie deren juristischen Inhalt:

„Zu deutsch: Das Bundesverfassungsgericht muß die Vereinbarkeit des sogenannten väterlichen Stichentscheides und der väterlichen gesetzlichen Vertretung mit Art. 3 Abs. 2 des Grundgesetzes (Gleichberechtigung) nachprüfen, wenn ein Drittel der Mitglieder des Bundestages oder eine Landesregierung das beantragt. Es wäre sehr dringend zu wünschen, daß ein solcher Antrag gestellt würde, damit die Entscheidung getroffen werden kann, ehe das sogenannte Gleichberechtigungsgesetz in Kraft tritt.“[144]

Dass Erna Schefflers Wunsch nicht entsprochen wurde – es also nicht zu einer abstrakten Normenkontrolle kommen sollte –, lag nicht zuletzt an der Haltung der SPD. Am 11. November 1957 schätzte Marie-Elisabeth Lüders in einem Brief an die Rechtsanwältin und Notarin Hildegard Gethmann die Aussicht für den Erfolg einer Normenkontrolle folgendermaßen ein:

„Soweit ich bisher habe feststellen können, auch durch Rücksprache mit der SPD, scheint dort wenig Neigung und Aussicht dafür zu sein, daß die Fraktion einen Antrag für eine Normenkontrolle in Sachen § 1628, Stichentscheid, einbringt.“[145]

Sie schlug daher vor, Frauen aus verschiedenen Frauenorganisationen, die verheiratet seien und Kinder hätten, mit einer Klage vorzuschicken.[146] Erna Scheffler, die ebenfalls versucht hatte, sich „über die Haltung der SPD zu einem

[142] *Scheffler*, Die Stellung der Frau, S. 21.

[143] BArch, NL 1151/226, Brief von Erna Scheffler an Marie-Elisabeth Lüders vom 18. September 1957.

[144] BArch, NL 1151/226, Brief von Erna Scheffler an Marie-Elisabeth Lüders vom 18. September 1957.

[145] BArch, NL 1151/226, Brief von Marie-Elisabeth Lüders an Hildegard Gethmann vom 10. November 1957.

[146] BArch, NL 1151/226, Brief von Marie-Elisabeth Lüders an Hildegard Gethmann vom 10. November 1957.

Antrag auf abstrakte Normenkontrolle zu orientieren“[147], teilte ihre Ansicht. Sie vermutete dazu, dass die SPD zurzeit ein besseres Verhältnis zu den Kirchen erstrebe und eine abstrakte Normenkontrolle von § 1628 BGB daher nicht in die Linie der SPD passe. Auch müsse man zugeben, dass die Frauen der SPD ihren Einsatz für die Rechte der Frauen bei den Wahlen immer schlecht danken. Sie hielt es deshalb – genauso wie Marie-Elisabeth Lüders – für aussichtsreicher, sobald wie möglich eine Verfassungsbeschwerde zu erheben. Es komme dabei nicht so sehr auf den Stichentschied an – der ja selten praktisch relevant werde – als vielmehr auf die gesetzliche Vertretung, erläuterte sie. Fälle der gesetzlichen Vertretung müssten ja täglich vorkommen und es könne nicht schwer sein, einige Testfälle herauszufinden. Wichtig sei vor allem, mahnte Erna Scheffler an, dass geeignete Fälle herausgenommen würden, d. h. solche, bei denen die Entscheidung nicht nur hintergründig, sondern nach dem klaren Wortlaut der vom Gericht gegebenen Begründung auf der alleinigen gesetzlichen Vertretung des Kindes durch den Vater oder auf seiner Entscheidungsbefugnis beruhe.[148] Nach diesen Hinweisen beendete Erna Scheffler ihren Brief mit den Worten: „Es ist zu schade, daß ich nichts anderes tun kann als abwarten!“[149]

Marie-Elisabeth Lüders erinnerte sich an das weitere Vorgehen im Kampf gegen das Letztentscheidungsrecht des Vaters:

> „Diese Formulierung, die auf ihren juristischen Unsinn hin näher zu untersuchen nicht notwendig ist, veranlasste viele Frauen zu zahllosen Protesten. Wir konnten daraufhin auch einige Ehepaare mit heranwachsenden Kindern ausfindig machen, die unsere Auffassung teilten und dementsprechend bereit waren, gegen diese offensichtliche verfassungswidrige Formulierung Klage vor dem Bundesverfassungsgericht zu führen.“[150]

Alsbald wurden vier junge Frauen gefunden, die bereit waren, gegen § 1628 und § 1629 Abs. 1 BGB des in Kraft getretenen Gleichberechtigungsgesetzes Verfassungsbeschwerde am Bundesverfassungsgericht einzulegen.[151] Der Deutsche Juristinnenbund erwies sich dabei – der Tradition seines Vorgängers, des Deutschen Juristinnen-Verein, folgend – einmal mehr als Unterstützer der Frauenpolitik. Es wurde vom damaligen Vorstand einstimmig beschlossen, mit Professor Müller-Freienfels[152], der seinerseits noch den Staats- und Verfas-

---

[147] BArch, NL 1151/226, Brief von Erna Scheffler an Marie-Elisabeth Lüders vom 28. November 1957.

[148] BArch, NL 1151/226, Brief von Erna Scheffler an Marie-Elisabeth Lüders vom 28. November 1957.

[149] BArch, NL 1151/226, Brief von Erna Scheffler an Marie-Elisabeth Lüders vom 28. November 1957.

[150] *Lüders*, Fürchte dich nicht, S. 188 f.

[151] BVerfGE 10, 59 (60).

[152] Wolfram Müller-Freienfels (5. Juni 1916–19. August 2007) studierte von 1935–1940 in Berlin, Bonn, München, Marburg und Königsberg Rechts- und Wirtschaftswissenschaften. Er wurde 1939 in Marburg zum Dr. iur. promoviert. Ein Jahr später absolvierte er das erste Staatsexamen und bestand sein Diplom in Volkswirtschaft. 1941 erwarb den Doktor der Staats-

sungsrechtler Professor Ridder[153] zuzog, den Frauen eine geeignete Prozessvertretung zur Seite zu stellen.[154] Die Bezahlung der Honorar- und Reisekosten wurde dabei vom Juristinnenbund organisiert. Etwa 75 Prozent der Kosten hätten durch eine großzügige Spende von Marie-Elisabeth Lüders gedeckt werden können.[155] Allerdings war die Resonanz auf einen an andere Frauenverbände sowie an die eigenen Vereinsmitglieder gerichteten Spendenaufruf so groß, dass davon dann doch kein Gebrauch gemacht werden musste.[156]

Des Weiteren erhoben gem. Art. 100 Abs. 1 GG ein Vormundschaftsrichter des Amtsgerichts Köln sowie ein Zivilrichter des Amtsgerichts Bensberg konkrete Normenkontrollen beim Bundesverfassungsgericht. Sie waren ebenfalls der Ansicht, dass die in § 1629 Abs. 1 BGB i. d. F. von 1957 vorgesehene Regelung zur gesetzlichen Vertretung nicht mit der Verfassung zu vereinbaren sei. Die Verfassungsbeschwerden der vier Mütter wurden mit den Normenkontroll-

---

wissenschaften in Königsberg. Dort habilitierte er sich bei Gerhard Schiedermair und erhielt die venia legendi für deutsches und ausländisches Bürgerliches Recht, Zivilprozessrecht, Wirtschaftsrecht und Internationales Privatrecht. 1934 bis 1945 vertrat er zunächst einen Lehrstuhl an der Universität Gießen. Es folgte eine kurze Phase der außeruniversitären Tätigkeit als Leiter und Generalbevollmächtigter des Bankhauses der Gebrüder Bethmann in Frankfurt und als Anwalt in Mannheim. 1946 wechselte er jedoch wieder in die Wissenschaft und wurde ordentlicher Professor in Marburg. 1951 schloss sich eine kurze Gastprofessur an der London School of Economics and Political Science an. 1955 folgte Müller-Freienfels einem Ruf an die Universität Frankfurt am Main. 1963 wechselte er ein letztes Mal an die Universität Freiburg i. Br., wo er als Professor für deutsches und ausländisches Bürgerliches-, Handels- und Prozessrecht und als Direktor des Instituts für ausländisches und internationales Privatrecht bis zu seiner Emeritierung 1984 tätig war. Biografische Angaben bei: Dieckmann/Frank/Hanisch/Simitis (Hrsg.), Festschrift für Wolfram Müller-Freienfels, S. 701.

[153] Helmut Ridder (18. Juli 1919–15. April 2007) studierte in Münster, Freiburg i. Br., Jena und Köln Rechtswissenschaften. Unmittelbar nachdem er 1940 sein erstes Staatsexamen absolviert hatte, wurde er von der Wehrmacht eingezogen. Nach Kriegsende trat er den juristischen Vorbereitungsdienst an und arbeitete parallel dazu am Institut für Steuerrecht an der Universität Münster, wo er 1947 promoviert wurde. Es folgte ein Studienaufenthalt in Cambridge und 1950 schließlich die Habilitation für Öffentliches Recht und Rechtsvergleichung. Sein erstes Ordinariat erhielt er in Frankfurt am Main. 1959 folgte er einem Ruf an die Universität Bonn, wo er bis zu seinem Wechsel an die Gießener Universität 1965 lehrte. Dort half er am Aufbau der Rechts- und Wirtschaftswissenschaftlichen Fakultät mit. Seine Forschungsschwerpunkte lagen auf der Demokratietheorie, den Grundrechten – vor allem der Meinungs- und Pressefreiheit –, der Verfassungsgerichtsbarkeit und der Verfassungszeitgeschichte. Biografische Angaben bei: Stein/Faber (Hrsg.), in: Auf einem Dritten Weg. Festschrift für Helmut Ridder, S. 9–11.

[154] AddF, NL-P-11, 00037MO6, Juristinnenbund e. V., Rundschreiben Nr. 35, vom 13. Juli 1959.

[155] Sie hatte aus Anlass ihres 80-jährigen Geburtstages dem Deutschen Juristinnenbund 1.000 DM „für unsere gemeinsamen Arbeiten" gespendet, AddF, NL-P-11, 00037MO6, Juristinnenbund e. V., Rundschreiben Nr. 35, vom 13. Juli 1959.

[156] Allein der Beitrag der Mitgliederspenden betrug 2.387 DM und hätte bereits fast zur Deckung der Kosten in Höhe von 2.483 DM ausgereicht. Durch die weiteren Spenden der Frauenverbände (550 DM) wurde sogar ein Überschuss erzielt. Die Spende von Marie-Elisabeth Lüders konnte daher noch anderweitig verwendet werden, AddF, NL-P-11, 00037M06, Juristinnenbund e. V., Rundschreiben Nr. 36, vom 18. Dezember 1959.

verfahren zur gemeinsamen Verhandlung und Entscheidung am Bundesverfassungsgericht verbunden.[157]

b) Entscheidungsgründe

Das Bundesverfassungsgericht erklärte am 29. Juli 1959 sowohl § 1628 als auch § 1629 Abs. 1 BGB i. d. F. des Gleichberechtigungsgesetzes vom 18. Juni 1957 für nichtig.[158] Während die Zulässigkeit sämtlicher Verfahren mit knappen Worten bejaht wurde,[159] prüften Erna Scheffler und ihre Richterkollegen die materielle Verfassungsmäßigkeit ausführlich. Dabei wurde zunächst das Verhältnis der Institute Ehe und Familie aus Art. 6 GG zu Art. 3 Abs. 2 GG thematisiert.[160] Aus der „außerrechtlichen Lebensordnung“ ergebe sich, welche Strukturprinzipien diese Institute bestimmen. Sie seien von alters her überkommen und in ihrem Kern unverändert geblieben. Dabei sei auch für das Grundgesetz die Ehe die Vereinigung von Mann und Frau zur grundsätzlich unauflöslichen Lebensgemeinschaft und Familie die umfassende Gemeinschaft von Eltern und Kindern, in der den Eltern vor allem Recht und Pflicht zur Pflege und Erziehung der Kinder erwüchsen. Doch erschöpfte sich der institutionelle Gehalt des Art. 6 Abs. 1 GG nach der Ansicht des Bundesverfassungsgerichts darin nicht. Weitere Grundsätze erschlössen sich vielmehr aus „den besonderen Wertentscheidungen des Grundgesetzes“. Unter Bezugnahme auf die bereits in der ersten Entscheidung zu Art. 3 Abs. 2 GG (BVerfGE 3, 225) festgestellten Vereinbarkeit des Art. 6 GG mit Art. 3 GG heißt es: „Das Gebot der Gleichberechtigung von Mann und Frau in Ehe und Familie hat seine volle Bedeutung auch für die Ordnung des Verhältnisses der Eltern zu den Kindern.“[161]

Diese Verfassungsauslegung wird im Urteil weiter begründet: So bestätige nicht nur die Entstehungsgeschichte des Grundgesetzes, sondern auch die Übung in Praxis und Wissenschaft in den Jahren zwischen dem Inkrafttreten von Art. 3 Abs. 2 GG und dem Inkrafttreten des Gleichberechtigungsgesetzes die vorgenommene Auslegung. Ein Blick auf die jahrzehntelangen Bestrebungen von Frauenverbänden könne im Übrigen jeden Zweifel daran ausräumen, dass das Grundgesetz auch die Gleichberechtigung der Frau als Mutter gewollt habe. Dem Urteil des Bundesverfassungsgerichts zufolge sei daher nicht vorstellbar, dass ein Verfassungsgeber, der die umfassende Gleichberechtigung im Zivilrecht erstrebe, den wichtigen innerfamiliären Bereich dabei aussparen wolle, ohne dies ausdrücklich zu benennen.[162]

---

[157] BVerfGE 10, 59 (65).
[158] BVerfGE 10, 59 (60).
[159] BVerfGE 10, 59 (65 f.).
[160] BVerfGE 10, 59 (66 f.).
[161] BVerfGE 10, 59 (67).
[162] BVerfGE 10, 59 (69).

Des Weiteren wurde von der Richterin und den Richtern des Ersten Senats erörtert, ob die von der Rechtsprechung des Bundesverfassungsgerichts entwickelten Auslegungsgrundsätze zu Art. 3 Abs. 2 GG selbst eine Beschränkung der elterlichen Gewalt der Mutter zulassen könnten.[163] Dies wurde im Ergebnis zurückgewiesen.[164] Zwar habe das Bundesverfassungsgericht ausgesprochen, dass die Anwendung von Art. 3 Abs. 1 GG immer auf den Vergleich von Lebensverhältnissen beruhe und dass grundsätzlich der Gesetzgeber zu entscheiden habe, welche Elemente der zu ordnenden Lebensverhältnisse maßgebend dafür seien, sie im Recht als gleich oder ungleich zu behandeln. Jedoch fände diese Gestaltungsfreiheit „,in den Konkretisierungen des Gleichheitssatzes durch die Verfassung selbst', insbesondere also in Art. 3 Abs. 2 und 3 GG (BVerfGE 3, 225 (240))" ihre Grenze.[165] Nach der Erklärung des Ersten Senats seien die noch in BVerfGE 3, 225 (242) ausgeführten Erläuterungen zu zulässigen Differenzierungen ebenfalls ungeeignet, eine Zurücksetzung der Frau als Mutter zu rechtfertigen. Dort hatte das Bundesverfassungsgericht zwar festgestellt,

> „daß im Bereich des Familienrechts im Hinblick auf die objektiven biologischen oder funktionalen (arbeitsteiligen) Unterschiede nach der Natur des jeweiligen Lebensverhältnisses auch eine besondere rechtliche Regelung erlaubt oder sogar notwendig ist (…)".[166]

Nun betonte der Erste Senat jedoch:

> „(…) das Bundesverfassungsgericht hatte dort an solche Differenzierungen gedacht, die den ‚zur Verwirklichung der Gleichberechtigung aufgestellten Forderungen als selbstverständliche Voraussetzung zugrunde liegen', z. B. an Bestimmungen zum Schutze der Frau als Mutter (…)."

Es führte dazu weiter aus, dass eine Benachteiligung des einen oder anderen Ehegatten nicht vorläge, wenn das Bürgerliche Gesetzbuch (§ 1360 n. F.) anerkenne, dass die Ehefrau ihre Verpflichtung, durch Arbeit zum Unterhalt der Familie beizutragen, in der Regel durch die Führung des Haushalts erfülle, während der Ehemann seiner Verpflichtung durch Erwerbstätigkeit nachkomme. Anderes gelte aber für die persönliche Eltern-Kind-Beziehung, da die Erfüllung der gleichen Verantwortung der Eltern in diesem Bereich unteilbar sei.[167] Nach dieser Herleitung konnte das Bundesverfassungsgericht die Vorschriften zur elterlichen Gewalt „ohne Rücksicht auf etwa bestehende funktionale oder biologische Unterschiede aus Art. 3 Abs. 2 und 3 GG messen".[168]

---

163 BVerfGE 10, 59 (72–75).
164 BVerfGE 10, 59 (72).
165 BVerfGE 10, 59 (73).
166 BVerfGE 3, 225 (242).
167 BVerfGE 10, 59 (75).
168 BVerfGE 10, 59 (76).

Das Vorliegen einer Ungleichbehandlung sei augenfällig, stellte das Bundesverfassungsgericht nach einer knappen Normenanalyse von §§ 1628, 1629 BGB i. d. F. von 1957 fest.[169] Daran hindere das gewandelte Verständnis von väterlicher Gewalt, die nunmehr – als ein mit Verantwortung verknüpftes Recht verstanden – auch dem Wohle des Kindes zu dienen habe, nichts. Auch genüge die Verpflichtung des Vaters, bei Uneinigkeit auf die Auffassung der Mutter Rücksicht zu nehmen, der verfassungsrechtlichen Forderung nach Gleichberechtigung der Mutter nicht. Die vorgesehene Möglichkeit der Mutter, bei Angelegenheiten von besonderer Bedeutung für das Wohl des Kindes das Gericht anzurufen, um eine Entscheidung des Vaters abzuwehren, könne dem verfassungsrechtlichen Gebot ebenfalls nicht genügen: Zum einen sei der Nachweis einer „beharrlichen“ Pflichtverletzung des Vaters für die Mutter überaus schwer zu erbringen. Zum anderen bliebe es bei allen Angelegenheiten, die nicht von besonderer Bedeutung für das Wohl des Kindes seien, im Falle von Meinungsverschiedenheiten endgültig bei der Entscheidung des Vaters.[170] Darüber hinaus stellte das Bundesverfassungsgericht klar, dass es sich bei der in Rede stehenden Zurücksetzung der Mutter nicht etwa um eine Grenzsituation handele, die wegen ihrer vergleichsweisen Unbeträchtlichkeit hinzunehmen sei, sondern um den Kern der Gleichordnung der Eltern. Die Benachteiligung der Mutter sei vielmehr aus mehreren Gründen besonders empfindlich, da sie einmal rechtlich die schon faktisch stärkere Position des Mannes absichere und ferner die Stellung der Frau gerade im Bereich der Mutterschaft schwäche.[171]

Anschließend prüften Erna Scheffler und ihre Richterkollegen, ob sich durch übergreifende verfassungsrechtliche Gesichtspunkte die Zurücksetzung der Mutter rechtfertigen ließe. Angeführt wurden insofern die „Einheit der Familie“ und „das Wohl des Kindes“.[172] Zunächst wurde betont, dass die Gleichberechtigung der Eltern das Prinzip des Grundgesetzes sei, welches Ausnahmen nur zuließe, wenn sich erweisen ließe, dass seine uneingeschränkte Durchführung die Einheit der Familie zerstören würde.[173] Ansichten, die versuchten, über naturrechtliche Argumentationen den Stichentscheid des Vaters und die alleinige Vertretung durch den Vater zu rechtfertigen, erteilte das Bundesverfassungsgericht eine Absage:

„Die verfassungsrechtliche Prüfung an diesen Vorstellungen zu orientieren, verbietet sich jedoch schon durch die Vielfalt der Naturrechtslehren, die zutage tritt, sobald der Bereich fundamentaler Rechtsgrundsätze verlassen wird, und die sich vor allem bei der Erörterung der innerhalb der naturrechtlichen Diskussion selbst sehr bestrittenen Fragen

169 BVerfGE 10, 59 (76).
170 BVerfGE 10, 59 (77).
171 BVerfGE 10, 59 (78).
172 BVerfGE 10, 59 (80).
173 BVerfGE 10, 59 (81).

des Verhältnisses ‚Naturrecht und Geschichtlichkeit', ‚Naturrecht und positives Recht' zeigt."[174]

Maßstab des Ersten Senats sollte daher für die vorzunehmende Prüfung allein die Werteordnung des Grundgesetzes sein. Aus dieser ergebe sich für das Elternrecht die Regel „soviel gleiche Freiheit wie möglich".[175]

Das Argument, im Streitfall von zweien müsse einer entscheiden, war für das Bundesverfassungsgericht besonders im Familienrecht bereits deshalb wenig überzeugend, weil der Gesetzgeber selbst im Eherecht, beim Entscheidungsrecht des Mannes (§ 1354 BGB), in der Gesetzesreform davon abgerückt war. Die Richterin und die Richter bekundeten vielmehr ihre Überzeugung, dass die Willensbildung einer Gemeinschaft auch von „der Pflicht zur Verständigung und Treue gegenüber der Gemeinschaft" getragen sein könne.[176] Den Maßstab gebe dabei das Wohl des Kindes und der Familie. Halte man es jedoch für den Fall, dass ausnahmsweise keine Einigung der Eltern habe erzielt werden können, für erforderlich, gesetzlich Vorsorge zu treffen, schlug der Erste Senat die Anrufung des Vormundschaftsgerichts vor. Das Bundesverfassungsgericht betonte dabei jedoch, dass primär die Eltern gemeinsam, in gleicher Freiheit und Verantwortung, das Schicksal der Familien, insbesondere die Erziehung der Kinder gestalten sollten. Das Vormundschaftsgericht solle lediglich das „Wächteramt" aus Art. 6 Abs. 2 GG wahrnehmen, dessen verfassungsrechtlicher Sinn es sei, objektive Verletzungen des Kindeswohles zu verhüten.[177]

Eine verfassungsrechtliche Rechtfertigung der in Rede stehenden Benachteiligung der Mutter mit der Argumentation, dass das Kindeswohl andernfalls zurückstehen müsse, konnte das Bundesverfassungsgericht dementsprechend nicht finden.[178]

In Ermangelung einer verfassungsrechtlichen Rechtfertigung sah das Bundesverfassungsgericht in § 1628 Abs. 1 BGB einen Verstoß gegen Art. 6 Abs. 1 und 2 i. V. m. Art. 3 Abs. 2 und 3 GG. Das gleiche Verdikt traf das in § 1629 Abs. 1 BGB i. d. F. von 1957 vorgesehene Alleinvertretungsrecht des Vaters, welches sich nach der Ansicht des Bundesverfassungsgerichts aus seinem Entscheidungsrecht herleite und dieses in den außerhäuslichen Bereich „verlängern" würde.[179]

174 BVerfGE 10, 59 (81).
175 BVerfGE 10, 59 (81).
176 BVerfGE 10, 59 (82).
177 BVerfGE 10, 59 (84).
178 Vgl. BVerfGE 10, 59 (80).
179 BVerfGE 10, 59 (88).

aa) Auswertung

„Der Spruch des Bundesverfassungsgerichts, der den sogenannten Stichentscheid des Vaters in Fragen der Erziehung der Kinder für nichtig erklärt hat, beseitigt die letzten Reste patriarchalischer Rechte im Bürgerlichen Gesetzbuch“,

heißt es in einem ausführlichen Bericht in der damaligen Tagespresse über das Bundesverfassungsgerichtsurteil.[180] Und tatsächlich schien das „letzte Refugium offener männlicher Vormachtstellung“[181] durch das Urteil beseitigt worden zu sein. Trotz der deutlichen Worte der Bundesverfassungsrichter und der Bundesverfassungsrichterin, die dazu führten, dass „in der Rechtsordnung anerkannt wurde, was in der Gesellschaft längst Brauch“[182] war, ist anzumerken, dass eine vollumfängliche Gleichberechtigung im Familienrecht auch im Jahre 1959 nach wie vor nicht erreicht worden war. Dies sollte noch weitere knappe zwei Jahrzehnte dauern. Die Aufgabe des in § 1356 BGB i. d. F. von 1957 fixierten Leitbildes der Hausfrauenehe erfolgte beispielsweise erst 1976 im Zuge der Eherechtsreform. Dennoch war mit dem Urteilsspruch ein wichtiger Schritt getan: Seit dem 29. Juli 1959 fehlte „dem gesetzlichen Patriarchat“ mit dem Stichentscheid des Vaters neben dem männlichen Kündigungsrecht und dem ehemännlichen Entscheidungsrecht ein weiteres Kronjuwel.[183]

Abgesehen von diesem Verdienst setzte das Bundesverfassungsgerichtsurteil den langjährigen Auseinandersetzungen, die zuvor in Politik und juristischer Wissenschaft nahezu erbittert geführt worden waren, ein Ende. Insbesondere positionierte es sich gegen diejenigen Vertreter, die versuchten, über christlich-theologische Naturrechtslehren patriarchalische Regelungen zu begründen.[184]

In der Anmerkung des Bundesverfassungsgerichts zu einer etwaigen Benachteiligung des einen oder anderen Ehegatten durch § 1360 BGB i. d. F. von 1957 ist jedoch zu erkennen, dass die Mitglieder des Ersten Senats gleichsam als Kinder ihrer Zeit an tradierten Rollenmustern festhielten. Obgleich die in Rede stehende Regelung anerkannte, dass die Ehefrau ihre familiäre Unterhaltspflicht in der Regel durch die Führung des Haushalts erfüllte, während der Ehemann ihr durch Erwerbsarbeit nachkam, sahen sie in der Norm keinen benachteiligenden Gehalt.[185] Eine Aufgabe des bereits im ersten Urteil zur Gleichberechtigung vom 18. Dezember 1953 eingeführten Prinzips, „dass im Hinblick auf die objektiven biologischen oder funktionalen Unterschiede Differenzierungen zwischen Männern und Frauen erlaubt sind“, erfolgte mit-

[180] „FAZ“, Nr. 187, vom 5. August 1959, S. 9.
[181] *Grimme*, Die Entwicklung der Emanzipation der Frau, S. 143.
[182] „FAZ“, Nr. 187, vom 5. August 1959, S. 9.
[183] *Derleder*, KJ 2000, S. 13.
[184] BVerfGE 10, 59 (81).
[185] BVerfGE 10, 59 (75).

hin nicht. Vielmehr zeigen die Ausführungen zu den „funktionalen Unterschieden"[186], dass das Bundesverfassungsgericht weiterhin auch funktionale Geschlechtsunterschiede, die es in der damals üblichen Rollenverteilung vorfand, als rechtlich erlaubten Differenzierungsgrund anerkannte. Infolgedessen wurde die funktionale Rollenverteilung weiterhin bewahrt und der Anwendungsradius des Verfassungsauftrags entsprechend verkürzt.[187]

Sofern das Bundesverfassungsgericht seine Prüfung allein am Maßstab des Grundgesetzes durchführen wollte, gelang dies noch nicht vollumfänglich. Zwar wurde erklärt, dass man sich bei der Frage der Zulässigkeit der primären Zuständigkeit des Vaters für die Konfliktentscheidung in Erziehungsfragen schon aufgrund der

> „Vielfalt der Naturrechtslehren, (…) die sich vor allem bei der Erörterung der innerhalb der naturrechtlichen Diskussion selbst sehr bestrittenen Fragen des Verhältnisses ‚Naturrecht und Geschichtlichkeit', ‚Naturrecht und positives Recht' zeigt",

nicht an naturrechtlichen Vorstellungen orientieren könne.[188] In den Ausführungen zu zulässigen Differenzierungen wird aber durch die Anerkennung der funktionalen Rollenverteilung als grundsätzlich anerkannter Rechtfertigungsgrund gleichwohl eine historisch gewachsene Rollenverteilung herangezogen. Indem das Bundesverfassungsgericht mit einer soziologisch gewachsenen Rollenverteilung eine Rechtfertigung im normativen Bereich begründet, missachtet es zudem die Sein-Sollen-Dichotomie.[189] Bezogen auf den Leitfaden, „allein am Maßstab des Grundgesetzes" eine Prüfung vornehmen zu wollen, irritiert daher das Festhalten an „funktionalen" Unterschieden der Geschlechter.

Für den Bereich der elterlichen Gewalt konnte das Bundesverfassungsgericht jedoch „keineswegs" erkennen, „daß bestehende Verschiedenheiten – mag man sie biologisch oder funktional nennen – die Beziehungen von Vater und Mutter zu den Kindern" derart entscheidend prägen, dass die vergleichbaren Elemente daneben zurückzutreten hätten.[190] Ob hierin bereits eine „Skepsis" gegenüber dem Prinzip, „dass im Hinblick auf die objektiven biologischen oder funktionalen Unterschiede Differenzierungen zwischen Männern und Frauen erlaubt sind", zu erkennen ist,[191] ist fraglich. Jedenfalls wird aber der schlüssige Nachweis verlangt, dass den Differenzierungskriterien Entscheidungsrelevanz zukommt. Der Anwendungsbereich der Zulässigkeit von Differenzierungen aufgrund funktioneller Unterschiede wird somit zumindest verengt. Für die verfassungsrechtliche Beurteilung der Bestimmungen zur elterlichen Ge-

---

186 BVerfGE 10, 59 (74).
187 Ähnlich *Reich-Hilweg*, Männer und Frauen sind gleichberechtigt, S. 50.
188 BVerfGE 10, 59 (81).
189 So auch: *Berkemann*, DVBl. 2014, S. 148.
190 BVerfGE 10, 59 (75).
191 So *Sacksofsky*, Das Grundrecht auf Gleichberechtigung, S. 31 f.

walt verneinten die Bundesverfassungsrichterin und Bundesverfassungsrichter die prägende Relevanz funktioneller oder biologischer Verschiedenheiten und maßen sie allein an Art. 3 Abs. 2 und 3 GG.[192]

Unter Berücksichtigung der damaligen kontrovers geführten Diskussionen liegt das Verdienst der Entscheidung – bei aller Kritik – vor allem darin, dass das Bundesverfassungsgericht die Definitionsmacht über die Auslegung der Gleichberechtigung an sich zog und den „beliebig ausfüllbaren naturrechtlichen Werteordnungen“ ein Ende setzte. Den Verteidigern eines patriarchalischen Familienbildes wurden damit ihre Begründungsmuster genommen. Dies führte unter anderem dazu, dass sich auch in der Zivilrechtslehre immer mehr Autoren[193] zu einer Parität in Ehe und Familie bekannten.[194] Dem Bundesverfassungsgericht kam damit besonders im Vergleich zum Parlament die Funktion eines Vorreiters in puncto Gleichberechtigung zu.

bb) Erna Schefflers Einfluss auf die Entscheidung

Erna Scheffler soll das Urteil – dieses Mal in Vertretung des erkrankten Präsidenten Gebhard Müller[195] – mit „einem Lächeln“ verkündet haben, wie die „Frankfurter Allgemeine Zeitung“ am 30. Juli 1959 berichtete.[196] Ausdrücklich bekundete sie ihre Freude über das Urteil gegenüber Marie-Elisabeth Lüders. Auf einer an sie versendeten Kopie des Urteils notierte sie handschriftlich: „Hochverehrte und liebe Seniorin! Ihnen das Urteil schicken zu können, an dem Sie so großen Anteil haben, ist eine der schönsten Freuden, 29. 7. Ihre Erna Scheffler.“[197]

War ihre Freude über das Urteil darin begründet, dass sie sich über ihre eigene Leistung freute? Welchen Einfluss hatte Erna Scheffler auf die Entscheidung? Hatte Erna Scheffler ihre Kollegen überzeugen müssen?

Das Zustandekommen des Urteils bleibt zunächst noch „ein Arkanum“.[198] Als Ausfluss des Beratungsgeheimnisses sieht § 35b Abs. 5 S. 2 BVerfGG das Verstreichen einer sechzigjährigen Frist vor, bevor eine Einsicht in die Akten des Bundesverfassungsgerichts, die Entwürfe von Urteilen, Beschlüssen und Verfügungen, Arbeiten zu ihrer Vorbereitung und Dokumente, die Abstimmungen betreffen, enthalten, nach den archivgesetzlichen Regelungen gewährt wer-

---

192 BVerfGE 10, 59 (75 f.).

193 So forderten beispielsweise Wolfgang Siebert und Josef Esser eine konsequente Umsetzung der Gleichberechtigung im Familienrecht, vgl. *Siebert*, NJW 1955, S. 1–6; *Esser*, JZ 1953, S. 521–526; *ders.*, Familien- und Erbrecht 1950. Sogar Günther Beitzke verteidigte nach 1955 die männlichen Entscheidungsrechte nicht mehr, vgl. *Beitzke*, Familienrecht, 4. Auflage 1955, S. 4.

194 *Franzius*, Bonner Grundgesetz und Familienrecht, S. 172 f.

195 „FAZ“, vom 5. August 1959, S. 9.

196 „FAZ“, vom 30. Juli 1959, S. 1.

197 Zitiert nach: *Müller-List*, Gleichberechtigung als Verfassungsauftrag, S. 497, Fn. 4.

198 *Berkemann*, DVBl. 2014, S. 141.

den kann.[199] Bekannt ist hingegen Erna Schefflers Standpunkt bezüglich des Entscheidungsrechts des Mannes in familiären Angelegenheiten. Fraglich ist indes, ob sich daraus Indizien für ihr Gewicht bei der internen Meinungsbildung gewinnen lassen.

Bereits in ihrem Referat auf dem Deutschen Juristentag im Jahre 1950 in Frankfurt erklärte sie, dass Regelungen, die die Entscheidungsbefugnis in irgendeinem Punkte von Gesetzes wegen allein dem Mann anvertrauen und die Frau darauf beschränken würden, bei Missbrauch den Richter anzurufen, eindeutig verfassungswidrig seien.[200] Auch dürfe keine gesetzliche Vermutung für die alleinige Vertretungsmacht des Mannes aufgestellt werden.[201] Interessant ist, dass sich ihre Argumentation in Teilen im Bundesverfassungsgerichtsurteil wiederfindet. So entkräftete sie im oben genannten Referat das Argument, in einer Gemeinschaft von zweien müsse im Streitfall stets einer entscheiden. Vom Lachen der Anwesenden begleitet, leitete sie ihre Argumentation mit den Worten ein:

> „Wäre das richtig, so müsste eigentlich nach dem Gedanken der Gleichberechtigung für die nächsten zweitausend Jahre die Frau bestimmen, nachdem in den vergangenen zweitausend Jahren der Mann bestimmt hat.“[202]

Allerdings sei bereits die Notwendigkeit, dass einer entscheidet, nicht richtig. Das hieße, an Homers alter Weisheit „nur einer sei Herrscher, einer König allein“ festzuhalten. Unter Bezugnahme auf das römische Staatsleben mit seinen Konsuln – sie zitierte dabei den Experten für Römische Geschichte Theodor Mommsen –, das an die Stelle des Prinzips des Einzelherrschers das der Kollegialität gesetzt habe, betonte sie, dass nicht einmal im Staatsleben gelten müsse, dass einer allein entscheiden müsse. Die Rechtsidee der Kollegialität sei auch im Bürgerlichen Recht „heimisch“ geworden. Ebenso stellte das Bundesverfassungsgerichtsurteil fest, dass die Willensbildung in einer Gemeinschaft von einem anderen Prinzip getragen sein könne als dem der Abstimmung oder des „Stichentscheids“, nämlich von der Pflicht zur Verständigung und zur Treue der Gemeinschaft gegenüber.

Auch bei der vom Bundesverfassungsgericht vertretenen sogenannten vormundschaftlichen Lösung handelte es sich um einen Vorschlag, den Eugen Ulmer bereits auf dem Juristentag vorgestellt[203] und dem sich Erna Scheffler ausdrücklich angeschlossen hatte.[204]

---

[199] Eine Einsichtnahme in die Akten ist aus diesem Grund seitens des Bundesarchivs nicht gewährt worden.

[200] *Scheffler*, Referat Deutscher Juristentag 1950, S. B 24.

[201] *Scheffler*, Referat Deutscher Juristentag 1950, S. B 24.

[202] *Scheffler*, Referat Deutscher Juristentag 1950, S. B 25.

[203] *Ulmer*, Korreferat Deutscher Juristentag 1950, S. B 48.

[204] *Scheffler*, DRiZ 1951, S. 9.

Sofern man mit Sacksofsky beim Lesen des Urteils „eine Skepsis" gegenüber dem Prinzip, aufgrund von biologischen oder funktionalen Unterschieden Differenzierungen zuzulassen, verspürt – wofür es einige Anhaltspunkte gibt –, spricht dies ebenfalls für Erna Schefflers Einfluss. Ihr Misstrauen gegenüber diesem Prinzip äußerte sie bereits im Januar 1951. Es störte sie nicht nur, dass unter anderem mit dem Hinweis auf die funktionelle Verschiedenheit der Geschlechter unterschiedlichste, die Frau benachteiligende Gesetzesvorschläge für verfassungsgemäß erklärt worden seien.[205] Sie befand zudem, dass diese Betrachtungsweise keine brauchbaren Kriterien für positive Gesetzesvorschläge liefern könne. Vor allem trat sie ihr aber aus verfassungsrechtlichen Gründen entgegen:

„Die Jahrtausende alte Tradition zugunsten des Mannes, die reale körperliche, seelische und soziologische Verschiedenheit zwischen Mann und Frau – die selbstverständlich niemand bezweifelt oder zu nivellieren versucht – waren [sic!] auch dem Gesetzgeber des Grundgesetzes bekannt. Wenn er gleichwohl neben dem allgemeinen Prinzip der Gleichberechtigung, das die gleiche Behandlung gleicher Tatbestände statuiert, besonders bestimmt: ‚Männer und Frauen sind gleichberechtigt', so kann das verständigerweise nur dahin gedeutet werden, daß die natürliche Verschiedenheit der Geschlechter rechtlich nicht als verschiedener Tatbestand gewertet werden darf. Dann aber kann man nicht den Grundsatz: Gleichberechtigung trotz Geschlechterverschiedenheit wieder mit dem Argument der Geschlechterverschiedenheit einschränken, und einer neugesetzten Ordnung mit dem Hinweis begegnen, daß es bisher immer anders gewesen sei."[206]

Doch sah auch Erna Scheffler die funktionale Betrachtungsweise nicht etwa als überflüssig an. Im Rahmen der Mutterschaft und dort, wo es sinnvoll sei, die besonderen Aufgaben der Frau zu berücksichtigen, behalte sie eine „gewisse Bedeutung".[207]

Im Bundesverfassungsgerichtsurteil wurde die Zulässigkeit von Differenzierungen im Hinblick auf funktionale Unterschiede dahingehend eingeschränkt, dass diese nur dann zu „verschiedener Behandlung im Recht führen dürfe, wenn sie das zu ordnende Lebensverhältnis entschieden prägen".[208] Unter Berücksichtigung von Erna Schefflers Einstellung erscheint es zumindest plausibel, ihrem argumentativen Einfluss im Senat diese Einschränkung zuzuschreiben.

Über ihr publizistisches Engagement hinausgehend hatte Erna Scheffler bereits bei der Entstehung des Gleichberechtigungsgesetzes versucht, dieses im Sinne der Geschlechtergerechtigkeit zu gestalten. Sie war in den damaligen Frauenorganisationen bestens vernetzt. Als Vorsitzende des Rechtsausschusses im „Deutschen Frauenring"[209] arbeitete sie beispielsweise an den Stellungnahmen zu den Gesetzesentwürfen mit. Als deutlich wurde, dass das Recht zum

[205] *Scheffler*, DRiZ 1951, S. 8.
[206] *Scheffler*, DRiZ 1951, S. 8 f.
[207] *Scheffler*, DRiZ 1951, S. 9.
[208] BVerfGE 10, 59, 74.
[209] „Der Spiegel", Nr. 1, vom 2. Januar 1952, S. 29.

Stichentscheid beibehalten werden sollte, lotete sie gemeinsam mit Marie-Elisabeth Lüders Möglichkeiten aus, dieses zu verhindern. Als zu erkennen war, dass sich die für eine abstrakte Normenkontrolle erforderliche Mehrheit nicht gewinnen ließ, sprach sie sich in einem Brief an Marie-Elisabeth Lüders von 28. November 1957 für die Erhebung einer Verfassungsbeschwerde aus. Sie bekundete dabei abschließend, dass es zu schade sei, dass sie nichts anderes tun könne, als abzuwarten.[210] Nicht einmal ein Jahr später gingen im Mai und Juni 1958 die angestrebten Verfassungsbeschwerden beim Bundesverfassungsgericht ein. Es ist zu mutmaßen, dass Erna Scheffler derweil ihren Spielraum als Berichterstatterin im Ersten Senat ausschöpfte, da ihr nunmehr – wie Zweigert es einst betonte – nicht mehr nur das werbende Wort, sondern das starke Schwert der richterlichen Entscheidung zustand.[211]

Liest man in den Memoiren von Marie-Elisabeth Lüders, erscheint es naheliegend, dass ihr dies auch gelungen war. Dort heißt es: „Die einflußreichste und erfolgreichste Vertreterin unserer Forderungen war die damalige Bundesverfassungsrichterin Dr. Erna Scheffler."[212] Sie schreibt über die Entscheidung des Bundesverfassungsgerichts:

> „Mit Hilfe einer geradezu glänzenden Darlegung aller juristischen Für und Wider zur Behandlung des Themas, die von der Bundesverfassungsrichterin Dr. Erna Scheffler verfaßt worden war, gelang es durch das Urteil des Bundesverfassungsgerichts vom 29.7.1959, die sinnlose und verfassungswidrige Formulierung zu Fall zu bringen und damit die vorbehaltlose Gleichberechtigung beider Ehepartner nicht nur füreinander, sondern – worauf die Frauen größten Wert legten – auch im Interesse der Kinder durchzusetzen (Art. 3 Abs. 2)."[213]

Diese Äußerung zusammen mit der Tatsache, dass das Bundesverfassungsgerichtsurteil in Teilen sehr deutlich Erna Schefflers zuvor geäußerten Ansichten und Argumentationen entspricht, legen die Vermutung nahe, dass in ihrem Lächeln bei der Urteilsverkündung zugleich die Freude über ihre eigene Leistung einen Ausdruck fand.

4. Fazit

Viele frauendiskriminierende Vorschriften wurden erst nach und nach beseitigt, sodass in den ersten Jahren der Bundesrepublik ein Erbe dieser Vorschriften aus der NS-Zeit und aus der Weimarer Zeit bestehen blieb. Obgleich der Verfassungsgeber dem parlamentarischen Gesetzgeber in Art. 117 GG eine Anpas-

---

210 BArch, NL 1151/226, Brief von Erna Scheffler an Marie-Elisabeth Lüders vom 28. November 1957.

211 *Zweigert*, JZ 1973, S. 605.

212 *Lüders*, Fürchte dich nicht, S. 56.

213 *Lüders*, Fürchte dich nicht, S. 189.

sungsfrist gesetzt hatte, dauerte es, bis die gröbsten Verstöße gegen Art. 3 Abs. 2 GG beseitigt wurden, noch bis zum 18. Juni 1957.[214] Die gesellschaftlichen Strukturen und die Geschlechterordnung veränderten sich nur langsam. Aus diesem Grund kann auch die Einführung des Grundgesetzes, mit dem Recht auf Gleichbehandlung der Geschlechter in Art. 3 Abs. 2 GG, vielleicht als „Meilenstein" – aber nicht als eindeutige Zäsur – innerhalb der Entwicklung der Gleichberechtigung angesehen werden. Das Bundesverfassungsgericht musste bereits ab den 1950er Jahren seiner „Wächterfunktion" nachkommen. Es überprüfte fortan, ob der Verfassungssatz eingehalten wurde. Man kann dabei die Rechtsprechung des Bundesverfassungsgerichts zu Art. 3 Abs. 2 GG in folgende Phasen einteilen:[215] In einer ersten Phase, den 1950er und 1960er Jahren, wurde noch die natürliche Verschiedenheit der Geschlechter betont. Dieses Verständnis kehrte sich im folgenden Jahrzehnt um: Hervorgehoben wurde nun die Gleichheit der Geschlechter. In einer dritten Phase, ab den 1980er Jahren, wurden zunehmend auch soziale Unterschiede berücksichtigt.[216] Das Bundesverfassungsgericht lässt funktionale Unterschiede nicht mehr als Legitimationsgrund ausreichen, sondern erklärt:

> „Überkommene Rollenverteilungen, die zu einer höheren Belastung oder sonstigen Benachteiligung für Frauen führen, dürfen durch staatliche Maßnahmen nicht verfestigt werden."[217]

Fortan wird die gesellschaftliche Wirklichkeit einbezogen, sodass auch mittelbare Diskriminierungen berücksichtigt werden können. Durch die ergänzende Bestimmung von Art. 3 Abs. 2 GG: „Der Staat fördert die tatsächliche Durchsetzung der Gleichberechtigung von Frauen und Männern und wirkt auf die Beseitigung bestehender Nachteile hin", wird der Bezug zur gesellschaftlichen Wirklichkeit ab 1994 noch stärker betont.[218]

Bezieht man diese dynamische Interpretation des Gleichberechtigungssatzes ein, wirkt die erste Phase mit der Betonung der Andersartigkeit der Geschlechter aus rückblickender Sicht wenig fortschrittlich. Vergegenwärtigt man sich jedoch das gesellschaftliche Verständnis der damaligen Zeit und die wissenschaftlichen und parlamentarischen Diskussionen, muss man doch die Vorreiterrolle des Bundesverfassungsgerichts anerkennen.[219]

---

214 *Schmidt-Bens*, NZFam 2016, S. 1119.

215 Diese Einteilung findet sich bei: *Sacksofsky*, Das Grundrecht auf Gleichberechtigung, S. 79–99; *Sacksofsky*, in: Geschlecht im Recht, S. 191–194; zur Rechtsprechungsentwicklung zu Art. 3 Abs. 2 GG siehe auch: *Berghahn*, Mit Recht und Courage, S. 28–38.

216 *Sacksofsky*, Das Grundrecht auf Gleichberechtigung, S. 95.

217 BVerfGE 85, 191 (207).

218 Zur Geschichte der Verfassungsänderung siehe: Limbach/Eckertz-Höfer (Hrsg.), Frauenrechte im Grundgesetz des geeinten Deutschland, 1993.

219 *Sacksofsky* betont, dass das Gericht in dieser Phase in vielem fortschrittlicher gewesen sei als die Zeitgenossen in der Politik, in: Geschlecht im Recht, S. 193.

Sein Verdienst liegt vor allem darin, die Versuche des Gesetzgebers, eine Umsetzung der Gleichberechtigung im Familienrecht zu verzögern beziehungsweise zu unterbinden, vereitelt zu haben. So verhinderte das sogenannte Gleichberechtigungsurteil, dass dem Gesetzgeber die Anpassungsfrist verlängert wurde. Gleichzeitig sorgte es, indem es die Anpassungsfrist als verfassungskonform ansah, für die unmittelbare Umsetzung von Art. 3 Abs. 2 GG. Das sogenannte Stichentscheid-Urteil setzte durch, dass Vater und Mutter im Bereich der elterlichen Gewalt formal gleichbehandelt werden mussten. Es leitete damit eine neue Epoche der emanzipatorischen Geschlechterpolitik ein. Zumindest im innerfamiliären Machtgefüge wurde durch das Urteil erreicht, was den Frauenorganisationen bei Entstehung des Gleichberechtigungsgesetzes trotz zahlreicher Stellungnahmen nicht gelungen war: Das Verhältnis von Macht und Herrschaft innerhalb der Familie sollte fortan ein paritätisches sein.[220] Für die Gleichberechtigungsbefürworterinnen und die Gleichberechtigungsbefürworter war es wohl ein Glücksfall, dass mit Erna Scheffler, die für ihren Elan und ihre Überzeugungskraft bei ihren Kollegen berühmt war,[221] eine Kämpferin für Frauenrechte als Richterin am Bundesverfassungsgericht tätig war.

220 Vgl. auch *van Rahden*, Zeithistorische Forschungen 2005, S. 163 f.

221 *Schwarzhaupt*, Mitteilungsblatt des DAB, S. 6.

IX. Ruhestand und gesellschaftliches Engagement

Am 1. September 1963 schied Erna Scheffler aus ihrem Dienst als Bundesverfassungsrichterin aus. Der damalige Präsident des Bundesverfassungsgerichts, Gebhard Müller, betonte in seiner Rede auf einem Empfang zu ihren und zu Ehren aller mit ihr ausgeschiedenen Richter[1], dass die Aufgaben, die das Bundesverfassungsgericht im Jahre 1951 erwarteten, besonders groß gewesen seien und dementsprechend das Richteramt an dem Gericht in besonderem Maße verantwortungsvoll gewesen sei. Er sah die Hauptleistung der ausgeschiedenen Richter nicht in der eigentlich juristischen Leistung, sondern in der dadurch bewirkten „Gründung und Festigung unserer Demokratie".[2] Aus Anerkennung „dieser um Volk und Staat erworbenen besonderen Verdienste" wurden Erna Scheffler und den mit ihr ausgeschiedenen Richterkollegen das Große Verdienstkreuz mit Stern und Schulterband des Verdienstordens der Bundesrepublik Deutschland verliehen.[3] Erna Schefflers Richterstuhl wurde von Wiltraut Rupp-von Brünneck[4] eingenommen, die damit die zweite Frau am Bundesverfassungsgericht wurde.

Das Ausscheiden aus dem Richteramt bedeutete für die inzwischen Siebzigjährige jedoch keineswegs, dass sie sich etwa nur dem Klavierspiel, dem Lesen von Lyrik oder dem Einkochen von Marmelade, dem sie sich gerne in ihrer Freizeit zugewandt haben soll,[5] widmete. Im Gegenteil: Sie verstärkte ihr gesellschaftliches Engagement, das sie bis dahin ehrgeizig neben ihrer beruflichen Tätigkeit betrieben hatte.[6] Auf diese außerberufliche Tätigkeit, die einen wei-

---

[1] Neben Erna Scheffler schieden am 1. September 1963 die Bundesverfassungsrichter Martin Draht und Joachim Lehmann, die beide – wie Erna Scheffler – seit 1951 dem Ersten Senat angehört hatten, aus. Des Weiteren wurden die Bundesverfassungsrichter Ernst Friesenhahn, Walter Klaas und Egon Schunck, die im Zweiten Senat tätig gewesen waren, verabschiedet, *Müller*, Rede beim Empfang am 17. Dezember 1963, Hauptstaatsarchiv Stuttgart, Q 1/35, Bü 486, S. 1.

[2] *Müller*, Rede beim Empfang am 17. Dezember 1963, Hauptstaatsarchiv Stuttgart, Q 1/35, Bü 486, S. 3.

[3] *Müller*, Rede beim Empfang am 17. Dezember 1963, Hauptstaatsarchiv Stuttgart, Q 1/35 Bü 486, S. 5.

[4] Zu Wiltraut Rupp-von Brünneck siehe S. 90, Fn. 25 m. w. N.

[5] *Jaeger*, in: Juristinnen in Deutschland, 1900–2003, S. 199; *Lange*, in: Jahrbuch der Schlesischen Friedrich-Wilhelms-Universität zu Breslau, Bd. 42–44 (2001–2003), S. 566.

[6] *Jaeger*, in: Juristinnen in Deutschland, 1900–2003, S. 199.

teren wichtigen Mosaikstein in Erna Schefflers Leben bildet, soll im Folgenden ein Schlaglicht geworfen werden.

1. Engagement in Frauenverbänden

Die wenigen Frauen, die damals juristische Karrieren anstrebten oder bereits höhere Stellen im juristischen oder politischen Umfeld innehatten, waren äußerst gut vernetzt. Man versuchte für die gemeinsame Sache, die Frauenfrage, zusammenzuarbeiten und unterhielt Kontakt zu Frauen anderer Berufszweige. Dies gelang vor allem über die Arbeit in Frauenverbänden, aber auch durch private Treffen und Bekanntschaften.[7] Erna Scheffler war ein Teil dieses Netzwerkes. In ihrem Haus in Wolfartsweier bei Karlsruhe bewirtete sie gerne und häufig zahlreiche Gäste. So verwundert es nicht, dass es in einem Schreiben von ihr an die übrigen zehn Vorstandsmitglieder des Deutschen Akademikerinnenbundes e. V. heißt: „Ich sehe es als sicher an, daß wir am Nachmittag fertig werden und hoffe, Sie – wie immer – am Abend bei mir zu sehen."[8] Erna Scheffler war allerdings nicht nur ein aktives Mitglied im Deutschen Akademikerinnenbund und freundschaftlich mit anderen Akademikerinnen ihrer Zeit verbunden. Sie betätigte sich ebenfalls im Deutschen Juristinnen-Verein. Des Weiteren war sie Gründungspräsidentin des Soroptimist International Club Karlsruhe[9] und engagierte sich im Verband berufstätiger Frauen in Karlsruhe.[10] Auf dem Deutschen Juristentag war sie nicht nur im Jahre 1950 als Referentin tätig. Sie gehörte auch zur Ständigen Deputation des Deutschen Juristentags und gestaltete in dieser Funktion dessen Veranstaltungen aktiv mit.[11]

a) Erna Schefflers Beitrag im Deutschen Juristinnen-Verein

Der Deutsche Juristinnen-Verein wurde bereits im Jahre 1914 von drei promovierten Juristinnen gegründet. Es handelte sich dabei um Dr. Margarete Berent,

[7] Vgl. allgemein zur Bedeutung der „Frauenfreundschaften" für die Politik und Kultur der alten Frauenbewegung, *Gerhard/Klausmann/Wischermann*, Feministische Studien 1/1993, S. 21–37.

[8] BArch, N1177/77, Brief von Erna Scheffler, Deutscher Akademikerinnenbund e. V. vom 19. Dezember 1967.

[9] Der Soroptimist Club Karlsruhe vergibt seit 1996 alle zwei Jahre in Gedenken an seine Mitbegründerin den Erna-Scheffler-Förderpreis. Mit ihm werden Absolventinnen der Universität Karlsruhe, die mit ihren wissenschaftlichen Arbeiten besondere Leistungen erbracht haben, ausgezeichnet, siehe: https://soroptimist-karlsruhe.de/erna-scheffler-foerderpreis (Stand: 07.06.2019).

[10] *Jaeger*, in: Juristinnen in Deutschland, 1900–2003, S. 201.

[11] *Jaeger*, in: Juristinnen in Deutschland, 1900–2003, S. 201.

Dr. Margarete Meseritz[12] und Dr. Marie Munk.[13] Bis 1922 durften Frauen das zweite Staatsexamen – damals wie heute die Voraussetzung, um einen der klassischen juristischen Berufe auszuüben – nicht ablegen. Als Folge dieses daraus resultierenden „Berufsausschlusses" bestand das erklärte Ziel während der Anfangsjahre des Vereins darin, Juristinnen den Zugang zu allen juristischen Berufen zu öffnen. Immerhin zählte der Verein im Jahre 1919 bereits 85 ordentliche und drei außerordentliche Mitglieder[14], was unter Berücksichtigung der geringen Anzahl damaliger Juristinnen eine stattliche Summe darstellt. Röwekamp vermutet dazu, dass sich ein Engagement innerhalb des Juristinnen-Vereins für die Generation, die noch nicht an den Staatsexamen teilnehmen durfte, angesichts der fehlenden Berufsaussichten wie von selbst ergeben habe. Ein Beitritt zum Deutschen Juristinnen-Verein sei daher nicht zwingend zugleich als Entschluss, damit der „bürgerlichen" Frauenbewegung beizutreten, empfunden worden. Häufig sei der Beitritt vielmehr als konsequente Ergänzung ihres Studiums erfolgt, mutmaßt Röwekamp über die Gründe der frühen Juristinnen, sich der Vereinigung anzuschließen.[15]

Welches Erna Schefflers Beweggründe waren, dem Verein beizutreten, kann nur gemutmaßt werden. Jedenfalls findet sich ihr Name bereits auf einer Mitgliederliste aus dem Jahre 1919, wo sie unter Dr. iur. Erna Haßlacher geb. Friedenthal unter Nr. 22 als ordentliches Mitglied gelistet ist.[16] Da Erna Schefflers Mutter ihre Tochter bereits 1910, also als sie sich noch auf ihre Reifeprüfung vorbereitete, „zum ersten Mal in eine Frauenwahlrechtsveranstaltung mitnahm",[17] ist es zumindest plausibel, dass sie von ihrer Mutter bereits zuvor für die Frauenbewegung sensibilisiert worden war.

Der Juristinnen-Verein blieb – auch nachdem sein Primärziel schließlich 1922 mit der Öffnung der juristischen Berufe für Frauen erreicht worden war – bestehen.[18] Im Jahre 1933 löste er sich, um einer „Gleichschaltung" mit NS-Institutionen zu entgehen, selbst auf und teilte damit das Schicksal vieler Frauenverbände.[19] Während einige der frühen Mitglieder sich ab 1948 im neu

[12] Später hieß sie Margarete Muehsam-Edelheim.

[13] Zur Gründung des Deutschen Juristinnen-Vereins siehe: Djb (Hrsg.), Juristinnen in Deutschland, 1900–2003, S. 16 f.; *Röwekamp*, djbZ 2008, S. 117–120.

[14] Zu ihnen zählten zwei Nichtjuristinnen und Herr Dr. John Edelheim, der Mann der 1. Vorsitzenden Frau Dr. iur Margarete Edelheim, geb. Meseritz, der dem DJV ebenfalls beigetreten war, Mitgliederverzeichnis, Margarete Berent Collection, Leo Baeck Institute, AR 2861, Folder 1.

[15] *Röwekamp*, djbZ 2008, S. 119.

[16] Mitgliederverzeichnis, Margarete Berent Collection, Leo Baeck Institute, AR 2861, Folder 1.

[17] *Scheffler*, Informationen für die Frau 1969, S. 7.

[18] Vgl. zum Deutschen Juristinnen-Verein in der Zeit von 1914–1933, *Röwekamp*, djbZ 2008, S. 117–120.

[19] *Huerkamp*, Bildungsbürgerinnen, S. 287.

gegründeten Juristinnen-Verein engagierten,[20] kehrten andere – wie beispielsweise Marie Munk, die in die USA emigriert war – nicht wieder aus ihrem Zufluchtsland zurück.[21]

Im August 1948 kamen in Dortmund sieben Juristinnen zusammen, die die Interessen von Frauen im öffentlichen Leben bündeln wollten. Sie gründeten als Nachfolgeorganisation des Deutschen Juristinnen-Vereins die „Vereinigung weiblicher Juristen und Volkswirte e. V.".[22] Die Hauptarbeit des Vereins bestand darin, Vorschläge für mit der neuen Verfassung übereinstimmende Gesetze auszuarbeiten. Des Weiteren galt es, die über die Republik verstreuten Juristinnen zu sammeln und ihnen ein Netzwerk zur Verfügung zu stellen. Dieses sollte es den Juristinnen sodann erleichtern, passende Berufe und Positionen zu finden.

In Erna Scheffler fand der neugegründete Deutsche Juristinnen-Verein ein aktives Mitglied. Hatten schon vor dem Zweiten Weltkrieg Mitglieder des Deutschen Juristinnen-Vereins im damaligen Dachverband (Bund Deutscher Frauenvereine) als eine Art „Rechtsabteilung" fungiert, wurde dieses „Modell" von der neugegründeten Vereinigung aufgegriffen. Es verwundert daher nicht, dass mit Erna Scheffler im „Deutschen Frauenring", in dem sich unterschiedliche Frauenverbände zusammengeschlossen hatten, eine Juristin den Vorsitz des Rechtsausschusses übernahm.[23] Auf diese Weise wurde das Gesetzgebungsverfahren seitens der Frauenverbände durch eigene Stellungnahmen begleitet. Neben dieser Tätigkeit engagierte sich Erna Scheffler im Deutschen Juristinnen-Verein zudem für kurze Zeit als Zweite Vorsitzende. Dieses Amt legte sie jedoch nach ihrer Wahl zur Bundesverfassungsrichterin aufgrund von Arbeitsüberlastung nieder.[24] Sie ließ es sich jedoch trotz ihrer hohen Arbeitsbelastung als Bundesverfassungsrichterin nicht nehmen, auf einer Tagung des Deutschen Juristinnen-Vereins am 28./29. Juni 1951 ein Referat über ihre neue Arbeitsstätte und ihre Funktion zu halten.[25] Des Weiteren soll Erna Scheffler auch den Kontakt zu ausländischen Gästen gepflegt haben, die sie ebenfalls gerne in ihrem eigenen Haus beherbergte.[26] Zu ihrer Neugier an im Ausland lebenden Menschen passt, dass sie den Juristinnenbund, wie sich der Juristin-

---

[20] *Röwekamp*, djbZ 2008, S. 120.

[21] Djb (Hrsg.) Juristinnen in Deutschland, 1900–2003, S. 33.

[22] Seit 1948 änderte die Vereinigung zweimal ihren Namen: 1959 Juristinnenbund (Vereinigung der Juristinnen, Volkswirtinnen und Betriebswirtinnen) e. V. und 1979 Deutscher Juristinnenbund (Vereinigung der Juristinnen, Volkswirtinnen und Betriebswirtinnen) e. V., Djb (Hrsg.), Juristinnen, 1900–2003, S. 35.

[23] *Wendrich*, Die Entwicklung der familienrechtlichen Entscheidungsbefugnisse, S. 167.

[24] Schreiben der Vereinigung weiblicher Juristen und Volkswirte e. V., Addf, NL-P-11, 0037M05, S. 5.

[25] Addf, NL-P-11, 0037M05, Rundschreiben Nr. 13 von der Vereinigung weiblicher Juristen und Volkswirte e. V., vom 15. Juli 1952.

[26] *Jaeger*, in: Juristinnen in Deutschland, 1900–2003, S. 199.

nen-Verein nach 1959 nannte, in der International Federation of Woman Lawyers vertrat.[27]

b) Der Deutsche Akademikerinnenbund

Neben dem Deutschen Juristinnen-Verein profitierte besonders der Deutsche Akademikerinnenbund von Erna Schefflers unermüdlichem Einsatz für eine bessere Situation der Frauen. Der Deutsche Akademikerinnenbund wurde am 11. Mai 1926 in Berlin gegründet. Die damalige Reichstagsabgeordnete Marie-Elisabeth Lüders wollte mit seiner Gründung bereits bestehende akademische Frauenvereine – wie beispielsweise den Juristinnen-Verein, den Verband der Studentinnen-Vereine Deutschlands oder den Deutschen Ärztinnenverband – zusammenfassen. Erste Vorsitzende war die namhafte Frauenrechtlerin, Agnes von Zahn-Harnack[28]. Die Bekanntheit einiger Mitglieder führte dazu, dass der Verein im Jahre 1927 bereits 3815 Mitglieder vertrat. Sein Ziel war es, deutsche Akademikerinnen zur Sicherung ihres Einflusses und der Geltung der akademisch gebildeten Frauen im deutschen Kulturleben zur geistigen und wirtschaftlichen Förderung und zur Vertretung ihrer beruflichen Interessen zusammenzuschließen. Bereits im Jahr seiner Gründung 1926 wurde der Deutsche

---

[27] *Jaeger*, in: Juristinnen in Deutschland, 1900–2003, S. 199.

[28] Agnes von Zahn-Harnack (1884–1950) wuchs als viertes Kind des Theologen Adolf von Harnack und seiner Frau Amalie Thiersch, einer Urenkelin des Chemikers Justus von Liebig, in Gießen, Marburg und Berlin auf. In Berlin-Charlottenburg besuchte sie eine höhere Mädchenschule. Hier begann die enge, lebenslange Freundschaft mit Elisabeth Hirschfeld, Tochter des Ordinarius Otto Hirschfeld. Überhaupt nahm die Familie Harnack am geselligen und kulturellen Leben im Westen von Berlin regen Anteil und verfügte über einen großen Bekanntenkreis, dem u. a. die Familien Delbrück, Mommsen, Lüders und Planck angehörten. 1903 bestand Agnes von Zahn-Harnack das Lehrerinnenexamen. Anschließend war sie bis 1920 als Lehrerin an der Höheren Töchterschule Wellmann-von Elpons in Berlin-Charlottenburg tätig. Nebenbei bereitete sie sich privat auf das Abitur vor, das sie 1908 absolvierte. Kurz darauf immatrikulierte sie sich als erste Frau an der Friedrich-Wilhelms-Universität zu Berlin, um deutsche und englische Philologie sowie Philosophie zu studieren. 1912 wurde sie mit einer Arbeit über das damals unveröffentlichte Trauerspiel „Aloys und Imelde“ von Clemens Brentano in Greifswald promoviert. Zwei Jahre später schloss sie sich dem Nationalen Frauendienst an. 1919 heiratete sie den Juristen Karl von Zahn, der später im Reichsinnenministerium als Regierungsrat arbeitete. Bis 1933 verfasste Agnes von Zahn-Harnack zahlreiche Schriften zur Frauenbewegung und zu theologischen Fragen. 1926 gründete sie den Deutschen Akademikerinnenbund mit, dessen Vorsitzende sie bis 1930 war. 1931 wurde sie zur ersten Vorsitzenden des Bundes Deutscher Frauenvereine gewählt, an dessen Selbstauflösung sie 1933 maßgeblich beteiligt war. Während des Nazi-Regimes zog sie sich aus der Öffentlichkeit zurück, blieb aber im engen Kontakt zu anderen Vertreterinnen der Frauenbewegung, wie Alice Solomon, Selma Lagerlöf oder Anna von Gierke. Sie unterrichtete privat Kinder jüdischer Abstammung und schrieb an der Biografie ihres Vaters. Nach 1945 veröffentlichte sie wieder zahlreiche Beiträge zu frauenspezifischen sowie christlich-ethischen Themen und engagierte sich für die Neugründung des Bundes Deutscher Frauenvereine 1945 sowie des Deutschen Akademikerinnenbundes 1949. Biografische Angaben bei: *Bauer*, Kulturprotestantismus und frühe bürgerliche Frauenbewegung in Deutschland, Agnes von Zahn-Hernack (1884–1959), S. 89–351.

Akademikerinnenbund in die „International Federation of University Woman", eine internationale akademische Frauenvereinigung, aufgenommen.[29] Die Projekte des Deutschen Akademikerinnenbundes waren breit gestreut: Neben grundsätzlichen Fragen zur Frauenpolitik errichtete er beispielsweise Tagesheime für Studentinnen. In der NS-Zeit blieb er „seinen Humanitätsidealen" treu und löste sich schließlich selbst auf.[30] Der Deutsche Akademikerinnenbund wurde am 19. Juni 1949 von Agnes von Zahn-Harnack neu gegründet. Dadurch, dass sie und andere Vertreterinnen des früheren Verbandes „einen untadeligen" Ruf im Ausland genossen, konnte es ihr gelingen, den Verein bereits Ende Juli 1951 wiederum der International Federation of University Woman anzuschließen.

Erna Scheffler war Gründungsmitglied der Karlsruher Gruppe des Deutschen Akademikerinnenbundes. Schon bei der zweiten bundesweiten Zusammenkunft des nach dem Zweiten Weltkrieg neugegründeten Deutschen Akademikerinnenbundes – einer Tagung in Stein bei Nürnberg – hielt sie 1951 einen Eröffnungsvortrag über „Die Gleichberechtigung der Frau im Neuen Recht"[31]. Neben dem Hauptthema der damaligen Tagung – „Die Frau in der Wissenschaft" – wurden insbesondere Fragen des Familienrechts erörtert, sodass Erna Scheffler vor allem ihre juristische Expertise einbringen konnte. Des Weiteren setzte sie sich für die Schaffung von Teilzeitmodellen im Beamtenrecht ein. Als die Teilzeitregelungen, zu denen auch der Deutsche Akademikerinnenbund einen Entwurf verfasst hatte, im Innenausschuss des Bundestags besprochen wurden, fungierte Erna Scheffler sogar als Gutachterin.[32] Erna Scheffler verstärkte ihr Engagement im Deutschen Akademikerinnenbund noch, nachdem sie 1963 pensioniert worden war. 1964 wurde sie – inzwischen siebzigjährig – zur Vorsitzenden des Bundes gewählt.[33] Ihr Tätigkeitsdrang galt nun besonders der Organisation eines Kongresses von internationaler Bedeutung. Es handelte sich dabei um die Tagung der International Federation of University Woman,[34] die vom 8. bis 15. August 1968 in Karlsruhe stattfand.[35] Die allein für den Deutschen Akademikerinnenbund veranschlagten Kosten für die Tagung, auf der über 1000 Gäste erwartet wurden, beliefen sich auf 145.360 DM. Anhand dieser Größenordnung lässt sich ungefähr der Planungs- und Organisationsaufwand, den es zu bewältigen galt, erahnen. Da gleichzeitig das 50-jährige Bestehen des Weltverbandes gefeiert

---

[29] Bericht der Tagung des Deutschen Akademikerinnenbundes vom 28. Juli bis 30. Juli 1951 in Stein bei Nürnberg, S. 13.

[30] Zur Geschichte des Deutschen Akademikerinnenbundes siehe: *Barowsky*, in: Frauen in Wissenschaft und Politik, S. 15–22.

[31] Der Vortrag wurde veröffentlicht in: „Die Mädchenbildung", 1. Oktober 1951, S. 1–5.

[32] *Schwarzhaupt*, in: Mitteilungsblatt des DAB, 1983, Bd. 64, S. 6.

[33] *Schwarzhaupt*, in: Mitteilungsblatt des DAB, 1983, Bd. 64, S. 6.

[34] Die internationale Organisation hat sich 2015 umbenannt in „Graduate Woman International".

[35] Ansprachen und Vorträge von der IFUW vom 8.–15. August 1968 in Karlsruhe.

wurde, setzte Erna Scheffler alles daran, dass die Tagung „nicht armseliger aussehen und gegen frühere Tagungen in Brisbane, Mexiko, Helsinki, Paris, London und Zürich abfallen würde".[36] Es gelang ihr, den damaligen Bundesverfassungsgerichtspräsidenten, Gebhard Müller, für einen Empfang mit der Landesregierung und der Stadt Karlsruhe zu gewinnen.[37] Unterstützung bei der Organisation erhielt sie von der Zweiten Vorsitzenden,[38] der Bundesanwältin Annemarie Hofmann[39], mit der sie in freundschaftlicher Verbindung stand.[40]

Auch nachdem Erna Scheffler aus dem Vorstand des Deutschen Akademikerinnenbundes im Jahre 1970 ausschied, unterstützte sie noch – mittlerweile 78-jährig – die Verbandsarbeit. So schaltete sie sich in dieser Zeit in Auseinandersetzungen über Tarifverträge ein. Sie fertigte unter anderem im Auftrag des Deutschen Akademikerinnenbundes ein Rechtsgutachten über die Wirksamkeit einer sich negativ für Mitarbeiterinnen auswirkenden Regelung des Manteltarifvertrags des Hessischen Rundfunks an. Die von ihr ausgearbeiteten Ergebnisse sollten bei den darauffolgenden Tarifverhandlungen Berücksichtigung finden.[41]

c) Fazit

Das vielfältige Engagement Erna Schefflers, das sie bis ins hohe Alter betrieb, zeugt von enormer Schaffenskraft und von großem gesellschaftlichem Interes-

[36] BArch, N 1177/77, Schreiben von Erna Scheffler an Elisabeth Schwarzhaupt vom 2. Januar 1968.

[37] BArch, N 1177/77, Schreiben von Erna Scheffler an Elisabeth Schwarzhaupt vom 21. Februar 1968.

[38] *Schwarzhaupt*, in: Mitteilungsblatt des DAB, 1983, Bd. 64, S. 6.

[39] Annemarie Hofmann (1920–2014) legte 1939 in Münster das Abitur ab. Um ihr Studium beginnen zu können, musste sie zunächst den vorgeschriebenen Reichsarbeitsdienst leisten. Obgleich ihre Berufsaussichten als Juristin in der NS-Zeit äußert beschränkt waren, studierte sie ab 1940 in Heidelberg und Münster Rechtswissenschaften. 1942 bestand sie das Referendarexamen in Hamm und fing anschließend mit dem Vorbereitungsdienst an, den sie erst 1948 mit der zweiten Staatsprüfung abschloss. Weil die Verwaltung des Landes Baden nicht an einer Juristin interessiert war, bewarb sie sich – diesmal erfolgreich – im selben Bundesland für die Justiz. Annemarie Hofmann war dort zunächst als Gerichtsassessorin am Landgericht Offenburg tätig. Als ihr Onkel zum Gerichtspräsidenten desselben Gerichts ernannt wurde, wurde sie zur Staatsanwaltschaft nach Konstanz versetzt. Ein knappes Jahr später benötigte das Land die unbelastete Richterin im Wiedergutmachungsausschuss, dem sie bis 1953 vorsaß. 1954 wechselte sie ans Landgericht Freiburg und wurde zur Landgerichtsrätin ernannt. Im März 1957 begann ihre Karriere bei der Bundesanwaltschaft in Karlsruhe, wo sie unterschiedliche Bereiche der Behörde – u. a. die Abteilung für Staatsschutz – durchlief. Nachdem sie ein Jahr in Berlin bei der Dienststelle des Generalbundesanwalts gearbeitet hatte, wurde sie 1972 als erste Frau Deutschlands zur Bundesanwältin beim Bundesgerichtshof ernannt. Biografische Angaben bei: *Röwekamp*, Juristinnen, S. 145–147.

[40] *Jaeger*, in: Juristinnen in Deutschland, 1900–2003, S. 202.

[41] *Schwarzhaupt*, in: Mitteilungsblatt des DAB, 1983, Bd. 64, S. 6; BArch, N1177/78, Schreiben vom Hessischen Rundfunk an den Deutschen Akademikerinnenbund, z. H. Frau Schwarzhaupt, vom 20. November 1972.

se. Es war wiederum das Thema der Gleichberechtigung der Frau, dem sie ihre Arbeitskraft durch ihre Vortrags- und Verbandstätigkeit widmete. Es scheint fast so, als hätte Erna Schefflers Pensionierung sie noch politischer werden lassen. Dem würde entsprechen, dass sie einmal einer Freundin gegenüber geäußert haben soll: „Nach preußischer Tradition ist ein Richter nicht politisch tätig. So bin ich groß geworden und dabei bin ich geblieben. Aber natürlich habe ich eine politische Überzeugung."[42]

Ihrer politischen Überzeugung konnte sie nach dem Ablegen ihrer Richterrobe – etwa durch ihre Mitarbeit beim Gesetz zur Teilzeitarbeit von Beamtinnen und Richterinnen oder bei den tarifrechtlichen Auseinandersetzungen – stärkeren Ausdruck verleihen. Dass sie ein stark politisch denkender Mensch war, zeigt auch ihr Vortrag „Zum Verhältnis von Frau und Politik", den sie 1969 im Haus der Begegnungen in Mülheim an der Ruhr hielt. Dort belegte Erna Scheffler anhand von statistischen Zahlen zunächst, dass die Anzahl von weiblichen Abgeordneten sowohl in den Kommunalparlamenten als auch in den Länderparlamenten in den 1960er Jahren stetig abgenommen hatte und sie in den Bundesausschüssen unterrepräsentiert gewesen waren. Anschließend benannte sie die Hauptursachen, die ihrer Meinung nach einer ausreichenden Teilnahme der Frau am politischen Leben entgegenstünden. Dabei erschienen ihr drei „Momente" von beherrschender Bedeutung:

> „das Leitbild, das Image, das der Gesellschaft und der Frau selbst vorschwebt; die Zeit, die der Frau für die Politik zur Verfügung steht; und schließlich, daß der Start, der Beginn der politischen Karriere nicht von konkurrierenden Männern abhängt".[43]

Zum Leitbild führte sie unter anderem aus, dass Meinungsforschungsinstituten zufolge 44 Prozent der westdeutschen Bevölkerung nach wie vor gegen politisch aktive Frauen eingestellt seien und nur 63 Prozent der Mütter, die Töchter und Söhne haben, die Ausbildung der Töchter als ebenso wichtig erachteten wie diejenige der Söhne. Erna Scheffler betonte daher: „(…) auch heute noch sind wir weit davon entfernt, die von Aristoteles zum Ideal erhobene Frau Saubermann loszuwerden."[44]

Neben diesem „verstaubten Leitbild" sah Erna Scheffler in dem „Mangel an Zeit für sich selbst" die wesentlichste Ursache für das unbefriedigende Verhältnis der Frau zur Politik".[45] Ihrer Beobachtung zufolge wurde die Arbeitszeit der Mutter ins Unangemessene verlängert. Die Frauen seien, so Erna Scheffler, in ihren produktivsten und tatenlustigsten Jahren zeitlich nicht nur ungleich stärker gebunden als die Männer, sondern sogar stärker als die Frauen früherer Generationen. Allerdings liege es durchaus im Bereich des Möglichen, diese

---

[42] Zitiert nach: *Dertinger*, Frauen der ersten Stunde, S. 162.
[43] *Scheffler*, Informationen für die Frau 1969, S. 9.
[44] *Scheffler*, Informationen für die Frau 1969, S. 9.
[45] *Scheffler*, Informationen für die Frau 1969, S. 10.

zeitliche Belastung auf ein vernünftiges Maß zurückzuführen, sofern man es denn ernstlich wolle. Dazu gehöre selbstverständlich, dass Männer und Söhne in ihrer reichlichen Freizeit auch Pflichten im Haushalt übernehmen, wie dies in anderen Ländern längst üblich sei. Aber vor allem bedürfe es für die veränderten Lebensverhältnisse auch für die Familie veränderter Institutionen. Dazu erklärte sie sodann:

> „Wir wissen alle, daß mehr und bessere Kindergärten, daß Tagesschulen, Service-Häuser, Bereitstellung von Hauspflege und Gelegenheit zu angemessener Teilzeitarbeit notwendig sind – aber was geschieht, ist ein Tropfen auf den heißen Stein. Selbst in der meist angesprochenen Frage, der der Kindergärten, stehen wir hinter anderen Ländern zurück: in Belgien z. B. finden 90 v. H. der Kinder bis zu 6 Jahren Platz in Kinderhorten, Kindergärten und dergleichen. In Deutschland kann nur jedes dritte Kind im Alter von 3 bis 6 Jahren in einem Kindergarten aufgenommen werden. Tagesschulen, die in unseren westlichen Nachbarländern seit Generationen selbstverständlich sind, gibt es bei uns nur vereinzelt und im Versuchsstadium.“[46]

Vergleicht man Erna Schefflers Forderungen mit heutigen sozialpolitischen Debatten, etwa zur Kindebetreuung, Teilzeitarbeit und der Altersarmut von Frauen, erscheint ihr Werben für institutionelle Hilfen – wenngleich sich spätestens mit der Einführung des Bundeselterngeld- und Elternzeitgesetzes (BEEG) 2006[47], dem 2015 neu eingeführten Elterngeld Plus[48] sowie dem seit August 2013 in § 24 Abs. 2 SGB VIII für Kinder zwischen dem ersten und dritten Lebensjahr gewährleisteten Anspruch auf einen Betreuungsplatz ein deutlicher Wandel abzeichnet – sechzig Jahre später noch immer aktuell.[49]

2. Die letzten Lebensjahre

Das letzte Lebensjahrzehnt war für Erna Scheffler ein sehr schwieriger Abschnitt. Am 8. Mai 1975 verstarb ihr zwei Jahre älterer Ehemann Georg Scheffler. Über seinen Tod soll Erna Scheffler in den ihr verbleibenden Jahren nie recht hinweggekommen sein.[50] Das Leben wurde – wie Zeitzeugen berichteten – für sie in dieser Zeit „sehr schwer“.[51] Altersbedingt litt sie unter einer sich zunehmend verstärkenden Sehbehinderung, die ihr das wissenschaftliche Ar-

---

[46] *Scheffler*, Informationen für die Frau 1969, S. 10 f.

[47] BGBl. I 2006, 2748.

[48] BGBl. I 2014, 2325.

[49] Zu den aktuellen sozialrechtlichen Änderungen der Familienpolitik siehe: *Brose*, NZS 2017, S. 361–366. Einen Bericht zum gegenwärtigen Kitaplatzmangel findet sich bei: *Haug*, „Spiegel Online“ vom 8. Juni 2018, abrufbar: http://www.spiegel.de/lebenundlernen/job/kita-krise-in-deutschland-warum-fehlen-soviele-plaetze-a-1211083.html (Stand: 07.06.2019).

[50] *Lange*, in: Jahrbuch der Schlesischen Friedrich-Wilhelms-Universität zu Breslau, Bd. 42–44 (2001–2003), S. 576.

[51] *Schwarzhaupt*, in: Mitteilungsblatt des DAB, 1983, Bd. 64, S. 6; *Heck*, JZ 1958, S. 721.

beiten und überhaupt das Lesen erschwerte.[52] In den Jahren nach dem Tod ihres Ehemannes verbrachte sie viel Zeit bei ihrer Tochter, die mit ihren drei Kindern in London lebte.[53] Dort starb Erna Scheffler am 22. Mai 1983, an einem Pfingstsonntag. Ihr ehemaliger Richterkollege Karl Heck erinnerte sich, dass bei ihrer Gedenkfeier in der Dorfkirche in Wolfartsweier das Kirchenschiff bis auf den letzten Platz gefüllt war – für ihn ein Zeichen, „wie sehr sie bei allen, die sie kannten, geschätzt, ja geliebt worden war".[54]

---

52 *Heck*, JZ 1958, S. 721.

53 Erna Schefflers Tochter, Lore Fry, soll sich nach ihrer Eheschließung mit einem deutschen Arzt geweigert haben, in Deutschland zu wohnen. Sie arbeitete in London als Amtsärztin, *Jaeger*, in: Djb (Hrsg.), Juristinnen in Deutschland, 1900–2003, S. 202.

54 *Heck*, JZ 1958, S. 721.

X. Erna Schefflers Engagement im Kontext der Frauenbewegung

Erna Schefflers Lebensweg ist nicht nur, wie eine jede Biografie, abhängig von der gesamtgesellschaftlichen Entwicklungsgeschichte. Er ist besonders eng verknüpft mit der Geschichte der Frauenbewegung, insbesondere mit der Entwicklung der Gleichberechtigung und der Professionalisierung der Juristinnen. Ohne die zahlreichen Anstrengungen der feministischen Vorkämpferinnen um die Jahrhundertwende zum 20. Jahrhundert wäre es Erna Scheffler vermutlich noch nicht möglich gewesen, das Abitur, geschweige denn ein rechtswissenschaftliches Studium zu absolvieren. Dass sie schließlich ein juristisches Examen ablegen durfte, war ebenfalls engagierten Frauen wie beispielsweise Marie-Elisabeth Lüders zu verdanken, die die Öffnung der klassischen juristischen Berufe für Frauen durchsetzen konnten (siehe dazu Kapitel III. 1). Es ist daher nicht verwunderlich, dass auch Erna Schefflers „sachliche Leidenschaft" von früh an „der Gleichberechtigung der Frau im gesamten gesellschaftlichen Leben" galt.[1] Aus diesem Grunde ist es interessant, ihren Einsatz für die Umsetzung der Gleichberechtigung nun in den Bezug zur Frauenbewegung zu setzen. Üblicherweise wird in der deutschen Geschichtsschreibung zur Frauenbewegung zwischen alter und neuer Frauenbewegung unterschieden.[2] Im Folgenden werden diese Bewegungen knapp dargestellt. Im Anschluss daran wird die Zeitspanne von 1950 bis 1965, in die die meisten Publikationen von Erna Scheffler sowie ihre Tätigkeit als Bundesverfassungsrichterin fallen, beleuchtet. Gab es auch zu dieser Zeit – in der Ära Adenauer – eine Frauenbewegung? Gab es – zumal das weibliche Geschlecht doch zumindest demografisch so stark in der Überzahl war – so etwas wie „eine Stunde der Frauen"[3]?

---

1 *Zweigert*, JZ 1973, S. 605.
2 *Schüller*, in: Das Jahrhundert des Feminismus, S. 171.
3 *Möding*, in: Von Stalingrad zur Währungsreform, S. 619.

1. Die „alte" Frauenbewegung

Während in Frankreich und England bereits zur Zeit der Französischen Revolution Frauen für ihre Rechte eintraten,[4] setzte die Frauenbewegung in Deutschland erst ein halbes Jahrhundert später im Zuge der Revolution von 1848 ein.[5] Erste weitreichende gesellschaftspolitische Forderungen formulierte Louise Otto-Peters, die als Begründerin der deutschen Frauenbewegung gilt.[6] In zahlreichen Schriften trat die damals populäre Schriftstellerin u. a. für die Gleichheit von Frauen und Männern vor dem Gesetz, für Mädchenbildung, für das Recht der Frauen auf Erwerb und für die Teilnahme der Frauen am Staatsleben ein.[7] Das Scheitern der Revolution und die damit einhergehenden verschärften Pressegesetze, die Frauen verboten, Zeitschriften herauszugeben, erschwerten ihre Arbeit.[8] Des Weiteren behinderten die rigiden Vereinsgesetze die ersten Vorkämpferinnen für Frauenrechte in ihrem politischen Engagement, da sie neben Arbeitern auch Frauen und Minderjährigen verboten, Vereine zu gründen oder an Versammlungen auch nur teilzunehmen.[9] Obgleich die Vereinsgesetze in den meisten Staaten des Deutschen Bundes auch noch in der späten wilhelminischen Ära gelten sollten, wurden in den 1860er Jahren im Zuge des damaligen Wirtschaftsaufschwungs die autoritären Strukturen zunehmend lockerer. Diese etwas offeneren Verhältnisse nutzten Louise Otto-Peters und ihre Mitstreiterinnen. Sie beriefen eine „Frauenkonferenz der verschiedensten Städte und Staaten" ein, die vom 16. bis zum 18. Oktober 1865 in Leipzig stattfand. Auf dieser „Frauenschlacht von Leipzig" – wie die Versammlung von insgesamt 120 Frauen in der damaligen Presse verunglimpft wurde – wurde der Allgemeine Deutsche Frauenverein (ADV) ge-

---

[4] Die bekannteste französische Frauenrechtlerin dieser Zeit war Olympe de Gouge. Ihre Schwester im Geiste, Mary Wollstonecraft, forderte Ende des 18. Jahrhunderts in England, dass die Menschenrechte auch für Frauen gelten sollten und wandte sich dabei explizit gegen die Rousseausche Theorie, der die Unterschiede zwischen den Geschlechtern in der Natur begründet sah. Zu Olympe de Gouges siehe: Gerhard/Pommerenke/Wischermann (Hrsg.), Klassikerinnen feministischer Theorie, Bd. 1, S. 15–23; zu Mary Wollstonecraft siehe: ebd. S. 24–40.

[5] *Wiggershaus*, Geschichte der Frauen und der Frauenbewegung, S. 10.

[6] Zu Louise Otto-Peters (1819–1895) siehe: *Boetcher-Joeres*, in: Louise Otto-Peters: Politische Denkerin und Wegbereiterin der deutschen Frauenbewegung, S. 36–53; *dies.*, in: Neue Deutsche Biographie 19 (1999), S. 715–717.

[7] Bei Gerhard/Pommerenke/Wischermann (Hrsg.), Klassikerinnen feministischer Theorie, Bd. 1, findet sich eine kleine Auswahl ihrer Schriften, S. 68–77.

[8] In Sachsen, wo Louise Otto publizierte – sie gab 1849–1851 die Frauen-Zeitung heraus –, wurde das eingeführte verschärfte Pressegesetz daher auch als Lex Otto bezeichnet.

[9] *Gerhard*, in: Die sozialen Bewegungen in Deutschland, S. 192 f.

gründet.[10] Dies war die „Geburtsstunde der organisierten Frauenbewegung“.[11] Die Organisation war bürgerlich ausgerichtet. Angestrebt wurden vor allem bessere Bildungsmöglichkeiten für Frauen und ein Recht auf Arbeit. Nach und nach entstand eine Vielzahl von unterschiedlichen Frauenvereinen und Projekten, die verschiedene Probleme im Geschlechterverhältnis aufgriffen: Helene Lange, Auguste Schmidt und Marie Loeper-Houselle gründeten den Allgemeinen Deutschen Lehrerinnenverein (ADLV), der sich vor allem für weibliche Bildung, unter anderem für die Zulassung zu den Universitäten, einsetzte. Marie Stritt gründete in Dresden 1884 einen Rechtsschutzverein, der Frauen eine bessere juristische Beratung bieten sollte. Die Mädchen- und Frauengruppen für soziale Hilfsarbeit – die ab 1899 von Alice Salomon geleitet wurden – betrieben eine Professionalisierung der weiblichen Sozialarbeit.[12] Diese kleine Auswahl der zahlreichen Gruppierungen verdeutlicht beispielhaft die ab 1890 zunehmende Differenzierung innerhalb der Frauenbewegung. Den Bestrebungen, die Vereine zusammenzufassen, wurde mit der Gründung eines Dachverbandes im Jahre 1894, dem sogenannten Bund Deutscher Frauenvereine (BDF), Folge geleistet. Im Jahre 1913 vertrat er 2.200 Vereine und schätzungsweise 500.000 Mitglieder.[13] Allerdings vertiefte die Gründung des Bundes Deutscher Frauenvereine die Gräben zwischen bürgerlichen und proletarischen Frauenvereinen, die sich zunächst nur in der Zielsetzung unterschieden. Während die bürgerliche Frauenbewegung die Vorrechte des Mannes in den Bereichen Bildung, Staat und Familie bekämpfte, sahen ihre proletarischen Schwestern[14] die Befreiung der Frau als Frage der sozialen Gleichheit an: Die Befreiung der Frau war für sie nur im Rahmen der Befreiung des Proletariats möglich.[15] Sie waren, da sie die Herrschaftsverhältnisse der damaligen Zeit generell angriffen, staatlichen Repressalien ausgesetzt. Bei der Gründung des Bundes Deutscher Frauenvereine lehnte die Mehrheit der bürgerlichen Frauen eine Aufnahme der sozialdemokratischen Arbeiterinnen ab. Sie begründeten diesen Schritt damit, so einer andernfalls wahrschein-

---

[10] Zu den Gründerinnen zählten neben Louise Otto-Peters die Pädagogin Auguste Schmidt, die Schriftstellerin Lina Morgenstern und die Sozialpädagogin Henriette Goldschmidt, *Wiggershaus*, Geschichte der Frauen und der Frauenbewegung, S. 11.

[11] *Wolff* in: http://www.bpb.de/gesellschaft/gender/frauenbewegung/35256/aufbauphase-im-kaiserreich, (Stand: 07.06.2019).

[12] Eine größere Auswahl findet sich bei *Gerhard*, in: Die sozialen Bewegungen in Deutschland, S. 193 f. Zur Formierung und Ausdifferenzierung der Frauenverbände bis 1933 siehe auch: *Biegler*, Frauenverbände in Deutschland, S. 59–89.

[13] *Wolff*, in: http://www.bpb.de/gesellschaft/gender/frauenbewegung/35256/aufbauphase-im-kaiserreich, (Stand: 07.06.2019).

[14] Die bekannteste Vertreterin der proletarischen Frauenbewegung war Clara Zetkin. Zur Entwicklung der proletarischen Frauenbewegung siehe: *Richebächer*, Uns fehlt nur eine Kleinigkeit, S. 167–287; *Wurms*, in: Geschichte der deutschen Frauenbewegung, S. 63–83.

[15] *Wiggershaus*, Geschichte der Frauen und der Frauenbewegung, S. 11; *Nave-Herz*, Die Geschichte der Frauenbewegung, S. 31 f.

lich folgenden Auflösung zu entgehen.[16] Demzufolge waren Arbeiterinnenvereine nicht im Bund Deutscher Frauenvereine vertreten. Allerdings gab es dennoch auch innerhalb des Bundes Deutscher Frauenvereine Richtungskämpfe, die verschiedene Strömungen hervorbrachten: eine bürgerlich-gemäßigte, eine bürgerlich-radikale und eine konfessionelle. Trotz ihrer Zersplitterung erreichte die „alte" Frauenbewegung, begünstigt von der gesamtgesellschaftlichen Situation der Zeit, in Teilen ihre Ziele. Ihre größten Errungenschaften verzeichnete sie auf dem Bildungs- und Berufssektor. Nach der Jahrhundertwende öffneten die ersten Länder ihre Universitäten für Frauen. Nach der im Jahre 1908 eingeführten sog. preußischen Mädchenschulreform berechtigten die Abschlüsse an Mädchenschulen endlich zur Aufnahme einer weiterführenden Ausbildung oder sogar zum Beginn eines Studiums.[17] Damit war der Weg für eine eigenständige Mädchen- und Frauenbildung in Deutschland geöffnet. Im selben Jahr wurde erreicht, dass die Sonderbestimmungen im Vereinsrecht fielen. Frauen war es dadurch erlaubt, in politischen Parteien mitzuwirken – ohne dabei allerdings selbst wählen oder gewählt werden zu dürfen. Dies änderte sich erst mit der Einführung des aktiven und passiven Wahlrechts für Frauen im Jahre 1918.

Mit der aufkommenden nationalsozialistischen Bewegung wurde auch Solidarität zwischen den Frauen erschwert: Während sich ein Teil der Frauen kritisch mit der Bewegung auseinandersetzte, hegten andere antisemitische Vorbehalte und passten sich ihr an.[18] Um der nach der Machtübernahme einsetzenden Eingliederung in die NS-Frauenschaft zu entgehen, lösten sich schließlich die meisten Verbände selbst auf. Die Selbstauflösung des Dachverbandes BDF[19], der am 15. Mai 1933 seiner „Gleichschaltung" zuvorkommen wollte, wird allgemein als Endpunkt der „alten" Frauenbewegung angesehen.[20]

2. Die „neue" Frauenbewegung

Die sogenannte „neue" Frauenbewegung formierte sich im Zuge der Studentenproteste im Jahre 1968. Im Sozialistischen Deutschen Studentenbund (SDS) kam es zu dieser Zeit zu ersten Spannungen zwischen den Geschlechtern, die schließlich im berühmt gewordenen „Tomatenwurf"[21] mündeten.[22]

[16] *Nave-Herz*, Die Geschichte der Frauenbewegung, S. 30; *Gerhard*, in: Die sozialen Bewegungen in Deutschland, S. 196.

[17] *Glaser/Wolff*, Ariadne 2008, Nr. 53–54, S. 2.

[18] *Biegler*, Frauenverbände in Deutschland, S. 90.

[19] Ausführlich zu der Position des BDF zum Nationalsozialismus und seiner Selbstauflösung vgl. *Hönig*, Der Bund Deutscher Frauenvereine, S. 142–160.

[20] *Gerhard/Klausmann/Wischermann*, in: Feministische Studien, 1. Mai, 1993, S. 22; *Schüller*, in: Das Jahrhundert des Feminismus, S. 171.

[21] Als nach einer Rede am 13. September 1968 von Hilde Sanders, der Sprecherin des Ber-

Einige Frauen des Sozialistischen Deutschen Studentenbundes hatten zuvor den „Aktionsrat zur Befreiung der Frau" gegründet, um sich gegen das repressive Verhalten männlicher Mitglieder zu wehren. Der „Tomatenwurf" hatte Signalwirkung: Viele junge Frauen machten in den Folgejahren – teilweise durch spektakuläre Aktionen – auf Frauendiskriminierungen aufmerksam. Am bekanntesten ist die von Alice Schwarzer betriebene Kampagne „Wir haben abgetrieben" im „Stern" 1971.[23] Kennzeichnend für die „neue" Bewegung war ihre Autonomie: Die Frauengruppen wollten sich gerade separat und losgelöst vom Staat und seinen Institutionen sowie etablierten Verbänden organisieren. Dementsprechend gab es keinen gemeinsamen Dachverband, sondern vielmehr ein Geflecht von eigenständigen, lockeren Zusammenschlüssen, Initiativen, Frauen- und Projektgruppen. Dazu passt, dass sich die „neuen" Frauenrechtlerinnen zunächst nicht in die Tradition ihrer Vorgängerinnen stellten. Zum Neuanfang gehörte die Abgrenzung von den etablierten Frauenorganisationen. Unter dem übergreifenden Motto „Das Private ist politisch" sollten gerade die eigenen Lebensverhältnisse einer kritischen Prüfung unterzogen werden.[24] Gefordert wurden neben der gleichberechtigten Teilhabe in Politik und Beruf die Selbstbestimmung über den Körper, die Skandalisierung der Gewalt gegen Frauen und die Abkehr von der geschlechtsspezifischen Rollenzuschreibung in sämtlichen Lebensbereichen. Es wurden Frauenhäuser, Frauengesundheits- und Mütterzentren sowie Frauencafés und Frauenkneipen eingerichtet. Des Weiteren bildete sich Ende der 1970er Jahre eine eigene überregionale Frauenpresse heraus.[25] Es entstanden Frauenfilme sowie zahlreiche Frauenbuchhandlungen. Im Jahre 1976 wurde von Dozentinnen erstmals eine interdisziplinäre „Sommeruniversität für Frauen" in Berlin veranstaltet. Durch diese Tagung wurde das Thema „Frauen und Wissenschaft" an die Öffentlichkeit gebracht.[26]

Zu Beginn der 1980er Jahre zeigten schließlich auch die Verbände und staatlichen Institutionen ein verstärktes Interesse an frauenpolitischen Themen. In

---

liner Aktionsrates, die Genossen nicht bereit waren, die Inhalte ihres Vortrags zu diskutieren – sie hatte dem SDS vorgeworfen, selbst Abbild der männlich geprägten Gesellschaftsstruktur zu sein – warf Sigrid Rüger Tomaten in Richtung Vorstandstisch. Dieser Protest und seine mediale Verbreitung führten dazu, dass sich in vielen Universitätsstädten Frauengruppen bildeten, die durch Protestaktionen auf die nach wie vor bestehenden Ungleichheiten zwischen den Geschlechtern aufmerksam machten.

[22] *Nave-Herz*, Die Geschichte der Frauenbewegung in Deutschland, S. 68.

[23] Alice Schwarzer hatte die Idee von französischen Feministinnen übernommen, die zurückgeht auf ihre geistige Mutter Simone de Beauvoir.

[24] *Genth*, in: Frauenpolitik und politischen Wirken, S. 11; *Gerhard*, in: Das Geschlechterverhältnis als Gegenstand der Sozialwissenschaften, S. 257.

[25] Die Zeitschriften EMMA (seit 1977) und COURAGE (1976–1984) waren bzw. sind überregional bekannt.

[26] *Hertrampf*, in: http://www.bpb.de/gesellschaft/gender/frauenbewegung/35287/neue-welle-im-westen?p=0 (Stand: 07.06.2019).

der deutschen Parteienlandschaft etablierte sich mit den GRÜNEN eine Partei, die sich dem Feminismus verpflichtet fühlte.[27] Die Formen feministischer Einmischung veränderten sich: Feministinnen tendierten vermehrt dazu, bestehenden Institutionen beizutreten. Die autonomen Protestaktionen wurden weniger und wurden abgelöst durch „einen Marsch durch die Institutionen".[28]

Die Agitationen der „neuen Frauenbewegung" trugen Früchte. So ist es ihr zu verdanken, dass sich Frauen ihrem Recht auf Gleichberechtigung stärker bewusst wurden und es einforderten. Fragen der Gleichberechtigung wurden wieder vermehrt in der Öffentlichkeit und der Politik debattiert. Infolgedessen ergingen zahlreiche Gesetzesänderungen, die bestehende Benachteiligungen abschafften oder darauf zielten, solche von vornherein zu verhindern.

3. Frauenorganisationsformen Ende der 1940er/Anfang der 1950er Jahre

War lange Zeit die Unterscheidung in eine „alte" und eine „neue" Frauenbewegung, die scheinbar getrennt nebeneinander stehen, unbestritten,[29] wurden vor allem von Ute Gerhard ab Mitte der 1990er Jahre „die Traditionslinien" innerhalb der Frauenbewegung untersucht.[30] Um Erna Schefflers Engagement für die Gleichberechtigung der Geschlechter in die Entwicklung der Frauenbewegung einordnen zu können, ist gerade diese Zeitspanne der Emanzipationsgeschichte – die Zeit zwischen „alter" und „neuer" Frauenbewegung – von großem Interesse. Stellt Erna Schefflers juristisches Wirken insofern gar einen Baustein der „Brücke zwischen der in Deutschland üblichen scharfen Trennung"[31] der Frauenbewegungen dar? Im Folgenden wird daher kurz die politische und gesellschaftliche Beteiligung von Frauen in der Nachkriegszeit beleuchtet, um anschließend den Versuch einer Einordung von Erna Schefflers Engagement für die Gleichberechtigung vorzunehmen.

---

27 *Hertrampf*, in: http://www.bpb.de/gesellschaft/gender/frauenbewegung/35287/neue-welle-im-westen?p=0 (Stand: 07.06.2019).

28 Diese Entwicklung der Frauenbewegung zu einer mehr institutionell orientierten Frauenpolitik wird in einem Vergleich zu den Vereinigten Staaten untersucht bei: *Ehmsen*, Der Marsch der Frauenbewegung durch die Institutionen, 2008.

29 Vgl. auch *Schüller*, in: das Jahrhundert des Feminismus, S. 171.

30 *Gerhard*, in: Das Geschlechterverhältnis als Gegenstand der Sozialwissenschaften, S. 247–278; *dies.*, in: Staatsbürgerinnen zwischen Partei und Bewegung, S. 9–40; auch *Elke Schüller* fragt nach dem „missing link" zwischen alter und neuer Frauenbewegung, in: Das Jahrhundert des Feminismus, S. 171–182.

31 *Gerhard*, in: Staatsbürgerinnen zwischen Partei und Bewegung, S. 11.

a) Von den Frauenausschüssen zum Deutschen Frauenrat

In allen vier Besatzungszonen gründeten Frauen direkt nach dem Zweiten Weltkrieg sogenannte Frauenausschüsse. Motive und Ziele der Zusammenschlüsse waren zunächst gegenseitige Lebenshilfe und Linderung wirtschaftlicher und sozialer Not.[32] Der größte Teil der Frauenausschüsse blieb, nachdem sich die ökonomischen Verhältnisse gebessert hatten, bestehen. Fortan wurden zunehmend politische Ziele verfolgt, beispielsweise der demokratische Wiederaufbau oder die Durchsetzung der Gleichberechtigung.[33] Des Weiteren nahmen auch einige traditionelle Vereinigungen ihre Arbeit wieder auf.[34] Im Oktober 1949 wurden die einzelnen Ausschüsse und Verbände zum Deutschen Frauenring zusammengeschlossen.[35] Der Deutsche Frauenring verstand sich selbst als Nachfolgeorganisation des früheren Bundes Deutscher Frauenvereine.[36] Allerdings konnte er sich trotz seiner internationalen Anerkennung[37] nicht wie einst der Bund deutscher Frauenvereine als Dachverband etablieren.[38] Im Jahre 1951 entstand zusätzlich zum Deutschen Frauenring der sogenannte Informationsdienst für Frauenfragen, dem neben dem Deutschen Frauenring selbst zunächst dreizehn weitere Verbände angehörten.[39] An diesem Zusammenschluss waren auch die Frauenabteilungen des Deutschen Gewerkschaftsbundes und der Deutschen Angestelltengewerkschaft beteiligt, was als Zeichen der Versöhnung von sozialistischer und bürgerlicher Frauenbewegung gedeutet wurde. Während zunächst die Verbreitung von frauenpolitisch relevanten Ereignissen im Vordergrund stand, bezweckte der Verein seit 1954 „die Förderung der staatsbürgerlichen Bildung zur Sicherung der Demokratie, die Förderung der Toleranz und Völkerverständigung" und fungierte zunehmend als Dachverband. Seit 1969 bringen Vertreterinnen des Deutschen Frauenrats – wie sich der „Informations-

---

[32] *Müller*, in: 40 Jahre Artikel 3 Grundgesetz, 40 Jahre Frauenverbandsarbeit, Sonderausgabe der Informationen für die Frau, S. 4.

[33] *Wendrich*, Die Entwicklung der familienrechtlichen Entscheidungsbefugnisse, S. 166; *Gerhard*, in: Staatsbürgerinnen zwischen Partei und Bewegung, S. 14.

[34] So gründete sich beispielsweise 1947 der Deutsche Staatsbürgerinnenverband neu; 1949 folgte der Deutsche Juristinnenbund als Nachfolgeorganisation des Deutschen Juristinnen-Vereins; in Berlin nahm 1949 auch der Deutsche Akademikerinnenbund seine Arbeit wieder auf.

[35] Vorsitzende wurde Theanolte Bähnisch, Stellvertreterin Agnes von Zahn-Harnack; Marie-Elisabeth Lüders wurde Ehrenvorsitzende, *Henicz/Hirschfeld*, in: Frauen in der deutschen Nachkriegszeit, Bd. 2, S. 134 f.

[36] *Henicz/Hirschfeld*, in: Kuhn, Frauen in der deutschen Nachkriegszeit, Band 2, S. 145.

[37] Ende 1951 wurde der DFR in den International Council of Women aufgenommen, *Schüller*, in: Das Jahrhundert des Feminismus, S. 174.

[38] *Schüller*, in: Das Jahrhundert des Feminismus, S. 174.

[39] Zu den Gründungsverbänden zählten der Deutsche Frauenring, der Deutsche Akademikerinnenbund, der Deutsche Gewerkschaftsbund und der Jüdische Frauenbund (eine Auflistung aller Gründungsverbände findet sich bei: *Stoehr/Pawlowski*, Die unfertige Demokratie, S. 89).

dienst für Frauenfragen" im selben Jahr nannte – frauen- und gleichstellungspolitische Positionen über Stellungnahmen und parlamentarische Anhörungen in die Bundespolitik ein. Erst seit dem 100-jährigen Jubiläum des Bundes Deutscher Frauenvereine stellt sich der Deutsche Frauenrat bewusst in dessen Tradition.[40] Unterstützt wurden die Frauenzusammenschlüsse vor allem von der amerikanischen Militärregierung.

Die Frauenverbände glichen nicht nur in ihrer Organisationsstruktur und ihrem Grundsatz der Überparteilichkeit der alten Frauenbewegung. Sie sahen sich auch selbst in ihrer Tradition.[41] Viele der Mitglieder hatten sich schon vor 1933 frauenpolitisch engagiert, sodass häufig auch eine personelle Kontinuität zur alten Frauenbewegung bestand.[42] Gefordert wurden – auch insofern besteht eine Traditionslinie – vor allem gleiche Rechte und gleiche Chancen für die Frau in der Gesellschaft, gleicher Lohn für gleichwertige Arbeit und die Verbesserung der Bildungsbedingungen für Mädchen. Der erfolgreiche Kampf um die Einführung von Art. 3 Abs. 2 GG (siehe dazu Kapitel VI) kann als die Errungenschaft eines in der Tradition der alten Frauenbewegung stehenden Nachkriegsfeminismus gewertet werden.[43] Dieser frauenpolitische Erfolg führte jedoch einen Nebeneffekt herbei: Die Frauenfrage schien gelöst; das Interesse der weiblichen Öffentlichkeit wurde – so scheint es – geschluckt von der stärkeren restaurativen Zeitströmung.[44]

Allerdings blieb eine Minderheit der Frauen aktiv und begleitete die anstehenden Gesetzgebungsverfahren zur Anpassung der Gleichberechtigung.[45] In den überregionalen Verbänden bildeten sich Rechtsausschüsse, in denen vor allem Juristinnen tätig wurden, die eigene Gesetzesvorschläge ausarbeiteten.[46] Zwischen Politikerinnen und Funktionärinnen in Frauenverbänden spannte sich ein Netzwerk aus fachkundigen Frauen, das mit zahlreichen Stellungnahmen und Petitionen versuchte, auf das Gesetzgebungsverfahren Einfluss zu nehmen.[47] Für die Frauenverbandsarbeit hatte dies unterschiedliche

---

40 *Stoehr/Pawlowski*, Die unfertige Demokratie, S. 11.

41 *Schüller*, in: Das Jahrhundert des Feminismus, S. 172–174.

42 *Schüller*, in: Das Jahrhundert des Feminismus, S. 175.

43 So auch *Wendrich*, Die Entwicklung der familienrechtlichen Entscheidungsbefugnisse, S. 170.

44 *Vaupel*, Die Familienrechtsreform in den fünfziger Jahren, S. 212.

45 Zur Einflussnahme der Frauenverbände bei der Entstehung des Gleichberechtigungsgesetzes siehe: *Vaupel*, die Familienrechtsreform in den fünfziger Jahren, S. 126, S. 139–141; *Wendrich*, Die Entwicklung der familienrechtlichen Entscheidungsbefugnisse, S. 71, 237–242, 295–298.

46 *Wendrich*, Die Entwicklung der familienrechtlichen Entscheidungsbefugnisse, S. 167.

47 Vgl. exemplarisch zu zahlreichen Stellungnahmen: die Stellungnahme des Deutschen Akademikerinnenbundes zu dem Entwurf eines Gesetzes über die Gleichberechtigung von Mann und Frau auf dem Gebiet des Bürgerlichen Rechts, abgedruckt bei: *Müller-List*, Gleichberechtigung als Verfassungsauftrag, Dok. Nr. 34, S. 256–259, sowie die gemeinsame Stellungnahme des Rechtsausschusses des Deutschen Frauenrings in Verbindung mit der Vereini-

Folgen: Die Arbeit der Frauenverbände wurde durch diese Einrichtungen zentriert, spezialisiert und professionalisiert. Allerdings konnte die breite Masse der weiblichen Öffentlichkeit durch die überwiegend fachlichen und juristisch geführten Diskussionen vermutlich nicht mehr erreicht werden. Dass sich die lokale Verbandstätigkeit immer mehr auf die Bundesebene verschob, verstärkte diesen Effekt noch. Ein frauenpolitischer Aufbruch, wie er in der unmittelbaren Nachkriegszeit ausgemacht werden konnte, ist ab Mitte der 1950er Jahre daher nicht mehr feststellbar. Allerdings täte man den engagierten Frauen, die damals die Frauenfrage vornehmlich als Rechtsfrage stellten, mit der Behauptung, dass es in dieser Zeit keine Frauenrechtlerinnen gegeben hätte, unrecht. Obgleich ihr Erfolg bescheiden war (vgl. Kapitel VII. 3), ist es diesen „akademischen Feministinnen“[48] zu verdanken, dass es zumindest im innerfamiliären Bereich zu einer Verschiebung des Machtgefüges zugunsten der Ehefrau kommen konnte. Aufgrund ihres Engagements blieb die Frauenfrage in der Öffentlichkeit – zumal auch die Presse über die Tätigkeit der Frauenverbände sowie einzelner aktiver Frauen berichtete[49] – zumindest als Rechtsfrage präsent.[50] Des Weiteren wurde, wie die Rundschreiben der Vereinigung weiblicher Juristen e. V. belegen, bereits ab 1949 versucht, Frauen gezielt zu fördern und in geeignete Stellen zu vermitteln.[51] Erklärtes Ziel war es, möglichst vielen Juristinnen „den für das gesamte Volk notwendigen Platz im öffentlichen Leben zu verschaffen“.[52] Dies gelang unter anderem im Jahre 1955, als dem Vorschlag des Deutschen Juristinnen-Vereins entsprechend Gudrun Meier-Scherling zur Richterin am Bundesarbeitsgericht ernannt wurde.[53] Auch im Bereich der Personalvermittlung, vor allem beim Aufbau der Justiz und der Verwaltungen,[54] waren die Frauenverbände somit beteiligt.

Die Schilderung, mit der Elke Schüller die Frauenbewegung wie folgt nachzeichnet, beschreibt die Tätigkeit engagierter Frauen der 1950er und 1960er

---

gung weiblicher Juristen und Volkswirte e. V. und dem Deutschen Akademikerinnenbund zu der durch Art. 117 GG und durch den Ablauf der dort vorgesehenen Frist geschaffenen Rechtslage, abgedruckt in: JZ 1953, S. 518.

[48] *Limbach* spricht davon, dass in den fünfziger Jahren allenfalls ein „akademischer Feminismus“ ausgemacht werden könne, in: Frauen im Recht, S. 15.

[49] Vgl. beispielsweise: „Der Spiegel“, Nr. 1, vom 2. Januar 1952, S. 2; *Donau*, „Die Zeit“, Nr. 47, vom 20. November 1958, S. 11; *Kamm*, „Die Zeit“, Nr. 11, vom 14. März 1957, S. 21.

[50] *Gerhard*, in: Das Geschlechterverhältnis als Gegenstand der Sozialwissenschaften, S. 261.

[51] Addf, NL-P-11, 00037M05, Vereinigung weiblicher Juristinnen e. V., Dortmund, den 12. Mai 1955, Rundschreiben Nr. 20; Vereinigung weiblicher Juristinnen e. V., Dortmund, den 31. März 1950, Rundschreiben Nr. 5, S. 3 f.

[52] AddF, NL-P-11, 00037M05, Vereinigung weiblicher Juristinnen e. V., 10. November 1948.

[53] Addf, NL-P-11, 00037M05, Vereinigung weiblicher Juristinnen e. V., Dortmund, den 12. Mai 1955, Rundschreiben Nr. 20.

[54] Djb (Hrsg.), Juristinnen in Deutschland, 1900–2003, S. 34.

Jahre bildhaft als „flaches Wellental“[55] und bezieht sie so zutreffend in die deutsche Frauenbewegung ein:

„Nach heftigem Wellenschlag während des Kaiserreichs, eher ruhigem Wellengang in der Weimarer Republik und der langen Windstille des Nationalsozialismus entstand in der Auf- und Umbruchsituation der ersten Nachkriegsjahre ein kurzer, aufschäumender Wellenkamm des frauenpolitischen Aufbruchs, dem bald ein langes flaches Wellental einer von der Masse der Frauen abgehobenen Verbandsarbeit folgt. Erst Ende der 1960er Jahre, mit dem Entstehen der neuen Frauenbewegung, hob sich die Welle zu neuer mitreißender Größe.“[56]

b) Erna Schefflers Wirken – Versuch einer Einordnung

War Erna Scheffler eine Feministin? Wie kann man Ernas Schefflers Engagement für die Gleichberechtigung der Frau in die Geschichte der Frauenbewegung einordnen?

Betrachtet man Erna Schefflers Publikationen, fällt sehr schnell eines auf: Alle weisen sie einen Bezug zur Gleichberechtigung oder der gesellschaftlichen Stellung der Frau auf.[57] Wenn man unter einer Feministin eine Frau versteht, die sich für Frauenrechte einsetzt, dann war Erna Scheffler eine Art Prototyp einer Feministin. Versteht man unter einer Feministin eine radikale Reformerin, die sich öffentlichkeitswirksam gegen die Unterdrückung der Frau auflehnt, erscheint eine Charakterisierung Erna Schefflers als Feministin indes nicht recht zu passen. So beschreibt Konrad Zweigert seine frühere Kollegin zwar als eine leidenschaftlich engagierte, aber doch nicht einseitig progressive Rechtspolitikerin.[58] Nach Theodor Ritterspach verfügte sie über „eine gute Mischung von persönlicher Liebenswürdigkeit und sachlicher Bestimmtheit“. Er schilderte sie als eine Frau, die sehr wirkungsvoll ihre Meinung zu vertreten gewusst habe.[59] Ein weiterer Kollege, Wolfgang Zeidler, betonte:

„In ihrem unermüdlichen Eintreten für die Gleichberechtigung der Geschlechter und die Emanzipation der Frau war (…) nichts von jener verdrossenen Aggressivität und verkrampften Einseitigkeit mancher notorischer Feministinnen.“[60]

Dazu passt, dass sie häufig eben auch als mütterlich und damenhaft beschrieben wird.[61] Mit der Zuschreibung dieser Eigenschaften entspricht Erna Scheffler eigentümlich gut einer Darstellung der damals „neuen Generation Frau“, die Gerhard unter Heranziehung der Beschreibung einer 43-jährigen SPD-Politike-

---

55 *Schüller*, in: Das Jahrhundert des Feminismus, S. 179.

56 *Schüller*, in: Das Jahrhundert des Feminismus, S. 179.

57 Vgl. dazu die Titel ihrer im Literaturverzeichnis aufgeführten Beiträge.

58 *Zweigert*, JZ 1973, S. 605.

59 *Ritterspach*, in: Grundrechte, soziale Ordnungen und Verfassungsgerichtsbarkeit, Festschrift für Ernst Benda zum 70. Geburtstag, S. 203 f.

60 *Zeidler*, Gedenkrede, S. 7.

61 *Ley*, NJW 1983, S. 1653.

rin wie folgt charakterisiert: „sachlich und aufgeschlossen, energisch, tatkräftig und zielbewußt, dabei warmherzig und mütterlich“.[62] Kann Erna Scheffler also als eine Vertreterin dieser rechtspolitisch engagierten Frauengeneration und somit als Vertreterin eines „akademischen Feminismus“[63] der 1950er/1960er Jahre angesehen werden?

Erna Scheffler war mit Marie-Elisabeth Lüders und Marie Munk – also mit mindestens zwei Repräsentantinnen der „alten“ Frauenbewegung – persönlich bekannt. Ihnen zollte sie großen Respekt. Bei ihrem Referat auf dem Deutschen Juristentag bezog sie sich auf Positionen, die die ältere Juristinnen-Generation bereits zur Weimarer Zeit vertreten hatte. Sie identifizierte sich folglich auch inhaltlich mit ihren Vorgängerinnen. Wie diesen ging es ihr vor allem darum, „dass die natürliche Verschiedenheit der Geschlechter rechtlich nicht als verschiedener Tatbestand gewertet werden darf“.[64] Für dieses Ziel engagierte sie sich in unterschiedlichen Frauenausschüssen, durch ihre wissenschaftlichen Publikationen zum Thema Gleichberechtigung der Frau und später als Richterin am Bundesverfassungsgericht (vgl. Kapitel VII 2, Kapitel VIII und Kapitel IX). Erna Scheffler betonte jedoch nicht – anders als die darauffolgende Feministinnen-Generation – die formale Gleichheit der Geschlechter. Eine allgemeine Kritik an der patriarchalischen Gesellschaft der damaligen Zeit sowie die Forderung nach einer Gleichverpflichtung der Männer im Reproduktionsbereich[65] finden sich in Erna Schefflers Äußerungen Anfang der 1950er Jahre nicht. Auch diesbezüglich passt Erna Scheffler nahezu prototypisch zu den politisch wirksamen Frauen ihrer Zeit: Wie Erna Scheffler selbst entstammten viele der frauenrechtlich engagierten Frauen dem Bürgertum und verfügten noch über eigenes Personal.[66] Entsprechend drängten sich die Frage nach einer Arbeitsteilung im familiären Bereich und die Fragen bezüglich der Kinderbetreuung damals noch nicht auf. Dennoch waren ihr, wie sie in späteren Äußerungen zeigte, diese Probleme bewusst. So erklärte sie 1965 in einem Radiointerview auf die Frage des SWR, wie sie neben einer Familie eine Karriere betreiben konnte:

„(...) Ich hatte noch eine Köchin und ein Kinderfräulein. Das alles ist heute anders geworden. Und deswegen ist auch die Problematik für die jungen Frauen heute ganz anders. Und auch die Problematik für die Gesellschaft, die ja für die Anpassung der Familie an die veränderten Verhältnisse irgendetwas wird tun müssen.“[67]

Für diese Aufgabe – die Vereinbarkeit von Beruf und Familie zu erzielen –, die Erna Scheffler als das größte Anliegen für den Rest ihres Lebens bezeichnete, lieferte sie konkrete Lösungsvorschläge:

---

62 *Gerhard*, in: Staatsbürgerinnen zwischen Partei und Bewegung, S. 18.
63 *Limbach*, in: Frauen im Recht, S. 15.
64 *Scheffler*, Referat, 38. Deutscher Juristentag, S. B 4.
65 Zum Begriff „Reproduktionsbereich“ siehe S. 76, Fn. 12.
66 *Genth*, in: Frauenpolitik und politisches Wirken von Frauen, S. 21.
67 Archiv des SWR, 5790672(BAD).

„(…) Es muss anerkannt werden, dass die Frau ebenso wie der Mann einen Anspruch darauf hat, nicht nur auf die Familie beschränkt zu werden, sondern auch Anteil am Leben der Gesellschaft zu haben, nicht nur aufnehmend, sondern auch leistend. Und dafür muss die nötige Zeit geschaffen werden. Da man heutzutage seine Kinder nicht mehr auf der Straße oder in Nachbars Garten spielen lassen kann, müssen in größtem Maßstabe Kindergärten, Kinderhorte eingerichtet werden und vor allen Dingen – wie in der ganzen übrigen Kulturwelt – Tagesschulen (…).“[68]

Anhand dieser Forderungen wird deutlich, dass Erna Scheffler auch die tatsächliche Situation der Frau im Blick hatte, für deren Verbesserung sie sich auch nach ihrer Pensionierung einsetzte. Sie als Vertreterin eines „nur“ akademischen Feminismus darzustellen, der allein die rechtliche Situation der Frau verbessern wollte, würde daher zu kurz greifen. Vielmehr erscheinen vor allem ihre Äußerungen Ende der 1960er Jahre von der „Neuen Frauenbewegung“ und ihrer Forderung „Das Private ist politisch“ nicht allzu weit entfernt zu sein. So stellte Erna Scheffler in einem Vortrag im Jahre 1969 fest: „Und auch heute noch sind wir weit davon entfernt, die von Aristoteles zum Ideal erhobene Frau Saubermann loszuwerden.“ Dagegen helfe nur, wie sie erklärte, „Erziehung zur Politik und Propaganda für ein neues Leitbild“. Sie mahnte dabei jedoch an, dass man nicht versuchen sollte, Frauen mit theoretischem Wissen vollzustopfen, sondern man sich bemühen müsse, „dem unseligen Mangel an Selbstvertrauen bei den deutschen Frauen entgegenzutreten.“ Ein neues Leitbild beinhaltete für sie dabei selbstverständlich auch, „daß Männer und Söhne in ihrer reichlichen Freizeit auch Pflichten im Haushalt übernehmen, wie es in anderen Ländern längst üblich ist“.

Im Ergebnis gehört Erna Scheffler zu denjenigen Frauen, die während der restaurativen 1950er Jahre die Frauenfrage immer wieder gestellt und nach Lösungen gesucht haben. Sie wirkte nicht nur – durch ihre Verbandstätigkeit gut mit Politikerinnen und anderen Juristinnen vernetzt – an den Stellungnahmen zur familienrechtlichen Umsetzung der Gleichberechtigung mit, sondern konnte als Richterin am Bundesverfassungsgericht dessen Rechtsprechung zumindest beeinflussen. Nach ihrer Pensionierung äußerte Erna Scheffler sich vermehrt auch zur tatsächlichen Situation der Frau und ihrer Doppelbelastung durch Berufstätigkeit und Familienarbeit. Ihre Lösungsvorschläge – beispielsweise ihre Forderung nach einer ganztätigen Kinderbetreuung – erscheinen dabei auch heute noch aktuell. Neben anderen engagierten Frauenrechtlerinnen ihrer Generation ist es Erna Scheffler zu verdanken, dass es in der Ära Adenauer, um in der Terminologie der Seefahrt zu bleiben, nach wie vor Seegang in den „Wellen der Frauenbewegung“ zu spüren gab.

[68] Archiv des SWR, 5790672(BAD).

XI. Schlussbetrachtung

Eine einzelne Person kann nicht unabhängig von ihrem geschichtlichen Umfeld handeln. Sie kann aber, beeinflusst durch das Zeitgeschehen, einzelne Entwicklungen entscheidend mitgestalten. Dass Erna Scheffler dies hinsichtlich der rechtlichen Entwicklung der Gleichberechtigung der Geschlechter gelungen ist, ist angesichts der Äußerungen ehemaliger Richterkollegen und der Tatsache, dass sie teilweise als Berichterstatterin wichtige Verfahren zu Art. 3 Abs. 2 GG gestaltete, zu bestätigen. Erna Scheffler konnte durch ihre Tätigkeit am Bundesverfassungsgericht den Forderungen der Frauenverbände, Art. 3 Abs. 2 GG auf den verschiedensten Rechtsgebieten zu verwirklichen, Nachdruck verleihen. Der Deutsche Akademikerinnenbund bezeugt in seinem von Elisabeth Schwarzhaupt verfassten Nachruf, dass Erna Scheffler mit ihrem juristischen Sachverstand und ihrem Engagement für die Gleichberechtigung der Frau immer wieder zur Hilfe bereit gewesen sei.[1] Über ihre Tätigkeit am Bundesverfassungsgericht heißt es dort:

„Wo der Gesetzgeber dem Art. 3 Abs. 2 Grundgesetz nicht gerecht wurde, fällte das Bundesverfassungsgericht wichtige Grundsatzentscheidungen z. B. zum bäuerlichen Erbrecht, zur rechtlichen Unterbewertung der Arbeit der Hausfrau und Mutter. Rückwirkend läßt sich feststellen, daß das Bundesverfassungsgericht zur Klärung und Durchsetzung des Gleichberechtigungsprinzips Wesentliches beigetragen hat. Das verdanken wir in hohem Maß Fr. Dr. Scheffler, deren Elan und Überzeugungskraft gegenüber ihren männlichen Kollegen bekannt war."

Erna Scheffler hatte bei all ihrem Engagement für die Gleichberechtigung der Frau jedoch stets auch die tatsächliche gesellschaftliche Situation und nicht nur die formalen Frauenrechte im Blick. Sie konstatierte noch 1969:

„Der vollständige Wandel unserer Lebensverhältnisse vollzieht sich nicht im Gleichschritt, sondern auf einigen Gebieten mit phantastischer Geschwindigkeit, auf anderen schwerfällig und langsam. Die Familie gehört dabei zu den Nachzüglern der Gesellschaft. Daraus sind angesichts der ewigen Doppelrolle der Frau in Familie und größerer Gemeinschaft schwere Konflikte entstanden. Bisher haben allein die Mütter dafür bezahlen müssen."[2]

---

[1] *Schwarzhaupt*, Mitteilungsblatt des DAB, 1983, S. 6.
[2] *Scheffler*, Informationen für die Frau, Bd. 18, 1969, S. 10.

Aus dieser Beobachtung zog Erna Scheffler den Schluss, dass man unermüdlich die Einsicht fördern müsse, dass die einzelne Frau mit den angedeuteten Problemen allein nicht fertig werden könne. Vielmehr sei die Gesellschaft zur Überprüfung sozialer Ordnungen und Wertungen aus dieser Sicht verpflichtet und müsse unausweichlich institutionelle Abhilfen leisten.

Erna Scheffler sah es dabei als die Pflicht ihrer Generation an, den kommenden Frauengenerationen bei der Bewältigung der bevorstehenden Aufgaben zu helfen.[3] Es verwundert daher nicht, dass sie in zahlreichen Vorträgen für ihre rechtspolitischen Ansichten warb und dabei den Kontakt auch zur jüngeren Generation suchte.[4] Sie setzte sich als Erste Vorsitzende des Deutschen Akademikerinnenbundes für ein Gesetz über Teilzeitarbeit und Beurlaubung von Beamtinnen und Richterinnen ein und „zerstreute die in dem langwierigen Gesetzgebungsverfahren vielfach vorgebrachten verfassungsrechtlichen Bedenken".[5] Fragt man sich, warum ihr gerade das Thema Gleichberechtigung so sehr am Herzen lag, geben sowohl ihre ganz persönlichen Lebenserfahrungen als auch die ihren Lebensweg begleitende gesamtgesellschaftliche Entwicklung einigen Aufschluss. Der frühe Tod ihres Vaters sollte für Erna Schefflers weiteren Lebensweg zu einem Schlüsselerlebnis werden. Sie musste als Halbwaise erleben, „daß ihre junge, in Geschäftsdingen unerfahrene Mutter vom Vormund und vom Testamentsvollstrecker in Angst und Abhängigkeit gehalten wurde".[6] Um niemals in eine vergleichbare Situation zu kommen, soll sie schon in ihrer Kindheit den Entschluss gefasst haben, zu studieren. Es ist dabei zu vermuten, dass ihre Mutter sie in ihrem Wunsch unterstützte, da sie ihre Tochter nicht nur früh ermahnt haben soll, „dass es auch für Mädchen nötig sei, durch eine gute Ausbildung und einen Beruf einen eigenständigen Platz im Leben zu finden"[7], sondern mit ihr bereits in der Kaiserzeit eine Frauenwahlrechtsversammlung besuchte.[8]

Noch im Kaiserreich verwirklichte Erna Scheffler dann ihren Entschluss und studierte Rechtswissenschaften. Was es bedeutet haben muss, sich als einzige Studentin – von den männlichen Mitstudenten ignoriert – gegen eine ausschließlich männliche Professorenschaft zu behaupten, ist schwerlich vorstellbar. Besonders das Jurastudium lebt wie kaum ein anderes Studium vom Diskurs und dem Austausch mit Mitstudierenden. Die geringe gesellschaftliche Akzeptanz verspürte Erna Scheffler als Studentin der Jurisprudenz jedoch nicht nur in ihrem Studienalltag, sondern auch hinsichtlich ihres Studienabschlusses. Als Frau war es ihr nicht möglich, das Studium mit dem Staatsexamen zu be-

---

3 Vgl. *Scheffler*, Informationen für die Frau, Bd. 18, 1969, S. 10.
4 *Jaeger*, in: Juristinnen in Deutschland, 1900–2003, S. 201.
5 *Schwarzhaupt*, Mitteilungsblatt des DAB, 1983, S. 6.
6 Frandsen/Huffmann/Kuhn (Hrsg.), in: Frauen in Wissenschaft und Politik, S. 75.
7 *Jaeger*, in: Juristinnen in Deutschland, 1900–2003, S. 197.
8 *Scheffler*, Informationen für die Frau, Bd. 18, 1969, S. 17.

enden, welches Voraussetzung für den juristischen Vorbereitungsdienst sowohl damals wie heute ist. Damit blieben ihr die klassischen juristischen Berufe verwehrt. Die beruflich schlechte Perspektive führte allerdings keinesfalls dazu, dass sie sich resigniert von der Rechtswissenschaft abwandte. Vielmehr absolvierte sie stets das ihr Mögliche mit sehr guten Ergebnissen. So nahm sie die ihr einzig zugängliche Variante, das Studium zu beenden, wahr und wurde mit magna cum laude promoviert. Als es Frauen in der Weimarer Republik 1922 endlich ermöglicht worden war, das Staatsexamen zu erwerben, legte sie es ebenfalls mit Auszeichnung ab. Wenig später trat sie den Vorbereitungsdienst an und bestand das zweite Staatsexamen.

Erna Scheffler hatte also erlebt, dass für sie als Frau die juristische Ausbildung alles andere als selbstverständlich war. Ihre beruflichen Perspektiven unterschieden sich zunächst ebenfalls sehr von denen männlicher Absolventen einer juristischen Ausbildung. Es waren nicht nur die Vorbehalte in der fast ausschließlich männlichen Anwalt- und Richterschaft, die den Juristinnen den Berufsstart erschwerten. Die Frauenerwerbstätigkeit blieb auch in der Weimarer Republik stark konjunkturabhängig. So reagierte man beispielsweise auf die Schäden der Inflation im öffentlichen Dienst mit einer Personalabbauverordnung, die eine Kündigungsklausel für verheiratete Beamtinnen vorsah (vgl. Kapitel III. 4.). Erna Scheffler gelang es dennoch – sie war inzwischen geschieden und hatte das für Frauen erforderliche Alter von 35 Lebensjahren erreicht –, im Jahre 1928 vom Anwaltsberuf in den Justizdienst zu wechseln. Diesen Beruf konnte sie zunächst jedoch nur für knappe fünf Jahre ausüben. Die nationalsozialistischen Rassegesetze verwehrten ihr ab 1933 jegliche juristische Tätigkeit – ein Schicksal, das sie nicht nur mit anderen jüdischen Juristinnen, sondern spätestens ab 1936 mit den allermeisten Anwältinnen und Richterinnen teilen musste.

Erna Scheffler hatte in ihrer ersten Lebenshälfte vielfach erfahren müssen, wie sich der Wechsel politischer Systeme, konjunkturelle Schwankungen sowie Krieg und Frieden auf ihr Leben und das ihrer Zeitgenossen auswirkten. Durch die vielfachen Diskriminierungserfahrungen, die sie in dieser Zeit erlitt, war ihr Blick geschärft.[9] Es waren wohl diese Erlebnisse, die sie nach 1945 so viel Engagement für die Umsetzung der neuen Verfassung und insbesondere für die Verwirklichung der Gleichberechtigung der Geschlechter aufbringen ließen. Als Richterin am Bundesverfassungsgericht konnte sie zwar nicht allein Entscheidungen treffen, sie konnte aber ihren Standpunkt in ihrem Senat einbringen. Anhand ihrer Veröffentlichungen, der mittlerweile in Teilen gewährten Einsichtnahme in Akten des Bundesverfassungsgerichts sowie durch Äußerungen früherer Kollegen konnte eine Verknüpfung ihrer Person mit der Rechtsprechung sichtbar gemacht werden. Nicht nur ihre berufliche Tätigkeit, sondern

[9] *Jaeger*, in: Juristinnen, 1900–2003, S. 198.

vor allem ihr bis ins hohe Alter anhaltender Einsatz für die Verbesserung der rechtlichen sowie der tatsächlichen Situation der Frau lassen Erna Scheffler als Wegbereiterin einer modernen, geschlechtergerechten Gesellschaft erscheinen.

Literaturverzeichnis

Albrecht, Kai-Britt/Harders, Levke: Gertrud Bäumer 1873–1954, abrufbar im Internet: https://www.dhm.de/lemo/biografie/gertrud-baeumer (Stand: 11.06.2018).

Alexy, Robert: Gustav Radbruch (1878–1949), in: Christiana Albertina 2004, S. 47–51.

Bacher, Isolde: Sind Männer und Frauen gleichberechtigt? Verfassungsänderung und Verfassungswandel am Beispiel des Artikel 3 II des Grundgesetzes, Deutsche Hochschuledition Bd. 44, Neuried 1996.

Bajohr, Stefan/Rödiger-Bajohr, Katrin: Die Diskriminierung der Juristin in Deutschland bis 1945, KJ 1980, S. 39–50.

Barowsky, Ella: 60 Jahre Deutscher Akademikerinnenbund, in: Frauen in Wissenschaft und Politik, hrsg. v. Frandsen, Dorothea/Huffmann, Ursula/Kuhn, Annette, Düsseldorf 1987, S. 15–22.

Baßler, Moritz/Hubert, Roland/Schuster, Jörg (Hrsg.): Poetologien deutschsprachiger Literatur 1930–1960, Kontinuitäten jenseits des Politischen, in: Untersuchungen zur deutschen Literaturgeschichte, Bd. 146, Berlin 2016.

Bauer, Gisa: Kulturprotestantismus und bürgerlicher Frauenbewegung in Deutschland. Agens von Zahn-Harnack (1848–1950), Diss., Theol. Fak., 2005, Leipzig 2006.

Bäumer, Gertrud: Zur Soziologie des Frauenstudiums in: „Die Frau“ 1911–1912, S. 455–470.

Beckmann, Emmy: Die Entwicklung der höheren Mädchenbildung in Deutschland von 1870–1914, dargestellt in Dokumenten, in: Quellenhefte zum Frauenleben in der Geschichte, Heft 26, hrsg. v. Beckmann, Emmy/Stoß, Irma, Berlin 1936.

Beitzke, Günther: Die Gleichberechtigung und die Familienrechtsreform, JZ 1952, S. 744–746.

–: Familienrecht, Ein Studienbuch, 4. Auflage, München 1955.

Benser, Günter: 1945 – eine historische Zäsur, in: 1945 Eine „Stunde Null“ in den Köpfen? Zur geistigen Situation in Deutschland nach der Befreiung vom Faschismus, hrsg. v. Holze, Rainer/Voigt, Marga, Berlin 2016., S. 29–46.

Berghahn, Sabine: Juristen denken allmählich um – Bundesverfassungsgericht ändert seine Meinung zu Artikel 3 Grundgesetz, in: Mit Recht und Courage: Praxisnahes Rechtswissen für die Gleichstellungsarbeit, Fallbeispiele, Erfahrungsberichte, Gesetzesauszüge, hrsg. v. Ministerium für Arbeit, Soziales, Gesundheit und Frauen des Landes Brandenburg, Potsdam 1996.

–: 50 Jahre Gleichberechtigungsgebot: Erfolge und Enttäuschungen bei der Gleichstellung der Geschlechter, in: Eine lernende Demokratie, hrsg. v. Kaase, Max/Schmid, Günther, Berlin 1999, S. 315–356.

Bericht der Tagung des Deutschen Akademikerinnenbundes vom 28. Juli bis 30. Juli 1951 in Stein bei Nürnberg, in: Sonderschrift: Die Gleichberechtigung der Frau im neuen Recht, Aus ihrem auf der Tagung des Deutschen Akademikerinnenbundes in

Stein bei Nürnberg gehaltenen Vortrag, Scheffler Erna, Sonderdruck 1951; Auffindbar in: Deutsche Zentralbibliothek für Wirtschaftswissenschaften, Signatur: C 8318.

Bericht über den 38. Deutschen Juristentag, MDR 1950, S. 577–581.

Berkemann, Jörg: Ist das Recht männlich? – Zum Frauenbild des BVerfG in seinen frühen Jahren, DVBl. 2014, S. 137–150.

Berneike, Christiane: Die Frauenfrage ist Rechtsfrage: Die Juristinnen der deutschen Frauenbewegung und das Bürgerliche Gesetzbuch, Jur. Diss. Berlin 1994, Baden-Baden 1995.

Biegler, Dagmar: Frauenverbände in Deutschland: Entwicklung – Strukturen – Politische Einbindung, Opladen 2001.

Binder, Gisela: Marie-Elisabeth Lüders, in: Juristinnen in Deutschland, Die Zeit von 1900 bis 2003, hrsg. v. Deutscher Juristinnenbund e. V., 4. Auflage, Baden-Baden 2003, S. 191–196.

von Bischoff, Theodor: Das Studium und die Ausübung der Medizin durch Frauen, München 1872.

Blaich, Ute: Bebel und kein Halleluja: Oder: Willy Brandt über die Frauen und seine Partei, in: „Die Zeit", Nr. 14, vom 30. März 1979, abrufbar im Internet: http://www.zeit.de/1979/14/bebel-und-kein-halleluja (Stand: 11.06.2018).

Boedeker, Elisabeth: 25 Jahre Frauenstudium in Deutschland: Verzeichnis von Doktorarbeiten: Frauen 1908–1933, Bd. 3, Hannover 1935–1939.

Boehmer, Gustav: Die Gleichberechtigung der Frau im Eherecht, MDR 1950, S. 386–393.

Boetcher-Joeres, Ruth-Ellen: Lousie Otto-Peters: Ambivalenzen, Grenzen und Grenzüberschreitungen, in: Louise Otto-Peters: politische Denkerin und Wegbereiterin der deutschen Frauenbewegung, hrsg. v. Nagelschmidt, Ilse/Ludwig, Johanna, Dresden 1996, S. 36–53.

–: Otto-Peters, Louise, in: Neue Deutsche Biographie 19 (1999), S. 715–716, abrufbar im Internet: https://www.deutsche-biographie.de/pnd118590901.html#ndbcontent (Stand: 11.06.2018).

Böge, Sybille: Ungleiche Chancen, gleiches Recht zu vertreten, in: Studierende und Studierte Frauen: Ein Ost-West-Deutscher-Vergleich, hrsg. v. Stein, Ruth Heidi/Wetterer, Angelika, Kassel 1994, S. 76–114.

Böttger, Barbara: Das Recht auf Gleichheit und Differenz, Elisabeth Selbert und der Kampf der Frauen um Art. 3 II Grundgesetz, Diss. 1989, Münster 1990.

Bosch, Friedrich Wilhelm: Gleichberechtigung im Bereich der ehelichen Gewalt, SJZ 1950, S. 625–646.

–: Diskussionsbeiträge, in: Ständige Deputation des Deutschen Juristentages (Hrsg.): Verhandlungen des Achtunddreißigsten Deutschen Juristentages (Frankfurt am Main), Tübingen 1951, S. B 61–64, B 90–94.

–: Entwicklungslinien des Familienrechts in den Jahren 1947 bis 1987, NJW 1987, S. 2617–2630.

Brand, Gregor: Hugo am Zehnhoff: Jurist und Politiker aus Waldorf, in: „Eifel Zeitung", vom 18. Februar 2015, abrufbar im Internet: http://www.eifelzeitung.de/redaktion/kinder-der-eifel/hugo-am-zehnhoff-93375/ (Stand 11.06.2018).

Bremme, Gabriele: Die politische Rolle der Frau in Deutschland. Eine Untersuchung über den Einfluß der Frauen bei Wahlen und ihre Teilnahme in Partei und Parlament, Göttingen 1956.

Brose, Wiebke: Vereinbarkeit von Familie und Beruf im Fokus der Familienpolitik: Ein sozialrechtlicher Rückblick auf die auslaufende Legislaturperiode, NZS 2017, S. 361–366.

Broszat, Martin (Hrsg.): Zäsuren nach 1945, München 1990.

von Brünneck, Alexander: Politische Justiz gegen Kommunisten in der Bundesrepublik Deutschland, 1949–1968, Frankfurt am Main 1978.

Buchholz, Stephan: Das Bürgerliche Gesetzbuch und die Frauen: zur Kritik des Ehegüterrechts, in: Frauen in der Geschichte des Rechts, hrsg. v. Gerhard, Ute, München 1997, S. 670–682.

Conrad, Hermann: Grundprobleme einer Reform des Familienrechts, in: Arbeitsgemeinschaft für Forschung des Landes Nordrhein-Westfalen, Geisteswissenschaften, Opladen 1953, S. 53–93.

Cordes, Oda: Die Frau als Organ der Rechtspflege? Über die historisch wichtigsten Stationen der Zulassung von Frauen in der deutschen Rechtspflege, in: Frauenrecht und Rechtsgeschichte, Die Rechtskämpfe der deutschen Frauenbewegung, hrsg. v. Meder, Stephan/Duncker, Arne/Czelk, Andrea, Köln 2006, S. 279–302.

–: Frauen als Wegbereiter des Rechts. Die ersten deutschen Juristinnen und ihre Reformforderungen in der Weimarer Republik, Hamburg 2012.

–: Marie Munk (1885–1978): Leben und Werk, Diss. Hannover, Köln 2015.

Darnstädt, Thomas: Verschlusssache Karlsruhe. Die internen Akten des Bundesverfassungsgerichts, München 2018.

Der vierte Richtertag, DRiZ 1921, S. 164–206.

Der Parlamentarische Rat 1948–1949; Akten und Protokolle, hrsg. v. Deutschen Bundestag und vom Bundesarchiv, Bd. 5 Teil 1, Ausschuss für Grundsatzfragen, bearb. v. Pikart, Eberhard/Werner, Wolfram, Boppard am Rhein 1993.

Derleder, Peter: Das Jahrhundert des deutschen Familienrechts, KJ 2000, S. 1–18.

Dertinger, Antje: Frauen der ersten Stunde: Aus den Gründerjahren der Bundesrepublik, Bonn 1989.

–: „Wir müssen jeden Tag neu beginnen" Erna Scheffler – erste Frau am Bundesverfassungsgericht, „Frankfurter Rundschau", vom 15. Mai 1993, S. 5.

Deutsch, Erwin: Eugen Ulmer: Ein Zivilrechtslehrer des 20. Jahrhunderts, in: Deutschsprachige Zivilrechtslehrer des 20. Jahrhunderts in Berichten ihrer Schüler: Eine Ideengeschichte in Einzeldarstellungen, Bd. 1, hrsg. v. Grundmann, Stefan/Riesenhuber, Karl, Berlin 2007.

Deutscher Juristentag e. V. (Hrsg.): Recht mitgestalten. 150 Jahre Deutscher Juristentag 1860 bis 2010, München 2010.

Deutscher Juristinnenbund e. V. (Hrsg.): Juristinnen in Deutschland: Eine Dokumentation (1900–1984), 1. Auflage, München 1984.

–: Juristinnen in Deutschland: Eine Dokumentation (1900–1989), 2. Auflage, Neuwied/Frankfurt am Main 1998.

–: Juristinnen in Deutschland: Die Zeit von 1900–2003, 4. Auflage, Baden-Baden 2003.

Diehl, Guida: Die deutsche Frau und der Nationalsozialismus, Eisenach 1932.

Dietrich (Landgerichtspräsident): Der Beruf der Frau zur Rechtsprechung, DJZ 38 (1933), Sp. 1255–1259.

Dieckmann, Hubertus-Emmanuel: Überpositives Recht als Prüfungsmaßstab im Geltungsbereich des Grundgesetzes? Eine kritische Würdigung der Rezeption der Radbruchschen Formel und des Naturrechtsgedanken und der Rechtsprechung, Jur. Diss. Frankfurt am Main 2005, Berlin 2006.

Ditt, Thomas: „Stoßtruppfakultät Breslau“. Rechtswissenschaft im „Grenzland Schlesien“ 1933–1945, Jur. Diss. HU Berlin 2009, Tübingen 2011.

Dölemeyer, Barbara: Die Zulassung von Frauen zur Rechtsanwaltschaft und ihr Ausschluß in der NS-Zeit, in: „Ins Wasser geworfen und Ozeane durchquert“, Festschrift für Knut Wolfgang Nörr, hrsg. v. Ascheri, Mario/Ebel, Friedrich/Heckel, Martin/Padoa-Schioppa, Antonio/Pöggeler, Wolfgang/Ranieri, Filippo/Rütten, Wilhelm, Wien 2003, S. 151–164.

Dölle, Hans: Familienrecht: Darstellung des Deutschen Familienrechts mit rechtsvergleichenden Hinweisen, Bd. 1, Karlsruhe 1964.

Donau, Helmut: Eine Frau entlarvt die Männer, „Die Zeit“, Nr. 47, vom 20. November 1958, S. 11.

Dünnebier, Anna/Scheu, Ursula: Die Rebellion ist eine Frau: Anita Augspurg und Lida G. Heymann: Das schillerndste Paar der Frauenbewegung, Kreuzlingen 2002.

Eben-Servaes, Ilse: Die Aufgabe der Frau als Juristin, „Völkischer Beobachter“, Norddeutsche Ausgabe, Nr. 312, vom 8. Februar 1934, o. S.

–: Die Rechtswahrerin (Juristin) Berufsaufgaben und -möglichkeiten, in: Die Rechtswahrerin, hrsg. v. akademischen Auskunftsamt Berlin in Verbindung mit dem Amt für Berufserziehung u. Betriebsführung in der Deutschen Arbeitsfront, 2. Auflage, Berlin 1941, S. 5–7.

Ehmsen, Stefanie: Der Marsch der Frauenbewegung durch die Institutionen: Die Vereinigten Staaten und die Bundesrepublik im Vergleich, Diss. FU Berlin, Münster 2008.

Ehrlich, Susanne/Heinrich, Horst-Alfred/Leonhard, Nina/Schmid, Harald (Hrsg.), Schwierige Erinnerung: Politikwissenschaft und Nationalsozialismus, Beiträge zur Kontroverse um Kontinuitäten nach 1945, Baden-Baden 2015.

Esser, Josef: Familien- und Erbrecht, Braunschweig 1950.

–: Interpretationen und Neubildung im Familienrecht, JZ 1953, S. 521–526.

Evans-von Krbek, Franziska-Sophie: Berufsverbot der Frau im Dritten Reich und seine Wiedergutmachung unter der Geltung des Grundgesetzes, DRiZ 1978, S. 293–298.

Fabricius-Brand, Margarete/Berghahn, Sabine/Sudhölter, Kristine (Hrsg.): Juristinnen: Berichte, Fakten, Interviews, Berlin 1982.

Fels, Orla Maria: Theanolte Bähnisch, in: Juristinnen in Deutschland, Die Zeit von 1900 bis 2003, hrsg. v. Deutschen Juristinnenbund e. V., 4. Auflage, Baden-Baden 2003, S. 209–212.

Ficker, Hans Claudius: Hilfsweise geltendes Recht für Europäische Aktiengesellschaften, in: Quo vadis, ius societatum? Liber amicorum Pieter Sanders, Deventer 1972, S. 37–48.

Figurewicz, Stefanie: Die Rechtskämpfe der älteren Frauenbewegung gegen das BGB von 1896 – Skizze zum gegenwärtigen Forschungsstand, in: Frauenrecht und Rechtsgeschichte: Die Rechtskämpfe der deutschen Frauenbewegung, hrsg. v. Meder, Stephan/Duncker, Arne/Czelk, Andra, Köln 2006, S. 169–180.

Feuersenger, Marianne: Die garantierte Gleichberechtigung: Ein umstrittener Sieg der Frauen, Freiburg i. Br. 1980.

Flessner, Axel: Konrad Zweigert †, NJW 1996, S. 1875.

Frandsen, Dorothe/Huffmann, Ursula/Kuhn, Anette (Hrsg.): Frauen in Wissenschaft und Politik, Düsseldorf 1987.

Franßen, Everhardt: Weisheit, Besonnenheit und Tapferkeit – die Grundlagen der Gerechtigkeit: Eröffnungsworte beim Festakt zum 40jährigen Bestehen des Bundesverwaltungsgerichts, DVBl. 1993, S. 751–753.

Franzke, Astrid: Schmidt, Auguste, in: Neue Deutsche Biographie 23 (2007), S. 197, (Online-Version), URL: https://www.deutsche-biographie.de/gnd117501867.html#ndbcontent (Stand: 11.06.2018).

Franzius, Christine: Bonner Grundgesetz und Familienrecht: Die Diskussion um die Gleichberechtigung von Mann und Frau in der westdeutschen Zivilrechtslehre der Nachkriegszeit (1945–1957), Jur. Diss. FU Berlin, Frankfurt am Main 2005.

Frevert, Ute: Frauen auf dem Weg zur Gleichberechtigung – Hindernisse, Umleitungen, Einbahnstraßen, in: Zäsuren nach 1945, Essays zur Periodisierung der deutschen Nachkriegsgeschichte, hrsg. v. Broszat, Martin, München 1990, S. 113–130.

Friedenthal, Erna: Straftilgende Maßnahmen, Jur. Diss. Breslau 1915.

Gaebel, Käthe: Die Berufslage der Akademikerinnen, „Die Frau" 1926/27, S. 218–224.

Genth, Renate: Einleitung, in: Frauenpolitik und politisches Wirken von Frauen im Berlin der Nachkriegszeit 1945–1949, hrsg. v. der Senatorin für Arbeit, Berufliche Bildung und Frauen Christine Bergmann, Berlin 1996, S. 11–23.

Gerhard, Ute: „Fern von jedem Suffragettentum" – Frauenpolitik nach 1945, eine Bewegung der Frauen?, in: Staatsbürgerinnen zwischen Partei und Bewegung: Frauenpolitik in Hessen 1945–1955, hrsg. v. Wischermann, Ulla/Schüller, Elke/Gerhard, Ute, Frankfurt am Main 1993, S. 9–40.

–: Die „langen Wellen" der Frauenbewegung – Traditionslinien und unerledigte Aufgaben, in: Das Geschlechterverhältnis als Gegenstand der Sozialwissenschaften, hrsg. v. Becker-Schmidt, Regina/Knapp, Gudrun-Axele, Frankfurt am Main 1995, S. 247–278.

–: 50 Jahre Gleichberechtigung – eine Springprozession, APuZ 2008, S. 3–10.

–: Frauenbewegung, in: Die sozialen Bewegungen in Deutschland seit 1945, Ein Handbuch, hrsg. v. Roth, Roland/Rucht, Dieter, Frankfurt am Main 2008, S. 187–217.

Gerhard, Ute/Klausmann, Christina/Wischermann, Ulla: Frauenfreundschaften – ihre Bedeutung für Politik und Kultur der alten Frauenbewegung, in: Feministische Studien, 1. Mai 1993, S. 21–37.

Gerhard, Ute/Pommerenke, Petra/Wischermann, Ulla (Hrsg.): Klassikerinnen feministischer Theorie: Grundlagentexte, Band I (1789–1919), Königstein/Taunus 2008.

von Gersdorff, Ursula: Frauen im Kriegsdienst, Stuttgart 1996.

Geserich, Stephan: Auslegung und Rechtsfortbildung, DStR-Beiheft 2011, S. 59–66.

Glaser, Edith: „Sind Frauen studierfähig?" Vorurteile gegen das Frauenstudium, in: Geschichte der Mädchen und Frauenbildung, Bd. 2, Vom Vormärz bis zur Gegenwart, hrsg. v. Kleinau, Elke/Opitz, Claudia, Frankfurt am Main 1996, S. 299–309.

Glöckler, Otto: Die Zulassung zur Rechtsanwaltschaft insbesondere seit 1933, Jur. Diss. Tübingen 1937.

Göksu, Cornelia: Hildegard Krüger, abrufbar im Internet: http://www.hamburg.de/clp/frauenbiografienschlagwortregiter/clp1/hamburgde/onpage.php?BOID=4330 (Stand: 11.06.2018).

Göppinger, Horst: Juristen jüdischer Abstammung im „Dritten Reich": Entrechtung und Verfolgung, 2. Auflage, München 1990.

Gotto, Klaus: Die deutschen Katholiken und die Wahlen in der Adenauer-Ära, in: Katholizismus im politischen System der Bundesrepublik 1949–1963, hrsg. v. Langner, Albrecht, Zürich 1978, S. 7–32.

Gretener, Xaver: Strafrecht und Strafprozeß, in: Festschrift zur Feier des hundertjährigen Bestehens der Universität Breslau, 2. Teil, Geschichte der Fächer, Institute und Ämter der Universität Breslau 1811–1911, hrsg. v. Georg Kaufmann, Breslau 1911, S. 233–237.

Grimme, Mark-Alexander: Die Entwicklung der Emanzipation der Frau in der Familienrechtsgeschichte bis zum Gleichberechtigungsgesetz 1957: Unter besonderer Berücksichtigung der Entstehungsgeschichte des Bürgerlichen Gesetzbuches, Jur. Diss. Göttingen 2002, Frankfurt am Main 2003.

Grüttner, Michael: Studenten im Dritten Reich, Paderborn 1995.

Gruchmann, Lothar: Justiz im Dritten Reich 1933–1940: Anpassung und Unterwerfung in der Ära Gürtner, 3. Auflage, München 2001.

Guttmann, Barbara: Zwischen Trümmern und Träumen: Karlsruherinnen in Politik und Gesellschaft der Nachkriegszeit, hrsg. v. Stadt Karlsruhe, Karlsruhe 1997, S. 105–111.

Hagemeyer, Maria: Denkschrift über die Anpassung des geltenden Familienrechts an den Grundsatz der Gleichberechtigung von Mann und Frau (Art. 3 Abs. 2 GG) erforderlichen Gesetzesänderungen, Teil 1–3, Köln 1951.

Hahn, Claudia: Der öffentliche Dienst und die Frauen – Beamtinnen in der Weimarer Republik, in: Mutterkreuz und Arbeitsbuch: Zur Geschichte der Frauen in der Weimarer Republik und im Nationalsozialismus, hrsg. v. Frauengruppe Faschismusforschung, Frankfurt am Main 1981, S. 49–78.

Hänlein, Andreas: Richter des BVerfG a. D. Dr. Karl Heck. Skizze aus Anlaß seines 100. Geburtstags, NJW 1996, S. 3131–3134.

Häntzschel, Hiltrud: Justitia – eine Frau?, in: Bedrohlich gescheit. Ein Jahrhundert Frauen und Wissenschaft in Bayern, hrsg. v. Häntzschel, Hiltrud/Bußmann, Hadumod, München 1993, S. 194–213.

Hartwig, Otto: Die Frau in der Rechtspflege, Detmold 1922.

Hassels, Angela/Hommerich, Christoph: Frauen in der Justiz – Eine empirische Analyse der Berufssituation, Karriereverläufe und Karrierechancen von Richterinnen, Staatsanwältinnen und Rechtspflegerinnen, Rechtstatsachenforschung, Köln 1993.

Haßlacher-Friedenthal, Erna: Die Juristin, in: Das moderne Buch der weiblichen Berufe, hrsg. v. Erich Janke, Minden in Westfalen 1928, S. 211–220.

Hattenhauer, Hans: Die geistesgeschichtlichen Grundlagen des deutschen Rechts, 4. Auflage, Heidelberg 1996.

Haug, Kristin: Kitaplatzmangel. Wir müssen draußen bleiben, in: „Spiegel Online“ vom 8. Juni 2018, abrufbar: http://www.spiegel.de/lebenundlernen/job/kita-krise-in-deutschland-warum-fehlen-soviele-plaetze-a-1211083.html (Stand: 08.06.2018).

Haunfelder, Bernd: Reichstagsabgeordnete der Deutschen Zentrumspartei 1871–1933: Biographisches Handbuch und historische Photographien, hrsg. v. der Kommission für Geschichte des Parlamentarismus und der politischen Parteien, Bd. 4, Düsseldorf 1999.

Heinze, Karl Rudolf: Zur Frage der Richterauswahl, DJZ 1921, Sp. 662–668.

Heck, Karl: Nachruf, Erna Scheffler, JZ 1983, S. 721.

Heinsohn, Kirsten: Der lange Weg zum Abitur: Gymnasialklassen als Selbsthilfeprojekte der Frauenbewegung, in: Geschichte der Mädchen- und Frauenbildung, Bd. 2, Vom Vormärz bis zur Gegenwart, hrsg. v. Kleinau, Elke/Opitz, Claudia, Frankfurt am Main 1996, S. 149–160.

Henicz, Barbara/Hirschfeld, Magrit: „Wenn die Frauen wüßten, was sie könnten, wenn sie wollten“ – Zur Gründungsgeschichte des Deutschen Frauenrings, in: Frauen in der deutschen Nachkriegszeit, Bd. 2: Frauenpolitik 1945–1949, hrsg. v. Kuhn, Annette, Düsseldorf 1986, S. 135–156.

Henke, Christiane: Marie Raschke (1850–1935) „Die Juristin (...) ist berufenste Frauenbefreierin“, in: Streitbare JuristInnen, Eine andere Tradition, Bd. 2, hrsg. v. Kritische Justiz, Baden-Baden 2016, S. 393–407.

Hertrampf, Susanne: Ein Tomatenwurf und seine Folgen. Eine neue Welle des Frauenprotestes in der BRD, abrufbar im Internet: http://www.bpb.de/gesellschaft/gender/frauenbewegung/35287/neue-welle-im-westen?p=0 (Stand: 11.06.2018).

Hervé, Florence: Zwischen Anpassung und Widerstand: Zur Lage der Frauen und zum Widerstand 1933 bis 1945, in: Geschichte der Deutschen Frauenbewegung, hrsg. v. ders., 6. Auflage, Köln 1998, S. 111–126.

–/Nödinger, Ingeborg: Aus der Vergangenheit gelernt? 1945 bis 1949, in: Geschichte der Deutschen Frauenbewegung, hrsg. v. Hervé, Florence, 4. Auflage, Köln 1990, S. 187–205.

Hirsch, Günter: Im Namen des Volkes: Gesetz – Recht – Gerechtigkeit, ZRP 2012, S. 205–209.

Hitler, Adolf: Mein Kampf, 851.–855. Auflage, Leipzig 1943.

von Hofe, Ina: Helene Weber, abrufbar im Internet: http://www.kas.de/wf/de/37.8381/ (Stand: 11.06.2018).

Hohmann-Dennhardt, Christine: Das Bundesverfassungsgericht und die Frauen, in: Das Bundesverfassungsgericht im politischen System, hrsg. v. van Ooyen, Robert Chr./Möllers, Martin H. W., Wiesbaden 2006, S. 253–267.

Hönig, Klaus: Der Bund Deutscher Frauenvereine in der Weimarer Republik 1919–1933, Diss. Oldenburg 1994, Egelsbach 1995.

Hörnle; Tatjana: Straftheorien, 2. Auflage, Tübingen 2017.

Huerkamp, Claudia: Bildungsbürgerinnen, Frauen im Studium und in akademischen Berufen 1900–1945, Habil.-Schrift Bielefeld, Göttingen 1996.

Hummel, Fritz: 38. Deutscher Juristentag in Frankfurt a. M., JR 1950, S. 584–586.

Jaeger, Renate: Gleichberechtigung und Gleichstellung als Verfassungsauftrag: Rückblick – Analyse – Visionen, in: Menschenrechte, keine Altlasten sondern Zukunftsperspektive, Stuttgart 2000, S. 77–91.

–: Fünfzig Jahre Artikel 3 Absatz 2 des Grundgesetzes. Die Rolle des Bundesverfassungsgerichts bei der Durchsetzung des Gleichberechtigungsgebots, in: Jahrbuch der Juristischen Zeitgeschichte 2002/2003, hrsg. v. Vormbaum, Thomas, S. 111–127.

–: Erna Scheffler, in: Juristinnen in Deutschland, Die Zeit von 1900 bis 2003, hrsg. v. Deutscher Juristinnenbund e. V., 4. Auflage, Baden-Baden 2003, S. 197–202.

Jellinek, Walter: Zur Gleichberechtigung der Geschlechter im Beamtenrecht, Drei Stellungnahmen von Walter Jellinek, Ernst von Caemmerer, Wilhelm Grewe, AöR 76, (1950/51), S. 136–144.

Kamm, Elisabeth: Sind die Männer so geschaffen? Der Stichentscheid und die Gleichberechtigung – Das Bundesgesetz steht wieder zur Debatte, „Die Zeit“, Nr. 11, vom 14. März 1957, S. 21.

Karl, Michaela: Die Geschichte der Frauenbewegung, Stuttgart 2011.

Kaufmann, Arthur: Gustav Radbruch. Rechtsdenker, Philosoph, Sozialdemokrat, München 1987.

–: Die Naturrechtsrenaissance der ersten Nachkriegsjahre – und was daraus geworden ist, in: Die Bedeutung der Wörter: Studien zur europäischen Rechtsgeschichte. Festschrift für Sten Gagnér zum 70. Geburtstag, hrsg. v. Stolleis, Michael/Frommel, Monika/Rückert, Joachim/Schröder, Rainer/Seelmann, Kurt/Wiegand, Wolfgang, München 1991, S. 105–132.

Keifer, Ellen: Frauendiskriminierung im Nationalsozialismus. Auswirkung auf die gesellschaftliche und berufliche Stellung der Frau, in: Vorgänge, Zeitschrift für Gesellschaftspolitik 1978, Nr. 31, S. 91–99.

Kempter, Klaus: Die Jellinks 1820–1955: Eine familienbiographische Studie zum deutschjüdischen Bildungsbürgertum, Diss., Phil. Fak., Heidelberg 1996, Düsseldorf 1998.

Kinnebrock, Susanne: Anita Augspurg (1857–1943): Feministin und Pazifistin zwischen Journalismus und Politik: eine kommunikationshistorische Biographie, Diss. Phil. Fak., München 2002, Herbolzheim 2005.

Klinksiek, Dorothee: Die Frau im NS-Staat, Stuttgart 1982.

König, Gudrun: „Man hat vertrennt, vertrennt und wieder vertrennt" – Erinnerungen an den Nachkriegsalltag, in: Frauen in der Geschichte V, „Das Schicksal Deutschlands liegt in der Hand seiner Frauen" – Frauen in der deutschen Nachkriegsgeschichte, hrsg. v. Freier, Anna-Elisabeth /Kuhn, Annette, Düsseldorf 1984, S. 386–407.

Koerner, Marianne: Auf fremdem Terrain, Studien und Alltagserfahrungen von Studentinnen 1900–1918, Diss. Dortmund 1996, Bonn 1997.

Kommers, Donald P.: Judicial Politics in West Germany: A Study of the Federal Constitutional Court, Beverly Hills 1976.

Kompisch, Kathrin: Täterinnen: Frauen im Nationalsozialismus, Köln 2008.

Königseder, Angelika: Recht und nationalsozialistische Herrschaft: Berliner Anwälte 1933–1945, hrsg. v. Berliner Anwaltsverein e. V., Bonn 2001.

Koopmann, Helmut: „Kahlschlag" – Der Mythos von der „Stunde Null" in der deutschen Literatur des 19. und 20. Jahrhunderts, in: Nachkriegszeiten – Die Stunde Null als Realität und Mythos in der deutschen Geschichte, hrsg. v. Krimm, Stefan /Zirbs, Wieland, München 1996, S. 157–183.

Korsukéwitz, Sabine: Rote Rosen für Vati: Mann und Frau seit den fünfziger Jahren, abrufbar im Internet: http://www.deutschlandfunkkultur.de/rote-rosen-fuer-vati.984.de.html?dram:article_id=153361 (Stand: 11.06.2018).

Kötz, Hein: Konrad Zweigert 22.1.1911–12.2.1996, RabelsZ 60 (1996), S. 413–416.

Kraiker, Gerhard (Hrsg.): 1945 – Die Stunde Null? Beiträge zum Symposion im Rahmen der Ossietzky-Tage '85 am 3. Mai 1985, Oldenburg 1986.

Kranenpohl, Uwe: Herr des Verfahrens oder nur einer unter Acht?, ZfRS 30 (2009), S. 135–163.

Kreuzer, Arthur: Zum Tod von Anne-Eva Brauneck, in: Monatsschrift für Kriminologie und Strafrechtsreform 2007, S. 351–359.

Kropholler, Jan: Gleichberechtigung durch Richterrecht. Erfahrungen im Familienrecht – Perspektiven im Internationalen Privatrecht, Bielefeld 1975.

Kuhn, Annette: Der Refamilialisierungsdiskurs nach '45, BZG 1991, S. 593–606.

Kuhn, Annette/Rothe, Valentine: Frauen im deutschen Faschismus: eine Quellensammlung mit fachwissenschaftlichen und fachdidaktischen Kommentaren, Bd. 1: Frauenpolitik im NS-Staat, Bd. 2: Frauenarbeit und Frauenwiderstand im NS-Staat, Düsseldorf 1982.

Kühnl, Reinhard: Die Weimarer Republik: Errichtung, Machtstruktur und Zerstörung einer Demokratie, hrsg. v. Duve, Freimut, Reinbek bei Hamburg 1985.

Kümmel, Helga: Die Pionierfrauen der Justiz, DRiZ 1984, S. 357–359.

Künnecke, Arndt: Die Naturrechtsrenaissance in Deutschland nach 1945 in ihrem historischen Kontext – Mehr als nur eine rechtsphilosophische Randnotiz? –, RphZ 2015, S. 84–105.

Ladwig-Winters, Simone: Einführung, in: Anwalt ohne Recht – Schicksale jüdischer Anwälte in Deutschland nach 1933, hrsg. v. der Bundesrechtsanwaltskammer Berlin-Brandenburg 2007, S. 9–18.

–: Juristinnen 1933 bis 1949 – unter besonderer Berücksichtigung der Situation jüdischer Frauen, djbZ 2008, S. 120–124.

–: Das Ende eines Aufbruchs: Jüdische Juristinnen und Juristinnen jüdischer Herkunft nach 1933, Minderheitenerfahrung und weibliche Diskriminierung, hrsg. v. Bundesministerium der Justiz und für Verbraucherschutz, Köln 2016.

Lagiewski, Maciej: Das Pantheon der Breslauer Juden: Der jüdische Friedhof an der Lohestraße in Breslau, Berlin 1999.

Landgericht Koblenz/Landeskundliche Arbeitsgemeinschaft im Regierungsbezirk Koblenz e. V. (Hrsg.): 150 Jahre Landgericht Koblenz, Boppard am Rhein 1970.

Lange, Erhard H. M.: Dr. Erna Scheffler, geb. Friedenthal (1893–1983), Eine Breslauerin – erste Richterin am Bundesverfassungsgericht, Jahrbuch der Schlesischen Friedrich-Wilhelms-Universität zu Breslau, Bd. XLII–XLIV (2001–2003), im Auftrag der Historischen Kommission für Schlesien, hrsg. v. Menzel, Josef Joachim, Neustadt a. d. Aisch 2003, S. 521–577.

–: Helene Weber (CDU), abrufbar im Internet: http://www.bpb.de/geschichte/deutsche-geschichte/grundgesetz-und-parlamentarischer-rat/39156/helene-weber-cdu (Stand: 11.06.2018).

–: Friederike Nadig (SPD), abrufbar im Internet: http://www.bpb.de/geschichte/deutsche-geschichte/grundgesetz-und-parlamentarischer-rat/39112/friederike-nadig-spd (Stand: 11.06.2018).

–: Thomas Dehler, (FDP); abrufbar im Internet: http://www.bpb.de/geschichte/deutsche-geschichte/grundgesetz-und-parlamentarischer-rat/39056/thomas-dehler-fdp (Stand: 11.06.2018).

Lange, Silvia: Protestantische Frauen auf dem Weg in den Nationalsozialismus. Guida Diehls Neulandbewegung 1916–1935, Diss. FU Berlin, Stuttgart 1998.

von Langsdorff, Erna: Die Berufsaussichten der Juristin in Deutschland, in: „Die Frau“, 1912–1913, S. 603–609.

Leicht-Scholten, Carmen: Das Recht auf Gleichberechtigung im Grundgesetz: Die Entscheidungen des Bundesverfassungsgerichts von 1949 bis heute, Diss. Hamburg 1998, Frankfurt a. M. 2000.

Lembcke, Oliver: Das Bundesverfassungsgericht und die Regierung Adenauer – vom Streit um den Status zur Anerkennung der Autorität, in: Das Bundesverfassungsgericht im politischen System, hrsg. v. van Ooyen, Robert Chr./Möllers, Martin H. W., Wiesbaden 2006, S. 151–161.

Lenze, Anne: Wiltraut Rupp-v. Brünneck (1912–1977): Die emanzipatorische Kraft von Sondervoten, in: Streitbare JuristInnen, Eine andere Tradition, Bd. 2., hrsg. v. Kritische Justiz, Baden-Baden 2016, S. 427–444.

Levy, Ernst: In memoriam. [Theodor Kipp], SZRom 51 (1931), S. 609–612.

Ley, Richard: Die Erstbesetzung des Bundesverfassungsgerichts, ZParl 1982, Heft 4, S. 521–541.

–: Erna Scheffler †, NJW 1983, S. 1653–1654.

Limbach, Jutta: Die Frauenbewegung und das Bürgerliche Gesetzbuch, in: Frauen im Recht, hrsg. v. Battis, Ulrich/Schultz, Ulrike, Heidelberg 1990, S. 1–24.

–: Elisabeth Selbert und ihre Sternstunde im Parlamentarischen Rat am 18. Januar 1949, in: „Ein Glücksfall für die Demokratie" Elisabeth Selbert (1896–1986): Die große Anwältin der Gleichberechtigung, hrsg. v. der Hessischen Landesregierung, 2. Auflage, Wiesbaden 2008, S. 239–148 (zitiert als: *Limbach*, in: Elisabeth Selbert).

–: Ehefrau und Mutter in der jüngsten Rechtsentwicklung, in: 40 Jahre Artikel 3 Grundgesetz, 40 Jahre Frauenverbandsarbeit, Sonderausgabe der Informationen für die Frau 1989, hrsg. v. Deutschen Frauenrat, S. 22 f.

–/Eckertz-Höfer, Marion (Hrsg.): Frauenrechte im Grundgesetz des geeinten Deutschland. Diskussion in der Gemeinsamen Verfassungskommission von Bundestag und Bundesrat und der Bundesratskommission Verfassungsreform. Dokumentation, Baden-Baden 1993.

Löffler, Siegfried: Erste Richterin am BAG wurde 95, DB vom 3. August 2001, S. 18, abrufbar im Internet: https://der-betrieb.owlit.de/pages/Export.ashx?requestid=7811df19cd864ad0be1fe6532d63f059 (Stand: 11.06.2018).

Lösche, Peter: Ernst Heilmann (1881–1940): Parlamentarischer Führer und Reformsozialist, in: Vor dem Vergessen bewahren. Lebenswege Weimarer Sozialdemokraten, hrsg. v. Lösche, Peter/Scholing, Michael/Walter, Franz, Berlin 1988, S. 99–120.

Luckemeyer, Ludwig: Lüders, Marie-Elisabeth, in: Neue Deutsche Biographie 15 (1987), S. 454–456, abrufbar im Internet: https://www.deutsche-biographie.de/pnd118729551.html (Stand: 07.06.2019).

Lüders, Marie-Elisabeth: Soll die Frau nur Pflichten haben?, „Vossische Zeitung", Nr. 523, vom 1. November 1932, o. S.

–: Diskussionsbeitrag, in: Ständige Deputation des Deutschen Juristentages (Hrsg.): Verhandlungen des Achtunddreißigsten Deutschen Juristentages (Frankfurt am Main), Tübingen 1951, S. B 100 f.

–: Fürchte dich nicht: Persönliches und Politisches aus mehr als 80 Jahren, Opladen und Köln 1963.

Ludwig, Johanna: Eigener Wille und eigene Kraft: Der Lebensweg von Louise Otto-Peters bis zur Gründung des Allgemeinen Deutschen Frauenvereins 1865: nach Selbstzeugnissen und Dokumenten, Leipzig 2014.

Luig, Klaus: … weil er nicht arischer Abstammung ist: Jüdische Juristen in Köln während der NS-Zeit, hrsg. v. der Rechtsanwaltskammer, Köln 2004.

Mahn, Isolde: Zum Thema: Die Frau als Richter, DRiZ 1932, S. 326.

Majer, Diemut: Verantwortung in Konsens und Dissens: Wiltraut Rupp-von Brünneck – ein Portrait, JöR 41, 1993, S. 1–13.

Malettke, Klaus: Rudolf Heinze in: Neue Deutsche Biographie 8 (1969), S. 448 f., abrufbar im Internet: https://www.deutsche-biographie.de/sfz29391.html (Stand: 07.06.2019).

Marquardt, Helmut: Ansprache, in: In Memoriam Friedrich Wilhelm Bosch, Reden gehalten am 2.12.2000 anläßlich der Akademischen Gedenkfeier der Juristischen Fakultät der Rheinischen Friedrich-Wilhelms-Universität Bonn, hrsg. v. Archiv der Rheinischen Friedrich-Wilhelms-Universität Bonn, Bonn 2001, S. 9–14.

Marx, Stefan: Franz-Josef Wuermeling (1900–1986), abrufbar im Internet: http://www.kas.de/wf/de/71.9969/ (Stand: 07.06.2019).

Mason, Tim: Zur Lage der Frauen in Deutschland 1930 bis 1940: Wohlfahrt, Arbeit und Familie, in: Gesellschaft, Beiträge zur Marxschen Theorie Bd. 6, hrsg. v. Backhaus, Hans-Georg, Frankfurt am Main 1976, S. 118–193.

Matzen-Stöckert, Sigrid: Frauen im Faschismus – Frauen im Widerstand: 1933 bis 1945, in: Geschichte der Deutschen Frauenbewegung, hrsg. v. Hervé, Florence, 4. Auflage, Köln 1990, S. 154–186.

Maunz, Theodor/Dürig, Günter (Begr.): Grundgesetz Kommentar, hrsg. v. Herzog, Roman/Herdegen, Matthias/Scholz, Robert/Klein, Hans, Bd. 1, 81. Lieferung September 2017, München 2017.

–: Grundgesetz Kommentar, hrsg. v. Herzog, Roman/Herdegen, Matthias/Scholz, Robert/Klein, Hans, Bd. 1, 76. Lieferung Dezember 2015, München 2015.

Maurer, Hartmut: Staatsrecht I: Grundlagen, Verfassungsorgane, Staatsfunktionen, 6. Auflage, München 2010.

Meder, Stephan/Duncker, Arne/Czelk, Andrea (Hrsg.): Frauenrecht und Rechtsgeschichte: Die Rechtskämpfe der deutschen Frauenbewegung, Köln 2006.

–: Die Rechtsstellung der Frau um 1900: Eine kommentierte Quellensammlung, Köln 2010.

Meder, Stephan: Familienrecht: Von der Antike bis zur Gegenwart, Wien 2013.

von Meding, Dorethee: Mit dem Mut des Herzens: Die Frauen des 20. Juli, Berlin 1992.

Meier-Scherling, Anne-Gudrun: Die Benachteiligung der Juristin zwischen 1933 und 1945, DRiZ 1975, S. 10–13.

Mertens, Lothar: Vernachlässigte Töchter der Alma Mater: Ein sozialhistorischer und bildungssoziologischer Beitrag zur strukturellen Entwicklung des Frauenstudiums in Deutschland seit der Jahrhundertwende, Diss. Bochum 1990.

Meseritz, Margarete: Die Frau als Richter. Die Zulassung zur zweiten Staatsprüfung, in: „Vossische Zeitung", Nr. 649, vom 21. Dezember 1919, o. S.

Meurer, Bärbel: Marianne Weber, Leben und Werk, Tübingen 2010.

Meyer, Sibylle/Schulze, Eva: „Alleine war's schwieriger und einfacher zugleich": Veränderung gesellschaftlicher Bewertung und individueller Erfahrungen alleinstehender Frauen in Berlin 1943–1955, in: Frauen in der Geschichte Bd. 5, „Das Schicksal Deutschlands liegt in der Hand seiner Frauen" – Frauen in der deutschen Nachkriegsgeschichte, hrsg. v. Freier, Anna-Elisabeth/Kuhn, Annette, Düsseldorf 1984, S. 348–386.

Misselwitz, Frederike: Marie Luise Hilger: Zum Leben und Werk einer Arbeitsrechtlerin im 20. Jahrhundert, Jur. Diss. Jena, Baden-Baden 2016.

Mitteis, Heinrich: Die Anpassung des Familienrechts an das Bonner Grundgesetz, SJZ 1950, S. 241–247.

Moeller, Robert G.: Geschützte Mütter: Frauen und Familien in der westdeutschen Nachkriegspolitik, München 1997.

Möller, Horst: Aufklärung und Demokratie. Historische Studien zur politischen Vernunft, hrsg. v. Wirsching, Andreas, München 2003.

Möllers, Thomas M. J./Redcay, Katharina: Das Bundesverfassungsgericht als europäischer Gesetzgeber oder als Motor der Union?, EuR 2013, S. 409–432.

Morsey, Rudolf: Katholizismus und Unionsparteien in der Ära Adenauer, in: Katholizismus im politischen System der Bundesrepublik 1949–1963, hrsg. v. Langner, Albrecht, Zürich 1978, S. 33–59.

–: Adenauer und Kardinal Frings 1945–1949, in: Politik und Konfession: Festschrift für Konrad Repgen zum 60. Geburtstag, hrsg. v. Albrecht, Dieter, Berlin 1983, S. 483–501.

Müller, Anneliese: Vom „Bund Deutscher Frauenvereine" zum „Deutschen Frauenrat", in: 40 Jahre Artikel 3 Grundgesetz, 40 Jahre Frauenverbandsarbeit, Sonderausgabe der Informationen für die Frau 1989, hrsg. v. Deutschen Frauenrat, S. 3–6.

Müller-List, Gabriele: Gleichberechtigung als Verfassungsauftrag: Eine Dokumentation zur Entstehung des Gleichberechtigungsgesetzes vom 18. Juni 1957, hrsg. v. der Kommission für Geschichte des Parlamentarismus und der politischen Parteien, Düsseldorf 1996.

Münch, Ursula: Familienpolitik in der Bundesrepublik Deutschland: Maßnahmen, Defizite, Organisation familienpolitsicher Staatstätigkeit, Diss. München, Freiburg im Breisgau 1990.

Mundzeck, Heike: Elisabeth Schwarzhaupt, in: Juristinnen in Deutschland, Die Zeit von 1900–2003, hrsg. v. Deutscher Juristinnenbund e. V., 4. Auflage, Baden-Baden 2003, S. 213–218.

Nagelschmidt, Ilse/Ludwig, Johanna (Hrsg.): Louise Otto-Peters: politische Denkerin und Wegbereiterin der deutschen Frauenbewegung, Sächsische Landeszentrale für politische Bildung, Dresden 1996.

Nave-Herz, Rosemarie: Die Geschichte der Frauenbewegung in Deutschland, hrsg. v. der Niedersächsischen Landeszentrale für politische Bildung, 5. Auflage, Bonn 1997.

–: Frauen und Familie nach 1945, in: 1945 – Die Stunde Null? Beiträge zum Symposion im Rahmen der Ossietzky-Tage '85 am 3. Mai 1985, hrsg. v. Kraiker, Gerhard, S. 73–83.

Neumann, Ulrike: 100 Jahre Internationaler Frauentag am 8. März: 08.03.2010, abrufbar im Internet: http://www.spd-suedwest.de/index/presse/3164295.html (Stand: 07.06. 2019).

Nicolaisen, Carsten: Hanns Kerrl, in: Neue Deutsche Biographie 11 (1977), S. 534, abrufbar im Internet: URL: https://www.deutsche-biographie.de/pnd122898397.html (Stand: 07.06.2019).

Niehuss, Merith: Kontinuität und Wandel der Familie in den 50er Jahren, in: Modernisierung im Wiederaufbau: Die westdeutsche Gesellschaft der 50er Jahre, hrsg. v. Schildt, Axel/Sywottek, Arnold, Bonn 1993, S. 316–334.

Nolzen, Armin: Gregor Strasser, in: Neue Deutsche Biographie 25 (2013), S. 478–479, abrufbar im Internet: https://www.deutsche-biographie.de/gnd11861889X. html#ndbcontent (Stand: 07.06.2019).

Nörr, Knut Wolfgang: Zwischen den Mühlsteinen: eine Privatrechtsgeschichte der Weimarer Republik, Tübingen 1988.

Notz, Gisela: Frauen in der Mannschaft. Sozialdemokratinnen im Parlamentarischen Rat und im Deutschen Bundestag 1948/49–1957, Bonn 2003.

Ohne Verfasser: Die Frau als Juristin, „BZ am Mittag" Nr. 11, vom 13. Januar 1933.

Ohne Verfasser: Zusammenarbeit von Mann und Frau in juristischen Berufen, „Die Frau", 1932/33, S. 312 f.

Ohne Verfasser: Kritik einer Bundesrichterin am Gleichberechtigungsgesetz, „Die Neue Zeitung", vom 29. Januar 1953.

Ohne Verfasser: Bettelei ums Haushaltsgeld, „Der Spiegel", Nr. 1, vom 2. Januar 1952, S. 28–30.

Ohne Verfasser: Verwaltungsrichter: Anfeindungen von außen, „Der Spiegel", Nr. 3, vom 16. Januar 1963, S. 39 f.

Ortner, Helmut: Der Hinrichter: Roland Freisler – Mörder im Dienste Hitlers, Frankfurt am Main 2014.

Ostendorf, Heribert: Roland Freisler, Mörder im Dienste Hitlers, ZRP 1994, S. 169–172.

Osterloh, Lerke: „Der Gleichbehandlungsauftrag des Grundgesetzes (Art. 3 Abs. 2) und seine Verwirklichung", in: Die Gleichberechtigung der Frau in einer sich wandelnden Gesellschaft: Chancen und Risiken, Köln 2002, S. 13–32.

Palandt, Otto/Richter, Heinrich/Stagel, Friedrich, Die Justizausbildungsordnung des Reiches, 2. Auflage, Berlin 1939.

Pientka, Andrea: Juristenausbildung zur Zeit des Nationalsozialismus dargestellt am Beispiel der Universität Tübingen und des OLG-Bezirks Stuttgart, Diss. Freiburg 1990.

Planck, Gottlieb: Die rechtliche Stellung der Frau nach dem bürgerlichen Gesetzbuche: Vortrag zum Besten des Göttinger Frauenvereins, 2. Auflage, Göttingen 1899, abgedruckt bei: Meder, Stephan/Duncker, Arne/Czelk, Andrea (Hrsg.): Die Rechtsstellung der Frau um 1900: Eine kommentierte Quellensammlung, Köln 2010, S. 674–689.

Posener, Paul: Der Junge Jurist: Eine Anleitung zu wissenschaftlichem Arbeiten unter Erörterung der Grundlagen des Vorbildungswesens, des Rechtsstudiums und der Prüfungsordnung: Für angehende Juristen, deren Eltern und Berater, Breslau 1904.

Pretzel, Andreas: „Zu weich darf man nicht sein", „taz", vom 17. Juli 2004, abrufbar im Internet: https://taz.de/!726167/ (Stand 07.06.2019).

Radbruch, Gustav: Der innere Weg: Aufriss meines Lebens, Stuttgart 1951.

–: Gesetzliches Unrecht und übergesetzliches Recht, in: SJZ 1946, S. 105–108.

van Rahden, Till: Juden und andere Breslauer. Die Beziehungen zwischen Juden, Protestanten und Katholiken in einer deutschen Großstadt von 1860 bis 1925, Diss. Bielefeld 1998/99, Göttingen 2000.

–: Demokratie und väterliche Autorität. Das Karlsruher „Stichentscheid"-Urteil von 1959 in der politischen Kultur der frühen Bundesrepublik, in: Zeithistorische Forschung 2005, S. 160–179.

Ramelsberger, Annette: Das kleine bisschen Glück, „Süddeutsche Zeitung", vom 8. Mai 2015, S. 12.

Reich-Hilweg, Ines: Männer und Frauen sind gleichberechtigt: Der Gleichberechtigungssatz (Art. 3 Abs. 2 GG) in der parlamentarischen Auseinandersetzung 1948–1959 und in der Rechtsprechung des Bundesverfassungsgerichts 1953–1975, Diss. Gießen, Frankfurt am Main 1979.

Reuss, Anja: Kontinuitäten der Stigmatisierung: Sinti und Roma in der deutschen Nachkriegszeit, Berlin 2015.

Richebächer, Sabine: Uns fehlt nur eine Kleinigkeit: Deutsche proletarische Frauenbewegung 1890–1914, Frankfurt am Main 1982.

Ritterspach, Theodor: Erinnerungen an die Anfänge des Bundesverfassungsgerichts, in: Grundrechte, soziale Ordnungen und Verfassungsgerichtsbarkeit, Festschrift für Ernst Benda zum 70. Geburtstag, hrsg. v. Klein, Eckart, Heidelberg 1995, S. 201–207.

Rosenberg, Alfred: Der Mythos des 20. Jahrhunderts – Eine Wertung der seelisch-geistigen Gestaltungskämpfe unserer Zeit, 33.–34. Auflage, München 1934.

Rosenbusch, Ute: Die Belagerung der männlichen Rechtsburg – Zur Geschichte des Zugangs der Frauen zu den Berufen der Rechtspflege, JuS 1997, S. 1062–1067.

Rothmaler, Christiane: Die Sozialpolitikerin Käthe Petersen zwischen Auslese und Ausmerze, in: Opfer und Täterinnen, Frauenbiographien des Nationalsozialismus, hrsg. v. Ebbinghaus, Angelika, Frankfurt am Main 1997, S. 98–124.

Röwekamp, Marion: Juristinnen, Lexikon zu Leben und Werk, Baden-Baden 2005 (zitiert als: *Röwekamp*, Juristinnen).

–: Der Deutsche Juristinnen-Verein e. V., djbZ 2008, S. 117–120.

–: Diskriminierung oder Beteiligung? Juristinnen zwischen 1933 und 1945, djbZ 2008, S. 125–127.

–: Die ersten deutschen Juristinnen, Eine Geschichte ihrer Professionalisierung und Emanzipation (1900–1945), Diss. München, Köln 2011 (zitiert als: *Röwekamp*, Die ersten deutschen Juristinnen).

–: Margarete Berent (1887–1965) und Marie Munk (1885–1978): Pionierinnen im Kampf um gleiche Rechte für Frauen, in: Streitbare JuristInnen, Eine andere Tradition, Bd. 2., hrsg. v. Kritische Justiz, Baden-Baden 2016, S. 73–107.

Roxin, Claus: Wandlungen der Strafzwecklehre, in: Grundfragen staatlichen Strafens: Festschrift für Heinz Müller-Dietz zum 70. Geburtstag, hrsg. v. Britz, Guido/Jung, Heike/Koriath, Heinz/Müller, Egon, München 2001, S. 701–715.

Ruge, Arnold: Das Wesen der Universitäten und das Studium der Frauen: Ein Beitrag zur modernen Kulturbewegung, Leipzig 1912.

Ruhl, Klaus-Jörg: Frauen in der Nachkriegszeit 1945–1963, München 1988.

–: Hierarchie oder Anarchie? Der Streit um die Familienrechtsreform in den fünfziger Jahren, APuZ 1992, S. 31–42.

Rust, Ursula: 100 Jahre Frauen in der Rechtswissenschaft – Zur Beteiligung von Juristinnen am wissenschaftlichen Diskurs, in: Barrieren und Karrieren. Die Anfänge des Frauenstudiums in Deutschland, Dokumentationsband der Konferenz „100 Jahre Frauen in der Wissenschaft“ im Februar 1997 an der Universität Bremen, hrsg. v. Dickmann, Elisabeth/Schöck-Quinteros, Eva, 2. Auflage, Berlin 2000, S. 343–362.

–: Die Rechtsprechung des Bundesverfassungsgerichts zur garantierten Gleichberechtigung, APuZ 2001, S. 26–32.

Rüthers, Bernd: Recht als Waffe des Unrechts – Juristische Instrumente im Dienst des NS-Rassenwahns, NJW 1988, S. 2825–2836.

Sacksofsky, Ute: Das Grundrecht auf Gleichberechtigung, Eine rechtsdogmatische Untersuchung zu Artikel 3 Absatz 2 des Grundgesetzes, 2. Auflage, Jur. Diss. Freiburg i. Br. 1990, Baden-Baden 1996.

–: Das Frauenbild des Bundesverfassungsgerichts, in: Geschlecht im Recht: Eine fortbestehende Herausforderung, hrsg. v. Rudolf, Beate, Göttingen 2009, S. 191–215.

Schade, Rosemarie: „Christ sein heißt Kämpfer sein“: Guida Diehl und ihr Verhältnis zu Frauenbewegung und Nationalsozialismus, in: Ariadne Bd. 18, 1990, S. 21–42.

Schäfers, Bernhard: Die westdeutsche Gesellschaft: Strukturen und Formen, in: Modernisierung im Wiederaufbau, hrsg. v. Schildt, Axel/Sywottek, Arnold, Bonn 1993, S. 307–315.

Schaser, Angelika: Die „undankbaren“ Studentinnen: Studierende Frauen in der Weimarer Republik, in: Frauen auf dem Weg zur Elite, Büdinger Forschungen zur Sozialgeschichte 1998, Bd. 23, hrsg. v. Schulz, Günther, München 2000, S. 97–116.

–: Helene Lange und Gertrud Bäumer. Eine politische Lebensgemeinschaft, Hab.-Schrift FU Berllin 1999, Köln 2000.

Scheffler, Erna: Referat auf dem 38. Deutschen Juristentag, Die Gleichberechtigung der Frau. In welcher Weise empfiehlt es sich, gemäß Art. 117 des Grundgesetzes das geltende Recht an Art. 3 Abs. 2 des Grundgesetzes anzupassen, in: Verhandlungen des 38. Deutschen Juristentages, Teil B Bürgerlich-Rechtliche Abteilung Sitzung vom 15. September 1950, hrsg. v. der Ständigen Deputation des Deutschen Juristentages, Tübingen 1951, S. B3–B30.

–: Diskussionsbeitrag, in: Ständige Deputation des Deutschen Juristentages (Hrsg.): Verhandlungen des 38. Deutschen Juristentages (Frankfurt am Main), Tübingen 1951, S. B 62.

–: Noch einmal die Gleichberechtigung der Frau, Zum Grundsatzbeschluß der 1. Abteilung des 38. Deutschen Juristentages, DRiZ 1951, S. 8–9.

–: Der Familienname von Frau und Kind, MDR 1951, S. 136–138.

– */Krüger, Hildegard*: Die beamtenrechtliche Stellung der Frau in: Neues Beamtentum, Beiträge zur Neuordnung des Öffentlichen Dienstes, hrsg. v. Institut zur Förderung öffentlicher Angelegenheiten, Frankfurt am Main 1951, S. 186–218.

–: Zur Auslegung des Grundsatzes der Gleichberechtigung, DRiZ 1951, S. 85–88.

–: Die Gleichberechtigung der Frau im neuen Recht, in: Sonderabdruck aus der Zeitschrift „Die Mädchenbildung", Heft 10, Oktober 1951.

–: Ehe und Familie, in: Die Grundrechte, Handbuch der Theorie und Praxis der Grundrechte, Vierter Band, 1. Halbband, hrsg. v. Bettermann, Karl August/Nipperdey, Hans Carl/Scheuner, Ulrich, Berlin 1960, S. 245–323.

–: Ist Teilzeitarbeit für Beamtinnen mit dem Grundgesetz vereinbar?, DÖV 1965, S. 181–183.

–: Gleichheit im Recht: Ein Querschnitt durch die Rechtsprechung des Bundesverfassungsgerichts zu dem Verfassungsgebot der Gleichheit im Recht, in: DAG-Hefte 1965, S. 79–87.

–: Das Verfassungsgebot des Schutzes des Ehe und der Fortfall von Waisengeld, Kinderzuschüssen und ähnlichen Leistungen wegen Eheschließung, in: Sozialenquête und Sozialrecht. Dem Sozialwissenschaftler Prof. Dr. Walter Bogs, dem Richter, Lehrer und Forscher, dem Mitherausgeber der Zeitschrift „Die Sozialgerichtsbarkeit", hrsg. v. Chmielorz, Erwin/Rohwer-Kahlmann, Harry/Heinke, Horst, Wiesbaden 1967, S. 129–146.

–: Zum Verhältnis von Frau und Politik, in: Information für die Frau 1969, S. 6–12.

–: Die Stellung der Frau in Familie und Gesellschaft im Wandel der Rechtsordnung seit 1918, Berlin 1970.

Schelsky, Helmut: Wandlungen der deutschen Familie in der Gegenwart, Darstellung und Deutung einer empirisch-soziologischen Tatbestandsaufnahme, 3. Auflage, Stuttgart 1955.

Schmidt, Auguste: Juristinnen, in: Neue Bahnen 25 (1900), S. 32 f.

Schmidt-Bens, Walter: Meilensteine in der Entwicklung der rechtlichen Stellung der Frau in Deutschland seit dem Allgemeinen Landrecht für die Preußischen Staaten, NZFam 2016, S. 1118–1122.

Schieb, Roswitha: Juden in Breslau im Spannungsfeld zwischen Assimilation, Wahrung der Tradition und „Überassimilation", in: „Das war mal unsere Heimat …": jüdische Geschichte im preußischen Osten, hrsg. v. Neumärker, Uwe, Berlin 2013, S. 68–75.

Schnorr von Carolsfeld, Ludwig: Über das Problem der rechtlichen Gleichstellung von Mann und Frau nach der Bonner Bundesverfassung, JR 1950, S. 417–420.

Schriftenführamt der Ständigen Deputation (Hrsg.): Verhandlungen des 33. Deutschen Juristentages (Heidelberg), Berlin 1925 (zitiert als: Verhandlungen der 33. Deutschen Juristentages).

–: Verhandlungen des 36. Deutschen Juristentages (Lübeck), Zweiter Band: Stenographischer Bericht, Berlin 1932 (zitiert als: Verhandlungen des 36. Deutschen Juristentages).

Schubert, Doris: Frauenarbeit 1945–1949, in: Frauen in der deutschen Nachkriegszeit Bd. 1, hrsg. v. Kuhn, Annette, Düsseldorf 1984.

Schubert, Karin: Deutsche Juristinnen von 1948 bis 1989, djbZ 2008, S. 139–142.

Schubert, Werner: Die Projekte der Weimarer Republik zur Reform des Nichtehelichen-, des Adoptions- und des Ehescheidungsrechts, Paderborn 1986.

– (Hrsg.): Familienrechtsausschuß: Unterausschuß für eheliches Güterrecht, Akademie für Deutschen Recht 1933–1945, Bd. 3, 2, Berlin 1989.

Schudnagies, Christian: Hans Frank: Aufstieg und Fall des NS-Juristen und Generalgouverneurs, Frankfurt am Main 1989.

Schueler, Hans: Die Konterkapitäne von Karlsruhe. Wird Bonn von den Verfassungsrichtern regiert?, „Die Zeit", Nr. 9, 24. Februar 1978, S. 9–11.

Schüller, Elke: Westdeutsche Frauenorganisationen der Nachkriegszeit – ein „missing link" zwischen alter und neuer Frauenbewegung, in: Das Jahrhundert des Feminismus: Streifzüge durch nationale und internationale Bewegungen und Theorien, hrsg. v. Weckwert, Anja/Wischermann, Ulla, Königstein 2006, S. 171–182.

Schulz, Gerhard: Frank, Hans, in: Neue Deutsche Biographie 5 (1961), S. 341, abrufbar im Internet: http://www.deutsche-biographie.de/pnd118534742.html (Stand: 07.06.2019)

Schupetta, Ingrid H. E.: Jeder das Ihre – Frauenerwerbstätigkeit und Einsatz von Fremdarbeitern/-arbeiterinnen im Zweiten Weltkrieg, in: Mutterkreuz und Arbeitsbuch: Zur Geschichte der Frauen in der Weimarer Republik und im Nationalsozialismus, Frankfurt am Main 1981, S. 292–317.

Schwab, Dieter: Gleichberechtigung und Familienrecht im 20. Jahrhundert, in: Frauen in der Geschichte des Rechts, hrsg. v. Gerhard, Ute, München 1997, S. 790–827.

Schwarzhaupt, Elisabeth: Zum Tode von Erna Scheffler, in: Mitteilungsblatt des Deutschen Akademikerinnenbundes 1983, S. 5–7.

–: Was hat die deutsche Frau vom Nationalsozialismus zu erwarten?, in: Deutsche Erneuerung Berlin SW 68, abgedruckt bei: Ariadne: Forum für Frauen- und Geschlechtergeschichte 1990, Heft 18.

Seidl, Ralf: Der Streit um den Strafzweck zur Weimarer Republik, Jur. Diss. Regensburg 1973, Frankfurt am Main 1974.

Serloth, Barbara: Biologismus und Antisemitismus als Selbstverständlichkeit: Einige ideelle Grundeinstellungen der bürgerlichen Frauenbewegung Deutschlands der Weimarer Zeit im Spiegel der nationalsozialistischen Frauenpolitik, in: Gebrochene Kontinuitäten? Zur Rolle und Bedeutung des Geschlechterverhältnisses in der Entwicklung des Nationalsozialismus, hrsg. v. Korotin, Ilse/Serloth, Barbara, München 2000, S. 30–52.

Siebert, Wolfgang: Elterliche Gewalt und Gleichberechtigung, NJW 1955, S. 1–6.

Simitis, Spiros: Familienrecht, in: Rechtswissenschaft in der Bonner Republik: Studien zur Wissenschaftsgeschichte der Jurisprudenz, hrsg. v. Simon, Dieter, Frankfurt am Main 1994, S. 390–448.

Sitter, Carmen: Die Rolle der vier Frauen im Parlamentarischen Rat: Die vergessenen Mütter des Grundgesetzes, Münster 1995.

SPD-Landesverband Schleswig-Holstein und Beirat für Geschichte der Arbeiterbewegung und Demokratie in Schleswig-Holstein bei der Gesellschaft für Politik und Bil-

dung Malente (Hrsg.), 8. Mai 1945 – Stunde Null?, Wiedergabe der im Rahmen des gleichnamigen Symposions am 4.5.1985 gehaltenen Vorträge, Kiel 1986.

Stammen, Theo/Maier, Gerold: Der Prozeß der Verfassunggebung, in: Vorgeschichte der Bundesrepublik Deutschland: Zwischen Kapitulation und Grundgesetz, hrsg. v. Becker, Josef/Stammen, Theo/Waldmann, Peter, 2. Auflage, München 1987, S. 391–430.

Ständige Deputation des Deutschen Juristentages (Hrsg.): Verhandlungen 38. Deutschen Juristentages (Frankfurt am Main), Tübingen, 1951 (zitiert als: Verhandlungen des 38. Deutschen Juristentages).

Stellungnahme des Deutschen Anwaltsvereins, in: Informationen für die Frau, 1952 S. 23.

Stellungnahme des Deutschen Juristinnen-Vereins, JZ 1952, S. 504 f.

Stenographischer Bericht, 14. Vertreterversammlung des Deutschen Anwaltsvereins, JW 1922, S. 1241–1269.

Stoehr, Irene/Pawlowski, Rita: Unfertige Demokratie: 50 Jahre „Informationen für die Frau", hrsg. v. Deutscher Frauenrat – Lobby der Frauen – Bundesvereinigung von Frauenverbänden und Frauengruppen gemischter Verbände in Deutschland e. V., Berlin 2002.

Graf zu Stolberg-Wernigerode, Otto: Friedberg, Robert, in: Neue Deutsche Biographie 5 (1961), S. 445 f., abrufbar im Internet: https://www.deutsche-biographie.de/sfz17233.html (Stand: 07.06.2019).

Titze, Hartmut: Das Hochschulstudium in Preußen und Deutschland 1820–1944, Datenhandbuch zur Bildungsgeschichte, Bd. 1, Teil 1, Göttingen 1987.

Vaupel, Heike: Die Familienrechtsreform in den fünfziger Jahren im Zeichen widerstreitender Weltanschauungen, Diss. Augsburg, Baden-Baden 1999.

Vereinigung weiblicher Juristen und Volkswirte, in: Informationen für die Frau, Februar 1957, S. 6 f.

Voegeli, Wolfgang/Willenbacher, Barbara: Zur Restauration des Familienrechts nach dem 2. Weltkrieg, in: Restauration im Recht, Opladen 1988, S. 195–232.

Vorländer, Hans: Die Deutungsmacht des Bundesverfassungsgerichts, in: Das Bundesverfassungsgericht im politischen System, hrsg. v. van Ooyen, Robert Chr./Möllers, Martin H. W., Wiesbaden 2006, S. 189–199.

Wagner, Leonie: Perspektiven von Frauen 1933–1945, in: Frauen auf dem Weg zur Elite, hrsg. v. Schulz, Günther, Büdinger Forschungen zur Sozialgeschichte 1998, München 2000.

Wagner, Max: Justizausbildungsordnung des Neuen Reiches: Rechtsstudium/Referendariat/Staatsprüfungen mit Erläuterungen: Studienplänen, Musterbeispielen und Ratschlägen, Köln 1934.

Walcoff, Jennifer E.: Von der Staatsbürgerin zur „Volksbürgerin": Der Disput um die Rechtsstellung der Frau, in: Volksgenossinnen: Frauen in der NS-Volksgemeinschaft, hrsg. v. Steinbacher, Sybille, Göttingen 2007, S. 48–68.

Waldhoff, Christian: Erna Scheffler – erste Richterin des Bundesverfassungsgerichts, JöR 56 (2003), S. 261–268.

–: Scheffler, Erna, geborene Friedenthal, in: Neue Deutsche Biographie 22 (2005), S. 615–616.

von Weizsäcker, Richard: Drei Mal Stunde Null? 1949 – 1969 – 1989, Berlin 2001.

Wendrich, Jörn: Die Entwicklung der familienrechtlichen Entscheidungsbefugnisse der Ehefrau, vom BGB bis zum Gleichberechtigungsgesetz vom 18.6.1957, Jur. Diss. Kiel, Frankfurt am Main 2002.

Wengst, Udo: Beamtentum zwischen Reform und Tradition: Beamtengesetzgebung in der Gründungsphase der Bundesrepublik Deutschland 1948–1953, Düsseldorf 1988.

–: Staatsaufbau und Regierungspraxis 1948–1953: Zur Geschichte der Verfassungsorgane der Bundesrepublik Deutschland, Düsseldorf 1984.

–: Thomas Dehler 1897–1967: Eine politische Biographie, München 1997.

Wesel, Uwe: Der Gang nach Karlsruhe. Das Bundesverfassungsgericht in der Geschichte der Bundesrepublik, München 2004.

Weyrather, Irmgard: Numerus Clausus für Frauen – Studentinnen im Nationalsozialismus, in: Mutterkreuz und Arbeitsbuch, hrsg. v. Frauengruppe Faschismusforschung, Frankfurt am Main 1981, S. 131–162.

Wieacker, Franz: Privatrechtsgeschichte der Neuzeit: Unter besonderer Berücksichtigung der deutschen Entwicklung, 2. Auflage, Göttingen 1967.

Wiggershaus, Renate: Geschichte der Frauen und der Frauenbewegung: In der Bundesrepublik Deutschland und in der Deutschen Demokratischen Republik nach 1945, Wuppertal 1979.

Wiedemann, Herbert: Richterliche Rechtsfortbildung, NJW 2014, S. 2407–2412.

Willenbacher, Barbara: Zerüttung und Bewährung der Nachkriegs-Familie, in: Von Stalingrad zur Währungsreform: Zur Sozialgeschichte des Umbruchs in Deutschland, hrsg. v. Broszat, Martin/Henke, Klaus-Dietmar/Woller, Hans, München 1988, S. 595–618.

Wolff, Kerstin: Helene Lange, Eine Lehrerin in der bürgerlichen Frauenbewegung, abrufbar im Internet: http://www.bpb.de/gesellschaft/gender/frauenbewegung/35312/helene-lange?p=0 (Stand: 07.06.2019).

Wunderlich, Johannes: Der Richter von heute, DRiZ 1932, S. 323–325.

Wurms, Renate: Kein einig Volk von Schwestern: Frauenbewegung 1889–1914, in: Geschichte der deutschen Frauenbewegung, hrsg. v. Hervé, Florence, 4. Auflage, Köln 1990, S. 41–83.

Zeidler, Wolfgang: Gedenkrede anläßlich der Trauerfeier für BVR a. D. Dr. Erna Scheffler am 13. Juni 1983, in der Jakobskirche in Wolfartsweier, 1983, S. 1–13.

Zündorf, Irmgard: Biografie Helene Wessel, in: LeMO-Biografien, Lebendiges Museum Online, Stiftung Haus der Geschichte der Bundesrepublik Deutschland, abrufbar im Internet: http://www.hdg.de/lemo/biografie/helene-wessel.html (Stand: 07.06.2019).

Zweigert, Konrad: Gleichberechtigung und Entscheidungsautomatismus, JZ 1951, S. 90 f.

–: Duktus der Rechtsprechung des Ersten Senats des Bundesverfassungsgerichts und einige Erinnerungen an seine Anfangszeit, in: Das Bundesverfassungsgericht 1951–1971, 2. Auflage, Karlsruhe 1971, S. 95–120.

–: Erna Scheffler 80 Jahre, JZ 1973, S. 605.

Unveröffentlichte Quellen

Archiv der Deutschen Frauenbewegung

AddF, NL-P-11, 00037M05, Schreiben von Elisabeth Selbert an die Vereinigung weiblicher Juristen und Volkswirte e. V. vom 18. März 1949.

AddF, NL-P-11, 00037M05, Schreiben von Vereinigung weiblicher Juristen u. Volkswirte e. V. vom 10. November 1948.

AddF, NL-P-11, 00037M05, Schreiben von Hildegard Gethmann (DJV) an Elisabeth Selbert vom 12. August 1950.

AddF, NL-P-11, 00037M05, Schreiben von Elisabeth Selbert an Hildegard Gethmann (DJV) vom 11. September 1950.

AddF, NL-P-11, 00037M05, Schreiben von Hildegard Gethmann (DJV) an Elisabeth Selbert vom 9. Oktober 1950.

AddF, NL-P-11, 00037M05, Schreiben von Elisabeth Selbert an Hildegard Gethmann (DJV) vom 30. Oktober 1950.

AddF, NL-P-11, 00005M08, Schreiben vom Bundesminister der Justiz an Elisabeth Selbert vom 10. Mai 1951.

AddF, NL-P-11,00024M03, Schreiben von Erna Scheffler an Elisabeth Selbert vom 21. Juni 1952.

AddF, NL-P-11, 0037M05, Vereinigung weiblicher Juristen und Volkswirte e. V., Rundschreiben Nr. 13 vom 15. Juli 1952.

AddF, NL-P-11, 00024M04, Schreiben von Herta Gotthelf an Elisabeth Selbert vom 9. Oktober 1953.

AddF, NL-P-11, 00080M05, Schreiben von Erna Scheffler an Elisabeth Selbert vom 22. Dezember 1953.

AddF, NL-P-11, 00037MO6, Juristinnenbund e. V., Rundschreiben Nr. 35 vom 13. Juli 1959.

AddF, NL-P-11, 00037M06, Juristinnenbund e. V., Rundschreiben Nr. 36 vom 18. Dezember 1959.

Archiv des Südwestrundfunks

Archiv des SWR: 5790672(BAD), Titel: Eine Frau als hoher Richter – Ist das Beispiel wiederholbar?, Trägertitel: Wort und Antwort, Mitwirkende: Erna Scheffler, Erste Sendung: 10.1965.

Archiv des SWR: W0128295(AMS), Titel: Gleichheit von Frau und Mann, Trägertitel: Aus der Residenz des Rechts, Urheber: Haag, Helmut, Mitwirkende: Ellinghaus, Wilhelm/Merker, Erste Sendung: 28.11.1953.

Archiv des SWR: W0128295(AMS), Titel: Urteilsverkündung zur Frage der Gleichberechtigung, Trägertitel: Aus der Residenz des Rechts, Mitwirkende: Scheffler, Erna, Erste Sendung: 18.12.1953.

Bundesarchiv Koblenz

BArch, 237/92160, Verfahrensakte (Az.: 1 BvL 106/53).
BArch, 237/1000360 (Az.: 1 BvL 106/53 Entwurf (undatiert).
BArch, 237/1000360 (Az.: 1 BvL 92/53) Entwurf vom 15.09.1953.
BArch, 237/1018278, Bemerkungen zu dem Urteilsentwurf von Frau Dr. Scheffler zu Art 117 GG vom 12. Oktober 1953.
BArch, NL 1151/226, Brief von Erna Scheffler an Marie-Elisabeth Lüders vom 18. September 1957.
BArch, NL 1151/226, Brief von Marie-Elisabeth Lüders an Hildegard Gethmann vom 10. November 1957.
BArch, NL 1151/226, Brief von Erna Scheffler an Marie-Elisabeth Lüders vom 28. November 1957.
BArch, N1177/77, Brief von Erna Scheffler, Deutscher Akademikerinnenbund e. V. vom 19. Dezember 1967.
BArch, N 1177/77, Schreiben von Erna Scheffler an Elisabeth Schwarzhaupt vom 2. Januar 1968.
BArch, N 1177/77, Schreiben von Erna Scheffler an Elisabeth Schwarzhaupt vom 21. Februar 1968.
BArch, N1177/78, Schreiben vom Hessischen Rundfunk an den Deutschen Akademikerinnenbund, z. H. Frau Schwarzhaupt, vom 20. November 1972.

Hauptstaatsarchiv Stuttgart

Q1/35, Bü 486; Müller, Gebhard: Rede zum Ausscheiden von sechs Richtern beim Empfang am 17. Dezember 1963.

Leo Baeck Institute at the Center for Jewish History, New York

Margarete Berent Collection, AR 2861, Folder 1., Mitgliederverzeichnis des Juristinnen-Vereins.
Margarete Berent Collection, AR 2861, Schreiben des DJV vom 12. Januar 1920.

Sach- und Personenverzeichnis

Beiträge zur Rechtsgeschichte des 20. Jahrhunderts

herausgegeben von
Thomas Duve, Hans-Peter Haferkamp, Joachim Rückert
und Christoph Schönberger

Die Schriftenreihe *Beiträge zur Rechtsgeschichte des 20. Jahrhunderts* (BtrRG) wurde 1988 gegründet. Sie hat sich dank ihrer methodischen und thematischen Offenheit als wichtiges Forum für Forschungen zu Recht und Rechtsgeschichte des 20. Jahrhunderts etabliert. Aufgenommen werden Arbeiten zur Geschichte des Zivil- und Strafrechts, zum öffentlichen Recht und Sozialrecht, zur Geschichte der Rechtswissenschaft und der Justiz. Unweigerlich standen zunächst Unrecht und Recht des Nationalsozialismus im Vordergrund, aber bald kamen Wirtschafts- und Arbeitsrecht der Weimarer Zeit ebenso hinzu wie die zentralen Rechtsfragen der Nachkriegszeit beider deutscher Staaten. Zur Geschichte der Rechtswissenschaft haben zahlreiche Studien über Leben und Werk einflussreicher Juristen beigetragen.

ISSN: 0934-0955
Zitiervorschlag: BtrRG

Alle lieferbaren Bände finden Sie unter *www.mohrsiebeck.com/btrrg*

Mohr Siebeck
www.mohrsiebeck.com